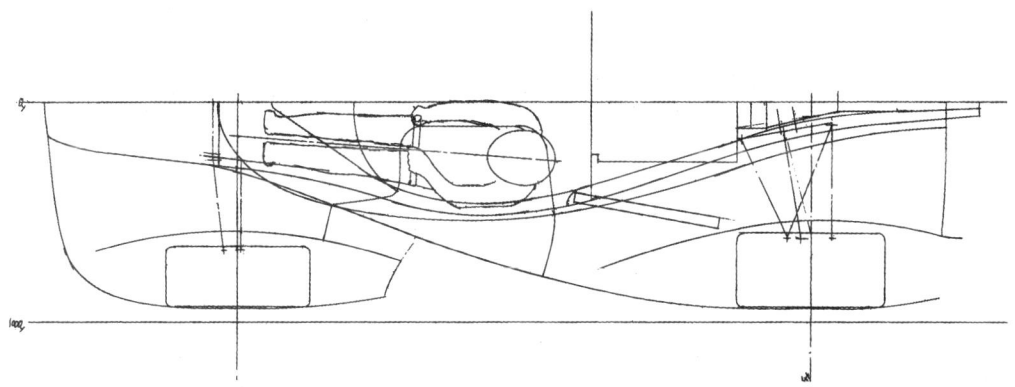

我是怎样
设计赛车的

［英］艾德里安·纽维 著　　程自华 译

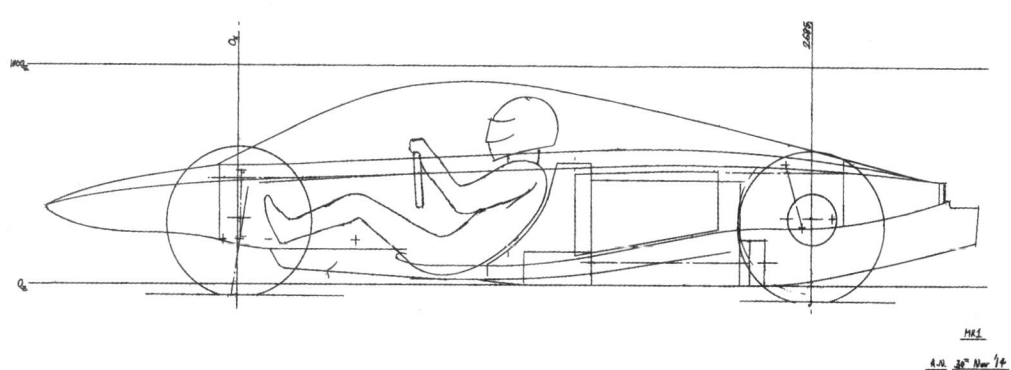

前 言

记得那天乌云密布,天气预报显示会下雨。在众人注视下,我吃力地钻进FW15的驾驶舱。当时我35岁,入行10年,已赢得两个一级方程式设计师冠军。那天不仅是我人生第一次驾驶F1赛车,还是第一次在赛道上驾驶。

那是1993年,当时我是威廉姆斯车队的首席设计师。有人向车队的老板弗兰克·威廉姆斯(Frank Williams)建议,让记者试驾车队赛车,大概是为了宣传推广。

在创始人同意了媒体试驾的请求后,公司的联合创始人、技术总监帕特里克·赫德(Patrick Head)认为也应该邀请一些资深工程师进行试驾,所以帕特里克、我,还有在雷诺(Renault)负责发动机开发的伯纳德·杜多特(Bernard Dudot)也参与了进来。

试驾赛道保罗·里卡德赛道(Paul Ricard circuit)位于法国南部。驾驶过程中,我体验到很多身为工程师平日注意不到的细节:赛车点火的步骤、发动机的轰鸣声——仿佛独自一人被困在车中,强烈的发动机音浪震得整个人骨头都快散架,但身体却被牢牢固定在车座上;坐在驾驶舱里,感觉瞬间患上了密闭恐惧症。

试驾之前,有人提醒我:"踩离合一定要及时,不然车会熄火。"

我当然不想让车停在半路上。这关乎一位设计师的尊严:毕竟是自己设计出来的赛车,总不可能自己开熄火?有点和自己较劲的意思。

然后车就熄火了。那些碳纤维离合非常粗暴。发动机5500转的时候才踩离合,普通汽车的发动机到这个转数早就爆缸了。这还是在没怎么踩油门的前提下。

他们都比我先到达终点,但是最终我也开了过去,虽然有点犹豫,但是我还想再开一会儿,好歹给自己一个交代。这次我直接开到直道上,我调高了牵引力控制,这样开起来更稳一些。就算这样,在驾驶时,我仍感觉自己不是在开车,而是在和赛车搏斗。驾驶时我戴的是自己的摩托车头盔,感觉头盔随时都有脱落的危险。

原本系在下巴的带子勒得我喘不过气。之前赛车还未跑时,我就觉得发动机声已经很吵了,但当自己坐上驾驶座时,才发现驾驶舱里像是在打二战。气箱就在头顶,开起来感觉像是赛车的V10发动机在耳边怒吼。加速时,推背感相当明显,感觉赛车想要挣脱我的控制,体验非常刺激。大家都习惯驾驶自己的座驾,但是FW15这只怪兽却完全不受我控制:车重500千克,却拥有将近780匹[1]的制动马力。加上我的体重,整车估计

---

1 匹,英制马力,1匹相当于735.5瓦特。

有580千克重，即便如此，整体的功重比也非常高。这样的动力十分震撼。

那时，离合还靠左脚踩——现在离合都是在方向盘上。不过，驾驶过程中踩一次离合即可，之后左脚就可以休息。通常右脚都应该踩在油门上，但是我自己总抑制不住踩刹车的"冲动"。这辆车可以拨片换挡，这还属于比较新的技术，尚未在民用车上普及。仪表盘上的三挡指示灯（前两挡为绿色，最后一挡为黄色），分别对应不同转数。该车发动机转数上限为14,000转。

发动机13,500转时，第一挡绿灯亮起来。这个时候驾驶员应该准备好了。

13,700转的时候，绿灯开始闪烁。预备！

13,900转，黄灯亮起。

换挡。

这个过程总共持续约半秒。

逐渐习惯了赛车的噪音之后，我开始感觉自己逐渐上手了，不再被车牵着鼻子走，同时也意识到，驾驶非常依靠直觉。绿灯亮。绿灯闪。黄灯亮。换挡。这段经历不仅让我见识到保罗·里卡德赛道和之前不一样的地方，也让我对驾驶一级方程式赛车有了新认识。之前担任设计师的时间太久，直到年近40岁的时候，我才发现自己体内隐藏的车手之魂，然后就一发不可收拾。

接着开始下雨，倾盆大雨。我开始有些自鸣得意，我成了虽然缺乏经验但不乏自信、拥有车手之魂的赛车手。但是，每当驾驶赛车时，脑海里作为工程师的那个我总在想：左脚的空间太多余了，可不可采用另外一种设计，让底盘的前半部分更符合空气动力学？思绪让我有些走神。结果，我用FW15"玩"起了漂移。

好在里卡德赛道有很多缓冲区域。除非刻意，不然很难在这条赛道上出车祸。我虽没有出事，但是因为踩离合不及时，车又熄火了。

车上没有一键点火装置。车辆侧滑时，如果发动机熄火，会有两个问题：首先，你需要工程师用启动电机才能再次点火；其次，变速箱会停在熄火时的挡位，因为变速箱是液压的，所以发动机熄火时无法退挡。然而，当变速箱处于高挡位时，工程师不可能为赛车手动点火，因为只要一启动发动机，赛车就会往前走。所以想要再次启动赛车，需要工程师来回推动赛车，同时用棘轮扳手不断调节变速鼓，反复如此，直到将变速箱退回原位。上述过程完成后，他们才能用启动电机点火，让赛车开动。

所以我只好等着。5分钟后，工程师们开着一辆租来的车，来到我赛车熄火的地点。大家都笑话我。他们调好赛车之后，我又多跑了几圈，感觉自己已经习惯驾驶赛车，与赛车合而为一。可能有人会问：干吗不加速呢？在蒙扎赛道，赛车时速有220英里。那天在里卡德赛道，我开到了175英里。如果是阿兰·普罗斯特（Alain Prost）或者达蒙·希尔（Damon Hill），肯定不止这个速度。但是对于一个35岁、首次驾驶一级方程赛程的工程师来说，这速度已经够快了。

第二年6月，我在古德伍德赛车节上，开着FW15和克里斯蒂安·菲蒂帕尔迪（Christian Fittipaldi）还有马丁·布伦德尔（Martin Brundle）展开"激烈角逐"时，感觉得心应手。毕竟，驾驶一级方程式赛车是一件相对容易的事情。踩油门，等发动机转速提高。换挡。刹车，打方向盘，在直道上加速。不外乎如此，就像玩街机游戏一样。

一级方程式难的地方在于，在保证赛车不失控的前提下，以比其他人更快的速度，完成上面所说的几件事，难度不可同日而语。

1993年末，是我人生第一次驾驶一级方程式赛车，看起来我居然还挺淡定

目　录

前　言　i

起跑线就位　1

第一回合
怎样创造马切83G　41

第二回合
怎样创造马切86C　59

第三回合
怎样创造881　95

第四回合
怎样创造FW14　125

第五回合
怎样创造FW16　155

第六回合
怎样创造FW18　191

第七回合
怎样创造MP4 13　209

第八回合
怎样创造MP4 20　241

第九回合
怎样创造 RB5   255

第十回合
怎样创造 RB6   281

第十一回合
怎样创造 RB8   301

后　记　328
术语表　334
致　谢　339

起跑线就位

第1章

我出生于1958年。小时候,大家对于赛车的热情空前高涨:小到迷你四驱车,大到一级方程式和蒙特卡罗拉力赛。10岁时,我看着一辆兰博基尼从山顶冲向山脚,看电视剧《偷天换日》(The Italian Job)的主人公开着迷你库柏(Mini Cooper)在狭窄街道上神出鬼没。我还记得,在电影院看《粉身碎骨》(Vanishing Point)时发生的一件事:当我看到主角科沃斯基将他的道奇冲锋者挂到五挡的时候,我惊喜地从座位上跳了起来:"哇!他的冲锋者居然有五挡!"

《赛车》(Autosport)周刊更是让我爱不释手,无法自拔。1968年伦敦-悉尼马拉松(London-to-Sydney Marathon)期间,我整天守在收音机旁。6岁之前,我就决定长大要往赛车界发展。12岁时,我就知道自己以后要设计赛车。

我对汽车的喜爱,受父亲遗传。我们家在埃文河畔斯特拉特福一条郊区公路的尽头,房子前有一间臭气熏天的养猪场。我的父亲理查德和他的同事布莱恩·罗森(Brian Rawson)经营着一家兽医诊所。父亲会在诊所给动物做手术,也会去农场出诊。

正在玩四驱车玩具的我

小时候我就帮家里人用水桶接水、递长绳,也见过不少刚出生的家畜。

我的母亲埃德温娜十分迷人,"二战"时,她是一位救护车司机。两人第一次见面时,母亲带着她生病的大白熊犬,来到父亲诊所看病。父亲不怎么受外公待见。外公曾说过:"除非我死了,不然那小子别想进我们家!"本来有一次父亲准备登门拜访,结果头一天,外公因心脏病突发逝世,上门的安排也随之取消。

我的生日在节礼日那天。关于出生那天的故事,我父母是这么告诉我的:节礼日那天,父母开车载着一位助产士在科切斯特(Colchester)兜风,过程中母亲羊水破了,我出生了。虽然同样的故事父母和我说过好几次,但是我怎么都不信,怎么会有夫妇带着助产士兜风?还有,为什么一位助产士会在节礼日那天和我父母在一起?后来,他们停在一栋房子前,一群陌生人把他们接进去,然后就有了我。一开始家中的抽屉就是我的婴儿床。

20世纪60年代,受嬉皮士的影响,我母亲打扮得相当时髦。当年,离婚还不那么司空见惯。和父亲在一起之前,母亲有过一段婚姻,和前夫育有一子,名叫蒂姆,比我大7岁。我和他的兴趣很不一样,包括喜欢的节目:一个喜欢看独立电视台的《雷鸟神机队》(Thunderbirds),另一个喜欢看英国广播公司一台的《顶级流行乐》(Top of Pops)。不凑巧的是,两档节目的播出时间一样,所以每次看电视我们都会为遥控器抢得不可开交。因为他比我大很多,所以很快他就去上寄宿学校,后来又接着念大学,最后在西班牙定居,教当地小孩英语。每年西班牙大奖赛的时候,我会和他在巴塞罗那聚一次。

父母脾气都不太好,我小时候,见证了两人无数次争吵。母亲还会把我卷进来,想让我支持她。现在回想起来,这么做有些无理取闹,但和她时常要面对的遭遇比起来就不值一提了。这么说吧,她经常需要在之后几天戴上墨镜来掩饰脸上的伤痕。

有一次,为了躲避两人的争吵,我骑自行车离开了家。半个小时后,感觉时候差不多了,于是便往回赶。路上,一辆牌号为UNX 777G的莲花伊兰(Lotus Elan)朝着我缓慢驶来。一开始我还以为车里没人。靠近后,才发现原来是母亲在车里。完全不知道她在干什么,就那样躺在车座上。我猜可能她是通过看电线杆认路吧。

心情不好时,母亲会时不时靠酒精度日,虽然她一直不承认自己有这种习惯。她还说自己从来不会一个人喝酒,都是等到下午七点左右,父亲从诊所下班回来后,两人一起喝。

当时,我们家养了一只非洲灰鹦鹉,名叫苟尼(Goni)。晚上它就睡在酒柜旁的鸟笼里。每天晚上，苟尼会模仿父亲为母亲调酒时发出的声音："嘭"表示马提尼酒瓶的酒塞被拔了出来；模仿的声音若是"咕噜咕噜"，则表示有人正在把酒倒进酒杯；若是发出"吱吱"声，说明父亲旋开琴酒的盖子；一阵"咕噜咕噜"声之后，会听到"叮铃叮铃"声，表示冰块已入杯。然后鹦鹉会说："啊，好喝！"语气和母亲一模一样。

而且他们经常不按常理出牌。我13岁时，我哥从巴斯大学放假回来，提议全家人一起去看电影《发条橙》(*A Clockwork Orange*)。爸妈把我打扮得像是个刚成年的小伙子：我戴着帽子和眼镜，穿上我哥的战壕风衣，就这样混进电影院。看完电影后，因为我哥推荐了这么一部电影，父母有些不悦：对于我的教育，父母大多数时间是放养，偶尔会良心发现，这就是其中一例。

看电影时，我突然觉得，电影好像渐渐融入了自己的潜意识。40年后，当再次观看这部电影时，我发现自己回忆起了影片几乎每一幅画面：台词尖锐、超现实主义风格，以及贝多芬音乐背景下的暴力场景。

我们家不算富裕，但也不穷。收入来源除了父亲的兽医诊所之外，还有他的家族企业伯明翰纽维兄弟（Newey Bros of Birmingham）股份分红。纽维兄弟创立于1798年，曾是英国最大的挂钩、纽扣以及帐篷钉生产厂家。1947年起，公司开始生产"正固"（Sta-Rite）牌发卡以及"魔术师"（Wizard）牌缝纫针。时至今日，仍然能买到纽维的纽扣。正是依靠这笔额外收入，父亲才有机会培养汽车这一兴趣。虽然父亲喜欢驾驶，但他的兴趣却远不止于此，他还喜欢调试、改装、维护各类车。

即便父亲的职业是一名兽医，但汽车才是他兴趣所在，他喜欢一切和理工科相关的东西。当其他人在读谍战小说时，我父亲可以拿着数学书看得津津有味。父亲最喜欢的科目是工程，每天他都在想：有没有什么不一样的方法改装？我怎么样才能优化这套改装方案？我们不仅关注一级方程式当季的赛事，还会仔细研究赛季的规则变化。我最喜欢去解读一级方程式比赛规则，每次规则的变动都代表着赛事解读的变化，但我并不关注这点，我所关注的，是新规则有没有可能演变出新的比赛策略。每次我都会问："规则更新后，会有哪些新的策略？"

对我而言，这种思维方式再自然不过，因为我从小就培养出了这种打破砂锅问到底的质疑精神，在这方面，父亲是我的启蒙老师。每当想到父亲的质疑精神和对汽车的喜爱时，我总会想起一幅画面：那时我才5岁，在家中往窗外望时，发现父亲所在的车库里冒出一股烟雾。

当时我们家车库和房子是两栋屋。在5岁的我看来，车库里藏满了宝藏。父亲经常在车库里改装汽车，或是想着如何解决各种问题，一待就是几个小时。

比方说：如何在往栅栏上刷油漆时保证每个地方都刷到？大多数人可能会直接再刷一次。父亲却想出了更好的办法。那个时候嘉实多嘉护（Castrol GTX）机油还是用金属罐封装，父亲会把几个空罐子的盖和底去掉，然后把他们连在一起，做成管道。做好后，把栅栏放进去，再倒入杂酚油。这种方式简单又有效。除了刷杂酚油之外，父亲还有很多这样新奇实用的发明创造：放在他后备厢里的兽医工具箱，就是父亲为自己打造的，家中的园艺工具也出自父亲之手。

在计划去布雷肯比肯斯（Brecon Beacons）或苏格兰野营时，父亲提前一个月，空出家里一间卧室，用天平去称所需行李的重量。为减轻重量，父亲把牙刷柄都削了，只留下牙刷头。父亲做事十分注重细节，我这点也是受父亲遗传。我平时算不上有条理，母亲经常笑话我和父亲，因为两人做事风格一样，乱七八糟。但是，只要涉及赛车设计和研发，我对任何细节都一丝不苟。

除上述特点之外，父亲的"怪癖"还有一条：对于安全没有任何概念。接下来的故事还是和他刷栅栏的创举有关。冬天时，父亲会把车库里的石蜡加热器打开，防止他的莱利RMF（Riley RMF，车牌号VCD 256，我非常喜欢这辆车，很漂亮）和红色两冲程萨博（Saab 2 Stroke，我特别讨厌它，因为太吵了）的油箱冻结。

之后发生了什么猜也能猜到。父亲离开车库后，栅栏杆倒在地上，表面的杂酚油和

那台莱利着火前的照片

加热过的石蜡接触，车库发生爆炸。

现在已经不记得是什么顺序，但在看到车库冒出来的火焰时，我想到两件事：

（1）我必须立刻告诉我父母，打电话通知消防队；（2）真希望被烧掉的是那辆萨博，而不是莱利。

在告诉父母，打完电话之后，消防队还没来，我们就冲到车库救火，想想还挺刺激。消防队来之后，我们退在安全距离以外，让专业的人来做专业的事。想到车库起火我还有点担心，但是一想到这火不是因我而起，又有点小庆幸。

不幸的是，这起火灾应验了墨菲定律：受损的是那辆莱利，而不是萨博。

第 2 章

我每天上下班都有司机开车接送。听起来可能有炫耀的意思，但有司机后，我就可以在车上浏览邮件（我会把邮件打出来，我知道这样不环保，但是记笔记很方便），为我争取到更多思考的时间。每次思考问题，或者设想赛车外形和形状的时候，自己很容易忽略身边的事情。之前我在开车上班的路上，经常会因为思考而走神、绕路，导致最后迟到。

所以，出于时间管理和纪律方面的考虑，我请司机开车带我上下班。

红牛车队（Red Bull）在米尔顿凯恩斯小镇（Milton Keynes）设有办公室，我就在那儿上班。办公室位置在工程部办公区的一角，往外能看到公司的停车场，整个部门共有200多名工程师。

我一般不去开会，也不会参与公司管理，所以大部分上班时间基本都在画板上画设计图，不是在设计来年的新车型，就是在改进当年已有的设计。不管是在构思什么，从我开始工作到现在，我只关注一件事：提高赛车性能。

刚开始工作时，计算机辅助设计系统（CAD）尚未普及。现在，虽然大部分同事用CAD的时间已经很久了，但我还是喜欢用画板画图。我知道这很老土，但是对我而言，用画板设计早已成为习惯，如母语一般亲切。在我看来，使用画板代表着某种延续性，这正是我一直所追求的。

如果要换成CAD的话，首先我得学习怎么用，这样一来不光要花费时间，就算学会了，也无法保证CAD比画板用起来更顺手。

我之所以喜欢用画板的另外一个原因是：画板上可以画任何东西，但在用CAD时，设计图的大小会受显示屏尺寸的限制。画板上的设计可以更随意，不满意可以随时修改。事实证明，我在画板上工作时，效率更高：全力画图的话，需要两个人同时工作，才能将我所画图纸实时转换到CAD系统上。这还不包括那些我不满意的图纸。为了把设计图画到让我满意的程度，我都会修改好几次，所以每次橡皮擦都用得很快。

每当比赛规则有重大调整时，车队都会对赛车设计做出相应调整，这通常都是我最开心的时候。2011年，设计RB7赛车时就是一例：当年新规则要求各车队为赛车加入动能回收系统。这套系统会在刹车下面安装一块电池，收集赛车制动时产生的能量，再在加速过程中利用收集到的能量。

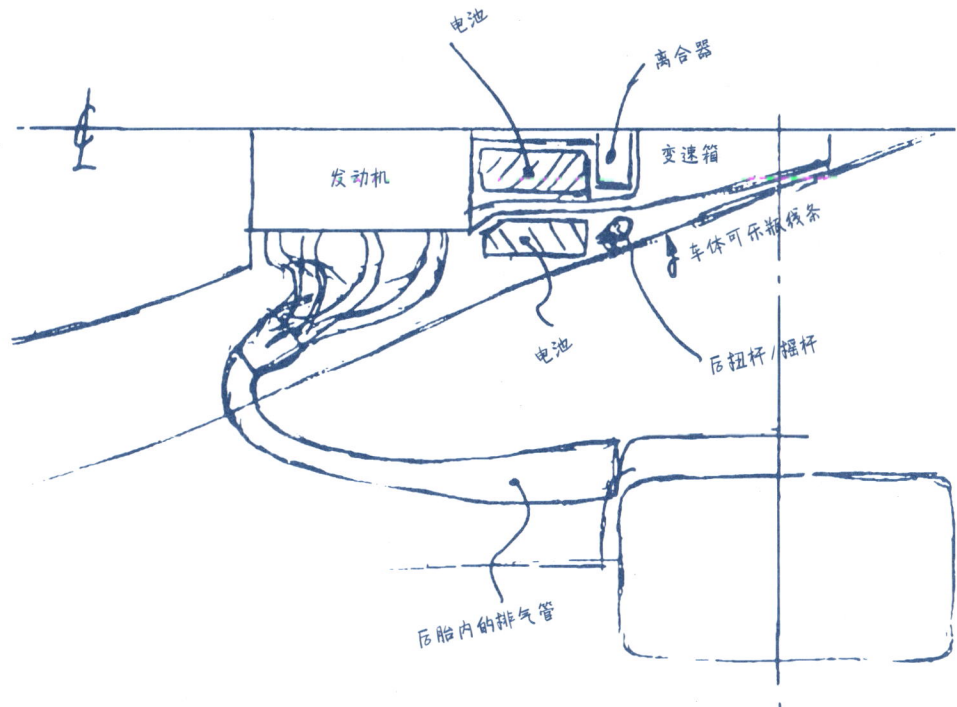

图1　RB7赛车上动能回收系统的安装位置

其他设计师都觉得最好把电池放在油箱下方，因为这个位置正好处于车的中心，不仅美观而且便于散热，从线路的角度来说也有优势。但是从空气动力学的角度来说，我想将发动机安装在车架上尽可能靠前的位置，因为这样可以更紧密地连接车尾和车体。为实现这样的设计，必须把沉甸甸的动能回收系统电池安装在车体后半部分的位置。如此一来，发动机必须要安装在车体的前半部分，以平衡赛车的重心。所以，我的想法是把电池安装在发动机和变速箱中间。

我把自己的想法告诉车队主设计师罗伯·马歇尔（Rob Marshall）。他听到后先深吸了一口气。然后和我确认道："电池比较棘手，咱们都知道，但你的意思是把抗震性能差、容易短路、对温度敏感的电池，安装在发动机和变速箱中间，也就是车体中环境最恶劣的地方？你真这么想的？"

我坚持采用上述设计。我说道："罗伯，我知道这很难实现，因为这涉及赛车基本架构的改变，也正因为如此，实现之后才会成为我们的优势，其他车队也不可能模仿。"

罗伯听完我说的，和设计部门的其他工程师进行商量，然后告诉我："每个工程师都认为，我们无法实现这种设计。"但直觉告诉我这应该是可行的，所以我画了几张草稿，将电池组分成四个单元，其中两个装在变速箱壳体内的离合器前面，另外两个也装在一起，不过是在变速箱壳体外面。我在电池周围画了很多冷风管，将电池包起来，再加上电池原本就有的水冷系统，作为电池的散热单元。

庆幸的是，罗伯不仅是位富有创意的设计师，同时他也理解我的观点：某种设计只要能提高赛车的整体性能，就值得一试。这次勇敢（或者说任性）的尝试，若因为改动而没达到预期效果的话，当个赛季可能无法取得任何成绩。

最后花的时间比我设想的要长。赛季初期，动能回收系统经常抛锚，还频频起火。但是一旦系统稳定性提高之后，在接下来的赛季，这种电池后置的优势就开始体现。红牛车队在2011年、2012年和2013年都夺得了赛季冠军，这一设计起到了关键作用。可以说，这也满足了我对延续性的追求。

如果说坚持用铅笔和画板就让人觉得过时的话，在听完我入学的故事后，你可能就不那么认为了。4岁时我在当地一家教会学校上学，学校里的人告诉我惯用左手是魔鬼的象征。修女们要求我坐着的时候把左手放在屁股下，似乎我的屁股被赋予了神力，能镇住魔鬼。

这显然不管用。我还是个左撇子。更糟糕的是，当我从教会学校转到位于华威郡（Warwick）的埃默斯科特绿地预科学校时，我还是不会写字。所以我被归到差生组里面。差生嘛，除了捣乱还能干吗？

我的"空气动力学"初体验是把马克笔当作飞镖，扔向黑板。同学之间还会比谁扔得准，我在班上算是一把好手。一节法语课上，我把"飞镖"扔出去后，插到了教室的塑料天花板上。那个时候我才12岁，天知道为什么我会那么做。老师本来在黑板上写板书，听见从身后传来的笑声后，立马转过身，笑声戛然而止。班上男生都用手捂住嘴巴，而我则笔直地坐在座位上，表情像是看到了什么不得了的事情。

法语老师径直走到我的座位前，正要问我什么情况时，"飞镖"正好从天花板脱落，在空中转了几圈后，砸到老师脖子的侧面。从统计学的角度来说，这种事几乎是百年一遇。太经典了。

我的恶作剧不止这一起。一次科学课上，我把本生炉的管子拆了下来，把豆子装进管子里，做成一支吹箭。本来我打算朝着同学吹，结果不小心击中了老师。

每年学校都会在某一天开学生表彰大会，请人演讲，非常无聊。有一次，我和朋友詹姆斯在树林里玩耍，在那儿我们找到几个喷气罐，把这些罐子扔进学校的燃烧炉里。

我们以为扔进去之后罐子会立刻爆炸，所以扔进去后立马躲到树后面。可等了半天还是没看到"焰火"，特别失望。又等了一会儿，发现还是没动静，于是就离开了。

正好那天开学生表彰大会，家长们都来到学校，准备听无聊的演讲，突然从树林那边传来爆炸声，舞台上的灰都被震下来了。詹姆斯和我幸灾乐祸地看了对方一眼，想着肯定不会有人知道是我俩干的。

有次学校办了一场热气球挑战赛，我终于有了舞台，有机会展现自己有多能折腾。弄懂热气球原理的过程中，我了解到，如果要想让一个物体飞起来，物体的体积与表面积的比值很关键，也就是说物体的表面积必须足够大。我用面巾纸和折弯的衣架做了一个大气球，用颗粒燃料来加热空气。可惜的是，因为颗粒燃料的热量不够，无法让气球飞起来，所以我就把父亲的丙烷炉背到学校去了。学校校长在参观比赛的时候，看到我的丙烷炉，觉得好奇，想靠近看看，结果把手给烧了，对于我的讨厌，也像是被加了一把火。

我在家继续鼓捣车。1968年，父亲买了一辆红色的莲花伊兰未组装版。别人都在开四门车时，我们家买的是两门跑车。按照莲花的说法，只需要一个星期时间，就能把车组装好，但即使是父亲也没法在一周内完成组装，好在也不用交购置税。对于发明创造的热爱，让父亲成为一位天生的修补匠，而我则是父亲身边的小帮手。为了见证零件到赛车的过程，连父亲的火爆脾气我都忍了。

同时，我也开始制作自己的汽车模型。当时很多朋友都喜欢拼"二战"时期德国或是英国的战斗机，但我从来都只喜欢汽车。我最喜欢的是一辆田宫牌（Tamiya）的莲花49（Lotus 49），这是一辆F1赛车，当时驾驶这辆赛车的车手是吉姆·克拉克（Jim Clark）和格拉汉姆·希尔（Graham Hill）。

在这辆车上，莲花的创始人科林·查普曼（Colin Chapman）首次引入品牌赞助。所以模型车上也有红、白、金多种颜色，包括可动悬挂、车体在内的很多细节，十分精致。不管怎么看，这都是一辆精美的模型，但是对我来说，最吸引我注意力的地方在于，很多赞助品牌的零件我都在我们家车库里见过。突然之间，车库里的那些零件我一下就认出来了。"啊，这是悬挂的下叉臂。那是悬挂的后支柱。"对我来说，这比法语课有意思多了。

12岁时，拼装模型已经满足不了我了，于是我便开始自己设计汽车。从那时起，我就开始经常画设计图了。现在想想，画设计图也是我当时唯一擅长的事。一般我都会把图片从《赛车》杂志上剪下来，然后在图纸上临摹，但也不是完全复制，我还会在细节上加入自己的原创设计。

我从小就对汽车感兴趣，也喜欢动手，这两点都是受我父亲影响。当我回顾自己的童年时，会发现过去的很多经历就像是埋下种子，在未来生根发芽，开花结果，赋予自己设计师般的思维模式。这和偏理论的思维方式，例如数学或者物理，还不太一样。因为设计思维，既要调用左脑的艺术细胞、开动想象力（"不如试试这个？""这样会不会更好一点？"），又要调用右脑的逻辑思维，强调每一个细节的作用。

我的想象力和实践精神在我们家花园碰撞融合在一起。虽说是花园，但父亲管这地方叫车间。实际上，这只是一间小木屋，里面有一些很基本的设备：一台车床、一台台式钻机、一台小型折弯机，和一套玻璃钢工具。我把小木屋当成自己的车间，按照自己的设计草图建造模型。

我把折弯后的金属用来制造车架，然后用玻璃钢制作其他零件。因为自己无法制造车轮和发动机，于是我便将这些部件从已经完成的模型上取下来，安装在自己的模型上。同学家和我们家离得很远，所以当时我就像个少年隐士，隐居在木屋里，致力于完成自己设计的赛车模型。和我做伴的，是家中"经历"过"二战"的大块头收音机。大部分时间我都待在工坊里，有一次在用氯仿清洗部件时，因为吸入过量氯仿，我直接晕了过去。

我把自己的模型带到学校做展示，同学们对我的车赞不绝口，部分原因可能是，在学校生活的其他方面，我都不怎么起眼。我的法语老师对我感到很头疼，给我的评语是这么写的："听话时表现还不错，但大部分上课时间的举止都显得非常幼稚。"另一位老师这么写道："对学习没有兴趣、粗心大意、令人失望的学生。"

问题出在自己的性格上，我的性格一部分来自父亲，一部分来自母亲。母亲是一个非常有活力，而且很躁动的人，她很有艺术细胞，天生喜欢出风头。而父亲则是一位性格古怪、会给动物治病的发明家，思考问题时从不循规蹈矩，这一点有时候是优点，有时候亦是缺点。我继承了父亲考虑问题的思路，这对我之后的人生起到莫大帮助，但是对我的学生生活来说，这样的性格并不合适。

我到现在还记得一节科学课上的事，那节课讲的是摩擦力。课上老师反问大家："有谁觉得有摩擦力是一件好事吗？"我是班上唯一一个举手回答老师问题的人。

老师问："纽维，你为什么会这么觉得呢？"

我答道："如果没有摩擦力的话，大家就都没法站起来了，所有人都会摔倒，爬不起来。"

学校老师报告的截图

Name: A. M. NEWEY   Class: CE 5

ENGLISH REPORT

Number of Boys in Class: 19
Place at End of Term: 3

He has some flair. He would excel if he could only raise the energy.

Signature: [signature]

Name: Newey MA   Class: Common Entrance.

SCRIPTURE REPORT

Number of Boys in Class: 19
Place at End of Term: 8=

Frequently competent: occasionally illogical.

Signature: J Ridley

Name: A. Newey.

HEADMASTER'S REPORT

Adrian has the ability and the opportunity to do really well next term. At the moment he prefers frivolous mediocrity to excellence. I do hope that he can grow up and concentrate far harder in his day to day classwork; too often I have grumbles from staff about his silliness in class.

Signature: J.H. Riley

学校老师报告的截图

老师重新打量了我一眼，怀疑我做了什么坏事。说完之后，同学有讥笑我的，但是我是很认真地在回答老师的问题。老师气得直接翻白眼，叹了声气，说道："别开玩笑了，显然有摩擦力不是什么好事。不然的话我们为什么要用润滑油？"

那个时候我就知道，我和老师在看待世界时存在着差别。回想过去，我发现自己想要成功的欲望非常强烈，动机可能是我想证明自己是对的，人生中的"摩擦力"也可以是一件好事。

第 3 章

父亲虽然喜欢汽车，但是对赛车没太大兴趣。而我对赛车的激情从小时候开始就日渐高涨。小时候，我曾成功说服父亲带我去看了几场赛车比赛。

1972年，在对父亲进行软磨硬泡之后，他终于同意带我观看在柴郡奥尔顿公园举办的黄金杯比赛。那是一个夏天的早上，父亲开着我们家的黄色伊兰CGWD 714K（第二辆），带我去观看人生第一场赛车。

到了赛场之后我们来到围场附近晃悠（当时观众可以这么做）。让我感到震撼的不仅是亲眼看到赛车，更是赛道上各种各样的声音。这些声音和我之前听到过的任何声音都不一样。有的是由那些巨大的发动机在马力全开时发出来的：例如V8双四缸发动机（V8 DFV）还有BRM V12发动机。有的声音则是那些工程师在修车时的敲打声，具体修什么我当时还不知道，但是光看他们修就觉得很满足了。一旦认出那些部件，我立马激动不已。"爸！快看！他们把后防倾杆取下来了！"

之前我也见过赛车。那次也是在我死缠烂打之后，父亲带我去伦敦的奥林匹亚展览中心参加赛车展览会。但在奥尔顿公园是我第一次看到赛车在户外行驶的样子。赛道，才是真正看赛车的地方，能观察到赛车全速前进的状态。奥尔顿公园有很多坡道，而且那时赛车的悬挂也很松。赛道起点(终点)线后面有一道小坡，赛车高速经过时底盘高度会随之变化，光这点就能让我在原地站着看得一动不动。那天，我感觉自己对赛车的爱进一步升华。

第二次看比赛是在银石赛道，那是1973年英国大奖赛。那场比赛之后，杰基·斯图尔特（Jackie Stewart）领跑积分榜，更重要的是，父亲允许我吃了一个汉堡。虽然斯图尔特在积分榜首位再正常不过，但是让我吃汉堡这件事就很稀奇了。父亲规矩特别多，其中一条就是非常讨厌垃圾食品。关于饮食父亲非常挑剔。医生说盐对身体有好处，三伏天时，为了保持体内盐分，父亲会直接喝卤盐水。之后医生又改口说，盐对身体其实不好，父亲就直接把盐给戒了，连煮豆子时都不放盐。

不知出于何种原因，可能因为没有像上次黄金杯一样去围场看看，父亲觉得心里有愧，想补偿我，所以在赛道终点附近伍德寇特弯出口的一个商店，买了一个汉堡给我，就在起点和终点线之前。

我们就座后，比赛开始了，杰基·斯图尔特很快取得领先，第1圈快跑完的时候，

赛车展上与考斯沃斯双四缸发动机合影

他领先第二名差不多有100码,可把我给激动坏了。

接下来发生了两件出乎意料的事。第一件事是比赛现场出现车祸:年轻的南非车手朱迪·谢克特(Jody Scheckter)当时刚开始为迈凯伦车队效力,在过伍德寇特弯时,他的赛车失去控制,导致连环车祸。截至1973年,一级方程式史上最严重的车祸,就在我眼前发生。

第二件事是,当车祸发生的时候,我吓得不轻,汉堡也脱手掉在地上。

印象里,车祸发生后,所有观众都站了起来,赛车互相撞来撞去,风箱满天飞,随后扬起的烟尘遮挡了观众的视线。大家都很激动,也很担心:有没有谁受伤了?如此规模的车祸,没有人受伤几乎不可能。看到所有车手从废墟里爬出来的时候,我终于松了口气(受伤情况最严重的只是折了腿)。人们冷静下来后,大家都意识到,赛道工作人员把赛道清理干净会花很长时间。之后我做了一件事,钻到看台底下,找到我的汉堡,若无其事地吃了起来。

13岁的时候,我被送到德比郡的雷普敦(Repton)上学。我爷爷、父亲、哥哥都上的雷普敦，所以对我来说去不去雷普敦没得选。这是我第一次在寄宿学校生活，在这里我学习成绩也不算好。

而且，成绩变得更糟糕了。对于我来说，埃默斯科特和雷普敦之间最大的、让我不开心的区别在于：在埃默斯科特我很受其他学生欢迎，就算我成绩不好，我也可以过得很开心；在雷普敦，我却成了边缘分子。

学校很注重体育活动，但是我足球踢得很一般，板球打得也不好，曲棍球水平则更糟糕。我唯一擅长的团队体育活动是橄榄球，但是那个时候雷普敦没有橄榄球活动，也没有增加橄榄球运动的打算。于是我参加了学校的越野跑项目，问题是，越野跑和出风头这种事根本就不沾边。有一次我还被高年级的学生欺负了，在雷普敦前两年我就是这么熬过来的。雷普敦最大的问题是太无聊了。

于是我开始在学校操起老本行，画赛车、读赛车相关的书、制作赛车模型，以及开卡丁车。

对于申宁顿（Shenington）卡丁车赛道我记得特别清楚，14岁时，我说服父亲，让他带我去那儿。第一次去的时候正好是一次开放练习日，我和父亲看着其他孩子和他们的父亲练习。

很快我们就了解到，赛道上的卡丁车主要有两种：一种是不带变速箱和离合、排量100cc的无自由轮卡丁车，另一种是带摩托车发动机和变速箱的。

启动无自由轮卡丁车的时候，必须借助外力。启动时，必须先由一名跟班（通常是孩子父亲）从后面推，车手这时不能上车，必须在车旁边跟着一起跑。等车启动了之后，跟班放手，孩子再跳到座位上。有时孩子自己没跟上，孩子父亲放手后，卡丁车上也没司机，之后以大概15英里的时速，撞到围场的安全栏上，吓走栏杆后面观众的同时，也吓哭了一帮孩子，看得人胆战心惊。

这样的情况虽然看起来很有趣，但是想到父亲脾气不太好，所以我最后选的是第二种卡丁车，虽然它更贵，但是启动更方便。

我父亲在看完之后有了自己的结论。他若有所思地说："据我观察，大多数孩子之所以到这里来，不是因为他们自己想来，而是孩子父亲想让他们来。"

我不知道他当初说这话是什么意思。反正那之后我就被深深吸引。这是毫无疑问的。但是父亲不为所动。我必须要证明我真的很想要卡丁车。所以他提议，我需要自己赚钱、存钱来买车。我自己每挣1英镑，他也会帮我存1英镑。

那个暑假，我疯狂打工。一个个地问邻居，有什么活可以干。我干过的事情，包括但不限于修剪草坪、洗车、卖自家花园种的李子。为了赚钱，我还给一位上了年纪的邻居打工，为她房子和屋前的花园刷漆。就这样一点点地存着，我终于存够了钱，买了一辆卡丁车。车是在《卡丁车杂志》（Karting Magazine）的广告页上找到的。车型名为巴洛迪（Barlotti），是一家在雷丁（Reading）的卡丁车厂商生产的。他们给这辆车起了这么个听起来像意大利语的名字。

这辆卡丁车配备了一台维利尔斯9E（Villiers 9E）摩托车发动机，排量199cc。虽然车况不怎么好，但好歹也是我的第一台卡丁车，重要的是，随车还送了一台拖车。

买车之后我去申宁顿赛道练习过两次，但最终成绩却不怎么好，车本身一般，我技术也不够出色，最终导致起跑时必须排在很靠后的位置。同时，我闷闷不乐地度过了自己在雷普敦的第二年。好消息是，每周都有两节手工课，而且我和手工课老师关系很好。在我一番说服之后，他同意我把那辆卡丁车带到学校，允许我在晚上以及周末改装自己的卡丁车。1973年1月，父亲开着他的手术面包车（车牌号PNX 556M），带着我，把我的卡丁车和拖车一起带到了雷普敦。

如此一来，我就可以好好利用寄宿期间的大把时间，不再觉得无聊。我把发动机拆下来后，重新组装了一次。还把变速箱也拆了下来，换了一个新的二挡，避免跳挡。此外，还给刹车做了保养，不一而足。

第二年暑假，我们又去申宁顿试了两次，结果成绩还是不甚理想。只是重新组装以及调试并没有让赛车变快很多，想要提高性能，卡丁车需要大改：发动机功率太低，而且和那些跑得快的卡丁车相比，我的管阵式车架还是上一代的产品。发动机改装方面，我需要210cc排量的活塞和阿普敦（Upton）牌铝制气缸，以替换原来的铸铁气缸。于是又一次开始了我的打工之旅，和之前一样，我自己赚多少，父亲就赞助我多少。我还想要造新车架，新车架的工程量不小，我需要学会如何焊接。所以，我为自己在BOC（英国一家工业气体供应商与服务提供商）报了为期10天的焊接训练班。凑巧的是，上课的地方在伯明翰北部的烟尘街。

每天早上6点起床后，我需要从斯特拉福德坐大巴，9点之前到伯明翰。和一帮30多岁、对课程丝毫不感兴趣的男人上一天课，然后晚上9点左右到家。他们大多数都是受雇主逼迫，来接受培训。

我发现自己似乎很擅长做焊接这类工作，每次进行课上的各种练习时，我完成得都比其他人快。其他人看到我比他们强，心生嫉妒，开始抱怨，还时不时取笑我的私立学校口音。我意识到，在这样的环境里，我必须试着融入进去。所以我学着用伯明翰口音说话，这在我之后上大学的时候帮了我很大的忙。但是伯明翰口音的鼻音很重，从那之后起我都在慢慢改掉这个发音习惯。

学会焊接之后，我回到学校，自己造了一个车架。圣诞期间，我为发动机换上阿普敦气缸，又从一本电子器材杂志上学到如何制作电子点火装置，在一位朋友的帮助下完成制作，并安装在了卡丁车上。终于在夏季学期完成改装，把车从工作室开了出去，希望它能跑起来。结果没成功。我把车推回工作室，试图修好赛车。过程中发现，原来自己之前点火正时没设好，导致赛车无法启动。

一天下午，我又试了一次。两位朋友热心地帮我把卡丁车从车库推了出来，我幻想自己像赛车手那样，踩离合，挂挡，踩油门，然后突然松开离合。结果一股蓝烟从排气管排了出来，还喷火了。

杰里米·克拉克森（Jeremy Clarkson）当时还在雷普敦上小学，那天晚上给他留下的印象很深，结果他就开始向记者们大吹特吹，说卡丁车是我自己造的（并不是），然后我在校园里开得飞快（并没有）。

真相是，我只是开着车在学校教堂旁边兜了几圈。但是，我的朋友急不可耐，他抢着驾驶，转弯的时候出了车祸，把后桥给撞歪了。我很生气，因为我又要存钱买新后桥了，不过好在他也赔了一部分。

更麻烦的是，听到赛车的噪音之后，校长过来了。这也不稀奇。毕竟这是一辆两冲程赛车。没有消声器，发出的声音，就像是一群机器黄蜂突然发起冲锋一样吵。显然校长不会觉得发生了什么好事，从那以后，校长禁止我将赛车开进校园。但这都不重要，反正下学期我就不用来这上学了。

杰里米和记者们又讲了一个故事。他说20世纪70年代雷普敦开除了两位学生，一位是他，另一位是我……

故事到这里还没有结束……

第 4 章

到了该参加普通程度考试（O-levels，现在叫中等教育普通证书，CCSEs）时，我很不情愿地去见了生涯顾问。他漫不经心地看了一眼我的模考成绩，咳嗽了几声，然后建议我去专科学校念历史、英语和艺术。我向他道谢之后便走了。

不消说，我心里自有打算。改装卡丁车的过程中我学会了两件事：首先，可能我真的不太适合当赛车手，在经过无数努力，尤其是将卡丁车改装了那么多之后，我还是没法开得更快。

其次，就算我未来无法成为赛车手，对我来说也没关系，虽然我喜欢开卡丁车，但我知道这并不是自己兴趣所在。我真正想做的事情——花了很多时间，而且认为自己擅长的事情——其实是设计赛车，提高赛车性能。

所以我决定离开雷普敦，去利明顿温泉镇上的华威郡继续教育学院，考取一个普通国家中学证书（OND），完成后相当于获得普通教育高级程度证书（A-levels）。父亲知道后，倍感轻松，因为雷普敦的学费非常贵。

我等不及要去上学了。在雷普敦的时候，好几次在特伦河畔伯顿的酒吧喝酒，都被抓现行，我也由此成为大家眼中的坏学生，但我也不打算否认。一开始，我还不太确定自己是不是上学的料，到后来对学校完全没有兴趣（有时候甚至还有厌学情绪）。学校老师对我的态度也发生了大转弯。可能我生下来就不适合读书，而且事实证明，的确如此。

每学期期末，高中的学生都会为整个学校举办一场古典音乐会。一般音乐会都在皮尔斯学院举办。这栋建筑早已摇摇欲坠，墙上的镶板也吱吱作响，那些玻璃花窗年代久远，可追溯至1886年，那会儿教堂才刚建好不久。教堂历经了两次世界大战，以及其他无数大大小小的战争。校方为这栋历史建筑感到骄傲。而前卫摇滚乐队格林斯莱德（Greenslade）曾在该处演出。

与当时其他孩子一样，我也喜欢嬉皮士。我们留长发，背牛津包，穿喇叭裤，听迷幻乐：桑塔纳乐队（Santana）、彼得·加布里埃尔的创世纪乐队（Peter Garbriel's Genesis）、超级流浪汉乐队（Supertramp）、AWB（Average White Band），当然还包括平克·弗洛伊德乐队（Pink Floyd）。

这些东西学校都不允许。为了阻止厚底鞋的流行，校方立了一条规矩，如果一只鞋子的鞋底可以塞进一枚一便士硬币，那这双鞋就不能在学校里穿。我从来不缺鬼点子，所以我就在自己厚底靴的鞋掌和鞋跟之间加了一片铝箔，这样一来即使穿厚底靴也不会违反学校规定了（我可没说这件事和我现在的工作有什么联系）。毫无疑问，校方对这种曲解规定的行为十分恼火，这也让我在老师之间"声名远扬"。

说回服装的事。当时穿时髦衣服，尤其是宽松裤子的好处在于，可以在裤子里面藏酒。我和同学把酒（琴酒、伏特加，以及其他各种各样的烈酒）用胶带绑在小腿上，用喇叭裤肥大的裤脚遮住小腿，把酒"走私"到学校的音乐厅里。

格林斯莱德乐队开始了他们的表演。要真正领略他们音乐的魅力，需要达到一种微醺的状态。我们的做法是把偷运进来的酒装进玻璃可乐瓶里，边听边喝，直到醉醺醺的。当时的环境相当躁动：正赶上夏天最热的时候，而且还是期末，一群喝到微醺的男生，欣赏双键盘弹出的前卫摇滚乐。很快大家就都不安分了，其中最不安分的，自然是在下了。

一般混音器都位于观众席中央的位置。看到调音师去了洗手间，我就那么晃晃悠悠地走到调音台边上，把所有音量都调到最大。

乐队毫不知情，产生的噪音震耳欲聋——失真的音乐，夹杂着低音，混合着尖锐的键盘声，让人措手不及。整个音乐厅乱作一团，直到第二天，大家耳朵里都嗡嗡作响，但事情发生时，没有人会注意太多细节。直到校长闻声赶过来之后，混乱的场面才得到控制。

多年以后，杰里米·克拉克森说那是他听过最吵的声音。通过之前的例子我们知道他喜欢夸大其词，但是这次的确像他说的，非常非常吵。

你问我受什么处分了？我被拖到校医院去洗胃了。这绝非必要，也不人道。学校只是为了惩罚我才这么做。第二天，学校发现噪音不仅把音乐厅屋顶都震松了，还把固定花窗玻璃的陶瓷震碎了。这成了压死骆驼的最后一根稻草。学校给我父母打电话，把他们请到学校来了。

开着她的保时捷（车牌号WME 94M），母亲来到了学校。母亲还是那个样子，穿着一身白色的衣服，脚踏一双白靴子，拿着一瓶百合花，走进了校长办公室，因为她听说校长喜欢百合。母亲总知道如何讨人欢心。

"哎呀洛伊德，你不知道我见到你有多高兴，这是我的一点小礼物。"母亲一边说，一边把花瓶摆在校长面前，坐到他面前的椅子上，"是关于艾德里安的吗？他在家里挺听话的。"

这次她的手段没起作用。校长直截了当地对她说:"确实是关于艾德里安的。但是他在学校可没那么听话。实际上他捅大娄子了。干脆你直接把他带回家算了。雷普敦不欢迎他这样的学生。"母亲的目光先是落在校长身上,然后转向我,接着再看向校长。

她抬起了自己的下巴."洛伊德,如果你是这种态度的话,那这花我就收回来了。艾德里安,咱们回家。"

关于我退学的事,我不知道杰里米在其他人面前是怎么吹的,反正我就这么回家了。在同学眼中,我就这么不光彩地退学了。我自己却想着终于可以摆脱这破地方了,心中还有些小得意。

后来我还回去过,但就那么一次,当时我和父亲一起参加了一次校友跑步活动。总之最后双方闹得很不愉快。讽刺的是,之后有人告诉我,说我和杰里米的照片都上了雷普敦杰出校友名册。

第 5 章

离开雷普敦之后,我的生活里有更多快乐,一切都开始逐渐走上正轨:我又一次来到申宁顿,虽然最后成绩没到令人刮目相看的程度,但好歹能跟上大部队。和一年前相比,我取得了大概几秒钟的进步。

我在曲轴末端安装的旋翼,原本是为了发送电子打火信号。凑巧的是,如果倒车的话,这旋翼的宽度正好能调整好点火正时。所以周末练习赛过发卡弯的时候,如果我倒着开了,一定是踩着离合了。当我松开离合之后,才发现卡丁车的四个轮子都在向后转动,而不是向前转!接下来的比赛我都一边转过头看赛道,一边倒着开,最后倒回围场,面带笑容。观众们都惊呆了。但是裁判却觉得这没什么了不起的。

我还着手打造一辆"特别号"(the Special)公路跑车,连设计图都是我自己画的。这项目难度不小,所以我最后还是没能完成,但从这段经历里我也学到了不少东西。在我研究的过程中,我了解到,在萨里(Surrey)有一支名为德尔塔赛车(Delta Racing Cars)的车队,其中有位男士名叫伊恩·里德(Ian Reed),他之前曾造过一辆类似的跑车。想着他肯定很懂,所以我就写信给他。

在一次回信里,他邀请我去他的工厂,我们在那儿待了半天,他看了看我的设计图,教我怎么开发、设计跑车,然后还提供了一些职业生涯方面的建议。

在这个过程中,我还在慢慢积累经验。显然,在任何领域,不管是网球、小提琴,还是烹饪,想成为专家必须至少积累 500 个小时的实践经验,最好是从 8 岁开始,贯穿整个青春期,因为这个时候人的学习能力日渐成熟,学东西也更快。

虽然我还没意识到,但制造赛车正是在积累经验。同过去一样,我一直都在练习。因为我的生日离圣诞节不远(每个在圣诞节前后出生的人都会有这种经历),我 8 岁时的圣诞节/生日礼物是一辆踏板卡丁车。当然啦,我为这辆车加入了自己的车身组件,让它外观像一辆一级方程式赛车。之后我还收到过一辆十挡变速的卡尔顿(Carlton)自行车。为减轻车重,我在车架上钻了几个孔,还把原装的钢制车座支柱换成我自己设计的铝制支柱。我对这些改装十分骄傲,哪知道有一天车架直接折了。

尽管我的"特别号"最后没能上路,但是这个过程中我仍然收获了很多宝贵的经验。毕竟花在造车上面的时间只有那么多。除了造车之外,我还要应对生活中各种其他的事,比如学校和女朋友,17 岁之后,我还迷上了摩托车。

驾驶踏板改装后的卡丁车

在继续教育学院的第一个学期,每次上学我都会先骑摩托车3英里到斯特拉福德的公交站,再乘公交去利明顿。班上大多数男生(总共15名男生,没有女生)骑的摩托车不是雅马哈FS1E就是普赫的踏板车。

班上一个年纪稍微大一点的男生安迪骑的则是一辆指挥官诺顿(Norton Commando),超级酷炫。不管是课间还是午饭的时候,讨论的话题都是摩托车,很快我就沉溺其中。正好父亲也很喜欢摩托车。之前服役时,他是一名传令兵,专门骑摩托车送信。因为他也很钟爱摩托车,所以有一年的圣诞节/生日时,他送给我一辆全新的摩托车(这么看有时候出生在圣诞节前后也不见得是坏事)。和我之前玩卡丁车的经历相比,不得不说这礼物确实惊喜。之前我看中的是一辆杜卡迪250(Ducati 250),后来,在《摩托》杂志里,我读到一篇新出摩托车的公路测试报道,也就是莫里尼摩托350运动型(Moto Morini 350 Sport)。给父亲看了之后,他同意给我买。于是17岁生日那天,我成了这台摩托车的主人。但有个问题:法律规定学生只能骑排量250cc以下的摩托车。于是我花25英镑买了一辆破旧的1958 BSA C15摩托车,用来准备摩托车驾照考试。这个时候父亲非常好心地骑着我的莫里尼,说怕车太久不骑坏了。

1976年,夏天炎热而漫长,是骑我心爱摩托的绝佳时机,只有一点不好,我和朋友一不小心就会压过路上融化的沥青。本地有一家摩托车俱乐部，叫莎士比亚的摩托车手们（Shakespeare's Bikers）。每周三晚上7点我们都会在一个特定地方碰头，每周末还会一起骑车出游。突然之间，我的生活有了更多色彩，我认识了各种各样的朋友，有的来自学校，有的来自摩托车俱乐部。正是因为加入了这些新圈子，我也有了更频繁的社交生活，结识了更多女生。我不再欣赏多尼·奥斯蒙德（Donny Osmond）那种慵懒的音乐，转而喜欢上更为流行的朋克。每次在家里举办聚会的时候，我都能就着朋克乐，跳我唯一擅长的舞蹈——泼猴舞（pogoing）。

我太喜欢我的摩托车了。摩托车手之间有一种同袍之情，源自驾驶摩托车时的那种自由的感觉，这是驾驶汽车所给予不了的。我甚至一度认为自己未来会成为一名摩托车设计师，但在内心深处，我知道这只是一段"露水姻缘"。我最想做的，还是成为一名赛车设计师。虽然在当时看来，不管是成为摩托车设计师还是赛车设计师，可能性都不大。

我的外婆凯斯（Kath），成天喝琴酒和马蒂尼，母亲也是受她遗传，特别爱喝酒。我特别喜欢外婆。但是当坏疽夺走她的双腿之后，她就觉得活得很没意思，几个月后，她在一家疗养院逝世了。那是1977年之后的夏天，得知她去世后我非常伤心。

我本打算拿着外婆的遗产再去买一辆摩托车，但是遭到了我父母的拒绝。他们觉得我应该把钱存起来，为以后买房做准备。而且不是已经有一辆莫里尼摩托了吗？

我和我父母说，我懂外婆，如果外婆还活着的话，她肯定会让我买车的。我知道这么说是在耍小聪明。但是谁真的一辈子从来没玩过这种小把戏呢？最后我和外婆终于如愿以偿，得到了我们想要的一辆新摩托车杜卡迪900SS（Ducatti 900SS），车牌号CNP 617S。18岁就能骑这车是一件很酷的事。

我非常喜欢英国产汽车，莲花是我的最爱，但是如果问哪个国家的摩托车我最喜欢的话，那绝对是意大利的。在我去华威上学期间，我和朋友们一起拜访了凯旋（Triumph）和诺顿（Norton）的摩托工厂。我们不理解的是，他们仍然很傲慢地觉得自己造的摩托车才是世界上最棒的。他们一心生产那些早就有的款式，例如指挥官（Commandos）或者三叉戟（Tridents），对竞争对手的产品充耳不闻：意大利的摩托车不仅性能更好，外观也更吸引人；日本摩托车的性能也更出色，同时价格却要低很多。

尤其是凯旋的工厂，在工会的管理下，这地方污秽不堪，陈旧迂腐。我到现在都记得，车间里有那么一间屋子，凯旋就是在这间屋子里，在摩托车油箱上画凯旋的标志性条纹。房间的一个角落里装有一桶金黄色的油漆。在房间中央是一张桌子，桌子上有一个摩托车油箱，在桌子和油漆之间有一位工人，身穿灰色工作服。在走向油漆桶的时候，他甩了甩手中的刷子，把刷子浸到桶里，然后再慢悠悠荡回油箱，任凭油漆洒一地。

我们一脸惊讶地看着他，等着他捅出什么大娄子，但当刷子接触到油箱的那一刻，他手突然就稳住了，气定神闲地把手腕那么一翻，一道完美的金色条纹就出现在了油箱上。

完成后，油箱由一位年轻工人搬了出去，然后又搬进来一个新油箱，然后油漆工人又开始在油漆桶和油箱之间晃来晃去，周而复始。这样工作效率极度低下。看到这幅画面，你可能会想在铃木摩托（Suzuki）或者长崎摩托（Kawasaki）的工厂里，那些穿白大褂的工程师肯定不会这么干。在效率低下的同时，这样的操作相当"神乎其神"。毫无疑问，这里面有个隐喻。

父亲母亲他们那一辈都非常讨厌日本生产的商品。父亲说它们都是"日本垃圾"。所以我只能选意大利摩托了。问题是，我太沉迷于意大利摩托车了（当然还有意大利美女、音乐和烈酒），导致我第一年的期末考试差点没过。伊恩·里德告诉我，想要进入车队，必须要有一张文凭，但是如果不能毕业的话，文凭就更不用想了。所以，我人生第一次开始把学习当作一件正经事对待，也开始物色自己能上什么大学。

在我准备考试的过程中我学到了，要想考好，必须在复习的时候专心致志，排除各种干扰。每当我在考试之前复习的时候，我都会一边听歌一边复习，我自己以为是在复习，实际上我是在听歌。最后学到的内容都来自电光乐队（ELO）的歌词，而不是书本。

在我考虑的那些大学里，南安普敦特别吸引我。从《赛车》杂志里，我了解到布拉汉姆车队（Brabham）和马切车队（March）在开发他们的赛车时，会利用在南安普敦的风洞。如果我去那儿上学的话，说不定还有机会和两车队的人套套近乎，拍他们马屁。

我的录取专业是航空航天工程，直到现在，我对飞机仍旧没有一点兴趣。按理来说，如果要想毕业后在汽车行业做生产线汽车的话，我应该是选机械工程这个专业的。

但是那个时候我并不想汽车工业方面的工作，我想进入赛车行业。当初的想法是，学了航空航天专业之后，我就会懂空气动力学，知道什么样的设计结构是最轻的，了解材料和控制理论这些东西。出于这样的想法，同时也因为风洞的诱惑，我最终选择去南安普敦上大学。经过我的努力，我终于被这所大学录取了。但是问题在于，虽然我专科毕业时的成绩是全国最高的，但是我所选专业对数学能力的要求，却是普通程度考试中高等数学的水平。南安普敦大学的老师都默认学生考的是普通教育高级程度考试。

工程课，尤其是像航空工程这种课，对数学要求非常高，我听课都觉得十分吃力。老师在解方程的时候步骤都直接跳过了，默认大家都明白怎么回事。就连周末我都开始学习了。既没有和朋友出去玩，也没花心思去设计自己的跑车，更没有骑摩托车出去兜风，就只学习数学，希望课上能听懂。但是不管我怎么努力，在课上我似乎总比其他同学慢半拍。更糟糕的是，我室友都不是我这个专业的，他们也不学习，就是成天聚会喝酒，在这样的环境里更不利于我啃数学。快到圣诞节的时候，我都想退学了。

当时内心相当绝望，所以我去找伊恩·里德，那时他在马切上班，这是一家生产一级方程式和二级方程式赛车的公司，按那时的标准来看，公司业务范围相当广泛。

"听着，"伊恩说，"如果你只是想当技工的话，现在就能找到工作，但你永远是个技工。如果你想成为设计工程师的话，必须要有文凭。所以我的建议是别放弃，继续加油。"

我还去见了辅导老师肯·比尔金（Ken Burgin）。他注意到我学得很吃力，所以会给我开小灶辅导我学习。同时，他也鼓励我不要半途而废。朋友和老师都是这么建议的。肯和伊恩都对我说："继续努力，不要放弃。"

于是我照做了。虽然我从来没真正弄懂数学——直到今天，数学都是我的弱项——但是那个时候我像鹦鹉学舌一样，背数学公式，通过这种方式最后克服了数学方面的问题。也就是说，那些题目我从来都不懂，但是我知道怎么做题。这些数学问题不仅没有难倒我，而且，虽然说起来有些奇怪，但是这个过程确实磨炼了我的意志，当情况变得棘手时，人需要埋头苦干，直到解决问题。我还养成了学习时高度集中注意力的习惯，这对我的未来生涯起到了非常大的帮助，但是我必须承认，这对提高社交能力没什么用。尤其是在周末参加赛车比赛的时候，我都只能关注正前方的事物，忽略了左右两边的状况。

在南安普敦大学的第二年比第一年好过一些，因为课堂更多涉及实践方面的内容，而这恰恰是我的长处。课堂上老师不再只讲那些空洞的理论，还包括实际的工程知识，为毕业设计做准备。

命运、运气和机会的共同作用下，事情开始朝有利于我的方向发展。我 1977 年入学，1980 年毕业。在学校的三年时间里，一级方程式也发生了翻天覆地的变化。

一切都开始变得有趣起来。

第 6 章

要想让赛车跑得更快，需要更大功率、更轻的重量和更少的空气阻力。这听起来可能是个简单的目标，但实现起来很难，主要是因为涉及赛车过弯时受力的问题。一辆重量轻的赛车能够迅速地改变方向，但认为车辆越重，产生的抓地力越大，则是一种误解。轮胎的运动不是线性的，这意味着即使在转弯时轮胎上的重量加倍，它们也不会提供两倍的转弯力。以同样的速度转弯，重量两倍的赛车需要两倍的抓地力，速度提升也会更慢。

这时下压力的重要性就体现出来了。下压力给赛车施加向下的压力，让赛车紧贴赛道。下压力主要来自赛车的空气动力学外壳，这样的外壳可以在不显著增加车重的前提下，提高抓地力。

也就是说，可以在不影响加速度的情况下，提高赛车的抓地性能。

所以，车架设计师的工作重点在于：

第一，不管赛车是在刹车、过弯还是加速时，都能确保所有轮胎能一直与地面接触；

第二，使车重尽可能轻；

第三，尽可能减小空气阻力；

第四，确保赛车过弯时拥有足够、平衡的下压力。

1977年，赛车行业对于下压力的研究还不够深入。20世纪40到50年代时，还没采用相关技术。直到20世纪60年代车队才开始为赛车加装尾翼，尤其是在勒芒拉力赛上。由于当时车壳设计得不合理，导致赛车不论是在直道还是弯道都不能紧贴地面。车手对此抱怨不少，他们以为是勒芒赛道的问题。查帕拉尔（Chaparral）车队的吉姆·霍尔（Jim Hall）从飞机上获取灵感，于1967年为赛车加入一副超大尾翼，使得赛车的下压力大幅增加，这是历史上的第一次。

飞机之所以能飞起来，是因为机翼的外形，使空气会以不同的速度经过机翼上下两侧，导致机翼下侧所受向上压力大于上侧所受向下压力，最终使飞机往压力较小的一侧移动，这种使飞机上升的力也就是所谓的"升力"。

赛车尾翼的工作原理是一样的，区别在于压力的方向是相反的："压力"或者说"下压力"使赛车紧贴地面，使得轮胎与地面间的抓地力增加。

这一简单原理流传开之后，赛车尾翼自20世纪70年代起变得常见。自此以后，各大车队不断尝试，希望提高赛车抓地性能，但无甚进展。转折点出现在1977年。

要想知道1977年发生了什么，要先了解一些空气动力学的相关知识。当机翼在空气中移动时，机翼上下表面的压差会引起机翼附近流场畸变，这种现象被称为环流。机翼应用到赛车上时，会导致车后的空气向上吹，形成公鸡尾巴形状的气流，当一级方程

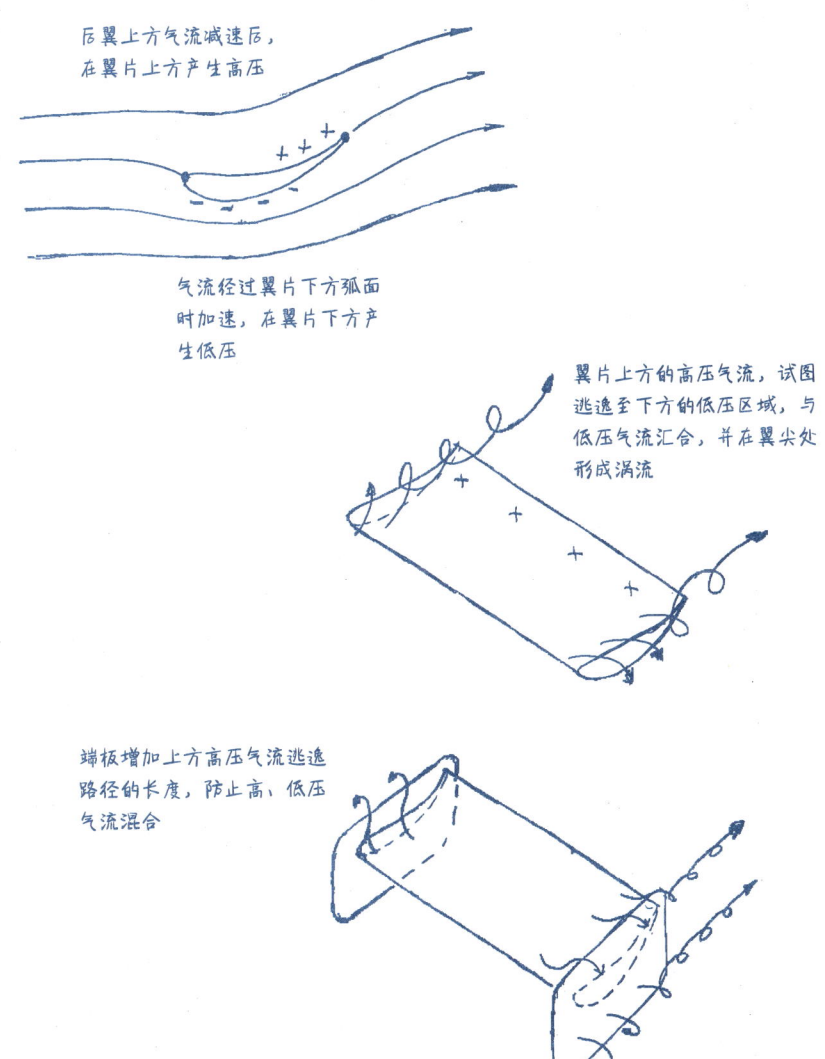

图2　后翼的工作原理与翼尖涡的形成原理

式赛车在雨天行驶时这点尤为明显。但是，压力较大一侧的空气也会沿着翼左右两端方向流动，使得翼上侧所受压力减少，降低翼的效率。当赛车向前行驶时，空气向后流动，与绕经翼尖两端的气流混在一起，形成一种螺旋的、类似龙卷风的涡流，被称为翼尖涡。在潮湿天气，一级方程式赛车在行驶过程中，可以看到翼尖涡的形状。同样的，在潮湿的环境下，飞机着陆时也能看到机翼两端的翼尖涡。

飞机（还有鸟类）通过延长翼展的方式来弥补效率的损失，其中一例便是滑翔机，滑翔机的机翼又细又长。一级方程式赛车由此效仿，增加尾翼翼展。然而，1968年一级方程式比赛中发生了一系列事故，由于翼展过长导致尾翼断裂。随后FIA便颁布了相关规定，限制尾翼翼展长度。翼展被限制后，车队的应对措施是在尾翼尖两端各加入一片翼片，使空气从上侧逃逸到下侧时的路径更为复杂。即便如此，尾翼的总体效率还是降低了。1968年至1977年，所有车队都采用这种尾翼加翼片的设计。

然而，大自然自有其高明之处，就算翼展受限制，它也早已发现提高效率的办法。如果你观察过游禽是怎么飞的话，你会发现它们都挨着水面飞行，翅尖几乎要接触到水面。

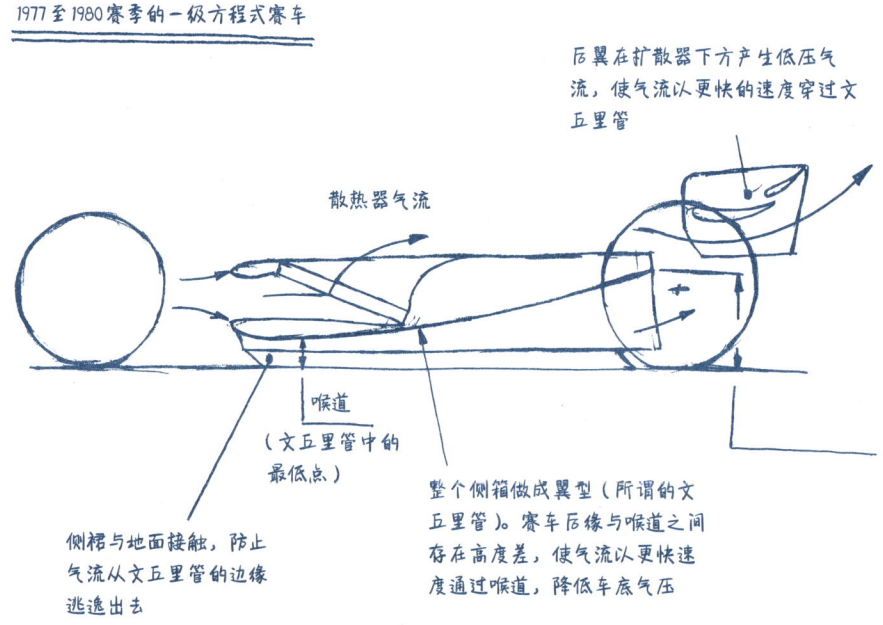

图3　将侧箱设计成游禽大翅膀的形状

这种做法有两大好处：首先，如果翅尖紧挨水面的话，空气逃逸的路径相当于被封闭了，翅膀下方的压力不会减小，由此使得翅膀的效率大幅提高。

其次，由环流造成的翅膀后下方气流会作用于水面，提高翅膀下方所受压力，这一现象被称为"地面效应"。

把翅膀倒过来，于是就有了能产生下压力的侧风箱口，其翼片向下弯曲，一下就把问题给解决了。1977年的莲花车队就是按照这个思路进行设计的，赛车大量运用车底部的空间，制造出一对巨大的"翅膀"，借助翼尖的"侧裙"来防止空气逃逸。

用今天的话来说，这样的设计算是"破坏性创新"，这一改动将使空气动力学成为赛车设计的前沿阵地。

这也正是我的知识派上用场的时候。这些事情都发生在20世纪70年代，那段时间我正好在大学学习空气动力学，希望未来能在一级方程式开启自己的职业生涯。也正是在这个时间段，整个一级方程式赛车界认识到了空气动力学的重要性。

要知道，那个时候车队的规模还不大，每队大概有30名员工，现在红牛车队有约800名员工。他们开始自学空气动力学，所以相关的开发与设计也就显得杂乱无章。

这么说并不是在批评当初的设计师。完全没有批评的意思。如果我有时间旅行的能力，我肯定会回到20世纪70年代去设计赛车。因为那时每一辆赛车都大相径庭。那个时候的规则手册还很薄。设计师享有很多自由，但那时业界对于赛车的了解非常有限，主要是因为当时的研究工具不如现在发达。那个时候设计师还在考虑要不要用风洞，更不用说现在我们经常用的模拟工具了。

但他们实乃业界先驱。他们尝试过各种悬架几何结构，例如"抗制动点头""抗加速后仰"或者自适应悬挂。自适应悬挂减震时的形状有点像巧克力。很多天才的点子都是设计师在淋浴或者站在画板前沉思时想出来的。每种实际采用的想法都获得不少人的喜爱和赞赏。但是大多数想法在刚想出来的时候就被否决了。这种不成熟的想法被否决的例子十分常见。

在这些先驱当中，最具代表性的要数科林·查普曼（Colin Chapman），他是莲花的创始人，也曾担任公司总经理。在我心目中，他就是设计师里的超级英雄。

当初懂航空设计的设计师为数不多，查普曼却是其中之一，他很好地利用了自己的长处。查普曼有一种喜欢从头来过的倾向，他不喜欢在过去成功的基础上进行发展。1968年，车队通过装载考斯沃斯双四缸发动机的赛车赢得了当年的冠军，这是第一台使用这台发动机的车。随后，他选择转向四轮驱动系统，这是一个很糟糕的决定，导致车重剧增,不再拥有竞争力。

还有一次撞进死胡同是因为选择效率低下的燃气轮机赛车。1968年赢得冠军,两年之后莲花还在用同一款车和其他车队竞争,连追上对手都很吃力。莲花72让车队在20世纪70年代中期风光了一把,然后又是一路磕磕绊绊。直到莲花78,也就是那台地面效应赛车出场之后,莲花车队才重回冠军争夺者的行列。尽管那年莲花没有赢得冠军,但是他们之后一年的赛车,也就是莲花79,统领1978赛季。

但是在那之后,莲花又回到了不断撞进死胡同的状态。当时,布拉汉姆车队的戈登·穆雷(Gordon Murray)在引进拉杆悬挂取代旧的摇臂系统时,迈凯伦车队的约翰·巴纳德(John Barnard)用推杆系统予以回应。两套系统都帮助赛车缓解由下压力产生的巨大负荷。莲花车队的做法是开发新车架,新车架上每个轮子附近都装有空气动力学部件,如此一来,下压力便直接施加在了轮子上,而不是借助悬挂系统进行转导。

这种设计并没有达到期望的效果,雪上加霜的是,不久之后它被禁掉了。

我个人其实非常想见查普曼。他是一个很有个性的人,一位真正的发明家。他将"操控性比发动机功率更重要"的想法发扬光大。他的天才之处在于将一级方程式领域以外的科技应用到赛车上。例如,很多人认为他是第一个采用无大梁单体结构车架的设计师。传统车架都是用钢管制成,而无大梁单体结构车架使用的是铝板。这一设计具有革命性的意义,但是最先开始采用这一思路的却是1954年捷豹(Jaguar)的D系列比赛摩托车。同样的,查普曼还用螺丝将发动机直接固定在车架上,而不是先

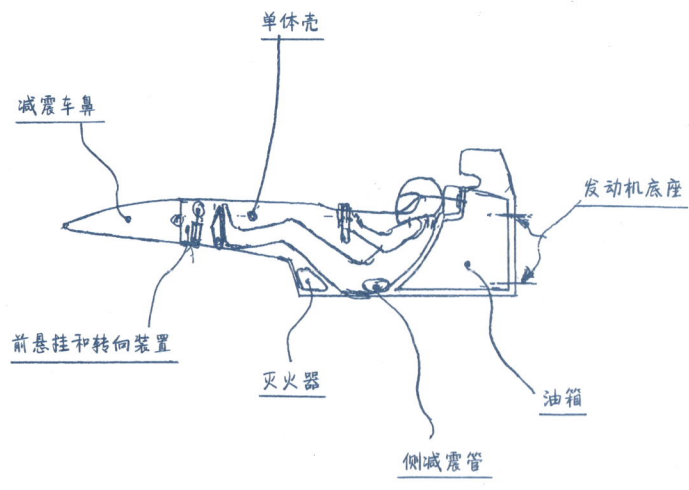

图4 无大梁单体结构及其众多零部件

固定在副车架里。

遗憾的是，地面效应之后，查普曼再也没有构思出很好的设计。不久之后，他和约翰·德罗宁（John DeLorean）一起承担德罗宁汽车的设计工作，设计了回到未来汽车。在那之后他又受到暗箱交易的指控，吃了一场官司，在1982年因心脏病而丧命，享年54岁。

马里奥·安德烈蒂（Mario Andretti）当初驾驶那台地面效应赛车，赢得赛季冠军。他始终表示，查普曼是假死，而且逃到巴西去了，目的是躲官司。这种说法用在其他人身上不太合理，但如果是查普曼的话则有可能说得通。

此时，在南安普敦大学的我注意到，虽然所有一级方程式车队都开始了解地面效应的优势（同时也意味着设计师不能随便测试洗澡的时候想出来的点子了，因为空气动力学导致赛车的外形趋于相似），但是那时跑车却还没有跟上潮流。所以我的毕业设计的题目是《空气动力学与地面效应在跑车上的应用》。

说干就干。我做了一套铝制翼，打算把这套翼安在自己车下面的。我把装置带到一个小型风洞里不断测试，用高压喷枪打磨其形状，直到自己满意为止。我按1:4的比例造出了一台模型车，安上自己设计的底盘翼型，然后将模型车带到7英尺×5英尺的风洞进行测试。

从过去到现在，我在风洞里花了不少时间，这成为我的一大优势，毕竟我是靠设计高性能车吃饭的。设计师可以在风洞里测量车辆下压力和所受的空气阻力，还可以测量下压力的分布情况：有多少施加在前桥，又有多少施加在后桥。还可以在风洞里测侧向力、横摆力、侧倾力。这些可测量参数使得设计师不用将车造出来就可以评估所设计车辆的整体空气动力性能。

老实说，整个毕业设计只占最终成绩的四分之一，但是在这上面花费的精力却比所要求的高多了。因为我喜欢自己的项目，感觉像回到了小时候，回到暑假自己打工攒车的日子。区别在于，现在我可以在风洞里去测试自己设计的模型。似乎自己在大学又体验了一次长大的感觉。

项目完成后，我的模型很成功，能产生非常大的下压力。具体所做的，是在莲花所发明的尾翼基础之上，加入侧裙，来封锁空气逃逸的路径。与此同时，还把它做成一对，安装在车底盘上，成为下翼。另外，我还为这套空气动力学装置提出了包装的设想。为跑车开发出这么一套装置可能不太实际，因为跑车若要承受如此大的下压力，悬挂需要非常硬，而这样的一辆车开起来肯定很不舒服。我想到可以设计出一套可随车速

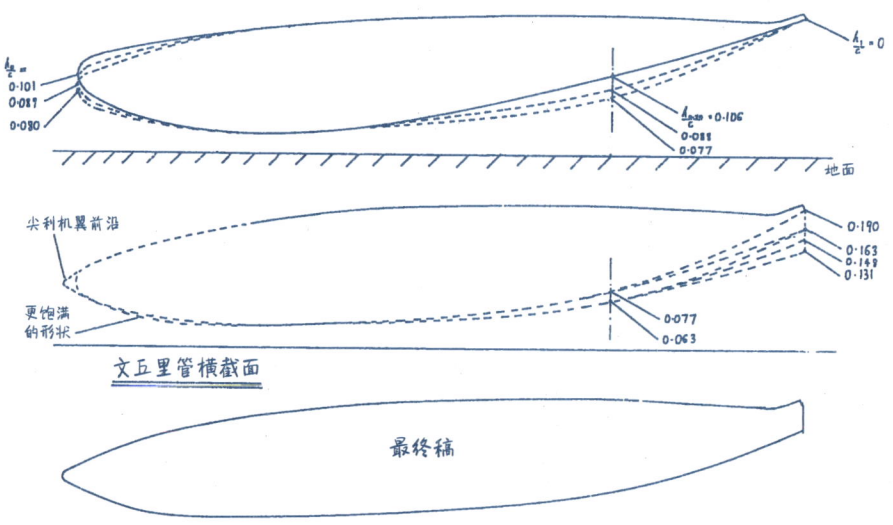

图5 毕业设计的技术图纸，底盘翼型的平面图

变化的弹簧系统，也就是如今人们说的主动悬挂。据我所知，这是将地面效应运用到赛车上的首项严谨科学研究项目。

更重要的是，在增加了我自己对地面效应理解的同时，这让我在未来求职的过程中，有了在雇主面前展示的资本。凭借这一项目，我毕业时拿到了一等学位，和我大一时的状态相比，这完全是不可想象的。

第 7 章

人学时我给戈登·穆雷写过信，当时他是布拉汉姆车队的首席设计师。信中倾诉了我对穆雷的仰慕之情，还讲述了我关于悬挂系统的设想，我所设计的这套悬挂可以使赛车前轮在过弯时不外倾。

我特别喜欢布拉汉姆车队。使用南安普敦的风洞的时候，我认识好几个车队的工作人员。而且我觉得我信中关于悬挂的设想挺不错的。更关键的是，当时更为常见的是纵置变速箱，用横置变速箱的车队除了法拉利，便是布拉汉姆，我的悬挂设想更适合横置变速箱。

事后我才发觉，其实那个设想没有原先想的那么完美。对于那样的悬挂来说，要想更硬，必须改变车架结构。戈登给我回信了，他在礼貌回绝我提议的同时，还鼓励我未来继续努力。这么多年之后，他还记得我给他写信这件事。这件事之后，我毕业后最想去的车队只有两家，一家是布拉汉姆车队，另一家是伊恩·里德所在的马切车队。

但是当我问他们招不招人的时候，得到的回复都是否定的。之后我又问了其他的十几家一级方程式和二级方程式车队，得到了相同的答复。我给每家车队都寄了我毕业设计的照片，以证明自己的优秀。可以想象，这种投简历的方式很花钱。

其中一半都没回复我。回复了的都以"我们需要有经验的人"为借口拒绝了我。泰瑞尔车队给了我面试的机会，还说如果获得足够多赞助的话，我就能去他们车队上班。虽然我的毕业设计给他们留下了很深的印象，但是最终车队没有收到那笔赞助，我也没能去车队上班。

迪迦（Tiga）车队也觉得我的毕业设计做得很不错，这是一家二级方程式车队，就在卡弗舍姆（Caversham）边上，靠近雷丁（Reading）。这家车队的车间干净整洁，由两个澳洲人管理：蒂姆·申肯（Tim Schenken）和豪登·甘利（Howden Ganley）。在申肯和我面试的时候，正好碰见甘利从雷丁图书馆抱着一摞书回来，显然是在研究如何设计并制造他们自己的风洞。我十分钦佩他们敢想敢做的精神，但是仅仅从雷丁图书馆搬几本书回来就想做一个风洞的想法未免太乐观了。

不过他们两个人挺友善的，而且也和我说如果赞助充足的话就会雇我。但这笔赞助也没谈成，所以工作也没戏了。

绝望之下，我去英国兰利（British Leyland）参加了面试，这是一次集体面试，为期一天。带我们的员工说过去一整年，他都在做一辆掀背车后备厢盖的应力分析，车型是莫里斯意特尔（Morris Ital）。听他说完，我心里暗想：整整一年都在做后备厢盖应力分析，我肯定没法坚持那么久。

之后我们一起吃午饭。从餐厅窗往外望的时候，看到一辆颜色漆黑的车在测试跑道上跑圈。其他面试者看到后都激动得不行。大家都在猜测这是什么车。这难道就是最新款英国兰利？是美阔（The Metro）！这证明我的担忧是对的。来这上班我肯定会疯掉。

我还从莲花那儿得到一份工作，比兰利这份工作有意思多了。倒霉的是，工作不是在莲花车队，而是莲花公路轿车业务部门。

虽然我们家就有莲花的车，而且加入之后说不定还有机会能加入莲花车队。但是，当时莲花最受欢迎的车是莲花精灵（Lotus Esprit）。我觉得那辆车又丑又烂，之所以这么受欢迎完全是因为电影《海底城》（The Spy Who Loved Me）。

我去莲花参加面试时，惊奇地发现他们车间脏得跟猪窝一样。我看到精灵的部件是如何用边缘参差不齐的厚玻璃纤维造出来的。莲花公路轿车当时为德罗宁汽车公司做了很多研发和设计的工作，之后德罗宁的车变得又笨拙又丑陋。

但这是我能找到的最好的工作了，我本来就要答应去上班了，但是我又接到了另一通电话。

是哈维·波斯尔思韦特（Harvey Postlethwaite）打过来的，他那时是菲蒂帕尔迪汽车（Fittipaldi Automative）的技术总监，之后他加入了法拉利，成为一代设计传奇人物。

哈维喜欢我发给他的那些毕业设计照片。我要不要去他们公司参加面试呢？

差不多一天之后，我骑摩托车去了雷丁，也就是菲蒂帕尔迪的总部参加面试。去了之后发现原来就是一个小车间，几间移动板房办公室，外加一个停车场。我穿着摩托夹克坐在前台等着，哈维出来接我，一头乱发，脸上笑得特别灿烂。

"你玩摩托车吧？"看到我的夹克之后，他显得很高兴，说道，"你骑什么车？"

我回道："杜卡迪900SS。"

他说："不错啊，我的是一辆莫托古兹的勒芒（Moto Guzzi Le Mans）。"

杜卡迪和莫托古兹都是意大利摩托车品牌，当时的摩托杂志都在讨论究竟哪一家的摩托更好。哈维想亲身体验究竟哪家摩托更好，于是问我能不能借我的杜卡迪出去兜一圈。

我说没问题。然后就站在停车场等他，都不知道等了多久，更不知道他开到哪儿去了，最后他终于回来了，头盔摘下来之后，他头发更乱，也笑得更灿烂了。

他说:"你什么时候能来上班?"

就面试来说，这比在兰利的餐厅面试不知道好到哪里去了。

怎样创造马切83G

第一回合

第8章

刚开始在菲蒂帕尔迪上班时，我的职称是"初级空气动力工程师"，但是因为公司也没有其他空气动力工程师，所以我还兼任高级空气动力工程师。

办公室里很多家具面料都是用米色纺织聚酯制成的，很有20世纪80年代初期的风格特色，员工烟不离手，咖啡也没断过。总共有大概35名员工，一部分在车间工作，另一部分的办公场所是移动板房。按那个时候的标准来看还可以（虽然人数和莲花比少一些，但是也没差很多）。问题在于，老板太多，员工太少，根源是公司是由两支队伍合并而来的：一边是原有的菲蒂帕尔迪汽车，由兄弟车手威尔逊（Wilson）和爱默生（Emerson）创立；另一边是野狼车队（Wolf Racing），车队头号车手是柯克·罗斯伯格（Keke Rosberg，尼科·罗斯伯格是他儿子）。

我加入公司的时候，两边虽然已经合并了，但是龃龉不少。我在两边办公室政治的夹缝里，小心翼翼地干自己的事。因为是基层员工，所以我可以在车间和移动板房办公室之间自由移动。每周五中午，员工在酒吧吃完午饭之后就不上班了，而是回到车间看成人杂志。我从来不跟他们一起，而是继续工作。因为我喜欢在一级方程式车队工作的感觉。

有次上班的时候，爱默生来了，这让办公室平时就很紧张的气氛比以往更甚。

我从来都不觉得车手是什么明星，所以对我来说没什么。但我还是饶有兴趣，因为这是我上班之后第一次见到这位名人，很少在车队看到他。

那时我的办公室也能看到车队的停车场。早上上班时，我注意到有人把车架移到了爱默生的车位上。正如我刚说的，反正他也不经常来，所以那人可能觉得也没什么大不了的，就把架子放那了。不凑巧的是，爱默生今天来了，本来就是一位赛车手，所以停车的时候也很利索，看都没看就直接往车位上停，快到扬起地面的沙尘。

抛开撞上架子那部分不谈，这驾驶技术确实没得说。车架飞了起来，越过停车场的栅栏，而爱默生的路虎（那种特别丑的坡型窗户路虎）车前已经开始冒蒸汽了，因为散热器被撞坏了。

我站在办公室里，看着爱默生从车里出来，抬起手挥舞，用葡萄牙语大声咒骂，大家都跑出来看到底是什么动静。这个时候我意识到，原来车手也是人。就算是像爱默生这样令人尊敬的车手，也和其他人一样，会犯错。

第 9 章

莲花之前为增加地面效应的效果,为赛车安上了侧裙。1981年,规则对此做出了限制。新的国际汽车联盟(FIA)要求侧裙离地面的距离不得小于6厘米,而且必须是固定的,不能上下摆动。显然,如果侧裙不能紧贴赛道地面的话,效果会大打折扣。

上有政策,下有对策。各大车队为赛车安上了橡胶侧裙,但是橡胶侧裙和地面贴合不紧,而且因为橡胶侧裙会和赛道接触,很快就会磨损。

1981赛季赛车和1980赛季赛车的唯一区别就是少了那些效果明显的侧裙。这是我第一次体验到规则的大变化会如何影响到赛车。从空气动力学的角度来看,我觉得需要重新设计,才能让赛车在新规则下达到最佳性能。

我的设想并不复杂:把下翼安装在高一点的位置,同时增加下翼的长度,如此一来,从橡胶侧裙底下逃逸的气流占通过车底全部气流的比例就减小了。这么想是没错,但是如果要采取这种设计,势必要重新设计后悬挂。

想到这里我立马就觉得很激动,因为这种设计结合了机械设计与空气动力学(我在南安普敦做毕业设计的时候就想着要这么做了)。

1981年,开始进行相关研发,计划是在1982年的赛车上实现这一设想。每个月,我和公司的技工皮普一起开着一辆沃克斯豪尔学维特(Vauxhall Chevette)四门轿车,载着我们的模型和其他工具,去伦敦帝国理工学院的风洞进行测试。

每次去测试时间都很紧,要一大早就赶过去。有一天早上去测试的时候特别冷,路面也滑。我在M4公路上开的时候,因为轮胎打滑,把那辆沃克斯豪尔学维特撞到了路边的安全栏上。为了不让轮子磨损过度,我们把叶子板内衬拆了下来,然后哆哆嗦嗦地爬回车里,继续开车。

到风洞之后,我们会对模型进行测试,测试模型受到多少下压力、多少空气阻力,然后进行一些微调,例如换一套新前翼、改变现有车翼、进风口,或是扩散器的角度。

现在所有模型都是提前做好,再挨个测试,因为这样效率最高。那个时候,我们会带着一堆零件和工件去测试,皮普和模型技师会在测试现场进行各种改动,我则在一旁记录测试结果,决定下一步该做什么。我们资源有限,很多时候都是就地取材,想到哪里做到哪里。如果我们发现哪个方向可能出成果的话,我们就在测试场地开工,完成模型后直接进行测试。

最后运气不错，1981赛季车队赛车性能有很大提升。我们根本不知道其他车队是如何提升各自赛车性能的（本来也不太可能知道），那个时候我就对自己车队的设计很有信心。

多年之后加入威廉姆斯车队，我把自己当年的设计底稿和帕特里克·赫德（Patrick Head，威廉姆斯车队创始人、前首席设计师）的1982赛季威廉姆斯车队的设计对比了一下，发现之前车队的设计确实很有竞争力。

不过，风洞测试出成果是一回事，把风洞测试结果转换为现实是另外一回事。为了实现后者，需耗费大量资源，工程能力、精密的设计工艺和制造水平，缺一不可。在这方面，那个时候的威廉姆斯车队总是领先一筹。但是如果从设计上来说，我们非蒂帕尔迪是冠军那块料，还是有可能成为第一的。

但现实没有那么多如果，赛车界亦是如此。

木已成舟，菲蒂帕尔迪也未能拿到冠军。我1980年8月入职菲蒂帕尔迪车队。到1981年圣诞节之前，车队已经不是我刚加入时的那支车队了。入职时，我们的赞助商是狮威啤酒。那时赞助商还很慷慨，车队里也洋溢着一股敢想敢做的氛围。1981年，狮威撤资，赞助商换成了安飞士租车，赞助费用不如以往。

工作还得继续，车队开始研发新赛季的赛车。之前我们就已开始设计一套后悬挂系统，以满足赛车空气动力学性能，当时图纸也已完成，就差送厂生产了。结果赞助商这么一换，因为资金问题，车没能造出来。车队不得不用上赛季的赛车征战新赛季。

员工开始离职。哈维加入法拉利车队。两位车队经理也纷纷离去，彼得·沃尔（Peter Warr）去了莲花车队，另一位彼得·麦金托什（Peter Mackintosh）加入了马切车队。车队之前的敢想敢做氛围已不复存在。

当意识到自己要另寻出路时，我的心情十分沉重。

第 10 章

过去每支车队都会有三个下属工程部门，即设计部、空气动力部和比赛工程部。平常，比赛工程师会加入设计部门和他们一起工作。

如今行业得到发展，各个部门分工明确，各司其职。现在一支车队可能空气动力部门有90人，另外70人在设计部门，还有30人在比赛工程以及比赛模拟部门，比赛模拟对赛车而言还是一个比较新的领域。

我主要是身为空气动力学工程师而小有名气，但这也是因为现在空气动力学性能已经成为决定赛车表现的最大影响因素。因此，在设计赛车时，我倾向于先考虑赛车的空气动力学性能，再紧接着研究赛车的机械布局，这样就能保证赛车在空气动力和机械两个方面的和谐统一。我唯一的兴趣就是让赛车跑得更快，我的优势在于自己拥有多个领域的经验。

赛车性能的三个关键领域分别是空气动力、机械设计和比赛工程。1982年时，我只接触过第一个领域。在菲蒂帕尔迪时，我曾零星参与设计车队1982赛季的赛车，并没有很深入其中，这台车的设计之后被砍了。去赛道测试赛车这种事我只做过一次，那次是在多宁顿公园赛道，我就站在赛道旁边，看着赛车在赛道上试跑。在那之前，我连耳机都没戴过。

简单来说，比赛工程师的工作就是和车手沟通，尽可能理解赛车的性能到底如何。比赛工程师的工作除指导技师应该加多少油、为赛车换上哪套胎之外，还要根据赛情，调校赛车各项参数，比较明显的因素除了天气之外，还包括赛道类型。

比赛工程师可调校的参数被称为设定参数，具体包括：前后悬挂弹簧的弹性系数、防倾杆硬度、减震器的设定、风翼角度、离地间隙、主销后倾角、前束和后束、传动比等。调整这些参数，是为了根据赛道和车手驾驶风格（每位车手都有自己的比赛工程师），将赛车调校到最理想的状态。

比赛工程师的工作吸引我，不仅仅是因为可以学到新东西，更因为在这个岗位上我有机会将自己的设计本领和空气动力学知识结合起来。我能在赛场上接触到赛车性能的第一手反馈，然后以此为出发点，参与到赛车的开发进程之中。

例如，假设车手抱怨赛车操控性有问题。作为比赛工程师，我可以直接和车手沟通，然后通过调校参数，从一定程度缓解问题。同时，以工程师的眼光来看，我还能试着去发掘问题到底出在哪里。是出在赛车机械设计方面，还是赛车的空气动力学性能？我能以一种全面的眼光审视一台赛车。

之前在菲蒂帕尔迪车队的彼得·麦金托什，后来去管理马切二级方程式车队，他向我提供了一份工作：周末时去当比赛工程师，工作日则在车队担任制图员，完成制图的工作。说实话我很心动，立马就要签合同了。但是，那个时候还有另外一个机会在等着我，莲花车队的彼得·沃尔邀请我去担任空气动力学工程师。

这就让我很犯难了。我是该留在一级方程式，去最中意的莲花车队呢，还是选择去马切，去弥补我在比赛工程和机械设计两个方面的短板，让自己的履历更漂亮？即使这意味着要去低一级的联赛。

现实情况是，我没思索太久就决定去哪儿了。从最后的选择来看，可能有人会说我的选择不太遵从自己的感情，我之所以这么决定，是因为自己看重未来。我特别想在自己的履历上加入比赛工程和机械设计制图的经历。所以我选择去马切。

于是我很快就上岗了。我不仅在比赛工程方面一无所知，后来还得知搭档的车手比我还大几岁，所以我开始蓄胡子。车队经理彼得·麦金托什虽然没有工程背景，但是经验丰富，他为车手克拉多·法比（Corrado Fabi）担任比赛工程师。经验丰富的资深工程师拉尔夫·贝拉米（Ralph Bellamy）不仅负责设计车队二级方程式赛车，还担任车手约翰尼·塞克托（Johnny Cecotto）的比赛工程师。我则负责车队的第三辆车，车手是克里斯蒂安·丹纳（Christian Danner）。

1982年3月21日，我在银石赛道进行了人生首场二级方程式比赛。因为加入车队时间太晚，没有赶上赛季前的各项测试，那天我措手不及。比赛的时候下雨了，所以我为赛车换上了雨胎，确保胎压正常，还检查了油箱里是否有燃料。这些都是很基本的事情，我知道，心里想着要把这个周末熬过去，起码这些最基本的东西不能出差错。

比赛开始后，克里斯蒂安取得了领先。他很擅长在雨天比赛，领先第二名两圈。但是，车突然就停了，让我们心里一惊。克里斯蒂安的赛车没油了。

人们觉得责任在我。克里斯蒂安大声抱怨，说我不知道怎么当比赛工程师（这么说也没错），而且我就是一个废物（这么说我就不同意了）。可能因为他情绪比较激动，在了解真实情况之前，他就把我给炒了。

后来大家才知道，责任不在我，事故原因是油箱泄漏，但是木已成舟。我和克里斯蒂安的合作在第一周之后就结束了，而且似乎我的比赛工程师工作也处于暂停状态。就在这时，约翰尼建议交换比赛工程师，由他先前的工程师拉尔夫和克里斯蒂安搭档，而我则与约翰尼一起，边学边做。到现在我都不知道他为什么这么做，但他的恩情我永远都忘不了。

约翰尼有着一头卷发，是个热心肠的委内瑞拉人，个性十足。之前他就获得过世界摩托车冠军，但是在经历几次不幸的事故之后，他选择投身赛车事业。他想要先在二级方程式领域闯出名堂，然后借此机会进入一级方程式领域。他反而选择了一位毫无经验的比赛工程师，这样的选择更像是一次赌博。

但是他就是这样的一个人：有一次他注意到我杜卡迪摩托车上的消音器生锈了，然后他便托自己在杜卡迪的熟人给我弄了一个新的。约翰尼就是如此热心，他给了我第二次机会，我欠他一个很大的人情。

而且，约翰尼也是一位出色的车手。随着赛季的展开，他赢得了斯拉克斯顿分站赛的冠军，此后的比赛里，他一直都很有竞争力。同时，我也变得越来越娴熟、自信。随着对约翰尼的了解不断加深，我开始慢慢调整赛车各项参数，以适应他的驾驶风格。

用最简单的话来说，赛车运动的精华就是，在过赛道的各个弯角时，用最短的时间完成过弯的几个步骤。但是，每位车手的驾驶风格会略有不同，而且每辆赛车都会有各自的特点。调校赛车参数的这个过程，实际上就是在特定车手和他的赛车之间，找到完美的平衡。这就涉及对之前所说的各项参数进行微调。

就弹簧来说，我们用的那套系统是拉尔夫测试出来的：前悬挂弹簧的弹性系数是每英寸1600磅，后悬挂弹簧的弹性系数是每英寸1500磅。车队三辆赛车都是按照这个参数设定，这样的悬挂相当硬。

这样的设定一直维持到赛季的第七站，位于法国南部的波城赛道。波城赛道属于街道赛道。约翰尼和我沿着赛道逛了一圈。我说道："天啊，这路太颠了。我认为咱们需要软一点的弹簧，以提高悬挂的减震性能。你觉得咱们是现在就换上软一点的弹簧，还是等到首次试跑完之后再换？"

约翰尼相信我。他说："现在就换吧。"

于是我便钻进车队卡车里，在一番翻箱倒柜之后，找到了一些软一点的弹簧。把弹簧安装上去之后，弹性系数降到了每英寸200磅。

这么做的好处在于，悬挂能更有效地抵消由颠簸产生的不利影响。在不平整的路面上行驶时，如果悬挂弹簧太硬的话，车就会很飘。如此一来，赛道与轮胎接触面上的摩擦力会大幅变化，轮胎也会在那些坑坑洼洼的地方不断打滑。如果你开过那种悬挂很硬的家用车的话，就知道我什么意思了。路面如果有坑的话，车一过去就开始抖。更软的弹簧提高了悬挂的缓冲性能，也为赛车带来了更多变化：刹车时前倾更明显；过弯时侧倾幅度也更大；加速时，下压力会导致赛车进一步下沉。由下压力导致的原有空气动力学机制，因为车体的额外运动被打乱。和弹簧更硬的赛车相比，弹簧软一些的赛车，下压力在前后轴的分布变化幅度更大。所有的这些调整，都是为了让赛车适应特定赛道。

换上新弹簧之后，约翰尼在赛道上进行了练习，还是觉得弹簧太硬了。于是我再次钻进卡车里翻箱倒柜，找到更软的弹簧换了上去。拉尔夫和彼得看着我在那忙上忙下，完全不知道我在干吗。为防止拉尔夫和彼得明白我的意图之后，学我换更软的弹簧，我把剩下所有的软弹簧都藏了起来。

回想起来，这样的行为挺孩子气。那个时候就是想要比车队里其他搭档表现得更好，都没意识到雇我的不是车手，而是车队。约翰尼在排位赛中获得第一名，并赢得该分站赛的冠军。虽然心里有些负罪感，但是必须承认我对这个结果非常自豪，觉得有自己的功劳在里面，同时以这样的方式，回报了约翰尼对我的信任。

到那年结束为止，我们在意大利连着参加了三场比赛。首先是在意大利北部的穆杰罗赛道，然后是在西西里岛上的恩纳，最后北上回到阿德里亚蒂科海岸上的米萨诺。那个时候人们还不怎么坐飞机，所以我和其他技工一起，自己开车在不同赛道间奔波。三周的时间里，我们游遍意大利，玩得非常开心。在那之前我顶多去过苏格兰，没想有朝一日能在意大利欣赏地中海风光。我们在罗马待了一晚上，然后乘轮渡去西西里岛。路上风景美不胜收。

恩纳佩尔古萨赛道和火炉一样热。整个车队的人都吃西瓜解暑，还尝了当地的鱿鱼，结果就都拉肚子了。大家都觉得那些鱿鱼肯定是下水道里养的。比赛日那天，所有人的状态都不太好，尤其是负责约翰尼的赛车的员工。车刚启动，大家就争先恐后地往厕所跑，整场比赛都没出来。如果那天赛车出了什么问题的话，车手就得自己想办法了——大家都从工作站跑了。

除这段插曲之外，那个赛季称得上完美。更宝贵的是，我学到了很多，成为一名越来越优秀的比赛工程师。我的车手约翰尼，和他的队友克拉多的竞争愈演愈烈，到了一山不容二虎的程度。尽管最终二级方程式的冠军车手是克拉多，名列第二的约翰尼在随后的赛季却直接晋级，成为一名一级方程式赛车车手。

尽管有很多事，但是我仍有机会接触到画板，做自己喜欢的事。

第11章

平常我的工作偏设计。我会为一辆马切跑车的雪佛兰发动机设计干式油底壳。雪佛兰的发动机会安装在马切跑车的后侧。然后,我被叫去改进变速箱,要去变速箱生产商修兰德(Hewland)位于梅登黑德的工厂,在那儿一待就是一周。

再然后我又被叫去画马切1983年款的Can-Am系列的车身。该系列是基于马切之前的一辆一级方程式赛车底盘设计而成的,拥有雪佛兰后置发动机,车身由麦克斯·萨多(Max Sardou)设计。

麦克斯·萨多在业界早已声名鹊起。萨多是一名法国空气动力学工程师,之前马切曾邀请他设计车体外形。这人性格有点怪,长得挺白,黑色的头发又长又油。他总是穿件战壕风衣,即使夏天的时候也不例外,开一辆雪铁龙DS。他开车的时候,两端的后视镜会叠进去,目的是减小空气阻力。

萨多将Can-Am系列的车身设计成了很大很圆的形状,显然,这么做是为了把空气导进扩散器。他还说,在直道的末端,扩散器排出的气流能达到音速,出现音爆现象。我一看就知道,这样的设计肯定没用。赛车只有在超音速状态下才能压缩空气。在南安普敦上大学的时候,我曾做过关于冲压发动机的实验,实验最后的结论是,要想冲压发动机正常工作,速度不得低于3马赫。

我去找马切车队的生产部经理戴弗·里弗斯(Dave Reeves),一边鼓捣自己新蓄的胡子,一边向他解释为什么我认为这样的设计行不通。

他看着我,觉得我疯了。这是在指责麦克斯·萨多的设计不好。萨多和莲花车队的那些人一样,是将地面效应运用到赛车方面的先驱。之前一年他还为Lola T600赛车设计出了夺目的底盘。

但我呢?我只是一名曾为菲蒂帕尔迪车队效力的无名小卒。里弗斯叫我闭嘴,回去继续画图,也就是把萨多1∶4比例的风洞模型,扩展成实际比例设计图。此外,我还要构思,如何把该车体设计的部件加到马切一级方程式赛车的车架上。

估计是我脑子出了毛病,我画的图上有一个维度弄错了。多画了1英寸,不过因为车形太大,估计制造商也没注意到这个错误。最后出来的作品特别大又特别丑,所以有了"陛下之舰百威号"这么个绰号(HMS Budweiser,百威是当时的车队赞助商)。

但是,通过这段宝贵经历,我还是学到了设计车体部件的知识,而之前都是从空气动力学形状的角度出发。那年一整年我都在忙这件事，年末的时候我自己开始寻思，之后车队会让我干什么呢？

因为不想再去给萨多画那些奇形怪状的车体了，所以我决定主动一点，自己找活干。我在马切车队的首项任务是为跑车82G设计油底壳。1982年6月，这台跑车参加了当年的勒芒耐力赛，但是没能跑完全程。利用几个晚上的时间，我检查了下82G的设计，发现有很多不合理之处，空气动力学性能可以提高的地方有很多（同样出自麦克斯·萨多之手）。

有了之前和戴弗·里弗斯的不愉快经历之后，这次我打算直接把自己的想法告诉车队高层。一天，我直接在车间找到了聪明绝顶的车队老板，罗宾·赫德（Robin Herd）。我直接问他："老板对车队的跑车有什么计划吗？"他听完眉头一皱，朝我眯眼一看："你有什么想说的？"

我说："我看了下跑车的设计。不知道您之前了解不了解，我大学的毕业设计就是和空气动力学相关的，研究如何把地面效应移植到赛车上。根据自己这段经历，我觉得我有能力改进现有的跑车设计。"

他回答："我这么和你说吧，你可以试试，但是车队不会让制图师帮你画图，也不会专门空出预算让你做风洞测试。"

不让做风洞测试这点让我感觉有点压力。这也就是说我必须依靠自己的空气动力学直觉来设计车的外形。我还真就这么干了。我把尾翼改了改，重新设计了车鼻的形状，还延长了侧翼的长度，让侧翼的头部变得更长。在此基础上，我还重新设计了车底总成和扩散器，也就是负责赛车地面效应的那部分。之后又在给赛车减重方面花了不少工夫。

车鼻的支撑结构很重，原因是这些支撑结构是用铝板制成的。我重新设计了这些支架，新的支架拥有类似三明治的结构，材料则是由中空铝管制成的，管内空间为蜂巢形状，而且这些新支架是由0.7毫米厚的铝板制成，这样的支架既轻便又结实。我还缩小了水管的直径，虽然这样会让管内水压变大，但是能减少车身重量。在此基础上，我还重新设计了笨重、繁琐的转向杆，进一步降低车重。我和车身淋膜工人一起想办法，降低了车体的重量。

到最后，我将整车重量降低了40千克，大概能让车的加速快1秒。我还重新设计了这辆车的空气动力学，极大增加了车体的下压力。而且下压力不仅仅是增大而已，因为重新设计了侧翼，所以下压力与之前相比更集中于中间，使下压力分布得更平衡。车辆在刹车时会前倾，在加速时会抬头，这会改变前后桥的下压力。由于现在下压力更集中，使得车在刹车和加速时前后桥下压力的变化较小。因其形状的缘故，新的侧翼有了"龙虾钳"的绰号。但新的侧翼确实奏效。

1982年，圣诞节期间，我一直都忙着重新设计跑车的事情。1983年1月份一天早上，记得那天特别冷，我们在多宁顿公园赛道进行了首次试驾。车手是蒂夫·尼德尔（Tiff Needell，之后成为《疯狂汽车秀》和《汽车大排档》的主持人之一）。

现在时间非常紧迫。这辆车被重新命名为83G，因为是在1983赛季设计出来的。而且罗宾早在测试前就已经把车卖给了一位名叫肯·穆雷的美国人。这人有一辆法拉利特斯塔罗萨，《夏威夷神探》里的主角开的就是这辆烂车，可能他还把自己当成车手了。肯雇了三名车手：兰迪·拉尼尔、特里·沃尔特斯、马蒂·欣泽。肯带着这三人去佛罗里达州参加戴通纳24小时耐力赛。比赛日期在2月上旬，也就是说只有不到一个月的时间了。

到了多宁顿赛道之后，我们发现只有我、车手蒂夫和另外几名技师，接着就开始测试车辆。那天天气太冷，导致我们对于赛车的性能无法有一个准确的估计，雪上加霜的是，雪佛兰发动机的风扇皮带还断了。

其中一名技师，开着蒂夫的奥斯汀·奥列格罗（Austin Allegro）去买了一条风扇皮带，回来的时候把奥斯汀的车钥匙忘在车队卡车里了。换上皮带后，我们接着测试，赛车终于在赛道上跑了几圈。测试结束后，我们各回各家，我上了自己的车，一辆莫里斯·玛丽娜（Morris Marina），准备回家。我把车钥匙插进去之后，发现扭不动。我使劲扭了扭，结果车钥匙被我扭断了。原来这钥匙是蒂夫的。

这下倒好。我俩都没法回家了。好消息是，一位技师的朋友比较有门路，就住在德比（多宁顿赛道就在德比）。这朋友来了之后，通过接线点火的方式启动了两辆车。两个小时之后我们都在M1公路上了。

测试就那么结束了。车也被送到了戴通纳。根据肯和罗宾之前商量的结果，我也跟着车一起去美国，开启了一段有意思的历程。

第 12 章

我们就这样来到了位于佛罗里达州戴通纳比奇的戴通纳国际赛道，参加这场 24 小时耐力赛。戴通纳耐力赛是美国赛车界比赛季的揭幕赛。比赛充满了传奇色彩。

就这点来说，能体验一下其实是好事。但是，我们的赛车显然无法经受比赛的考验。在多宁顿公园赛道上，这车连完整的测试都没完成。更糟糕的是，来到美国和这边的车队对接上之后，我了解到几件非常不利的事，这让我进一步怀疑我们的车能否跑完全程，更别说拿冠军了。

首先，兰迪·拉尼尔在四人里算是车技最好的。特里·沃尔特斯戴着细框眼镜，看起来特别有喜剧效果。马蒂·欣泽就住在戴通纳比奇，他眼睛瞳仁特别大，估计年轻的时候没干什么好事，而且现在也没戒。而肯·穆雷连换挡都不会，他顶多就是个有钱的新车手，但就这样，也还被允许参加和勒芒齐名的戴通纳耐力赛。

其次，这个车队缺一名车队经理。

看到肯·穆雷第一次驾驶练习之后，我和他坐下来好好谈了谈。聊完之后，他也觉得如果让其他人去比赛的话，他的整个体验会轻松很多，也没那么大压力。而且，我还说服他让我担任车队经理。

他也同意了。所以，24 岁那年，我就成了一支车队的经理，不仅要负责赛车，还要负责车队的比赛策略。

车队里美国技工的技术不好，好在我们有雷·易得斯（Ray Eades）和另外一位马切车队的技工。几个人一起琢磨怎么改车，让车变得更可靠。至于车的性能，就没做太多指望。

练习过程中，车经常抛锚。老问题还没解决完，新问题就出现了。资格赛之前那天晚上，我们一整晚都没睡，一直在改车。虽然仍然有不少问题，但是我们还是在资格赛上获得了第 15 名。第二天晚上我们还是一晚上没睡，也就是说，到比赛开始时，我们已经 48 个小时没睡觉了，接下来还有一场 24 小时耐力赛。那时，我们也没指望我们的车能跑多久。

比赛就这样开始了。那个年代还没有配备显示时间或者圈数的屏幕。记录圈数全靠车队成员的女朋友或者妻子，拿着本子，盯着自己车队的号码，每经过起点一次就记一圈。有些记录员非常靠谱。我们车队的就不那么靠谱了。比赛开始一个小时后，我就不知道我们车队的排名是多少了。

其实我也不太关注排名。因为改车的时候，我们的目标就是让车尽可能跑得远一点，保持在不对发动机、变速箱、刹车等部件产生太大负荷的一个节奏就行。策略就是，尽量让兰迪·拉尼尔开，晚上则不让特里·沃尔特斯开，因为他眼睛不好，看不见路。

之前我从没干过这种活。虽然之前给约翰尼当过比赛工程师，但是从没在耐力赛里从头到尾管一辆车，制定所有策略。二级方程式比赛里，赛车快速跑几圈就完事了。而且我还累得不行。

比赛开始第4个小时，我帮忙让兰迪从车里出来，然后让特里进去。因为兰迪矮一些，所以我给他配了一块坐垫，特里进去的时候，要把坐垫取下来。取的时候用力过猛，于是就脱手了，砸到车库屋顶上去了。我小心翼翼地爬上房顶，把坐垫拿了下来，花了十多分钟。然后让马蒂准备好，下一个他上。

终于熬到那天半夜，我看赛车情况正常，便拖着步子去厕所。和印第安纳波利斯耐力赛一样，戴通纳赛场上也有一根立柱，实时显示比赛排名，我看到处于第一位置的是88号车。

开始我还没发现，到厕所的时候我才反应过来：88号车不就是我们的车吗？我们排名第一！

然后我又急急忙忙赶回起点，再次确认了一遍，我们真是第一。从第12个小时起，车队就一直处于领先位置。其他的车都出现了各种各样的故障，我们的车则一直在赛道上行驶。但是距离比赛结束1小时的时候，发动机缺缸，浪费了不少时间。如果没出这档子事的话，说不定我们就赢了。1983年戴通纳24小时耐力赛，我们拿了第二名。相当不错的成绩了。

回去的路上，我差点把命丢了。虽然累得不行，但是拿了第二名还是很激动。我们坐上了租来的雪佛兰，准备离开比赛场地。技工雷负责开回酒店，我坐在副驾驶上睡觉，另外一名和我一起来的技工在后排睡着了。结果，在路上的时候雷也睡着了。开到一个路口的时候，估计雷刹车没踩稳，结果车就朝着路口开过去，在路口中间被另一辆车撞上了，我们一下就吓醒了。撞到之后，车打转滑了出去，玻璃都震碎了，散了一地。

所幸大家都没事。没谁伤筋动骨的。这周末的比赛显然是一次难忘的经历。罗宾·赫德知道比赛结果后，立刻就发现了潜在的商机，所以他给我了一笔预算，让我继续开发这车。

车队迎来了新车手，艾尔·霍尔伯特。艾尔是美国人，之前在很多次级联赛获得过成功。他和保时捷有关系，想用保时捷发动机取代马切赛车之前用的雪佛兰发动机。

而且，艾尔还想参加国际赛车运动协会（IMSA）赛事的第二场比赛，迈阿密大奖赛。比赛日期是2月27日，只有不到一个月的准备时间了。就在这一小段时间里，我们开始琢磨怎么把保时捷发动机安装上去，同时，艾尔从罗宾那又订了一辆雪佛兰发动机驱动的赛车。

在有了预算后，我们终于能在萨多的1:4模型的基础上，去南安普敦的风洞进行进一步测试，为赛车开发出高下压力组件。在风洞测试时，我发现自己先前跟着感觉设计的空气动力学外形没有太大纰漏，这让我很是得意了一小会儿。加上下压力组件后，艾尔·霍尔伯特很轻松地赢得了迈阿密大奖赛。

与此同时，我们在努力寻找把保时捷发动机安装上去的办法。马切的车架最开始就是围绕着雪佛兰自然吸气V8发动机设计而成的，不太适合涡轮增压发动机。但现在的任务是把六缸涡轮增压发动机和其附带的变速箱一齐装在车架上。自然吸气和涡轮增压的区别在于，自然吸气发动机将周围空气压入燃烧室时，不会借助任何增压器。如今绝大部分公路汽油车都是自然吸气的。而涡轮增压发动机则带有增压器，让更多空气进入燃烧室。然后，燃烧室内还会混入更多的燃料，经火花塞点燃之后，产生更多的化学能。假设涡轮增压器可以使发动机的进气压力增大至大气压的两倍的话，涡轮增压发动机的功率也能达到自然吸气发动机的两倍左右。

所以我去保时捷公司，和他们讨论如何安装发动机，遗憾的是他们根本就不配合，既不愿意给图纸，也不愿意提供任何建议。艾尔把发动机和变速箱送到马切车队来了，我们决定自己动手量尺寸，然后把图纸逆向工程绘制出来。为了适应新发动机，我们重新设计了后悬挂和车架的后半截。

五月份前我们就完成了发动机的安装，把车运到了南卡罗来纳州的夏洛特赛道，进行为期两天的测试，然后直接进行首次比赛。我跟着一起过去，那是我第一次见到艾尔和他的车队。

夏天的时候，夏洛特赛道热得不行，测试刚开始就出现了发动机安装方面的问题。原本用于冷却压气机排出空气的中冷器坏了。我所设计的管道线路没有达到预期效果，导致进入发动机的空气温度远超发动机能承受的温度。我开始担心这样会不会导致发动机可靠性下降，或是损失动力。

预选赛阶段，艾尔开足了马力，轻松赢取了第一名，但是我们都知道，真正比赛的时候，赛车会出问题。之后比赛时，艾尔表现相当出色，在保证每圈都领先的同时，还未让发动机承受太大负荷。

比赛完之后，艾尔邀请我到他家，在他的车间（就在他的费城保时捷经销店旁边）研究如何解决发动机的问题。

在风洞测试时，我们在赛车表面涂上了气流可视化颜料。可视化颜料含有荧光粉（荧光粉原本是用来测试下水道中水的流向的），还混有石蜡和油脂。当风从表面吹过时，颜料会散开，形成各种尖柱，随后石蜡蒸发，通过在车表面留下的痕迹，可以判断车气流的方向和强弱。正巧我把之前风洞测试的照片带了过来。在再次仔细观察照片上的颜料痕迹之后，我发现车身两侧的气流很弱（车身两侧安装有管道进气口），但是车顶后面发动机盖上的气流却很强。

所以，我和艾尔的技师们一起，先把车顶割了下来，然后把发动机盖打开，在那里安装了一套新的中冷器进气管道。之前气流是从下面进入中冷器，现在气流是从上面进来。这么做其实很冒险，因为距离下一次比赛的时间已经不多了，而且我们没有可替换的原装车顶。基本上，到下次比赛之前，这么一改之后就不可能再改回来了。

石灰岩赛道本身很窄很颠，赛道也不长，坐落在康涅狄格州风景秀丽的森林里。虽然这里没有夏洛特赛道那么热，但是因为赛道很窄，所以对增压空气的冷却性能提出了很大挑战。练习赛时我们的赛车拔得头筹，不仅如此，增压空气的温度也降到了正常范围内，这让大家都松了口气。整个周末比赛期间，赛车一切运转正常，艾尔不出意外地取得了领先位置。

艾尔赢得了赛季剩余比赛，成功获得锦标赛冠军。这一年起点虽然很低，但是终点让人很满意。

赢得锦标赛冠军之后，艾尔转入印地方程式赛，我在美国的经历也告一段落。悲剧的是，艾尔在1988年的一次事故中丧命。当时他在俄亥俄州，驾驶他的派珀飞机。刚起飞，机门就自动打开了，然后飞机开始出现故障。献身之前，艾尔将飞机避开了居民区，随后坠落，当场牺牲。时年41岁。

听到这一消息后我悲痛万分。我和他是好朋友，他的车技也相当出色。在美国生活的那个月，我们一起游历美国，有很多美好的回忆。他对我一直都很好，我永远都不会忘记。

搞笑的是，我在美国说英语，当地人听不太懂。我上大学的时候习惯了说英国中部口音，但是在美国点早餐的时候，还要和服务员比划半天。抛开这些小事不说，我知道那个时候年轻的自己能有那么多宝贵经验是一件多难得的事情。在欧洲，有过二级方程式比赛工程师的经历；在美国，有国际赛车运动协会的赛事经历。更让我喜欢的地方在于，在工作的同时还能游览世界各地。

从美国回来之后，1984赛季，很多马切车队二级方程式和印地方程式赛车的设计工作都交给了我。我从夏天一直忙到秋天。干完那些活之后，罗宾交给我一样新任务。他的想法和我不谋而合。我要加入一家名为楚世博（Truesports）的印地方程式车队，车队车手鲍比·拉哈尔（Bobby Rahal）将驾驶马切84C，而我则要去给他当比赛工程师。于是我又回到了美国。

第二回合 | 怎样创造马切86C

第13章

1981年，朋友戴弗·麦克罗伯特开始带着我玩滑翔翼。那会儿他正在和巴斯医院的一位护士约会，通过她我认识了另外一位护士，阿曼达。

1982年一整年里，只要一有机会我就去见阿曼达。她住在巴斯，而马切车队的办公室在牛津北边的比斯特，中间的路有点远。每次我都骑自己的杜卡迪去看她，和她一起过周末。1983年的时候，我们在匹克威克买了一栋平房。匹克威克离威尔特郡的奇彭勒姆很近。

1983年夏天，我们结婚了。我父亲把他的黄色莲花伊兰（车牌号GWD 214K）作为新婚礼物送给了我，之后我和阿曼达开着这辆车去法国南部度蜜月。回来之后，在匹克威克的房子里开始过两人结婚之后的生活。那辆车我和父亲总共开了17万英里。

1984年，罗宾让我以鲍比·拉哈尔比赛工程师的身份加入楚世博车队后，事情开始有了变化。我们说好阿曼达陪着我一起去美国。她本身就是护士，也获得了在美国工作的许可，但是当我们到美国之后才发现，没有合适的工作。车队老板吉姆·楚门（Jim Trueman）名下还有一家连锁快捷酒店，名叫红顶旅店。他答应帮忙物色一份工作，结果是让阿曼达做销售。

二月份的时候我去了哥伦布市。阿曼达后来辞职了，三四月份的时候也来了哥伦布市。她之前做销售的时候没交上什么朋友，住在租的那间公寓也没什么意思，于是阿曼达很快就开始想家了。阿曼达开心和不开心的时候判若两人：当她心情好的时候，和她在一起会很开心。但是当她心情不好的时候，她就不那么好相处了，她这样可能得怪美国这地方。七月份不到阿曼达就回英国了。

为了让自己好受点，我全身心投入工作当中。工作带给我快乐，因为我能学到很多。马切之前的工程师是经验丰富的李·戴克斯特拉（Lee Dykstra），罗宾认为我是一位"很有潜力的年轻工程师"，让我做李的接班人。虽然那个时候我已经有了二级方程式和GTP大赛的经验，但是之前没接触过椭圆形赛道，而印地方程式赛道大部分都是椭圆赛道。

说是椭圆赛道，实际上赛道形状更像是没有角的长方形，赛车在过弯时也不用减速。如果车手说赛车转向不足的话（转向不足时，赛车在弯道不会转弯，而是直接往前走，美国人管这个叫"push"），有各种各样的解决办法：可增加前翼面积以加大车前下压力；可把防倾杆调软一些，在过弯时重量就不会过多分布在车头；可以让外侧后轮的直径大于内侧后轮；或者，改变赛车重量在对角线方向上的分布，效果类似于桌子腿长度不一样时的效果。除了以上这些，还有很多参数可以调整。有些调整在常规赛车上都不存在，因为在椭圆赛道上，赛车只用朝左转弯。

刚开始的时候我还不太能理解这些，好在我们车队很团结。车手鲍比、车队经理史蒂夫·霍恩（Steve Horne）和总技工吉米·普雷斯科特（Jimmy Prescott）都很有耐心。随着赛季推进，我开始慢慢上手，和车队的人也逐渐熟悉了起来。

那个时候在美国人们不经常坐国内航班，所以每次到另外一个地方的时候后我们都是自己开面包车，车的型号叫"星旅"（Starcraft），内饰有很多红色天鹅绒，让车看起来更高档。每当去下一个赛道的时候，我们都会连夜赶路，大家轮流开车。老电影里司机开车时都会大幅度转方向盘。我们开"星旅"的时候也是这样，因为这车不走直线。为了让车看起来更俏皮一些，轮胎比轮圈要宽很多。虽然不太好开，但是坐这车却异常舒服，当我们在美国各大赛道往返的时候，要的就是这样的舒适性。但我还是觉得这车叫"星旅"有点言过其实了。有一次开车的那人睡着了，车直接撞上一辆18轮大卡车的侧面。抛开这事故，旅途还是挺愉快的。

在路上我和鲍比成了好朋友。这么多年来我和不少车手关系都很不错。但是，鲍比是第一个让我知道车手和比赛工程师之间的纽带是多么的重要。每次他在描述车况时的语言，不仅能让我听懂，还让我很轻松地了解具体应该调整哪些参数。

楚世博车队有一间小办公室，用于作图，里面有一张旧画板，我就在那张画板上设计各种提高84C性能的部件，然后在赛道上和鲍比沟通，调校参数。周末比赛完之后我们会去餐馆吃晚饭，边吃边讨论车。晚上回去之后我会再琢磨琢磨，第二天早上开晨会的时候把想法和大家讨论。

在这样的过程中，既需要空气动力学知识，又涉及机械设计的内容，加上我之前比赛工程师的经历。到赛季末尾的时候，我的很多改动都提高了赛车的性能。赛车有一台带有折角的发动机，这个是设计师拉尔夫·贝拉米（Ralph Bellamy）刻意设计的，出于空气动力学方面的考虑。但我不觉得这种设计能达到预期效果，所以我们把发动机形状改了，降低了重心高度，同时重新设计了赛车的后悬挂，以获得更好的气动性能。车本身就很重，所以我们努力让车重降下去。

到赛季末期的时候我们能和马里奥·安德烈蒂的罗拉跑个不相上下，或许还能赢上几回。那时罗拉算得上是印地方程式比赛的经典车型。与此同时，我设计的83G赛车卫冕了1984年的国际赛车运动协会锦标赛冠军。我们的印地赛车，从赛季初的马马虎虎，到赛季末和罗拉旗鼓相当。再加上之前国际赛车运动协会的成绩，罗宾·赫德让我成了第二年印地赛车的主设计师。那年我才25岁。

第14章

马切发生了很多变动。拉尔夫·贝拉米为克里斯蒂安·丹纳设计方程式3000的赛车马切85B（很棒的一台车，克里斯蒂安开着它第一次参加方程式3000时就获得了赛季冠军）。我则开始设计马切85C，这辆车后来卖给了美国的几家车队，用来参加1985年的印地方程式。第一场比赛于1985年4月举行。这是我第一次从零开始设计一辆车。

设计一辆赛车的时候要考虑的因素有千千万万。下面以当时我所设计的车为例，举三个方面的例子。

主要任务

车架设计的任务，是考虑以下所有的因素：发动机、涡轮增压器、散热器、发动机机油冷却器、变速箱油冷却器、驾驶座（舱）、油箱、悬挂、变速箱，并找到一个完美的集成方案。只有这一步完成之后，设计师才能在设计符合空气动力学外壳的同时，保证车体结构稳固，使车不会过重。

整体性

之前在菲蒂帕尔迪车队和马切的经历，让我对赛车的方方面面都有所了解，而且可以灵活运用这些知识，能做到这点的设计师不多。这种灵活运用的能力让我在设计一辆车时，能采取更动态、全面的方式，避免出现空气动力学工程师和主设计师意见不一致的情况：可能本来一辆外形完全符合空气动力学设计的车，突然哪儿凸出来特别丑的一块，又或者是空气动力学性能出色的一辆车，车架结构不稳定，所以跑不快。

这种情况之前不是没有出现过，很多车看起来就像是一个人设计车前头一部分，另外一个人设计后头一部分。如果想要给人们留下什么印象的话，我希望人们看到我负责设计的车时，不会感到不和谐。

车手驾驶风格

1985年，参加印地方程式的车队有很多，不管哪支车队找上门，马切肯定都会把车卖给他们，但这车实际上是为鲍比定制的一辆车。设计时力求满足鲍比关于操控性的要求。鲍比主要的要求就是平衡性要好。

为什么这么要求呢？看过20世纪70年代印第方程式比赛的观众都知道，有些车手开起来像是在参加拉力赛。这是粉丝和记者们喜闻乐见的，因为看起来很爽，像是车手在以一种非常精妙的方式操控着赛车。很典型的一位车手就是吉尔·维伦纽夫，论侧滑，他是大师，能驾驶赛车在赛道上持续侧滑行驶（人们有时候管这叫"强力侧滑"）。因为他的驾驶风格，他很受粉丝们的欢迎。

但是他却没能赢得锦标赛冠军。可能因为他天生就喜欢这种浮夸的驾驶风格，问题在于这样开车会在轮胎表面产生很多热量，导致轮胎很容易过热，而且还降低了赛车的空气动力学性能，导致下压力减少。换句话说，车在侧滑的时候不是朝前开的。和吉尔对应的是另一位车手尼基·劳达，他开车时从不侧滑。车头永远朝前。他也拿了几个冠军。

在整个过弯过程中都处于车手控制的车，所有车手都喜欢开。进弯打方向时，车能跟着一起转向，但是也不能太灵敏，不至于直接撞墙上。出弯加速时，后胎不会打滑或者侧移。有了这样的一台车之后，驾驶风格细腻的车手需要做的，就是在不出事故的情况下，把车开到最快，让下压力达到最大。

鲍比就是这样的一位车手。印地方程式的赛车本身就很重，所以在过弯转向时会比较费劲。雪上加霜的是，赛道路况都不一样，有的赛道比较颠簸，所以我们要保证赛车在不同离地间隙下都能保持平衡。如果我们能做到这点的话，配上鲍比细腻的驾驶技术，车能跑得非常快。如果让鲍比驾驶一辆不能保持平衡的车的话，同样的赛道他需要更多时间才能完成。这样的赛车适合驾驶风格狂野的车手。

为了达到他的要求，我们不仅在悬挂上下了功夫，还特意调整了其空气动力学部件，使车在行驶过程中保持稳定。因为鲍比很高，所以我们还根据他的身高专门设计了赛车驾驶舱。要知道，我们造马切86C的时候，还没有专门设备记录数据，也没有计算机模拟的帮助。这种情况下，车手给我们的反馈就很重要了。那个年代，除了车手的反馈之外，能依靠的只有自身经验、设计直觉以及……

风洞测试

我对风洞并不陌生。南安普敦的那个风洞我从上大学起一直用到1990年，前后一共13年。那风洞只有7英寸宽，5英寸高，每次去风洞的时候一待就是5天。一生里，我有将近1/4的时间都在风洞里进进出出。

所用模型都是按1:4的比例，用木头和金属铝制成。带有可动悬挂，允许车轮上下移动，但是没有弹簧和减震器，也没有内部零件。风洞中间装有传送带。模型轮胎接触地面，但是底盘还是悬空的。模型实际上是挂在天花板的支柱上。我们用一个花篮螺丝来调节模型的离地间隙。设置好之后，开始进行10分钟的测试，然后关掉风洞，进去用扳手去扭花篮螺丝，调整离地间隙，然后再进行一次测试。测试期间我们会测量下压力、空气阻力和俯仰力矩，如此一来便可计算下压力在前后桥的分布情况。

前置时间

制造起来最花时间的部件，一是单体壳，二是变速箱壳。要先把这两个部件完成后才能制造其他部件。要等变速箱壳完成后才能制造后悬挂，而车鼻、前悬挂、散热器和大部分车身都要等单体壳先做好才能开工，单体壳本身又包含驾驶座和油箱。所以在完成单体壳和变速箱壳的设计图之前，对于整车的大体形状，设计师需要有大概印象。这两个部件制造起来所耗费的时间最久。设计师在得知赛车首次测试时间后，往前推，算出两个部件的完成时间。

车壳和变速箱壳完成后，可以再花工夫去完善像前翼这样的细节。后视镜可以等到整车完成前几天再去生产，因为花不了多少时间就能完成。

赛车的绝大部分都是由马切自主生产的。毕竟马切是一家制造业公司，追求利润，而自主生产这一点起到了关键作用。变速箱壳是马切自己设计好之后，将设计图送到铸造厂，铸好后送到另一家公司进行机械加工，但是单体壳则完全由马切自主生产。除单体壳之外，所有悬挂也由马切自己生产。

因为所有零部件的设计图都是手工绘制完成的，所以不到最后组装的时候，我们是不知道一个部件最后能不能正常安装上去的，之前在生产原型车的时候就出现过这种事情，有的零部件就是装不上去，又或者一个悬挂部件太小，安装时无法固定在车身上。现在所有东西都是先画在电脑上进行模拟组装，在确保类似纰漏不会出现之后，才会进入生产阶段。

1984年8月开始研发马切85C的时候，我身兼两职，在美国为鲍比当比赛工程师的同时，我还负责在英国设计85C并对赛车进行风洞测试。导致赛车的空气动力学测试和设计时间都被大大压缩了。这可不妙。

性能选择

设计师总要在车的强度和空气动力学性能之间做出取舍。举个例子，为提高车架强度，驾驶舱的入口应该宽一些，于是我把驾驶舱的入口改宽了2英寸。这么一改确实让车架更结实了，但是也相当于在驾驶舱的入口开了一个大口子，这会严重影响赛车的空气动力学性能。后来在研究85C的后续车型86C长达一年时间之后，发现改动对空气动力学性能的影响，远超我的想象。但是因为时间有限，我没有机会进行风洞测试，只能凭感觉做取舍。这一改动并没有提高赛车整体性能。

脑电波

8月起，当我在美国各个赛道所在城市和英国比斯特之间飞来飞去的时候，都是坐商务舱，可以说比较幸运。商务舱里的座位都是真皮的，坐上去很滑，也不舒服，只要一动，就会咯吱咯吱响。所以返程的时候，我先在商务舱里灌了几杯威士忌和苏打水之后，就溜到经济舱去了。

我一直想不通像泛美航空和环球航空这样的公司那个时候是怎么赚钱的。坐了那么多趟，差不多有一半的时间里面飞机上就那么几个人。我一般都找那种一排都没人坐的座位，然后直接躺上去。

记得有一次，飞机在爱尔兰海上空的时候，飞行员广播说飞机出现技术问题。要折回去，把油箱卸了，然后飞回希斯罗机场。那趟航班在希斯罗耽搁了一会儿，等最终在纽约约翰·肯尼迪机场降落的时候，美国那边已经是半夜了。

在机场租车的时候，开始店员还反复和我说已经关门了，是在我贿赂他20美元之后，他才把车租给我。拿到车后，我把地图放在大腿上，计划的路线是走华盛顿大桥到新泽西。后来我在布朗克斯区迷路了，完全找不着方向。

1985年的布朗克斯区和当时电影《猛龙怪客3》还有《根除者》所描述的景象完全

不一样。现实情况比电影场景还要糟糕。1985年如果有人要想拍末日幻想主题的场景的话,直接来布朗克斯就行,任何场景都不用搭。该有的全都有了:路上的车有的被点着了,有的已经烧没了;一帮人在路上大声嚷嚷,一看就知道不是什么好人;房子基本上没什么人住,商店全都关门了,路边的岔路全都黑不溜秋的,没有路灯。

我一个英国人,几个小时前还在偷偷抱怨商务舱的皮座椅太滑,到了美国之后却落到这步田地,这文化冲击不是一般的大。当我看到有一辆警车停在路边的时候,心想终于得救了。

我把车开了过去,停下来之后,下车准备找警察同志问路。后来我看到的情景,真是见所未见。警车实际上停在另外一辆车的后面,车的后备厢是开着的。前面那辆车的司机双腿分开,手放在车顶,警察站在后面搜身。

警察听到我的脚步声后,可能觉得我是共犯。然后转身,拔枪指着我,单膝着地,大喊:"原地别动!"

我照着警察说的,站在原地,一动不动,感觉既紧张又刺激。这种场景只有电影里才有,如今却在现实里发生,感觉像是演戏,特别新奇。但是我也被吓得不轻。

我鼓足勇气,用最礼貌的方式,和警察说:"很抱歉打扰您,警察先生。看得出来您很忙,但能不能劳烦您引领我去新泽西呢?实在感激不尽。"

你猜他什么反应?"滚!"

像我这种守法公民,最听警察的话了。后来还怪自己,为什么非得在那个时候迷路,然后还停车去找警察。话说回来,人累的时候难免会干傻事,而且那个时候确实挺累。之前也说过,公司给安排得特别紧。

就算如此,我还不忘在航班上忘我工作。在飞机上有一点特别好,就是没什么压力或者干扰。回顾自己过去想出来的那些创意,我现在都能想起来哪些是在飞机上想出来的。

你问马切85C后来怎么样了?有好消息也有坏消息。好消息是,这车拿了当年的锦标赛冠军,身为赛车设计师,这是好消息。85C是我职业生涯里第一辆由我自己全权负责设计的赛车,尽管设计周期很短,可能因为全靠同行衬托,最后好歹还是拿了个冠军。

坏消息是,虽然这辆赛车是为鲍比设计的,但是最后赢得冠军的是另一支叫潘世奇(Penske)的车队,更何况我还是鲍比的比赛工程师。

除了印地方程式锦标赛冠军之外,那辆车还赢得了当年印地500大奖赛的冠军。

那年的印地500大奖赛相当精彩。

第 15 章

印地500大奖赛不仅是印地锦标赛里最重要的比赛，也是一项体育盛事，这么说不是没有道理的。大奖赛在印第安纳波利斯市的超级赛道（Super Speedway）进行，这条椭圆赛道全长2.5英里，极富传奇色彩。从经济效益的角度来说，比超级碗有过之而无不及，主要有两方面的原因：一是因为比赛日当天参加比赛的车手众多；二是因为在正式比赛之前，还有三周的时间，让车手去练习、测试，以及参加资格赛。人们称之为"五月比赛月"。

准备印地500大奖赛时，比赛工程师尝试赛车设定组合，同时会列出一张清单，清单上会标明工程师所需的各种零部件。很多工程师在调校赛车时喜欢把车设定成转向不足，保证车手能在不松油门的情况下平稳过弯。其实这种设定不对：首先，车速会下降很多，原因在于这么过弯时前胎会打滑；其次，因为入弯角度问题，这样会使赛车所受空气阻力大大增加，进一步降低车速。反之，如果赛车转向过度的话，过弯的时候车手就必须得松油门，不然后轮就会打滑，同样会导致减速。

所以，在印地赛道上，保证赛车转向度刚好就变成了一件非常关键的事情，不单单是一场比赛，而是一整个月里都是如此，做到这点并不容易。从早期测试到最后资格赛那周的时间里，很多车队及其车手开始的时候开得还挺快，等赛道上轮胎印记变多、天气变热之后，速度反而降下来了。

只因为变量实在太多了。可以调整的地方数不胜数，所以我自己专门列了一张清单，记载了每天要做的几件最关键的事。虽然赛道开放时间是早上十点到晚上六点，但是测试的效率却低得令人发指。举个例子：

早上10：00进行当天第一次试跑。安装零件，赛车出车库，为了暖机，去赛道上跑两圈，把发动机罩掀开，检查是否有漏油等问题。

10：20换上新轮胎，上赛道跑四圈，每圈计时。赛车回车库。

鲍比抱怨赛车平衡性太差。检查最重要的前后轮直径差，发现有误，及时调整。

11：00再跑四圈，计时。车回发车区，鲍比很满意，和之前一天相比车的稳定性提高了。油箱快没油了。把车连在四轮摩托后面，把车拖到"加油谷"加油（出于安全方面的考虑，比赛主办方禁止车队在发车区加油）；加油站人多，排队等着。加好之后回发车区，根据我之前准备好的单子，调校赛车参数。

12:20赛车试跑，结果发车区工作人员摇黄旗（full course yellow，印地赛旗语之一），因为赛道上一辆车漏油了，结果鲍比那圈还没跑完就又撤回来了。

13:10赛道终于清理干净了，再上去跑四圈，计时以检测当天参数调校效果。但环境和赛道温度已大幅升高，不确定调校到底有没有用。把参数调回一开始的状态，我们管这个叫A-B-A测试。

13:50以初始状态跑几圈。

所以，差不多到两点多的时候，已经过去了四个小时，但只进行了一次测试。

印地500比赛的规模确实很大，不光因为比赛日那天参赛人数多，更因为前期准备时间很长，这点我没法忍。单观众席上就能容纳25万人，再加上赛道圈内的座位，比赛日当天的现场观众就有40万人，使印地500大奖赛成为世界上现场观众最多的体育赛事。尽管之前已经知道到时候会有那么多观众了。真正到比赛日那天的时候，那感觉仍然相当震撼，人山人海。观众有一露营区，被称作"蛇窖"（Snake Pit），整整三周时间里挤得水泄不通。晚上去那儿见识一番之后，我大开眼界，程度不亚于当初在布朗克斯的经历。振聋发聩的硬核摇滚乐，配上此起彼伏的摩托车发动机声，大家都成了摇滚明星，一帮男的一手拿着啤酒，另一手挽着妹子。记得有个女的，站在一辆大众野营车上，叫唤自己只要5美元，大家都见怪不怪，眼都不眨，除了我。我听到旁边一电视台记者，采访一位露营的人。那人头发灰白，看起来饱经沧桑，身穿一件油腻的牛仔夹克衫。记者问："你住这儿多久了？"

这人特别骄傲地回答道："过去20年我一直住这儿，每一次比赛都没错过。"

"可以可以，那你觉得这比赛怎么样？"

"美国最牛的比赛就在这儿，没跑了。"

"关于那些赛车你有什么想说的？"

他愣了一下，想想怎么回答。后来他说："我知道听起来挺扯的。20年里我一辆赛车都没见过。"

他就是去参加派对的。

比赛日当天状况空前。一大早就得起床，因为要进场的人足足有25万，早起的话就不用排队了。早上七点，炮声一响，观众就可以从椭圆赛道两端进场了，人群里多半是在盘口押过注的。进来的时候眼看着两辆车在中间撞在一起了。整个场面乱得不行，鸡飞狗跳。

每个人都坐到自己座位上。我们车队经理史蒂夫·霍恩被矮墙绊了一下,脸直接砸在赛道上了。看到他这么一摔,观众席上一群人都站起来致敬,说明关注我们车队的人还挺多。作为在美举办的全球体育盛事之一,该有的形式一个也没落下。战斗机从赛场上方呼啸而过,中间啦啦队跳舞,当然也少不了星条旗。

当年比赛的时候,似乎马切85C比最大竞争对手罗拉要快上那么一点。

比赛开始之后,两辆车开始你追我赶。马里奥·安德烈蒂驾驶的罗拉虽然领先了,但潘世奇车队的车手丹尼·沙利文所驾驶马切的性能更优。

丹尼追到马里奥后面,但是超不过去。丹尼想从内侧超过去,但是老到如马里奥,肯定不会轻易放丹尼过去。

印地赛道上靠内的位置有一圈油漆。和内侧相比,油漆外侧赛道的倾角更大。赛车在越过油漆的时候,因为倾角变化,平衡性会降低。马里奥把丹尼挤到内侧赛道去了,这做法虽然很激进,但是不算犯规。那个时候丹尼领先马里奥半个车位,因为被挤到圈内去了,倾角一变,后轮开始打滑,不受控制,反而滑到马里奥前面去了。为避免出事,马里奥踩了刹车,丹尼的车在车胎冒出的烟雾里打转。

烟雾正好熏到马里奥了。闹了这么一出之后,丹尼肯定在头盔里偷着乐。

最后赛车恢复了控制。车没有因为打滑撞到什么。恢复控制后,车头正好朝前。发动机虽然熄火了,但是丹尼成功点火,再次上路。事后回忆起来,丹尼说,没出车祸,一半是因为技术,一半是因为"狗屎运"。

烟雾散去后,赛道工作人员摇起黄旗,示意安全车上路。胎纹都磨平了,丹尼就这么在赛道上开,还在无线电里反复大喊:"磨胎了!"两位车手都进站换胎,然后立马返回赛道。丹尼领先了一小会儿,但是马里奥随即又超了过去。后来丹尼再一次成功超车,赢得比赛。

这是印地方程式历史上最戏剧性的时刻之一。如果你有空的话,建议去网上找到当年的录像,亲眼看看。

第16章

史蒂夫·霍恩是澳大利亚人，说话的样子很凶，在车队说一不二，是楚世博车队的主心骨。管理严格没什么问题，但凡事都有个度，他完全就是刚愎自用。通常在参加完印地大奖赛的资格赛之后，车队都会在赛道上继续测试，准备一周之后的正式比赛。但史蒂夫却下令把车送到哥伦布市的赛车商店里备赛，三天之后再送回来。先不说这个决定到底对不对，更要命的是，他既没告诉我，也没告诉车手鲍比。周一那天早上，我和鲍比刚到赛场就看见车队卡车把赛车运走了。

同时，罗宾·赫德还和马切另外一位客户克拉科（Kraco）签了一项合作，让我去那。到克拉科车队之后，我能支配更多开发预算，工资也跟着涨了，而且还可以和迈克尔·安德烈蒂（马里奥·安德烈蒂的儿子）这位天才车手共事。我将在1986赛季担任迈克尔的比赛工程师，同时兼任马切印地赛车的总设计师。楚世博车队总部在俄亥俄州的哥伦布市，而克拉科车队总部位于洛杉矶。相比之下，要选肯定选洛杉矶。

在楚世博担任比赛工程师的两年里，我和鲍比关系非常好，离开车队非我所愿，但我还是加入了克拉科车队，去新车队担任比赛工程师。

地方换了，但是工作性质没变多少，我还是身兼两份工作，自七月起，一直都是有比赛时就待在美国，没比赛就回英国，研发赛车马切86C。

1985赛季那辆车的研发周期很短，到了1986年，情况就不一样了，我有充分的时间进行更周密的研究，做更全面的风洞测试。新车架更细更美观。最主要的提升体现在赛车后桥。比赛规则规定，印地赛车要使用涡轮增压发动机，而其体积都很大。我想把发动机转动90度，将其由横置改为纵置，和车轴平行，之前排气口朝后，新赛车上排气口向前。如此一来，就可以把排气管一分为二，左右两边各一个。每个排气管中部呈螺旋形状，尾部出口扁平，排出气体正对着扩散器尾端。

在最初研发阶段的风洞测试中，我让压缩气流沿着正对模型支架的方向吹，然后从排气管中排出，结果显示该设计完全可行。最终我又重新设计了后悬挂，说起来容易做起来难，因为现在不仅涡轮增压发动机纵置，而且排气管、废气旁通阀和后悬挂（尤其是后悬挂的弹簧减震器）都挤到一起去了。

减震器一般都是和后桥平行的，但是我们却把减震器转了90度，和后桥垂直，安在变速箱旁边，也就是排气口的上方。自1984赛季起，一级方程式的赛车都是把排气管安在扩散器里面的。但是印地方程式的规则不一样，印地方程式的赛车要求扩散器上不能有孔，所以排气管不能装在扩散器里。但是这样需要在弹簧减震器周围安装一层隔热层，这样排气管尾气就不会烧到减震器。

各个部件的安装位置并非随意设计，而是使隔热层最后呈向上的形状，让其在康达效应的作用下，能对尾管产生一定的下压力。如果这一部件算是扩散器的一部分的话，那就属于犯规行为，但是如果单单只是隔热层的话，就不算犯规。这样的设计不仅提高了气流的速度，还使扩散器后端的压力减小，使更多的空气通过扩散器。风洞测试结果显示，这样的设计确实达到了预期效果。

这套后悬挂和排气管方案正好是我在坐飞机的时候想出来的。不仅如此，就连赛车的保护杆的分布草图也是我在飞机上画的。

新的保护杆是由蜂窝结构铝管制成的，替代了之前所用的钢材，保护杆最上面还加入少量钛金属。新的结构和材料既符合比赛规则，又很安全。因为传统钢管设计有一些地方需要格外注意。最终要把四根钢管做成的防护杆，安装进一个复合结构组件当中。为确保复合结构组件不被防护杆压坏，防护杆的重量分布必须均匀。实现这一点并不容

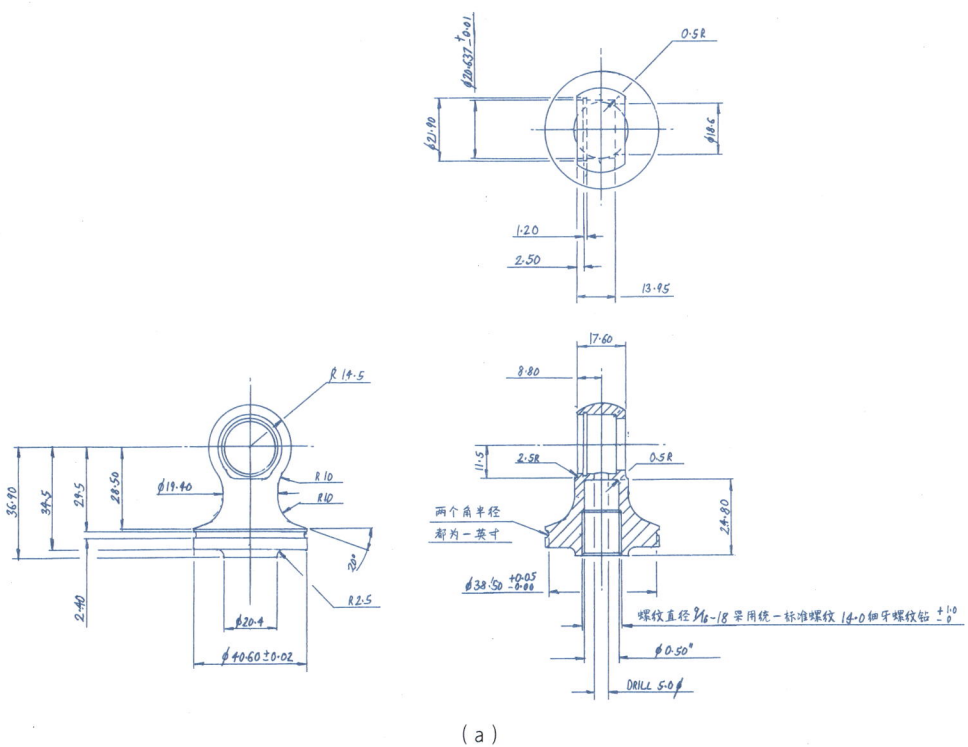

（a）

图 6a 马切86C后减震器图纸

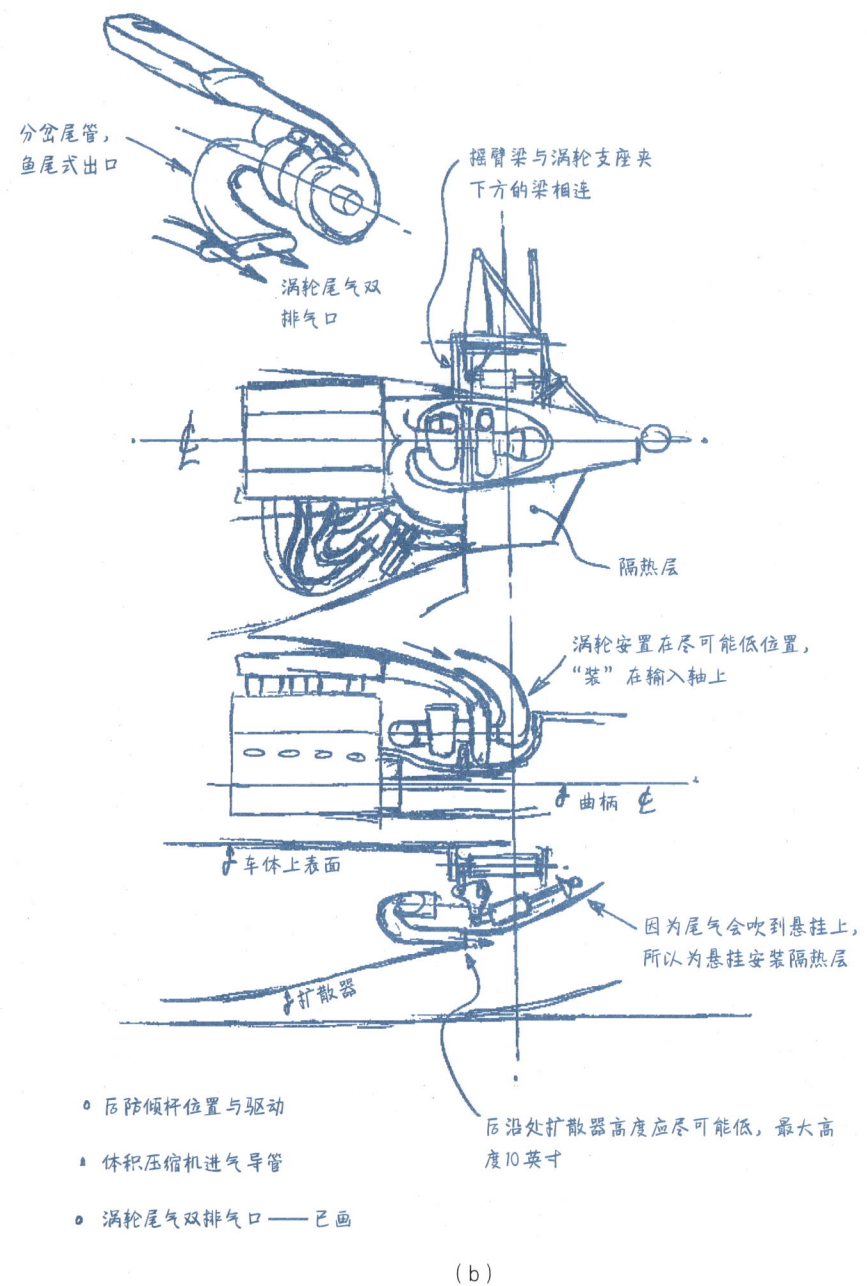

（b）

图6b　马切86C两个排气管和纵置涡轮发动机的手稿

易，而且之前也出现了很多例子——出事故之后防护杆是没什么问题，但是会出现防护杆在车架上戳出几个洞的情况，这样装上去也没什么用。

但是我自己的设想也不是十全十美的。我没考虑到赛车翻车的情况。我新设计的防护杆凸起的部位比较多，如果翻车的话，我设计的结构很难起到保护车手的作用，这种情况下圆形保护杆的保护效果更好。最终赛车还是用了我的设计，幸好也没出现翻车这种事故。

但是设计这个的时候我接触到了更深层次的东西，也是那段时间我一直都没想明白的一件事。

第17章

1982年5月份的时候，我还在意大利，吉尔·维伦纽夫（Gilles Villeneuve）在比利时大奖赛上出车祸丧命的时候，我正好站在一家电视商店的橱窗前，通过橱窗里的电视，目睹了事故的发生。

那家意大利电视台毫无保留地将事故的各种细节呈现给了观众，反复播放。电视镜头里，吉尔躺在赛道中间，他的赛车则变成了两截。

我永远都无法切身体会到，车手看到这样的画面时，会是怎样的感受。我知道有些车手真的在经历过这种遭遇后，变得和之前不一样了。达蒙·希尔（Damon Hill）的父亲格拉汉姆·希尔（Graham Hill）就是在一次相关事故中丧生的。达蒙估计也会承认，这段经历开始影响他的驾驶习惯。车手们年纪渐长，成家生子。他们和以前的自己也不一样了。

但设计师呢？吉尔生前驾驶的那辆法拉利是哈维·波斯尔思韦特设计的。之前他在菲蒂帕尔迪，后来去了法拉利。得知事故发生的时候，我意识到他心里肯定特别不好受。

我自己也有过类似的经历。有一次，一位车手在驾驶我设计的赛车时遭遇车祸，不幸身亡。车手名字叫艾尔顿·赛纳（Ayrton Senna）。得知事故之后我心情异常沉重。多年以来，FIA管理比赛的方式方法我都不赞同，但是其在致力于提高比赛驾驶安全方面的努力和成绩是有目共睹的。

车队在确保驾驶安全时，会从两个角度入手。首先，是预防性的手段，保证赛车零部件都运转正常。这不难理解：可能因为车队人员的失误，导致在比赛过程中，出现悬挂某个零件失灵，或是风翼脱落的情况。任何一个环节都有可能出问题：有可能是设计环节、制造环节，或是生产检查环节，甚至有可能因为一个技师的疏忽，导致某个螺栓没有扭紧。FIA的规则中有明确条款，标明赛车的设计和制造须遵循安全的原则，但是落实下来的话，消除人为因素所导致的故障，只能各车队尽自己所能，提高驾驶安全。

其次是反应性的手段，假如赛车出车祸了，撞墙、撞栅栏，或是撞其他赛车时，有哪些应对措施？如何让赛车承受那么大的冲击？

现在FIA有很多关于这方面的细则，这要归功于其前任首席医疗官，席德·沃特金斯（Sid Watkins）。

我和席德关系不错，他人很好。他最先开始在摩托车赛方向上推进安全规则的制定，那个时候摩托车手都不怎么戴头盔，出车祸的话基本都是重度脑震荡。

这种伤势会导致受伤部位肿胀。席德知道，这种情况下，最关键的是要通过低温的方式消肿。出现事故时，他会先把车手抬到一推冰块上，尽可能降低其体温。后来他成了一名脑外科医生，之后经伯尼·埃克尔斯通（Bernie Ecclestone）介绍，进入一级方程式赛车行业。他主要研究如何让赛车头枕、车鼻、侧板和后侧结构在遭受冲击时，能吸收更多的能量，多亏他卓有成效的研究，赛车的安全系数提高了不少。

但是1986年印地方程式的规则里，没有太多关于驾驶安全的条款。设计师只用通过计算，证明赛车防护杆足够结实就行，再就是对油箱的制作材料有规定，而且必须安装在靠背和发动机之间。以上就是所有关系到驾驶安全的条款内容。

设计师在设计赛车时，会面临这样一种选择：设计师的一项新设计能让赛车跑得更快，但是安全性能更低，是你的话会怎么选？例如，车手的脚都是放在赛车的前部，如果车鼻不够结实的话，一出事故，腿非折即残。但是提高前鼻强度势必增加车重。

最终，设计师要在更高强度和更大重量之间做出选择。如果我去问车手的话，他们肯定会选更大重量。我到现在都记得，有次鲍比觉得车的前部强度不够，让我把车设计得更结实一点。问题在于，人们对于设计师的期待，不是一辆安全、慢吞吞的车。记得那时我的做法是在两者之间找到平衡，不会一味追求性能，而是在不损害安全性的前提下，尽量提高性能。

这样的选择太沉重了。如果设计师在设计时不用再担心这方面问题的话，对整个赛车圈来说，都是福音。

第18章

1986年1月，我来到洛杉矶，加入克拉科车队，为3月份开始的新赛季做准备。到现在我都记得，飞机一到我就开始感慨："天哪！我从斯特拉福德出来，当地技校毕业的，现在居然在洛杉矶生活。"我们住在何尔摩沙海滩的一间公寓里，和我住一起的还有我在马切的制图助手彼得。从公寓可以看到楼下的沙滩步道和远处波光粼粼的海面。我们把行李扔到公寓之后，立马冲到楼下，想着，或者说想当然地觉得，肯定有在那儿滑旱冰的比基尼女郎，还有健身型男之类的人。可沙滩上只有一个老头在遛狗。原来那天有超级碗比赛，美国全国放假。

我喜欢上了洛杉矶。不是因为那些表面的东西，那些口头上的东西对我来说很空洞。虽然我试过冲浪，但是也谈不上喜欢。即便如此，对我来说洛杉矶是一个氛围友好的城市，而且克拉科车队很棒，车队的技工队伍也很有实力。

车队的总部在康普顿，康普顿位于加州南部，城市中的帮派战争被写进了很多帮派说唱音乐里，也因此而闻名。有人曾向我建议找辆车来开，车不能太次，不然开到一半我先崩溃了；但是也不能太好，不至于在开车的时候被人抢劫。康普顿就是这样一座城市。有次周六下午，彼得和我在车队车间后面的制图室里画图，我们听到一阵噪音，有人在屋外嚷嚷。于是我们便出去看看是怎么一回事，结果发现一帮墨西哥人在翻车队技工的工具箱。看到他们有人带了刀时，我们立马跑回屋里。

那时车队的车手是迈克尔·安德烈蒂，传奇车手马里奥·安德烈蒂的儿子。在我加入车队之前他就已经凭借自己的车技获得过冠军了，但是仍旧有些年轻稚嫩。所以对于我的建议他都持开放的态度，俩人的关系很快就热络了起来。

我们的死对头潘世奇车队和罗拉车队知晓我们对排气管的改动之后，便开始游说赛事主办方，认为我们的隔热层设计违反比赛规则。

所幸我的说法，即那就只是隔热层而已，得到了采纳。

还有另一个问题。因为双废气旁通阀和发动机排气管的头段是紧紧安装在一起的，所以双旁通阀会持续出现过热的情况，需要在赛季开始前进行进一步的研究。

除此之外，赛车速度很快，可靠性高，而且易于设定。我的赛车比潘世奇和罗拉的赛车要快多了。身为赛车设计师，对于这点我很满意。同时，身为比赛工程师，随着赛季逐渐展开，我发现我们的对手居然是曾经效力过的楚世博车队。吉姆·楚门（Jim

Trueman)是楚世博车队的老板，他人很好，对自己的车队也很有激情。但是，当年印地500大奖赛之前几天，他因癌症去世。鲍比随后赢得当年印地500，以慰吉姆在天之灵。

7月时，一个叫泰迪·梅尔（Teddy Mayer）的小伙子找到我。泰迪之前在管理德士古之星印地（Texaco Star Indy）车队，该队车手是汤姆·丝尼瓦（Tom Sneva）。那时他们已经进入一级方程式赛车，所驾驶车辆由罗拉制造，比阿特丽斯（Beatrice）是车队赞助商。

因为泰迪知道我，认可了我在印地赛车界的成就，所以他邀请我以技术主管的身份加入比阿特丽斯车队。我很想重回一级方程式，所以接受了他的邀请。

罗宾·赫德知道我的想法，所以对于我的决定表示支持。他唯一的要求就是我要继续担任迈克尔·安德烈蒂的比赛工程师，也就是说每隔两周我都要飞到美国去一趟，然后再飞回来。在工作安排本就十分紧张的情况下，我住的地方还靠近比斯特，因为马切就在比斯特，但是比阿特丽斯的设计和生产办公室在希斯罗附近的科恩布鲁克，这无疑雪上加霜。此外，阿曼达还怀孕了，然后每隔一周的周末我还不能陪她，碰到印地500或者密尔沃基200大奖赛的时候，连着四周我都不在。状况非常不理想。

夏洛特出生于1986年8月28日。想不起来我有没有和她说过（如果没有，在这儿告诉她我猜也没什么区别），之所以给她起名叫夏洛特，是因为1983年的时候在夏洛特赛道获得了首场胜利。和那次胜利一样，夏洛特的到来让我们耳目一新。孩子的出生意味着更多的责任，但是夏洛特让我们感觉那份重担似乎轻了一些。阿曼达的状态时好时坏（坏的时候更多），但是家长们都知道，没有什么能冲淡孩子出生的喜悦，夏洛特出生之后，生活中其他的事都是次要的。

与此同时，我在研究1987赛季比阿特丽斯的赛车，研究陷入了停滞的状态。我本应该非常享受这份工作的，迎接各种挑战，在一级方程式中闯出天地，但是很快我就发现比阿特丽斯的工作氛围和马切完全不一样：在马切的时候大家一起去酒吧，亲如伙伴，但是在比阿特丽斯全是办公室政治。

比阿特丽斯的主设计师是尼尔·奥特利（Neil Oatley），奥特利不仅是一位十分优秀的设计师，他本身也是一个很有魅力、很直爽的人，车队空气动力学部门的领导是罗斯·布朗（Ross Brawn）。问题在于，泰迪没和大家说清楚每个人的职责到底是什么，概括起来，他的管理风格就是把人都找齐了，然后让大家适者生存。

我苦于找不到灵感。一开始，我尝试提高现有赛车的空气动力学性能，但是我所有的想法都不奏效。不知道为什么，那会儿我就是没灵感。

同时，我还肩负另外一项工作。泰迪想让我有一级方程式的经验，所以派我去给车队两位车手中的帕特里克·唐贝当比赛工程师，这也说得过去。

所以我手上的事，一口气都说不完：迈克尔·安德烈蒂的印地比赛工程师，飞回英国之后，开车去希斯罗，负责研究和设计比阿特丽斯1987赛季的赛车，然后去给帕特里克·唐贝当一级方程式比赛工程师。除了努力维系自己的婚姻之外，我还要学习怎么当一个好父亲。

那时候我雄心勃勃。回想起来，这么多事堆在一起，让我第一次在创意方面撞墙了（也是唯一一次，可以说是很幸运了）。不管怎么样，我就是想不出来什么好办法，来提高一级方程式赛车的性能。

我都感觉自己有点江郎才尽了，觉得人们很快就会发现其实我没人们所说的那么棒，在印地赛的圈子里我可能还能当个鸡头，一到一级方程式就成凤尾了。

第19章

在红牛车队我引入了一条24小时的规矩,当我们有了一个想法之后,同事之间会互相讨论,除非被人质疑过之后还能成立,不然不会动手投入实施。24小时后,这个想法还靠谱吗?如果答案是否定的,我们就把这个想法扔进垃圾桶。

经历了这个阶段之后,才会去实践这个想法。我自己则一般会先画草稿,然后再去画板上画图。20世纪80年代,空气动力学部件的图纸完成后会送到模型制作商那儿,由他们手工制作部件的模型。现在,差不多所有的生产都由数控机械完成,我的手绘图纸经扫描后,在电脑上转换成三维立体模型。接下来我会去风洞测试部件,根据测试结果判断想法到底有没有用。

但是在比阿特丽斯时,我一个点子,好的坏的,都想不出来。这对我而言无异于一场灾难。我习惯了灵感源源不断的状态。在飞机上,在厕所,在半夜,我都产生过各种想法。对我来说很容易就能想出一堆点子,有时甚至在一些很不合时宜的时候。尤其是那种半夜想出来的创意,突然从床上醒来,觉得想到了一个绝妙的点子,草草画在纸上,结果早上起来才发现这点子糟糕得不行,这都没关系,起码还能想出点什么,至少是个开头。

回想起来,出现这一情况有两个原因:首先,比阿特丽斯的工作氛围和马切的氛围不一样;其次,我太累了。我发现当自己处于一定压力下的时候最富创意,适当压力能使大脑灰质进入更有创意、更高效的状态。但是,当压力大到让人觉得疲惫的时候,就会有副作用。

11月上旬,比阿特丽斯突然宣布退出一级方程式,车队也要解散。我在比阿特丽斯待了整整4个月。

积极的一方面在于,这段不愉快的经历终于结束了。但问题在于,任何赛车的设计周期一般都始于6月,最晚不过8月上旬,再迟的话,再进行研究或者设计赛车就来不及了。所以从时间上来说,我不可能再去负责下个赛季赛车的设计了。因为时间不允许了。

后来我和伯尼·埃克尔斯通有了一小段交集。

第 20 章

伯尼·埃克尔斯通的成功在20世纪60年代时就初现端倪，那个时候一级方程式分成两大阵营。一类是"贵族"车队，这些车队都自制车架和发动机。包括BRM车队、马特拉车队（Matra）、阿尔法·罗密欧车队（Alfa Romeo）、玛莎拉蒂车队（Maserati）和本田车队（Honda）等。贵族车队中规模最大的、贵族中的贵族，当数法拉利车队（Ferrari）。恩佐·法拉利（Enzo Ferrari）于20世纪50年代，给另外一阵营的车队起了一个阴阳怪气的名字，称他们为"车库老板"车队。之后人们称之为"车库车队"。

典型的车库车队，尤其是一些英国车队的赛车，都使用考斯沃斯双四缸发动机（DFV）。这台发动机性能强劲，价格便宜，而且作为一台后置发动机，能很轻松地安装在赛车后部。虽然车库车队的资金和发动机方面的创新不如贵族车队，但是他们用其他方面的创新和创意来弥补。

对车库车队而言，资金很紧张。那个时候，每支队伍都要单独和赛道协商启动资金和奖金。那时还没有冠军奖金的说法。假设你是布拉汉姆车队的员工，你找到斯帕赛道的人，和他们说："我们需要1000英镑的启动资金。"他们可能会说："听着，我们只打算给你们500英镑，爱要要，不要滚。"如此一来，布拉汉姆车队就处于一个相对弱势的地位，因为真正到比赛的时候，大家来看比赛不是为了像布拉汉姆这样的车队。赛道的做法，相当于让贵族车队吃肉，让车库车队喝汤。

这时，伯尼和弗兰克·威廉姆斯（Frank Williams）、麦克斯·莫斯利（Max Mosley）以及科林·查普曼（Colin Chapman）一起，成立了一级方程式制造商协会（Formula One Constructors' Association），简称FOCA。最初的时候协会的缩写是F1CA，之后他们才意识到F1CA看起来有点像"fica"，而fica在某些拉丁语系的语言里，不是什么好词。

FOCA把所有车库车队联合在一起，要求赛道以统一标准支付资金，如果不答应的话，整个协会的车队就集体退赛。

提议起了作用。如此一来，比赛变得更为公平了，那些英国车队很满意看到这样的局面。同时，伯尼还代表这些车队，和几家电视台协商比赛转播权的事宜。伯尼通过把赛事转播权卖给电视台的方式赚了大钱，然后把这些钱分给各个车队，让车队的启动资金更为充裕。英国车队们更开心了。

但是，当他们意识到协会里已经没有了他们的位置，全是伯尼一个人说了算的时候，他们就高兴不起来了。因为控制了赛事转播权，伯尼也就相当于控制着整个一级方程式，他也由此成了一个非常非常富有的人，上次有人统计时，他的身家高达42亿英镑。

可能有人会觉得伯尼的做法不道德，但是伯尼和他的法律顾问麦克斯·莫斯利并没有干违法的事情。他们只是发现了一个漏洞，然后加以利用。我自己的工作本来就是去找到比赛规则的漏洞，然后加以利用。我和伯尼做的事情从这个角度来说是相似的，所以如果让我去评判他的话，未免显得虚伪。

此外，如之后海思凯茨男爵所说，那时车队都各自忙于摆弄自己的赛车，无暇顾及伯尼的所作所为。1993年时，他们曾试过挑战伯尼的统治，但在那时已从国际汽车运动联盟（FISA）中分离出了国际汽车联盟（FIA），你猜谁是FIA的老大？麦克斯·莫斯利。所以你也知道最后结果如何了。

我喜欢伯尼这人。过去这么觉得，现在仍然这么觉得。他人很爽快，话不多，但是当他开口说话的时候，你得听仔细了。要说他对整个一级方程式的影响的话，他把只有少数爱好者会关注的低级联赛，变成了一级方程式如今的样子。当然，一路上他确实和一些人交恶。有些人不喜欢他的一些做法。但是总体来说，他为整个比赛做出了很多贡献，这点毫无疑问。

我第一次和他见面是1986年11月，那时他还处于事业上升期，除了着手FOCA的事情之外，他还是布拉汉姆车队的老板。比阿特丽斯车队的消息出来之后他便和我取得联系。见面之前我就在想，他会不会给我提供一官半职什么的。我们在伦敦的一家餐厅一起吃晚饭，那是他在伦敦喜欢的餐厅，但是我不记得餐厅叫什么了。反正在那家餐厅人们都认识他，都围着他转。我们一共见了两次。第一次见面相当于是能力测试。他想知道我能力如何，兴趣所在，诸如此类的问题。第二次见面时，他直接告诉我："我需要为布拉汉姆车队招一位技术主管。"

我印象很深，那时担任布拉汉姆的技术主管的是戈登·穆雷（Gordon Murray）。我永远都尊敬他。很多年前，我给他写过一封信，信里提出了关于一套新悬挂系统的建议。那时我还在上大学，他很贴心地回了我的信。不管怎么说，想着自己可能会取而代之，我就觉得一阵紧张。

伯尼说："戈登要走了。和你没关系。他本来就要离开了。所以我们需要一位新的技术主管。不管你来不来，决定权都在你。"

他还开了一份合同。伯尼补充说:"你不用现在就做决定。如果有需要我可以给你推荐一位律师。"

他提供的薪水很丰厚,而且那会儿我也正好失业了,所以他如果逼我一下我可能就签了。但是他没有。我考虑了几天,就在我正准备要在合同上签名的时候,电话响了。

是伯尼打来的。他说:"我要把车队卖了。买家已经找到了,都已经谈好了,如果你还想加入车队的话,也可以,但是我不会再参与其中了。"

知道这个消息之后我又想了想。毕竟吸引我加入布拉汉姆的因素之一就是伯尼。有伯尼在,我知道车队不会缺钱,管理也不会出问题。他不在了,我担心布拉汉姆车队可能会步比阿特丽斯的后尘。

鉴于这一新状况的出现,我决定还是谨慎一点好,所以拒绝了这份工作。一朝被蛇咬,十年怕井绳。但还是很感激伯尼的坦诚通透。

所以我又一次失业了。所幸卡尔·哈斯(Carl Haas)和我联系了,从1983年起,卡尔·哈斯就和演员保罗·纽曼(Paul Newman)一起合伙经营纽曼/哈斯赛车(Neman/Haas Racing)。卡尔想要我成为马里奥·安德烈蒂的比赛工程师。不仅如此,他提供了一份相当优渥的薪水:一年40万美元。想理解这次跳槽涨薪幅度之巨,只用看看我之前的薪水就知道了,在马切/克拉科车队时我一年的薪水才6万美金。不用说,我接受了这份工作。

虽然我已经和鲍比还有迈克尔·安德烈蒂搭档过了,但是我和两人合作期间,他们都没拿过冠军,即便如此,卡尔还是让我成了薪水最高的比赛工程师(我猜这个纪录到现在都没被打破),如此看来似乎不符合常理。

但是卡尔绝对是位精明的商人。那时卡尔是罗拉的北美进口商,当时称得上罗拉对手的只有马切。这么说可能有点自负,我猜卡尔这么做是为了防止我回到马切,参加研发1987赛季的印地赛车,不仅如此,还让我帮助开发罗拉1987赛季的赛车,如此一来,他在削弱对手的同时还能提高罗拉在美国的销量。身为一位印地赛车设计师我还是挺吃香的。毕竟我所设计的赛车曾两获印地500的冠军,分别是:1985年的马切85C,以及之后一年的马切86C。用美国人的话来说,相当于连续两年执教两支不同的橄榄球队,且两支球队均赢得了超级碗。

说说卡尔。他是一个很有个性的人,而且不论任何时候嘴里总会衔着一根雪茄。我不太确定雪茄是不是每次都点着了。但是因为他经常含着雪茄,以至于当他不这么干的时候,你都可以看到他嘴唇上因为长期含雪茄而留下的印记。

他还是一个很迷信的人。我记得1985年中俄亥俄州分站的排位赛中，鲍比第一，马里奥第二。每次比赛开始之前，卡尔都要去起跑线为自己车队的赛车祈福祷告一番，那次也不例外。

那天，直到整个仪式进行了一大半的时候他才意识到，他把车弄错了。被他祝福的车是鲍比的，而不是马里奥的。明白之后他一手就把雪茄从嘴里拔了出来，朝赛道另一侧扔了过去。然后，他又来到马里奥的赛车前，进行了一个简短的祝福仪式。

这次祈祷没效果。或者说，他对鲍比赛车的祝福生效了。因为鲍比赢得了那场比赛。

卡尔本身是一个很招人喜欢，也很好相处的人。车队驻地在芝加哥，1987年上旬，我飞往芝加哥参加车队1987赛季赛车首次测试时，是他去机场接我的。两人见面后一起来到停车场，钻进一辆崭新的宝马里，但车没法发动。

他大声嚷嚷："这破车，启动还要密码。"但是他不记得密码是多少了，卡尔的生日，或是他母亲的生日之类的这种密码我们都试过了，都没用，最后我提议："要不试试0000？出厂默认密码应该是这个吧？"还真是。

卡尔衣服的口袋里总是装着一大堆零钱。一天，他在一家餐厅外摔倒了，我忘记是怎么发生的了，只记得撒了一地的硬币，25美分、10美分和5美分的都有，在路面上乱滚。迷信的卡尔认为这是不祥的先兆，所以大家都去帮他捡满地的硬币。

卡尔和他太太伯妮都特别照顾我。罗拉T87这辆车在设计时，原本是打算搭配考斯沃斯双四缸涡轮增压发动机的，之前几乎所有的印地车队用的都是这台发动机。但是，在加入车队之后，我的第一个任务就是把一台由伊尔摩新生产的雪佛兰发动机安装到车架上。伊尔摩地处北安普敦郡的布利斯沃夫，公司由主设计师马里奥·伊利恩（Mario Illien）和他的商业伙伴保罗·摩根（Paul Morgan）一同经营。从那以后，车队和伊尔摩保持长期合作，硕果累累。

同时，我需要为这台罗拉赛车设计新的变速箱前壳和新油箱。说干就干！

我还要担任另外一个马里奥——马里奥·安德烈蒂——的比赛工程师，和他搞好关系。之前我在印地赛经历了三个赛季，期间两人打过照面，但是第一次和他正式认识是在拉格纳赛道（Laguna），赶上当年赛季的赛前测试。

我们在蒙特雷一家小餐馆吃饭。服务员给了我们两份菜单，他看他的，我看我的。开始他还只是眯着眼看，之后为了能让餐桌上的台灯照到菜单上，又伸出胳膊举起来看。

那时我就想：我的妈呀！这人得戴眼镜才看得清！

所幸我的担心是多余的。与很多人一样，马里奥在45岁左右的时候，视力开始下降（目前我本人还没这种问题，可以说相当幸运了）。马里奥在光线不好的时候看东西更费劲，但是在日光下视力没问题。

我在想他会不会从他儿子迈克尔（迈克尔·安德烈蒂）那儿问起我。还是说，迈克尔就直接跟他爸招了。不确定到底是谁和谁先说的。反正他们父子俩关系怪怪的。我记得有一次我去他们家，他们住在宾夕法尼亚州，正赶上下雪。马里奥开着雪地摩托在路面上开出一条赛道，意思是和他儿子迈克尔轮流比试，看谁完成一圈的时间最短。

迈克尔先上，我和马里奥站在一边看。迈克尔开得有点急，结果就出事了。迈克尔和雪地摩托一起飞了起来，扬起一大片雪花，挡住了我们的视线，不知道具体情况如何，等看得清了才发现，迈克尔侧躺在地上，喘不过气来。大多数家长看到自己孩子出了这么大事故后，都会特别着急确认孩子具体情况如何。但马里奥不是大多数家长，他就那么白眼一翻，吐了一句："傻小子。"父子两人之间竞争非常激烈。好几次，他俩都在赛道上比，看谁开得快。马里奥翻白眼骂他儿子"傻小子"这种事，我敢肯定不止一次。

反正就是这么回事，继续说我和马里奥一起吃饭那回。那顿晚饭吃得挺开心，我们也边吃边聊。在那之前我就认为马里奥是一位值得尊敬的车手。看见我和他处得来时，我很开心。

第二天早上，我们开始测试罗拉的赛车，进行得很顺利。因为时间很紧，我们在连无线电都没来得及装的情况下，车就那么上路了。回想起来，没装无线电是一个致命的错误。那天快结束的时候，各项测试也都进行得差不多了，我们站在围场看着车在赛道上跑，突然惊恐地发现赛车尾翼两侧一边高一边低。

但是马里奥不知道这件事，而且因为没装无线电，所以我们也不可能告诉他。在开过拉格纳赛道的两个连续左转弯之后我们就看不到他了，接着我们就听见了"砰！砰！砰！"的声音。

那声音听得我们心惊胆战。我们魂不守舍地爬进租来的车里，那个时候我就认识到，这起车祸部分责任在我。我应该坚持要求把无线电装上的。

我们首先看到的是车体碎片。然后看到整个赛车后端、变速箱还有后轮在赛道上，乱了一地。然后我们找到了驾驶座底座和车架。印地赛道的斜坡上因为雨水的冲刷形成了一道沟渠，而残存的车体就侧面朝上卡在这道沟渠里。还有一个轮子连着。看起来就像是一场小型空难现场，到处都是残骸，残骸堆里坐着我们的马里奥，一脸不解地看着他的手表。

我们吓坏了，问他："你没事吧？"

他在手表上敲了敲，说道："见鬼，这破手表不走了。"

马里奥就是这样一号人。一个很坚强的人，一位优秀的车手。

第 21 章

到赛季进行到长滩分站的第一场比赛时，和原有计划相比，我们已经落后三周了。即便如此，马里奥还是主宰比赛，赢得了冠军。每每回忆起这段时光我都很开心。不单单是因为车队赢得了比赛，更因为阿曼达把夏洛特带过来了，那时她才六七个月大。一天晚上我们和保罗·纽曼一起进餐，之后还拍了一张夏洛特坐在保罗·纽曼膝盖上的照片，那张照片拍得挺好，可惜后来丢了。

能认识保罗是一件很棒的事。雷普敦学期末除了音乐会之外，还会组织学生看电影，虽然大部分电影都挺无聊的，但是有两部电影是例外：一部是《如果》，由马尔科姆·道威尔主演，看过这电影你就知道为什么是例外了；另一部是《虎豹小霸王》，当然，这部电影是由保罗主演的。

保罗是个挺讨人喜欢的年轻人，我们经常在一起聊电影和赛车。说起来奇怪，我对明星不怎么感兴趣，部分原因可能是，比赛能吸引到大批音乐人和演员来观摩，通常都是以车队特邀嘉宾的身份。根据我的经验来看，明星一般分为两类。一类明星出名之后，名气并没有改变他们；另一类明星出名后，他们认为名气赋予了他们优越感。保罗属于第一种。接地气，有魅力，很务实。以至于每次能爬楼梯他就不乘电梯，说这样在健身房里就不用花那么多钱了。

他在外边吃饭的时候不喜欢被粉丝骚扰，我自己也经历过所以深有体会。而且人们找他要签名时，给钱他才签。一般人们一听还要钱就不要了，后来大家才知道，原来他通过这种方式让人们给斯科特·纽曼中心捐款。该中心是为了纪念他的儿子，1978年因吸毒过量丧生。

之后一站是在菲尼克斯（Phoenix），马里奥在排位赛中排名第一。但是，随着之后比赛的进行，赛车变得越来越"松"——赛车转向过度，用美国人的说法来说就是"松"。那个时候车里已经安上无线电了，马里奥在无线电里说赛车甩尾甩得厉害。直到后来我们才发现，原来是因为有一个发动机悬置坏了。

多亏了马里奥的决心与车技，我们最终排名第三，车最后开回来时后面已经散得不成样子了。这次对于我来说，可以说是生涯里最不光彩的经历之一了，那样的车况下，车肯定特别难开。

同时，车队继续研究一些具体改装究竟有什么效果。我们还为赛车进站开发出了一

1987赛季，我拿着写字板，在比赛中为马里奥担任比赛工程师

套新系统。在如今一级方程式的比赛里，赛车进站时，技师会在赛车前后用千斤顶把赛车抬起来，但是在印地赛的时候，我们用的是安在赛车上的气压千斤顶。

印地赛车的油箱也小一些，所以一场比赛里需要加好几次油。赛车进站后，可根据比赛策略选择要不要换轮胎。赛道和维修站之间有一堵矮墙，矮墙后面就是油罐车、用于更换的轮胎，以及其他所需零部件。

规则规定，进站时只能有五个人越过矮墙。给油箱加油的两人里，一个负责输油管，另外一个负责通风管。负责通风管的技师还要操控赛车的气压千斤顶。

之所以把千斤顶直接装在印地赛车上，是因为规则限制了维修站中所允许的人数。如果前后都用外置千斤顶的话，意味着要多占用两个额外名额。

所以赛车进站之前，五名技师会先在维修站等着。负责加油的技师给车加油，另外一人操控千斤顶把车抬起来。比较典型的安排是找另外两个人各自负责换一条后轮，然后，要决定换不换前轮。如果决定两条前轮都要换的话，负责前轮的工作人员会先换外侧前胎，然后从车前面绕过，换内侧前胎。加油的时间内可以换好赛车的三条胎，内侧前胎也要换的话，赛车会在换胎区多停留4秒。

作为比赛工程师，我需要决定到底换不换内侧前胎，还需要定夺是否调整赛车的参数，以保证接下来的比赛中，赛车能保持平衡。车手自己通过调整赛车前后防倾杆来调节赛车平衡性能。有些车手知道如何调整，有些则喜欢在无线电里汇报车况，由他人告诉车手该如何调节。随着比赛进行，赛车转向过度也越来越明显，因为后胎抓地性能下降更多——但也并非一直如此，具体情况还受其他因素影响，包括赛道环境温度、赛道表面温度、赛道布局、轮胎特性等，但总的来说，随着轮胎磨损，后轮抓地性能下降幅度更大，所以一般车手会把后防倾杆调软一些，把前防倾杆调硬一些，保证即使在轮胎磨损的情况下，赛车仍然能保持平衡。

赛车进站后，我们能就保证平衡性做更多文章。例如，可以改变前翼的角度，来调节赛车的空气动力学平衡。为了改变赛车下压力和所受的空气阻力，我还会给赛车新安装一小片调整片，调整片高度在3毫米至10毫米之间。这调整片又叫格尼襟翼。因为换左后胎的技师一般在加完油之前就能把胎换好，有额外的时间把尾翼端板抬起来一点，把旧的格尼襟翼拆下来，把新的换上去。所以，假设风力或者风向改变，抑或环境温度升高，又比如比赛进行到一半时我们发觉需要让赛车在直道上更快一点时，会通过更换格尼襟翼的方式调节赛车下压力与所受阻力。

1987年，我们还采用另外一个模块，叫车重分布调节装置。在印地赛车的椭圆形赛道上，前轮所承受的重量没必要设定成一样的。为了使赛车更加稳定，需要使外侧前轮承受更多重量，使其磨损更快，当然，更重要的是这么做能减少外侧后轮的负荷。

这样的设定意义非凡。在比赛过程中燃料燃烧，负载减少，又或者风力或风向发生改变时，如果我们能调整两前轮的负荷，就相当于有了额外的优势，使赛车更加稳定。

所以我们在那辆罗拉赛车的后悬挂的推杆中安上了一个小型液压调节装置，又在驾驶舱里安装了一个控制按钮，这样马里奥就可以在比赛期间调节车重分布。

我们尽可能地不让人发现，但是最后还是没藏掖住，其他车队在注意到之后纷纷效仿。赛季开始之前我们就开发出来这套装置了，但是只是作为我们的秘密武器，直到赛季第三场比赛才真正用上——印第安纳波利斯500英里大奖赛。

没有比这更合适的时机了。印第安纳波利斯的排位赛和一级方程式的排位赛不太一样，一级方程式里每辆赛车只在赛道上跑一圈。在印第安纳波利斯的赛道上，车手要以最快速度跑完四圈，总共10英里。跑完这个距离的过程中，赛程的平衡性能刚好会发生变化。驾驶舱上安装了车重调节器之后，在排位赛的四圈里，平衡性能发生变化时，马里奥就多了一种额外的手段，来调节赛车的车重分布。在排位赛里使用了这一装置后，他以一定优势取得了排位赛冠军。

真正的问题在于赛车的油箱。比赛过程中，油压不断下降，尤其是在第一个弯和第二个弯之间的时候。很显然，如果我们不克服这个问题的话，赛车最后肯定跑不完500英里。

所以我一直都在试着重新设计油箱。晚上我和伊尔摩的马里奥·伊利恩一起吃晚饭，试图找到问题根源所在，然后重画油箱设计图。车队的工作人员会把油箱卸下来，换新的油箱挡板，然后试试修没修好。

我们这么做了一段时间之后才发现，问题是由油箱挡板下面的空气导致的。赛车过第一个弯时，会使油箱中的燃料跟着一起动，让挡板下面的空气进入吸油管，并最终进入发动机。我们花了很久才发现原来问题出在这里。最后预选赛那天早上，我们为解决这个问题进行最后一试。每次印第安纳波利斯赛我都特别累，那次也不例外。我让同事启动发动机，我则拿着手电筒往油箱里照，看着油进入油箱。就在那时，我钢笔的笔盖脱落，掉到油箱里面去了。

我倒吸一口凉气，想要把笔盖取出来，必须把油箱拆下来，然后再拆油箱底板，然后再安装回去，但是那时时间不够了。因为油箱底部装有滤芯，所以我们决定赌一把，希望笔盖能安安静静待在油箱里。赛车就这么带着笔盖一起出发了。

一路下来大家都很紧张。如果油箱底部滤芯没能起作用的话，笔盖就会被吸进汽油泵里，导致发动机报废。好在滤芯正常工作，我的笔盖也成为印第安纳波利斯赛历史上，首个以220英里时速完成预选赛的——笔盖。

而且，我们还解决了油压下降的问题，比赛日那天，马里奥所向披靡。比赛进行到一半时我们已经领先一圈多了。

那台赛车的变速一共有五挡，就转速来说，五挡和四挡差别不大。两挡之间转速的差别大概在300到400转左右，但是如果车手想要使赛车达到最佳性能，或是当风速比较低的时候，最好选择挂四挡，这样发动机转速会快一些，输出功率也会更大一些。如果想要保护发动机的话，就选择挂五挡，转速更低，功率也低一些，但是稳定性提升，油耗减少。

因为马里奥大幅领先，所以他选择挂五挡行驶。不幸的是，这使发动机进入机械共振的状态，在最后50英里的时候，发动机掉了一缸。马里奥就开着七缸赛车进了换胎区，不得不退赛，这对整个车队而言，都是沉重的打击。之前我们领先了那么多，一切堪称完美，却在已跑完450英里，还剩最后50英里，领先第二名一圈多的时候，退赛了。现在想起来我都觉得不服气，这次退赛堪称印地500历史上最大的遗憾。

一周之后，我们去参加密尔沃基分站赛。很有意思的赛道，以前密尔沃基水泥赛道之间还长着草。那时印地赛车还有一套启动程序。赛车一般先慢慢跑两圈，给发动机热身，然后车手才能全速驾驶。第一次看到一辆赛车以225英里时速在自己面前开过去时，人们会觉得"哇，这也太快了吧！"看着一辆赛车以如此高的速度朝自己开过来是一件很刺激的事。

说起来奇怪，很快人们就会对这种事情习以为常了。三周之后，再在排位赛和正赛里看赛车以225英里时速跑的时候，就一点都不觉得快了。这个时候再来密尔沃基，看赛车以170英里时速在赛道上跑时，就会觉得"受不了了，这些车怎么可以热身这么久？！"在看过印地赛之后，再看密尔沃基赛道上的赛车，会感觉怪怪的。

总之在密尔沃基那一周过得挺沮丧。比赛时尾翼支架出了问题，导致尾翼脱落，这是我的责任。马里奥还出了车祸，一根肋骨折断了。之后俄亥俄中部赛道分站赛上，马里奥吃了止痛药，我们还在赛车驾驶舱里加了垫子，改装了车座，以减轻马里奥的痛苦，即便如此，在比赛中，马里奥还是需要忍受身体上的疼痛。就算这样，他还是赢得了排位赛，在正赛里以压倒性优势夺得冠军——正如我所形容的，很坚强的一个人。

在波可诺赛道时，马里奥遭遇了一场车祸。车祸之后，赛车撞得粉碎，随后我们发现车架变速杆的位置那里有一抹银色涂料的痕迹。整个车上只有一个地方涂成银色——马里奥的头盔。那次车祸他头盔都撞到变速杆上了，但是马里奥却没怎么受伤，特别神奇。

了解赛车这项运动的人，肯定都听说过人们经常谈起的"安德烈蒂诅咒"这种说法。马里奥运气确实不太好，印地赛道上开始他领先，最后退赛的情况出现过好几次，每次退赛都不是因为马里奥自身的原因。不仅如此，他儿子迈克尔、侄子甚至孙子，似乎都继承了他这点。

我不知道这种说法到底成不成立。而且我也不是一个相信有"诅咒"这种事的人。但我知道，就算是一次次车祸之后，马里奥从来都没胆怯过，每次驱使他重新上路的，是他的勇气和适应能力。

在埃尔克哈特湖附近的美国之路赛道分站赛时，我们不仅要面对落叶带来的麻烦，还要处理天气的问题。排位赛马里奥排名第一，但是正赛进行到一半的时候开始下雨，于是赛车进站换雨胎。之后雨又停了，其他车手纷纷再次进站，换下雨胎，我们没有这么做，为了保持领先，需要天公作美，再下一场雨。

我和卡尔开玩笑说："你得跳舞祈雨。"

卡尔说："没问题。"然后就真开始在旁边一圈圈地跳舞，同时嘴里还念着希伯来文。之后就又开始下雨了，马里奥保持领先，赢得了比赛。可以预料到，这件事之

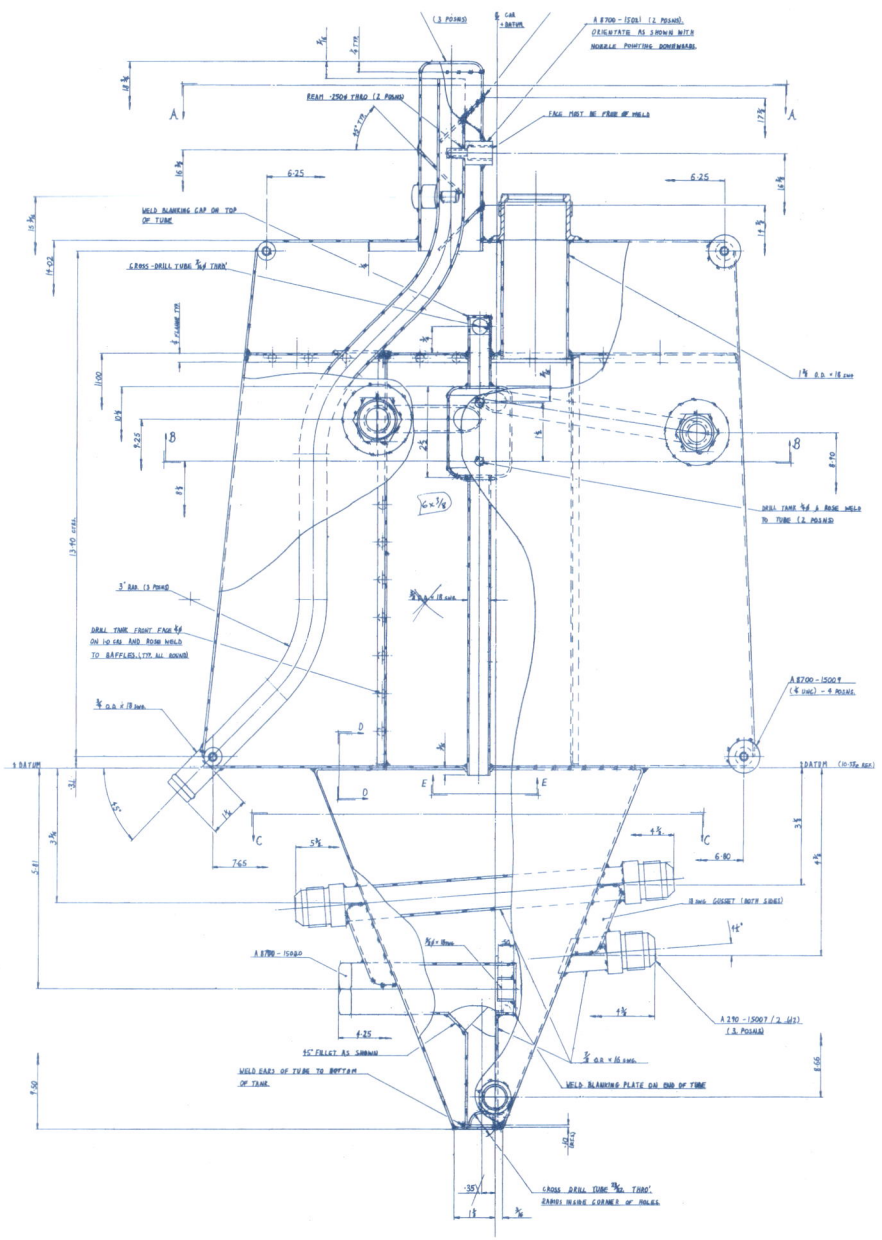

图7　当季罗拉赛车用的是雪佛兰发动机，图片则是赛车上出问题油箱的图纸

后卡尔更是对自己那套东西深信不疑。

埃尔克哈特湖是美国经典家庭出游景点，类似于英国的巴特林思（Butlin's，英美国家中有以家庭为单位，进行露营自驾游的习俗）。那天晚上住下之后，我发现床铺有按摩功能，但是需要投币，于是我就塞了一美元进去。最后按摩没享受到，整张床却开始剧烈摇晃起来，然后直接炸了，床铺不仅冒火花，还冒烟。

为了能好好睡一觉，我把床垫移到了地面上睡。

没想到结果睡得挺香！

我挺享受那个赛季，但是到六月份时我不得不考虑来年我要干什么这种事了。

卡尔希望我能参与设计之后一个赛季的新车，但是在卡尔面前我从来都没掩饰自己重回一级方程式的想法，而且那时我觉得我在印地赛事里待的时间够了。

1987赛季对于马里奥来说很不顺，尤其是当年印地500的遭遇，到现在回忆起来都觉得心痛。尽管如此，我一年前所设计的马切86C还是取得了不错的成绩。

潘世奇本来是用自己的赛车的，但是在印地500第一周练习时发现，赛车的成绩太差，罗杰·潘世奇（Roger Penske）做了一个很大胆的选择，他决定不用那个赛季的新车，转而把上一年用的马切86C从车库里又开了出来。

马里奥退赛后，潘世奇的车手阿尔·乌赛尔（Al Unser）驾驶马切86C赢得了比赛，让我稍微好受了点，毕竟这是自己设计的赛车第三次赢得印地500分站赛的冠军了。

第三回合 | 怎样创造881

第22章

我在美国工作的这段时间里,马切的罗宾·赫德一心想给车队找到一位赞助商,让马切重回一级方程式。后来罗宾找到一位企业家,名叫赤城昭。

赤城昭是韩国人,但是他不太希望人们知道这件事,更希望大家以为他是日本人,因为他觉得日本人地位更高,虽然我自己不太懂他为什么这么想。他是通过在东京做房地产发家的,20世纪80年代时东京的房地产行业一飞冲天,此外他还是东京最大百货商店莱顿百货(Leyton House)的老板,他之所以用伦敦郊区莱顿来命名自己的公司,是因为他年轻的时候就住在那儿。

为什么会有人像他这样投资一级方程式车队呢?拿红牛车队举例,据估计,2000年至2014年期间,红牛光凭一级方程式比赛里的广告费一项,就赚了16亿英镑,对于红牛本身来说,这也是一个绝佳的品牌宣传窗口。帮助红牛打入新市场。例如,当时红牛饮料进入中国,人们发现红牛车队还卖功能饮料时,会觉得是一件非常新奇的事情。日本人对自己在工程技术方面的优势很自豪,而且也很关注一级方程式的比赛。虽然已经有25年了,但是即使现在我去日本铃鹿赛道参加日本大奖赛时,都会有一些日本粉丝,拿着当初莱顿的一级方程式赛车的模型找我签名。

多亏了赤城昭,马切车队有了重回一级方程式的资本。1987赛季,车队直接找来一辆方程式3000的赛车,把一级方程式的发动机装了上去,换上符合一级方程式规定的轮胎。车队车手是伊凡·卡佩利(Ivan Capelli),他们就这么去参加一级方程式的比赛了。这么做的好处在于,马切和莱顿不用花很多钱就能进入一级方程式,但问题是,赛车毫无竞争力可言,所以成绩也很差,车队一个赛季下来只得了一分。

正如罗宾所料,赤城觉得这种成绩不够过瘾,于是罗宾提议,如果增大投入的话,车队收入能够大幅提升。双方同意从头开始设计一辆赛车,参加1988赛季比赛。马切车队后来改名叫莱顿赛车,车队从只有一辆赛车发展成拥有两辆赛车,伊凡·卡佩利作为车队一号车手,车队还另有一名二号车手。

在此基础上,罗宾觉得车队目前拥有足够资金支持。1987年夏天时他找到我,那时我还在纽曼哈斯车队给马里奥·安德烈蒂当比赛工程师,罗宾问我有没有兴趣做技术总监。

对那时28岁的我来说,这是我重回一级方程式的机会,和上次不一样的地方在于，这次车队的同事我都认识，而且和他们一起工作不会有障碍。如果去的话，我的年薪会从40万美元降到14万英镑，外加比赛奖金提成，按照汇率一算，薪水跌幅会超过一半。但是对我来说降薪是次要的，重要的是，我终于又有机会在一级方程式中实现自己的抱负了。

我和卡尔说了这件事，他表示十分理解。他坚持我等当下的赛季结束之后再走，这个要求不过分，而且他乐于看到我离开之后不是去开发马切的印地赛车项目，我也乐于看到这个局面，所以最后我们好聚好散。卡尔是赛车圈的一号大人物，这么多年来我们一直都是朋友。2016年卡尔因病去世，我很怀念他。

于是从7月底开始，我又开始了另一段身兼两职的劳累生活。一边我要在美国为马里奥担任比赛工程师，另一方面我还在英国马切这边研发一级方程式赛车。

和之前我在马切工作时相比，车队发生了一些变化。莱顿车队的办公地址虽然也在比斯特，但是不和马切在一起，而是在一间工厂厂房里，距离生产车间大概半英里左右。我1982年刚入职马切时，和其他五名同事还有几块画板一起挤在我们狭小的设计办公室里，因为受其他厂房遮挡，所以阳光完全照不进来。办公室就在车间旁边，如果车间发生火灾的话，我们只能自求多福。现在我们的办公场所宽敞多了，楼上是办公室，一共8个人（一开始只有6个人），车间在楼下。

我重回一级方程式时，正好赶上主办方FIA改规则：除了原有的1.5升六缸涡轮增压发动机之外，新规则还允许使用3.5升的自然吸气发动机。此举背后是有意图的：1988赛季将作为过渡，自1989赛季起，将禁止使用涡轮增压发动机，因为涡轮增压发动机对车队来说太贵了（听起来是不是很耳熟？）。这一改动对我们来说很不利，因为从动力来说，六缸涡轮增压发动机比我们要用的3.5升的八缸发动机强多了，新发动机由一家名为贾德的小型私营公司生产。如此一来，我们对于未来的成绩也就没那么高期望了。罗宾认为，为了取得前六名（前六名才能获得积分），车队赛车需要成为所有自然吸气赛车里面最快的。他告诉我，这就是我的工作目标。设计出满足上述要求的赛车。

我说没问题。但是，当我真正着手开始设计赛车时，我的指导设计哲学，我真正想要达到的目标，是设计出一辆比涡轮增压赛车还快的自然吸气赛车。这个目标定得有点狂，但是那又如何：那会儿我还年轻，想在一级方程式大展拳脚。

因为规则朝对我们有利的方向改变了，所以我真心觉得我们能实现这个目标。截至1987赛季，涡轮增压赛车一直都在使用甲苯作为燃料，而不是常规的汽油。在一切相关的化合物里，甲苯经常和钢琴黑涂料联系在一起，而且甲苯严重危害人体健康。因为赛车发动机经常排放出致癌烟雾，因此FIA规定车队必须用回传统燃料，或者与之类似的。此外，涡轮增压也会受到限制。1986年时，规则允许的前提下，一台赛车的功率可达1300马力，到了1987赛季，功率被限制在900马力左右。

我们使用的自然吸气发动机的功率是580马力，差的不是一星半点。但是，那时涡轮增压赛车都设计得不够细致。一些车队就简单地把前翼、尾翼安在赛车上，越大越好，觉得赛车现有马力足够应对所产生的空气阻力，固步自封，沾沾自喜。从空气动力学的角度来看，我觉得这样的赛车很笨拙，这方面还比不上印地赛车。此外，因为涡轮增压发动机安装上去后会大幅增加车重，所以使用涡轮增压发动机的车队无法把车重降下来。

我感觉，如果我们能设计出一辆更轻、空气动力性能更强的赛车的话，我们一样也可以很有竞争力。没必要把前后翼设计得那么大，翼更大的赛车在过弯时会产生很高的下压力，但是在直道时会大幅降低赛车速度。印地赛车的关键在于，要设计出一台高速行驶时下压力也很大的赛车，在设计一级方程式赛车时亦是如此。我打算设计出一台尾翼中等大小、整体空气动力性能优秀的赛车。

这台车也就是之后的莱顿881。对我的职业生涯来说，这台车十分重要，因为它奠定了我之后赛车设计的基础。

第 23 章

1987年7月，我们开始设计881这台赛车，车队要求最迟来年二月份之前完成。时间要求虽然有点紧，但是也还说得过去。但是这次情况有些不一样，研发需要的工时更长，因为团队规模很小，而且一切设计都是从头开始（我最喜欢设计这样的赛车）。

赛车是为车队头号车手伊凡·卡佩利设计的。伊凡的块头很小，我希望在设计时能利用这一点，把驾驶舱也设计得小一些。我们先按照真实尺寸，造了一个驾驶舱模型让伊凡坐进去，然后再安上各个踏板，保证在驾驶舱腿即使不伸直也不会觉得难受。驾驶舱的空间确定了之后，我们便开始设计车架，让赛车尽可能把伊凡包在驾驶舱里。伊凡坐着的时候脚呈外八状放置（脚跟间距离小于脚掌间距离），我意识到可以把车架的横截面设计成V形，让底面更窄一些。整车开始有了一个大致形状。

当时的规则要求，前轮后侧和后轮前侧之间车体底部可见的这一部分必须是平的。规则还要求所有踏板必须安装在前轮圆心，大概在上述平面区域前330毫米的位置。为了优化通过车底的气流，我们不仅增大了车鼻和底盘的离地间隙，还刻意将车架和车鼻的底部制成特殊形状，也就是说只有前后轮之间的部分才是平的。之前也有过类似的设计，不过没有到这种程度，以至于车手双脚放置的位置都升高了。整个曲线延长到了前翼的位置，使得车鼻处在前翼上方，而不是前翼下方。从前翼底部和侧面看就会发现，前翼并没有被车鼻从中间隔开，而是和车鼻各为一体——这是世界上第一辆采用这种设计的赛车。前翼的下侧对于赛车来说十分关键，将车鼻和前翼分开，让前翼长度与赛车正面的宽度相当，产生更大的下压力。之前车鼻把前翼隔开了，原先两部分重叠的地方现在也能起作用。

V形的纤细车架，抬高的踏板，外加一直延伸到前轮内侧位置的全幅前翼，使得前端的效率大大提升，也使赛车的整体空气动力学性能更上一层楼。从结构上来说，我们采用了一体式的前翼，而非传统的由车鼻分开的左右前翼，用软管将车鼻和前翼相连。

接下来的工作是抬高前悬挂和车手足部安放的空间，再把整体打包放进单体壳之中。为了完成这部分工作，我们把车架提高到了前轮圆心的位置，这也能提高赛车的空气动力学性能。

我们还特地设计了前翼端板的形状。当时所有前翼端板都是一整块平板，为了避免转弯时与车轮相撞,所以端板都安在车轮前的位置。

每次过弯时,车轮和端板之间的间隙都不一样,平板形的端板很难找到一个完美的安装角度,应对转弯时轮胎可能出现的各种角度。我想要改变现有端板的形状,不论轮胎处于什么角度都能适应。于是我们专门设计了端板的形状,并把端板末尾延伸至前轮的位置,同时还在前轮和端板之间预留足够间隙,方便车轮转向。这一思路也奏效了,进一步提升了赛车性能。

我们把方向盘安装在了车架内部,将驾驶舱的入口缩小到规则允许的最小范围。驾

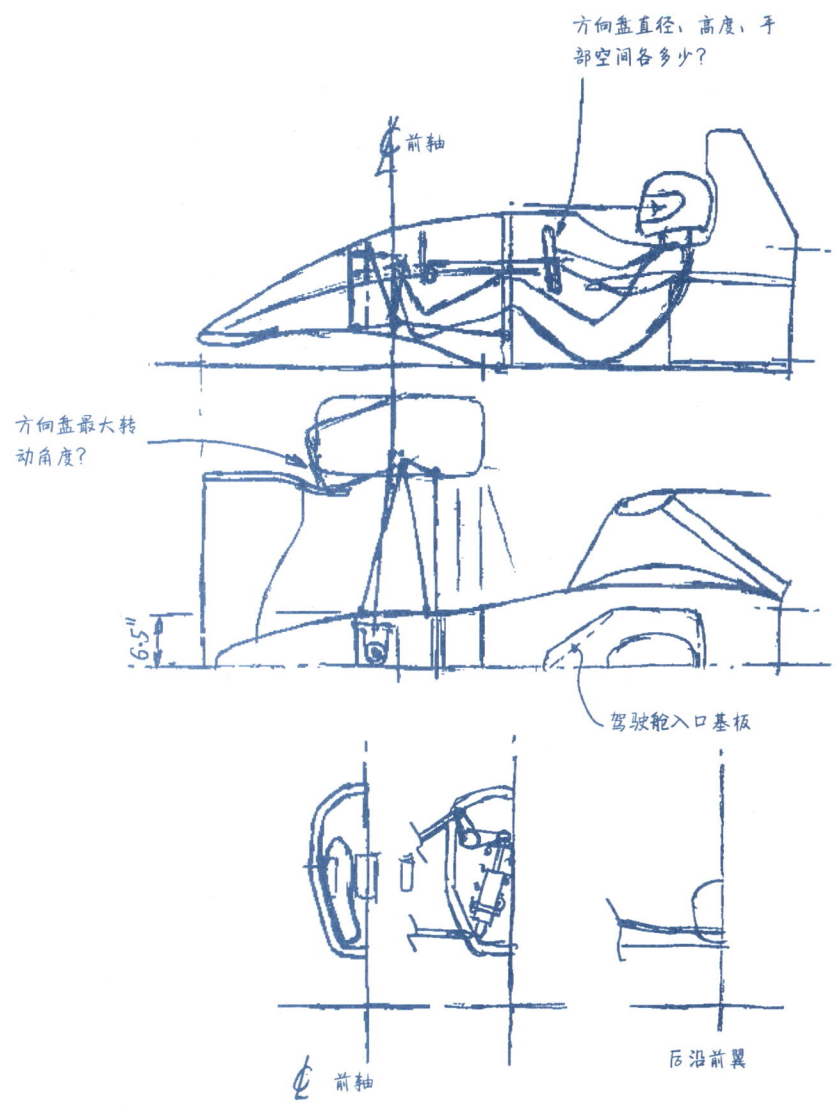

图8　881赛车的早期构想图

驶舱入口处会形成恼人的不稳定气流，为了克服这个问题，我们把方向盘安在车体里，只让头盔部分，在驾驶舱内形成近似封闭的空间，使得掠过赛车双尾翼中下尾翼的气流更为稳定。为了更好地实现上述效果，我们还重新设计了发动机盖。贾德的这台90度夹角的V8发动机拥有小号形状的进气管，很占空间。使得我们不得不为它套上一个大发动机盖，但是这样一来又会对同向赛车下尾翼的气流产生负面影响。一种方法是重新制作进气管，把其设计成椭圆形，转向赛车中线，这样发动机所占空间就窄一些，相应发动机盖也要小一些。更稳定的气流使下尾翼的效率更高，减小了扩散器所受气压，使得更多气体从扩散器中排出，使扩散器发挥更大作用。

说到扩散器，我们在缩小车尾尺寸，让车尾变窄的同时，还将扩散器出口一分为二，车尾左右两边分别有一个弯曲的管道出口。

之前一个赛季那辆车的下压力与空气阻力之比为2∶1（每两个单位的下压力，对应一个单位的空气阻力）。上述一系列设计的结果，使得881这辆赛车的下压力与空气阻力之比达到3∶1，也就是说同样的空气阻力，881所产生的下压力要高50%。和上赛季赛车相比，这辆车的整体性能大幅提升。

在此期间我还在美国和英国两地来回飞。我之前就说过，坐飞机的一大好处在于，因为8个小时的航班里基本没什么可干的，所以就算随便画点什么，即使效率不高的话，也没什么。这样让我感觉很轻松。有好多关于881这辆车的点子都是在飞机上想出来的，例如如何安装前悬挂。因为赛车的形状比较新，所以想要把整个悬挂安装在这么小的一个单体壳里不是一件容易的事。前悬挂的构想图就是在飞机上画出来的。

我还把我在印地赛车上学到的一点用在了这台车上。这台车的防滚架就是把1986年马切印地赛车上的蜂巢铝管防倾架直接搬过来的（把防倾架移植到881赛车上似乎是顺理成章的事情，但是当我在设计之后难产的1987赛季比阿特丽斯赛车时，就没想到这点，那会儿是创意灵感的低谷）。

在开发赛车的空气动力学部件时，我都按照模型尺寸画图，当时的模型比例是3∶1（和之前风洞模型4∶1的比例相比算是进步了），如此一来，图纸拿到模型厂时，直接剪下来就能用。部件一般都是用木材做成，安在铝制车架上，但是，有些类似前翼这样的更精细的部件，是用碳纤维制成的。

我们和模型制作商之间的合作很顺畅。他们很快就把模型做好了，拿到模型我们立马进行测试。我们用的是南安普敦的风洞，尺寸为7英尺×5英尺，我第一次用这个风洞的时候还是学生。8年之后，我又站在了这里，对一切都是这么熟悉，这种一见如故的感觉无疑让我对这台车更有信心了。

但不是所有事情都是如此。画出来的零部件里，只有一部分会做出来，好在我们"命中率"还挺高的。

整车出来之后，看起来很精干。因为这是车队第一年，所以我们也不知道具体能达成什么样的目标。但即使只是看到这台车时，我都感到自豪，因为这台车和其他车外形都不一样，与对手相比，这台车更小、更用心，而且动力也不错。至于到底多有竞争力，我们心里没底。

第 24 章

赛车在意大利北部的伊莫拉进行了首次测试,当各支车队齐聚一堂时,我再一次体会到了一级方程式的感官冲击:汽油的味道、轮胎的焦香气味、大功率冲击扳手的噪声,以及此起彼伏又让人上瘾的发动机轰鸣声。还有那些家喻户晓的赛车手:迈凯伦车队的艾尔顿·塞纳(Ayrton Senna)和阿兰·普罗斯特(Alain Prost)、威廉姆斯车队的奈杰尔·曼赛尔(Nigel Mansell)、法拉利车队的格哈德·贝格尔(Gerhard Berger),以及卫冕冠军莲花车队的尼尔森·皮奎特(Nelson Piquet)。我才意识到自己又回到了一级方程式。这是我想要的。

布置好维修站的车库之后,我们和其他车队的人聊了几句,表面看似礼貌,内心却提防彼此。大家都想了解竞争对手的车到底如何。车库的卷帘门都只关了一半,所以经常会有其他车队的人"碰巧"从门前经过,鬼鬼祟祟地朝里看。

可能我的印象有偏差,但自己感觉似乎车库前的人群比之前要多,可能是因为881这台车看起来确实不一样。

感觉就像是刚转学到班上来的学生。和之后红牛车队的遭遇类似,莱顿车队成了车队之间的笑柄。一天晚上,我们的一位技师把一加仑清洁液倒进了赛道入口的喷泉里。第二天来看的时候,喷泉如电影场景一般。到处都是肥皂泡。大量的巨型泡泡在空气中飘来飘去,像是有个肥皂泡怪兽入侵伊莫拉一样。一点夸张的成分都没有,泡泡太多、太大,路都封了。还有人报了警。他们知道肯定是某个车队在背后捣鬼,但是没查出来究竟是哪支车队。这么说相当于变相承认是莱顿车队干了的了,但最后人还是没被抓到。

开车上赛道之后我们立刻注意到两个问题。首先,驾驶舱里空间太小,车手伊凡在里面没空间换挡。那时用的还是变速杆,不是现在方向盘上的变速拨片。赛车的变速杆正好位于方向盘右边。之前这点没考虑到。

更关键的另一个问题是变速箱过热。1987赛季,那台车是基于方程式3000赛车制造的,那台车就有传动轴恒速万向节不稳定的问题,我们想通过安装准双曲面齿轮来解决这个问题。但是那天晚上我们把变速箱取下来研究时,发现了很多微动磨损的痕迹。这些痕迹之所以会出现,是因为两块金属部件接触时接触面压力过大导致,长此以往,会产生类似压焊的效果,并最终使部件碎掉。这一过程中会在表面形成很多小坑，最后的结果就是轮齿上出现裂隙，导致脱落，接着车就慢慢停下来，还会出现变速箱润滑油的油雾。这个问题很严重。

至于变速杆变速的问题，那晚我记得很清楚。我们先在单体壳上开了一个口子，然后让伊凡坐上车，让口子越开越大，直到伊凡有足够空间换挡为止。洞口开好之后，我找来了一些蜡，抹在他的指关节上，做成一个模子，把他从车里弄出来后，往模子里注玻璃钢，以增强模子强度，然后又用一张玻璃钢细网作为过滤层，套在外面，使外表面更为光滑。

等内部玻璃钢定型之后，我再把石蜡模子去掉。这一切完成之后已经是半夜两点了，我让大家先回去，然后我自己留下来用碳纤维做了一个泡形容器，为了做这个我费尽心思，之前制作赛车模型，还有和父亲一起鼓捣家里那台莲花的经验都用上了，我还记得有一年夏天我在南安普敦打零工，制作玻璃钢鱼缸。

当我把这个部件装到车上，盖在之前开的洞上时，博洛尼亚的天都亮了，用迈阿密蓝涂抹完后，我便退了一步开始静静欣赏自己的杰作。早上技师们回来看到我的作品之后，都赞不绝口，这对我来说是莫大的鼓舞。

在一级方程式的近代史上，我猜我是唯一一个在一夜之间完成一个赛车部件的车队技术主管了。

更重要的是，我的作品真的有用。安上去之后，伊凡能给赛车换挡了。变速箱卡片温度计显示，温度太高，这是第二个问题。当天我们把变速箱拆下来看时，发现还是老样子，轮齿都快磨没了。之前我们见到的"压焊"痕迹还在，基本没法修了。

同时，其他车队对我们赛车的好奇达到了空前的地步。正当我们在试着解决变速箱的问题时，我们听到身后门上传来一阵噪音，我转过去看是怎么回事，结果发现是在菲蒂帕尔迪带过我的哈维·波斯尔思韦特（Harvey Postlethwaite），他在菲蒂帕尔迪之后去了法拉利车队。他正趴在地上，试图从我们车库的卷帘门下面爬进来。

见到我后，他说道："看看呐，这不是艾德里安吗？"回想起我当时的反应，我都不太懂我自己，可能是因为太累了，出于礼貌，我和他打了招呼，然后让他在车旁边东看西看。按理来说我应该把他轰出去的。但是，他有这种举动，我心里还挺得意。

整个测试为期四天，虽然我们想进行更多测试，但是因为变速箱的问题，未能如愿。但是我们做到了一点：我们造出了一台很快的车，明显看得出来是所有自然吸气车里面最快的，就光凭这点，我们的车就登上了《赛车》杂志的封面。成了那期的"封面女郎"。

在最后的成绩榜上,我们的赛车名列前茅,吸引到了媒体的关注,让我们感觉在这辆赛车上的付出、所倾注的心血,获得了回报。

问题是,在正式比赛里,赛车又会有怎样的表现?

第 25 章

1988赛季，一级方程式的第一场比赛在巴西举办。首先会进行为期三天的测试，测试完之后会有一周的休息时间，之后迎来正式比赛，比赛之前我们有大把时间用来修炼"喷火"这门手艺。在巴西，汽车用醇类有机物作为燃料，该燃料由糖用甜菜蒸馏制成，亦可用来生产酒精饮料，尝起来很甜。巴西人在燃料里加了一种很难闻的化学物质，以防人们拿着加油喷嘴开喝。

在巴西时我们租了一辆大众甲壳虫，很快就学会怎么让这车喷火：踩油门时把发动机关掉，让酒精燃料聚集在排气口，再点火，这时排气管就会像喷火器一样，喷出一条火焰长龙。从里约到赛道之间的路上有一段下坡，其中还有一段隧道，在隧道里这么玩时，整个隧道都会亮堂起来。看起来非常酷炫。好多次从里约开车去赛道时，我们都一路这么玩下来，比谁喷出来的火焰更长，结果一路上都是被我们玩坏了的消音器。

快到赛道时还有另外一场比赛在等着我们。从双程公路开到赛道上时，有一个U形弯，想要漂亮过弯需要点水平，所以每次我们都全力以赴，过出人生中最精彩的U形弯。

有一次莲花车队的人开着一辆房车过弯（友情提醒莲花，手刹过U形弯最好换辆别的车）时失控了，最后停在U形弯里的草坪上。不消说，我们的快乐就是建立在莲花车队的痛苦之上。我们开过去时都朝着他们打手势。虽然他们努力不让消息传出去，但是我还是听到了这件事的后续。因为草地上有蛇，所以他们最后不得不爬到房车顶上呼救，像荒岛求生客一样。

同时，温度过高让赛车不堪重负，赛车的冷却系统无法应付赛道的环境温度。排位赛里我们排名中游，但是在正赛里却退赛了，明显经验不足。整个过程非常令人沮丧，好在有一点，威廉姆斯车队的一位工程师詹姆斯·罗宾逊（James Robinson）找到我，把我拉到一边。针对我们变速箱的问题，他建议我联系一家公司，名为大卫·布朗设备（David Brown Gears）。他这么做完全出于好心，之后我们也成了好朋友；之后我发现他就住在我家旁边的镇上。而且他的建议奏效了。回到英国之后，大卫·布朗真的解决了我们变速箱的问题。

之后我们回到伊莫拉，参加赛季的第二场比赛，圣马力诺大奖赛。结果赛车又有机械方面的问题。因为细节设计不足，导致下压力直接把车鼻摧毁了，但是这个问题好解决。

那个赛季车队赞助商赤城来看过两次，第一次是在摩纳哥，那次他还付了我们工资。之所以记得很清楚，是因为一开始他打算把车队的基地安排在停在码头的一艘船上，但船在过英吉利海峡时遭到暴风雨袭击受损，直到周六晚上才到。

我想：好吧。摩纳哥。摩纳哥赛道对于发动机功率的要求没那么高，这对我们车队来说应该是好消息。但是事实并非如之前所预想。摩纳哥站的赛道属于街道赛道，需要对赛车进行很不一样的设定。雪上加霜的还有摩纳哥捉摸不定的天气，简而言之，我们没能为赛车搭配最合适的参数设定。

比赛期间，车队的二号车手毛里西奥·古吉尔明（Maurício Gugelmin）退赛了，伊凡最终名列第十。第十的成绩算不上糟糕，但是和我们的目标相距甚远。更关键的是，季前测试时我们的赛车展现出了强劲的性能，但是在比赛当中却没有发挥出来。

那天晚上我们在赤城的船上开派对。开派对属于很典型的一级方程式活动，很快场面就失控了。在摩纳哥通勤很不方便，所以在那之前我们就从一家当地的租车公司那儿租了几辆踏板车。那些车本身就很破旧，而且那晚我喝了不少，在车队同事的怂恿之下，我骑着踏板车驶向码头。

这个决定一点都不英明。首先，水冷得要命；其次，我不擅长游泳，更何况还是只穿了一身衣服而且还喝多了的情况下。

最后我冻得满脸通红。而且踏板车也被毁了。需要提醒的是，那会儿我们经常鲁莽驾驶。那时我们对待驾驶的态度远不像现在这样严肃认真。车队内部以及车队和车队之间的工作人员经常拿租来的车比赛，怎么折腾怎么开。虽然当时车队之间的竞争激烈，但是那时车队规模不像现在这么大，相应的车库也不像现在这么占地方。赛道之外，大家之间结下了深厚的友谊。当时大家都去同一家小吃车那买吃的，而不是像现在，各车队都有独自的车队中心。车队之间竞争氛围溢于言表，但是也饶有趣味；那时"政治正确"这个词还没被造出来。

恶作剧之一便是用一个垃圾袋装满乙炔，然后用一根点着了的火柴戳袋子。晚上围场内爆炸的声音此起彼伏，每次爆响之后还伴随着人群的一阵欢呼。看到有人半睡半醒在那里晃悠，不知道发生什么时，就有人引爆一颗乙炔炸弹，大家就在旁边看他怎么吓一大跳。跳得越高，人们欢呼声越盛。

我记得一个叫卡尔·海因茨·齐默尔曼（Karl Heinz Zimmerman）的小伙子，他是帮威廉姆斯车队管理房车的工作人员。他自己有一门大炮，真的大炮，装火药的那种。每次威廉姆斯车队赢了之后他都要来开一炮。天知道他是怎么把大炮运过海关的。

每次开炮前,他都要把大炮推到围场中央,再点火。整件事反倒成为一项仪式。开炮时人们都聚在一起。车队人员、记者、摄影师都有。一次,一位摄影师因为靠得太近,火药飘到眼睛里去了,威胁要起诉,然后这件事就此打住了,特别没劲。摄影师威胁起诉之前,伯尼还插手进来,说如果摄影师真起诉的话,就没收他的围场通行证。伯尼非常"护短"。

因为让车队员工通宵工作过于危险,从那以后,FIA规定夜里赛车都要被锁起来。不过每年有四次机会,可以通宵改车。毕竟工作人员的安全和健康还是很重要的。FIA这么规定还是有道理的,而且在围场内点燃一门大炮确实很不安全。问题在于,大炮被禁后,感觉少了什么,再也找不回来了。

不管怎么说,比赛还是要继续。至墨西哥站时,多亏大卫·布朗的准双曲面齿轮,我们已经解决了赛车变速箱的问题。我又可以集中精力提高赛车性能了:车队的车手抱怨赛车在过弯时转向不足,于是我们设计出了更大的前翼,以提供更多下压力,此外我们还改进了前悬挂系统。悬挂系统改进后,赛车低速行驶时,悬挂很软;在高速行驶时,悬挂变硬,减小赛车前段的离地间隙,提高赛车的空气动力学性能。我们还渐渐解决了赛车稳定性的问题,学会如何设定赛车各项参数。

下一场比赛在加拿大。在排位赛中车队成绩很一般,有其他几辆自然吸气赛车排在我们前面。但是,在正式比赛当中车队表现有所提升,虽然毛里西奥中途退赛,但是伊凡最终名列第五。

可能你会觉得我对这个结果很满意。我记得开车回机场的路上,车队经理伊安·菲利普斯(Ian Phillips)和首席设计师蒂姆·霍洛威(Tim Holloway)对该结果都很满意,因为我们终于首次得到了两分。我个人其实很失望,因为我认为这不是我们的真正实力。我相信我们的赛车理应比目前表现得更好。

如之前所说,车手反映的问题主要是转向不足。我认为,如果我能解决这一问题,赛车就能展现出其真正实力。

我们离开蒙特利尔,直接来到底特律,底特律的街道赛道非常适合自然吸气赛车。按理来说应该如此。

现实很残酷,整个比赛就是一场灾难。练习过程中伊凡出了事故,事故中车架前角断了,他脚也骨折了,未能参赛。毛里西奥也中途退赛。又一次令人失望的结果。

到了这个阶段,我都有点蒙了。其他车队表现尚可,伊凡和毛里西奥也没怎么抱怨——那是毛里西奥一级方程式生涯的第一年,对伊凡而言,他上赛季所驾驶的赛车还不如本赛季，对他们而言这可能还算是进步——但是我对结果不满意。看到发车区AGS车队、米纳尔迪车队（the Minardi）、达拉拉车队（the Dallara），甚至是威廉姆斯车队的赛车时，我都有自信说我们的赛车本应该比这些车更快，不应该只是目前的水平。

我觉得我们车队赛车的空气动力学性能更优越。是哪个环节出了问题呢？如果说赛车的空气动力学性能是长板的话，我觉得悬挂几何和比赛工程设定就是短板。伊凡反映，在过弯的初始阶段，他还在刹车，准备开始转弯时，赛车都有转向不足的情况。前悬挂的抗点头是50%，也就是说在刹车时，因为车头的重量转移设置，前悬挂的长度会缩短到自然长度的一半。这样的好处在于，刹车时下沉不那么明显，坏处则是处于该状态下悬挂性能会降低，导致赛车更加颠簸，前轮更容易锁死。因为入弯刹车时，赛车前轮抓地力不够，所以我们可以增大车头的下沉幅度，让赛车的空气动力学中心前移。所以，在法国大奖赛之前，我们修改了车架的参数，把抗点头下调到了15%。此外我们还增大了前翼的面积，提高了渐进式前翼弹簧的弹性系数，所以我们在解决赛车转向不足问题的同时，还增大了赛车的下压力。

到德国霍根海姆赛道为止，比赛成绩都还不错。总积分榜车队并列第六名，车手积分榜上，伊凡排第十一名。在所有的一级方程式赛道中，赛车在匈牙利的赛道需要的下压力最大。因此在匈牙利站，我们在加长车鼻的同时，还使用了新的前翼。比赛中，虽然伊凡因为发动机故障退赛，但是毛里西奥最终名列第五。

蒙扎赛道上，伊凡和威廉姆斯车队的里卡多·帕特雷塞在争夺第五名时，两车车轮相撞。伊凡是一位胆子很大的车手，他这次正赶上好时候。赤城总共来车队视察了两次，那次比赛是第二次。当我把受损零件给赤城看时，给他留下了很深的印象，没想到伊凡居然有这般决心，只为争夺比赛第五名。

值得一提的是，那周周末赤城就被抓了。每次和他交流时，都要通过他的翻译。每次我们和他的翻译交谈时，他都不带任何情绪地坐在那里。莱顿车队的房车本来就小，里面还要坐六个人：两名车手和各自的比赛工程师、蒂姆·霍洛威、安迪·布朗、车队经理伊安·菲利普斯，再加上我。赤城来的那个周末，伊安把他的座位让给赤诚，他自己站着。后来我们去为比赛做准备，赤城则一直坐在那座位上。后来一位意大利记者进了车，问能不能采访赤城。因为是用英语进行的，所以整个采访花了很长时间。

记得当时车队积分榜名列第六，每场比赛基本都能拿到分数。车队在葡萄牙站进行练习时，我记得自己站在维修区指挥台，观察赛车过最后一个弯。伊凡先过了弯，然后普罗斯特出现，慢悠悠地跟在后面。

我当时就觉得有点不对劲。后来才明白，之前普罗斯特看伊凡过一个右转弯时，伊凡车速极快，普罗斯特觉得伊凡简直是找死。他深信照伊凡这么开迟早会出车祸，所以就没踩油门跟着。

后来有人和我说，当时普罗斯特在无线电里说："那车那么快你敢信？"伟大的阿兰·普罗斯特居然觉得我们的赛车快得难以置信，这也算是一件了不起的事了。更何况，因为马力不足，所以我们赛车的尾翼比迈凯伦涡轮增压赛车的尾翼要小很多。

排位赛上我们名列第三，但是我自己却不能总跟着车队跑。因为要研发1989赛季的赛车，所以我就飞回去了——也就是之后的CG891。

阿曼达开车来机场，回家路上我在收音机上听关于比赛的报道，听得我有点慌。这是自之前排位赛以来，表现最出色的一次。比赛过程中，伊凡紧跟在塞纳后面，但是一直没能超过塞纳。

最后当比赛进行到约2/3时，伊凡想到了超车的办法：在进最后一个弯时延迟入弯，在最后一刻，借助塞纳赛车的尾流超车。

最终伊凡如愿以偿，成功超过塞纳。到现在我都记得当时的狂喜感受。一支预算有限的小车队，开发出了一台自然吸气赛车，而这台赛车居然超过了一辆由艾尔顿·塞纳驾驶的迈凯伦赛车。那时一级方程式的环境是迈凯伦一家独大：当时迈凯伦用的是本田的动力组件，比赛当中如果一辆迈凯伦被超了，肯定是另外一辆迈凯伦干的。一辆自然吸气赛车想要超过迈凯伦无异于痴人说梦。

而且，伊凡最终取得第二名的成绩，排在普罗斯特之后。我们的车手首次登上领奖台，这辆赛车也终于展现出其真正实力。一场无比美妙的比赛。

当年整个赛季都很精彩，但是在西班牙分站赛，我们的成绩不太好。好在之后的日本大奖赛的排位赛上，伊凡获得了第四名的成绩，位列格哈德·贝格尔（Gerhard Berger）之后。赞助商对这样的结果很满意（迈凯伦车队的塞纳和普罗斯特包揽日本大奖赛前两名，那个赛季经常出现这种情况，日本大奖赛是第十一次）。日本大奖赛时我没在现场，正在努力研究891赛车。但是我在电视上看了比赛，那场比赛可以说是那个赛季最激动人心的片段了。

正赛比赛开始，塞纳起步时车熄火了，整场比赛都在往前赶。比赛当中塞纳表现出色，但是我都在关注伊凡，他表现也不差。整场比赛中，伊凡排名都很靠前，他成功超过第二名贝格尔，排在第一名普罗斯特之后。

在出赛道末尾最后一个 S 形弯后，得益于伊凡精湛的车技，经过终点时，伊凡比普罗斯特还快上那么一点点。不幸的是，起跑线之后有一段很长的直道，因为当时本田发动机更出色，所以普罗斯特重新在直道上取得领先。但是在计分板上，就那一圈的成绩而言，伊凡超过了普罗斯特，位列第一。

自 1983 年起，自然吸气赛车排名第一的事情，这是头一次。看着伊凡一直试着超过普罗斯特，我们心都提到了嗓子眼：之前有次他就超过了普罗斯特，说不定这次也行。

然后……伊凡突然停车了。

车在那儿一动不动。

之后迈凯伦的老板罗恩·丹尼斯说之所以车停了是因为我们一直想超车，所以油不够了。这种说法显然是扯淡，所以是什么导致赛车突然停下，然后伊凡退赛呢？我们把车弄回维修区时，车启动正常，完全没有任何问题。

问题究竟出在哪里？天知道。后来我们一直都没查明白。先前我们怀疑是发动机控制单元出了问题，把它送到供应商那儿看了看，供应商说没毛病。几个月之后，伊凡特别不好意思地和我们解释了一种可能（他只是说，有可能）：在调整后防倾杆的软硬时，需要使用他左臂边上的一根拉杆，可能他调整时不小心碰到了发动机点火开关，这是一个拨扭开关，位于防倾杆拉杆前 4 英寸的位置。车手在调整防倾杆时，很容易喷到点火开关。很多时候，在经过数千英里的测试和比赛之后，到了比赛的白热化阶段，就是因为这么一点点操作失误，功亏一篑。

比赛还在继续，塞纳像疯了一样往前赶。他一路赶到第二名的位置，第一名是普罗斯特，他赛车的变速箱出了点问题。

塞纳超过了普罗斯特，连着几圈都开得非常快（有一圈还破了伊凡的单圈纪录），并最终赢得比赛，获得了生涯首个年度总冠军。对我们而言，这本是一场可以赢的比赛。还有一次类似情况，冠军从莱顿车队指间滑过。离冠军就差那么一点点了，现在想起来都有些心痛：一次是 1988 年的日本大奖赛，还有一次是 1990 年的法国大奖赛，两次都未能如愿。莱顿车队最后化作历史的尘埃，成为从未赢得分站赛冠军的车队当中的一员。

第26章

从动力学的角度来看，保时捷911是一辆很烂的车。之所以这么说，是因为发动机安装在了汽车后轴的后方。911早期型号的车主在开车时，开着开着车就打滑了。很重的后驱车流行了起来。这种车就像是一艘载满了一大袋煤的轮船，一旦开了就停不下来。必须要进行大量的转向修正之后才能开。

说到这个，就不得不提1989赛季的赛车。

1988赛季结束时，莱顿车队和威廉姆斯车队以及飞箭车队在积分榜上并列第五，在车手积分榜上，伊凡排名第七。对莱顿这样一支小车队来说，这算是现象级的成绩，我也因此在一级方程式立下了自己的招牌。之前在美国时，我曾获得成功，但是那时，我还籍籍无名。现在我成了院子里一帮孩子中最受欢迎的那个，各家报纸和杂志的采访应接不暇——很受用，毕竟每个人都有骄傲的一面。

研发891这辆赛车时，我想把重量尽可能转移到前后轴之间，这样的设计可以让赛车过弯时更轻松。举个例子：有两个人，其中一个人平举2千克的哑铃，另外一人平举同样重达2千克，长度等于第一个人的臂展，且重量分布均匀的杆，现在让两个人维持平举状态原地旋转，肯定是举杆的旋转起来更轻松。正因为这个原因，自1986年起，车队都开始把齿轮组从后轴后方，移到了后轴前方。我们也跟着这样的思路设计赛车，除致力于提高赛车空气动力学性能、让车架更窄之外，还把车体设计成更接近字母V的形状，缩小车手双脚之间的距离，直到驾驶员双脚挨在一起。

伊凡和毛里西奥对此没有意见，他们唯一的要求是把驾驶舱设计得长一点，这样开车时膝盖就不用那么弯。图纸出来后，赛车看起来很漂亮，风洞测试的结果也显示，赛车的下压力大幅提升。

但事实证明，这辆车非常失败。

第27章

1989年7月的一天，当我回到位于马史吉本（Marsh Gibbon，英格兰境内一座村庄）的家中时，才发现家里空无一人。妻子阿曼达给我留了张便条。便条以"亲爱的艾德里安"开头，说到她回德文娘家住去了。

就这样，我们分居了。

回想起来，我和阿曼达匆匆忙忙就结婚了。她不仅漂亮，还是一个很有意思的人，能和她一起出去约会我觉得自己特别走运。干脆直接结婚吧！

在我们去了美国之后，两人关系出现裂痕，因为她一直"水土不服"。我本可以做得更好：我应该找一间条件更好的公寓让两人住，帮她在红顶酒店找一份更有意思的工作。她跑回父母家的做法无疑是雪上加霜。我们还把在匹克威克的小房子给卖了。在结束红顶酒店不愉快的经历，并回到英国时，除了和父母生活在一起之外，她别无选择。当我8月份回英国时，我们急急忙忙地在牛津郡的皮丁顿买了一栋房子，这房子我们一直都不喜欢，然后又在旁边的马史吉本找到了房屋状况很差的另一栋房子，两栋房子离马切办公所在地比斯特都很近。

多亏一笔过渡贷款，两栋房子一栋都没卖。在一些亲戚的帮助下，我开始重新装修马史吉本的那栋房子。首先我要为夏洛特找家幼儿园。

搬进新房子后我和阿曼达的关系似乎缓和了一些，阿曼达在接送夏洛特的过程中和其他家长成了朋友。我们家也新添了一位成员，二女儿汉娜，出生于1989年2月。

我准备修复我和阿曼达之间的关系。我想让我们的婚姻重归正轨。但阿曼达并不这么想，不然也不会有那封信了。她把夏洛特和汉娜都带回娘家了。

我们两人分居后，我开始了一段很艰难的日子。一边我要努力试着修复和女儿们之间的关系，还要平衡好工作，所以得经常开车到德文，住那里的宾馆。然后我还参加一门短期课程，教那些经常出差的男人怎么当好爸爸。（个人建议：别在旅馆里面和孩子一起玩耍，把他们带到家里去，这样他们不仅能玩属于自己的玩具，还有家的氛围，就算是多开会儿车，也值了。）

一段时间之后，我以为我和阿曼达之间有和好的希望了。后来发现我想多了。一年新年前夜里，两人大吵了一架，我才意识到两人关系到此为止。

工作成了我的寄托。但事与愿违。虽然就图纸上的设计而言，我对891这辆赛车还挺满意，但是在赛车造出来之后，才发现赛车再次出现了稳定性方面的问题，这让我们头疼不已。

原来是变速箱壳体的设计出了问题。想要把齿轮重新安装到前轴前方有两种办法，一是把变速箱壳体一分为二，前后各一部分，这样前后都能接触到齿轮；或者还是用一个壳体，但是在中间安一个小一点的齿轮通道闸门。我们选择了第一种方案，结果证明第一种方案是错的。第一种方案和第二种方案相比，会导致车重增加，此外我们还有变速箱壳体周围出现裂痕的问题。

贾德所供应新发动机的输出功率，未能达到之前所承诺的水平，火上浇油。我们还犯了一个很愚蠢的错误，把燃油泵安在了直接受排气凸轮轴驱动的后隔板上。但是，由于后隔板因受到发动机悬置的压力而变形，导致了燃油泵停止工作。

至1989赛季开始时，我们的新赛车还没准备好。在巴西站和圣马力诺站上，我们不得不使用之前的881赛车。

891赛车在摩纳哥站首次亮相，但是比赛中表现很一般。在墨西哥站的排位赛中，我们排名第四，本来有机会赢，但到了比赛日那天，整个比赛变成了一场灾难。出于空气动力学方面的考量，我们没有将制动主管安在有气流的地方，而是安在了叉臂的空隙里。伊凡和其他赛车一起排好队，暖胎圈快要开始时，我们看到在叉臂下面有一摊制动液，所以不得不让赛车靠边。检查之后发现叉臂上的焊缝有一处凸起的小点，凸起刺穿了制动主管。

好在排位赛里，赛车的表现让人放心。算是整个比赛当中唯一值得欣慰的事了。

那时我们还不知道，墨西哥站排位赛中名列第四是当年整个赛季唯一一次表现还行的时刻。我们就是无法找到最佳状态。赛车表现很不稳定，而且也不好开；车手们一直在抱怨赛车平衡不佳，也不知道该怎么办，对于车手而言，没有比这更糟糕的情况了。如果车手对于赛车不熟悉的话，就没法尽力施展，从而陷入恶性循环。车手失去信心，不敢开快，表现进一步下降。

症结在于，我们根本不知道哪里出了问题。我们进行了好几次挠曲试验和扭力测试。一切正常。车重分布和我们设想的一样，悬挂几何也和之前的881赛车类似。风洞测试结果如预期所料。

我不太愿意回顾1989年具体发生了什么。几次比赛之后，赛车要么退赛，要么跑得很慢。我从炙手可热的新星，变成了一颗流星。媒体就喜欢搞大新闻，之前把我捧得特别高，现在又一脚把我踩下来。有些媒体的文章挺伤人。所以那一年里，在媒体面前我都尽量保持低调，为了避免负面报道，最安全的办法就是尽量不接触。

不管是从职业生涯还是从个人生活角度来说，1989年都是颇为不顺的一年。1990赛季该怎么办？1989赛季末的时候，赛车的稳定性终于有所提升，但我们还是不明白为什么赛车表现不佳。其他车队都在自己的赛车上复刻我们881那辆赛车的设计，尤其是扬起的车鼻和V字形单体壳。用我们的技术打败我们，这无疑是在给伤口撒盐。

第28章

这么多年来，风洞技术也在不断发展。随着电脑计算能力的提高，我们有足够资源将赛车实地测试和风洞测试的结果进行对比修正。赛车上装有多个传感器，能够测量多项性能，包括空气动力学负载、离地间隙、横摆角、侧倾角、转向角、风向等。赛车上还装有传感器，用来测量各个空气动力学表面的压强，检查是否正常工作，或是和风洞测试模型相比有何不同之处。如此一来，工程师就能很清楚地了解到，赛车实际表现和模型的风洞测试之间差别在哪里。整个系统非常精密，所以风洞测试的结果和赛车赛道上的表现之间的差别一般不大。

会有专门的团队来研究具体区别在哪里，理解差别的根源是什么，试着在条件允许的范围内减小差别，但过去完全不是这样。首先，以前的模型尺寸比现在要小（过去是1∶3，现在是60%），也不如现在细致。以前模型框架为铝质，在此基础上，再添加木质车鼻、车架和发动机盖，以及碳纤维扩散器，底板为铝制，翼板为木质，端板则是铝质。

只要形状对了就行，但是木头本身就不稳定，所以风洞测试的那些空气动力学部件也不稳定，部件表面加工的质量也不高。除了上述种种弊端之外，过去这些木质和复合材质部件都由手工制作完成，不像现在，全都由数控机床制造。

模型的轮胎也不够贴近现实。模型轮胎由尼龙制成，再在外表面用胶带粘上一些泡沫。所以模型轮胎的磨损和充气轮胎的磨损完全不是一回事。2005年后，倍耐力向所有车队提供风洞测试用充气轮胎，测试轮胎和实际轮胎的形状一模一样，但尺寸只有原胎的60%，能够在测试过程中模拟车胎在赛道磨损的真实情况。

除尺寸之外，模型还对赛车的一些部件进行了简化，我觉得我们赛车的问题就出在风洞测试模型和实际赛车的这些差别上。

关于如何解决问题我们有很多讨论。是试试运气，重新制作图纸，造一辆新车出来；还是试图解决现有赛车的问题？

我个人觉得，在没弄明白现有赛车问题出在哪儿的前提下，去造一辆新车没多大意义。团队里有不同声音，虽然这辆1989赛季的赛车不招人待见，但是我建议团队应该试着发现问题出在哪里。一旦明白问题出在哪儿，我们就有机会解决这些问题。

连着两年，车队在摩纳哥站的成绩都很差，大家都觉得在平整一点的赛道上我们会有更好的表现，我自己在想，是不是因为改变离地间隙之后，赛车的空气动力学性能受到很大影响。如果能把赛车的空气动力学敏感性降低一些的话，赛车就更有可能实现模型在风洞中的表现。

在风洞测试中，我们试着调整离地间隙，改变对赛车空气动力学性能的影响。我尝试改进赛车前翼和扩散器，让空气动力学敏感度降低，即使这意味着赛车的下压力会减小。除了简化前翼两端的空气动力学结构外，我还精简了扩散器靠近后胎区域的结构。

1990赛季的赛车就是这么来的：赛车的车架、发动机、变速箱和悬挂同前一赛季的赛车都一样，主要区别在空气动力学方面。总的来说，1990赛季的赛车和1989赛季的赛车的区别，在于后者的空气动力学敏感度更高。

休赛期即将结束之时，我们向比赛工程师们介绍了赛车有哪些改动。我们把车运到西班牙安达卢西亚的赫雷斯赛道，进行首次路面测试，结果还是老样子。冬天我们一直都在试着解决问题，但赛车还是和原来一样。

有一次我在画板前想着关于车的事，一位模型工匠找我说事。这人我还在印地赛车圈的时候就认识了，和其他同事一样，我们成了朋友，他来找我问关于图纸的问题。我把一条线画长了。

他说："两年前认识你那会儿你不会犯这种错误啊？"

事实的确如他所说。整个车队逐渐对我失去信心。此外，车队规模本来就不大，我和大家都很熟，所以这也带来一定负面影响——熟了之后大家更随意。可能事实真如他所说。

我开始走下坡路了，犯各种错误。在和阿曼达分居之后，在艰难尝试12个月之后，赛车仍然没能正常运转，这些遭遇的负面影响开始真正影响到自己的工作状态。可能881赛车真的就是我生涯的顶峰了。在一级方程式的圈子里，我的能力可能就是这样，一颗一闪而逝的流星。

第29章

1990赛季前几个月，各种情况陆续发生。

我们在一个新风洞进行测试。英国总共就两个传送带风洞，一个在南安普顿，另一个在伦敦的帝国理工学院，所有在英国的车队都要排队轮流使用这两个风洞，每次只能用五天，一个月也才轮得上一次。大家最后都反应过来，虽然建一个风洞初期需要很大的资金投入，但从长期来看更划算，因为有了自己的风洞后，能随时进行测试。

截至1990年，莱顿车队是当时唯一还在用南安普敦风洞的车队。去南安普敦的，只有学生，和我们车队。

1989年，罗宾·赫德把车队卖给赤城之后，开始投身新领域，包括在布莱克利建造风洞。莱顿车队总部在比斯特，离那儿不远。

为了知晓风洞的具体参数，罗宾还专门就这事问过我。我其中一条建议是，搭建一个模型移动系统，使模型的离地间隙在测试时能自动变化。不仅如此，因为这个风洞更大，所以模型尺寸可以增加原车的40%，还能随时进行测试。

位于布莱克利的卡姆丹克风洞于1990年早期投入使用，我们慢慢开始将测试从南安普敦转到新风洞，中间一小段时间里，两边风洞我们都在用。

两边测试结果很不一样：在新风洞用40%模型时，其空气动力学性能很不稳定，当车前后离地间隙达到某特定数值时，模型下压力大幅下降。当我们回到南安普敦进行测试时，模型并没有展现出该失速特性。我们开始换个思路来思考问题：问题可能不是出在赛车上，而是出在我们所用的风洞上。南安普敦的风洞和其他车用风洞一样，有一条传送带，原理和超市收银的传送带类似。测试和赛道的一大区别在于参照系的不同。赛道上，赛车移动，空气和路面是静止的。在风洞测试中，模型静止不动，为模拟现实，气流与路面以同样速度移动，气流穿过赛车，传送带在车底移动。传送带下面有一块板子，板子上钻了很多小洞，在板子下面连着一台吸风机。模型下方气流很弱，如果没有吸风机，传送带会被吸起来，与板子脱离。南安普敦的板子是铝质的，但是之前有件事我们不知道，有几块橡木板通过螺丝固定在铝板下方，螺丝正好穿过铝板上的那些小洞。时间一长，木板变弯，使双材料板弯曲。

原本平整的传送带也因此而稍稍向下凹陷。凹陷的传送带使扩散器的负荷减小，导致我们最后开发出的车体形状更为夸张，到了脱离现实的地步。之所以能出现如此夸张的形状，还有一个原因是我们把齿轮组从后面移到了前面：在881赛车上，齿轮组在后轴后方，在891和901上，齿轮组就被移到了前头。

发现传送带的问题时，大家谈不上欢欣鼓舞，因为我们还没有解决方案，但是大家都松了一口气。在疑惑不解、压力重重、郁闷不已、自我怀疑的12个月之后，我们终于为我们的赛车的问题，找到了一个可能的原因。回想起来，就在我研究马切1990赛季赛车时，我的私人生活也同时有了起色：我开始和玛丽戈尔德约会，一起打壁球。之前我就认识她，那时我才20多岁，是通过朋友介绍认识的。我们很喜欢和对方待在一起。

但是，莱顿车队在管理上却出了问题。赤城在资金上遇到困难，所以口袋也紧了。他还任命西蒙·基布尔担任车队新任财务主管，让他帮忙管钱，确保我们不像之前花得那么多。

基布尔上任之后，我们在巴西的……我本来想说"在巴西的比赛"，但我们连比赛的门都没摸着。排位赛上我们就退赛了，夹着尾巴回到英国。

虽然大家都羞愧不已，但是还有更糟糕的消息等着我们。从巴西回来之后，车队经理伊安·菲利普斯一直抱怨头疼。尽管疼得厉害，但是一开始他以为只是偏头痛。后来才发现他染上了脑膜炎，之后六个月都要在病房休养。在伊安·菲利普斯不在的这段时间里，西蒙·基布尔自作主张，代理车队经理一职。

让财务主管来管理车队这种事根本就不应该发生，毕竟就是个管账的，一般都目光短浅、固执己见、缺乏整体思维。当赛车表现不佳时，正确做法是增加研发开支，通过继续研发解决问题，而不应该削减开支。反正给他发工资的是赤城，所以他减少了车队的研发费用，理由是已经花了那么多钱，却只造出来这样一台车，再花也只是浪费钱。

我自己尽量避免和这些办公室政治产生任何关系，把时间都花在卡姆丹克风洞那儿（虽然用风洞也要钱），集中精力发现赛车问题在哪儿，并解决这些问题。风洞测试中，当我们把模型移到离地间隙区域时，车尾的下压力大幅下降，而且车底沾上了可视化涂料的痕迹。这印证了我们对之前新风洞测试结果的猜想，在这样的离地间隙下，通过扩散器的气流相当分散。同样的道理：飞机起飞时，如果机头抬得太高，就会出现失速的现象。前翼底部也有可视涂料分散的迹象，这在南安普敦测试时，从没出现过。

掌握了这些信息之后，我回到画板前，投入了新一轮的工作当中：描绘车体形状、制图、生产、风洞测试、分析结果，不断迭代，直到解决问题。最后，我们使用了另外一套前翼（实际上是之前用过的形状）和全新的扩散器。

但是，在赛车最后造出来之前，西蒙·基布尔已经开始在其他设计师面前搞小动作，毫不遮掩，他甚至还放话，说可能会把哈维·波斯尔思韦特招过来替代我。我和他成了死对头，动不动就大吵一架。我确信新开发的扩散器能让赛车性能更上一层楼。他不相信，但是最终我还是成功说服他花钱把扩散器造了出来。

这时，飞箭车队的老板杰基·奥利弗（Jackie Oliver）找到我，问我有没有兴趣去他们车队当技术主管，同时威廉姆斯车队的技术总监帕特里克·赫德也和我联系，问我愿不愿意担任研发主管。

飞箭车队的职位更高，给的钱也更多。但那时我对自己信心没那么足，感觉在威廉姆斯这样的大车队工作可以积累更多经验，看看冠军车队是如何运营、如何使用车队资源、如何解决问题，有机会看看大车队的管理结构是怎样的。而且我还认为不当领导是一件好事，不用什么事都承担责任。这么说的话，去飞箭车队还不如留在莱顿车队。

然后我考量了下自己目前的状况。我从来都不是一个爱打退堂鼓的人。自己不愿意就这么离开莱顿，毕竟从车队成立之时我就参与了进来，而且一直都在找赛车问题出在哪儿，终于有了点眉目。

但是，现实情况是车队不管是在财务上还是在管理上都深陷泥潭。之前罗宾就把车队卖给了赤城，然后伊安又因身体原因不得不离开车队，回家休养。车队一下子就没了主心骨。

我已经厌倦了与基布尔的争执。最让人担心的流言在于，有人说赤城在东京的地产大本营出了点银行贷款的问题，而他之所以一直没让车队关门，是因为如果车队关门的消息传开了，银行可能会查得更严。

那年法国大奖赛之前的那个周末，我怀着沉重的心情，给帕特里克·赫德打电话，说我愿意去威廉姆斯车队。结果周一我去上班时，西蒙·基布尔把我叫到他办公室。说他已经请来了克里斯·墨菲（Chris Murphy），原罗拉赛车的设计师，担任车队的新技术总监，而且这件事已经经过赤城本人的批准（反正西蒙是这么说的）。摆在我面前的选择有两个，要么降职留队，要么走人。相当于我直接被炒了。

得知被炒，我如释重负，但是当我回到设计部门，告诉同事我要走了的时候，心中有一种奇怪的感觉，这么多年来，很多同事和我已是朋友。我打包好自己的书和制图工具后，和同事道别，然后离开了公司。公司离家3英里，周一早上开车回家感觉怪怪的。

那周末，我坐在电视前看法国大奖赛，这是莱顿赛车第一次在正式比赛上使用我新设计的扩散器。

第30章

要是我在法国大奖赛现场观看比赛就好了。排位赛中,伊凡排名第七,毛里西奥排名第十。法国大奖赛之前一站是在墨西哥,我们连比赛都没比,所以目前的这个结果和之前相比可以说好很多。

坐在沙发上,我想着,在卡姆丹克风洞测试新扩散器时,测试结果显示赛车性能会有所提升。

比赛开始。我们的赛车和其他排名前10车队的赛车有一大区别,我们赛车的发动机马力弱一些,对于轮胎磨损更小,所以车队的比赛工程师古斯塔夫·布鲁内尔(Gustav Brunner)提议赛车中途不进站换胎。其他车队都要中途换新胎,不然根本没法跑完全程。多亏古斯塔夫的奇思妙想,他想到如果中途不换胎的话,车队有机会赢得冠军,于是采取了这种策略。

比赛开始后,伊凡和毛里西奥一路追赶,到比赛进行至其他车队开始进站换胎前,两人已经追赶到了第三、第四的位置。两人没有进站,因此在之后比赛结束之前的一段时间里,都保持着领先位置。

之后毛里西奥赛车的稳定性出现问题,被迫退赛,退出之前,他排名第三。伊凡则继续领跑法国大奖赛。法国大奖赛之前的一场比赛中,伊凡连排位赛都没跑完,但这场比赛他却一路取得领先。这可以说是一级方程式历史上,进步最快的车手了。

但是,最后还剩三圈时,伊凡过了几个高速弯后,发现赛车油压有问题。为确保发动机不出故障,且赛车能跑完全程,伊凡不得不减速。减速之后,阿兰·普罗斯特超车,导致伊凡最终名列第二。

赛后三人领奖台上拍的一张照片生动形象地刻画出了三人的心情。艾尔顿排名第三,手别在身后,面带微笑,一脸深意。毛里西奥退赛之后,他迎头赶上,获得第三名。冠军普罗斯特则更是一脸坏笑,觉得自己能获得冠军也是运气好。当年的《赛道》杂志评论普罗斯特"赢得很机智"。伊凡则举手挥拳,愉悦心情从他的表情中一览无余。比赛中有45圈伊凡处于领先。这是莱顿车队当年赛季第一次得分,在摸爬滚打这么久之后,莱顿向世人宣示,我们又回来了。

对我而言,看到比赛结果我既高兴又骄傲,之前赛车的问题差点让我崩溃,但比赛结果说明我最后还是把问题解决了。

而且我还在幻想，如果伊凡得冠军了会怎样。是不是我就不会答应帕特里克，然后基布尔也不会炒我？之后又会如何？从办公室政治的角度来说，比赛结果让我在面对基布尔时更有优势，但是之所以赤城把基布尔请来，是因为老板他自己陷入财务困难。在经历过菲蒂帕尔迪和比阿特丽斯、哈斯的那些事后，我知道当车队开始走下坡路时会是什么样子。

车队最后没能善终：在艰难度过1991赛季后，车队被清算卖掉。赤城昭因卷入富士银行丑闻而被捕后，他的合伙人肯·马拉博（Ken Marrable）接手车队。车队被卖给了以马拉博和古斯塔夫·布鲁内尔等一伙人。因为莱顿车队和丑闻联系了起来，所以1992赛季，车队名字改为马切一级方程式。经历完1992赛季之后，车手也是换来换去。最后于1993年一二月份左右解散。

第四回合 | **怎样创造 FW14**

第 31 章

威廉姆斯车队地处牛津郡的迪德科特，从我家马史吉本开车35分钟。威廉姆斯车队规模是莱顿车队的三倍，不仅如此，车队历史之悠久，也让其他车队难以望其项背。

最早要从弗兰克·威廉姆斯（Frank Williams）说起。1966年创立弗兰克·威廉姆斯赛车之前，弗兰克当过赛车手、工程师，还当过行商卖百货用品。车队1969年进入一级方程式，随后很快闯出名头。

1976年，弗兰克和另一车队合伙人意见不合，与帕特里克·赫德一同离开车队，并与之一起创立威廉姆斯国际汽车大奖赛工程车队，成为一级方程式中的一支劲旅。1986年，弗兰克遭遇车祸，伤势使他坐上轮椅，但他毫不畏缩，继续自己在一级方程式的事业。1999年，弗兰克受封，成为爵士。

可以想象，他是一个很有个性的人。从创立车队可以看出，弗兰克在逆境之中永不言弃，其中最成功的决定就是把帕特里克拉入伙，帕特里克是一位才华横溢的工程师。在我加入之前，两人便多次赢得冠军。

而且，两人之间关系很好。加入之后我才发现，这是一支属于他们两人的车队，有些决定在两人一起吃午饭的时候就拍板了。

最先开始，我觉得这也没什么问题，我很快就融入了车队，帕特里克和我之间相辅相成。

帕特里克是位很务实的工程师，虽然他在大学里学的是机械工程，但他看到了我在莱顿车队的工作成果，认可了我在空气动力学方面的潜力。把我招进来后，他就可以专注赛车机械工程这一方面，把提高赛车性能的设计工作交给我。工作当中，他特别擅长让我在设计时注重赛车的稳定性，这算是我当时的短板。我刚加入车队时，他就问我："在莱顿的时候，为什么你们一直放着燃油泵的问题，不去解决？"他问我时我犹如醍醐灌顶，之前在莱顿时，我以为，为了解决问题，我们已经做到了最好。关键在于，当初为解决赛车的问题，我们在研究和设计方面的投入不够。我们本应该这么做的，但是没有，对此我要负责。

我去威廉姆斯上班的第一天是周一，那天是7月16号，之前一天正好是英国大奖赛。那天帕特里克把我叫到办公室去，对我一顿吼。帕特里克的父亲是一位英国海军将领。他吼我不是因为对我有什么意见，和谁说话他都这样。他吼道："你设计的车在法国大奖赛和银石赛道的表现都很不错,我印象很深。"法国大奖赛上,伊凡名列第二并非偶然,银石赛道上伊凡还打破了单圈最快纪录。"我认为你应该成为车队首席设计师,而不是研发主管。你觉得如何?"

我对研发很有热情,但是我自己的能力更适合首席设计师的工作,而且这个职位能让我更好地参与到赛车性能提升工作之中。虽然当时威廉姆斯车队不如以往,但还是一支非常成功且受人敬仰的车队。帕特里克相信赛车发动机的性能优秀。他推断如果其空气动力学性能达标的话,威廉姆斯车队肯定能重回巅峰。不用说,我接受了他的邀请。

在开始设计下赛季的赛车前,我先看了看目前赛季的这辆赛车。基于之前在莱顿车队所设计的扩散器,我又新设计了另一台扩散器。因为威廉姆斯赛车的变速箱很大,所以扩散器的形状要做相应调整,但是我相信装上新扩散器之后,赛车性能肯定会提升。

这种时候就体现出威廉姆斯车队和莱顿车队之间的区别了。莱顿车队因为把制造外包了,要等很长时间才能交货。而威廉姆斯车队有自己的生产部门,交货时间比莱顿车队快一倍。匈牙利站上,新扩散器就安在了赛车上,赛车快了大概半秒,按当时的标准来看,性能得以提升这么多,很不错了(放在现在,想提升这么多要砸很多钱)。性能的提升为我堵上了不少人的嘴,威廉姆斯车队里有部分人对于我的加入很不满,有人认为莱顿车队1988赛季的成功纯粹是因为运气好而已,而且FW13这辆赛车已经很完美了,不需要我这个外来者掺和进来。那之后,我开始着手于自己的首要工作:设计1991赛季的FW14赛车。

第32章

当时驾驶FW14赛车的两位车手是奈杰尔·曼赛尔（Nigel Mansell）和里卡多·帕特雷塞（Riccardo Patrese）。相比之下，奈杰尔更出名。到那时为止，虽然他还没赢过冠军，但是比赛中排名都很靠前，一直都朝着冠军努力。奈杰尔在法拉利车队度过两个赛季后，于1991赛季重回威廉姆斯车队。

首先，车队的风洞不够理想。有好有坏，好的一方面在于，威廉姆斯在迪德科特有自己的风洞，但是这风洞不仅旧，而且又慢又小，允许的比例只有原赛车的1/4。风洞是从"专业模型"这家公司买来的，后改建成威廉姆斯车队测试用风洞，赶不上卡姆丹克的风洞。考虑到之前用南安普敦风洞的经历，我觉得威廉姆斯车队的风洞不太可靠。

有件事很凑巧：那时有一个英国国防部淘汰下来的风洞，我在南安普敦大学的导师、资深学者肯·比尔金说服学校从国防部手里把它买了下来，从法恩伯勒运到南安普敦，重建了一个新风洞。新风洞宽11英尺，高8英尺，因为尺寸足够大，所以我们可以测试40%比例的模型，之前在卡姆丹克也是用这个比例的模型测试。新风洞的运转速度，不仅比卡姆丹克的和南安普敦之前1:3比例的风洞都要快，而且传送带的底板是铝质的，所以不存在老化的问题。但是也有缺点，这风洞我们每个月只能用一次，每次一周，但是威廉姆斯车队的风洞我们随时可以用。

在这样的条件下，我向帕特里克提议，在对赛车空气动力学不那么敏感的区域进行测试时（赛车俯视图区域，包括车身顶部、散热器、导管，以及车架上半部分），用威廉姆斯自己的风洞；而在开发对空气动力学性能更关键的部件，比如前翼、底面，以及扩散器时，用南安普敦的风洞。

这是一个很麻烦的方案。从车队物流管理的角度来说，这意味着：首先我们必须要造两个比例不同的模型，一个25%，另一个40%，其次，我们还要确保每当研发上有任何变动时，两个模型必须及时更新。为了专门解决赛车的问题，帕特里克同意了这套方案。

接下来开始设计赛车。

如果我没离开莱顿的话，设计新赛车采用的开发思路和最终绘制的图纸与我如今在威廉姆斯车队所设计的赛车会是一样的。把莱顿1990赛季的赛车和威廉姆斯车队的

FW14放在一起比较时，能看到"家族遗传"的痕迹：都有V字形车架、安在驾驶舱内驾驶舱开口下方的方向盘、相似的发动机盖、前翼以及前翼端板，所有这些都是在莱顿901赛车的基础上演变出来的。我的想法很简单：901这辆赛车已经被证明是一个很不错的开发平台了，而且我知道901的风洞测试数据比FW13的要好得多。

虽然901赛车在法国大奖赛上的表现，证明新的扩散器使得赛车表现有所提升，但是这辆车的空气动力学性能对于赛车离地间隙还是太敏感了，所以赛车在平坦的赛道上很有竞争力，但是在比较颠簸的赛道上表现却很一般。

在用40%比例模型在南安普敦进行风洞测试时，测试结果表明导致赛车空气动力学性能如此敏感的原因可能出在前翼上。可视涂料的痕迹显示，通过前翼的气流从中间被劈开了，于是我们开始研发一套形状更为立体的前翼：新前翼中间部分被抬高，整体位置靠后，使得离地间隙极小的情况下，颜料也是均匀分布的。而且，我们还让赛车车架的形状，尤其是在车手坐垫的位置，更接近V字形，保证坐垫与大腿接触的位置尽可能高、尽可能窄，使车体下方车手臀部之前的位置呈垂直龙骨状，将气流从中劈开，分为左右两边。

然后是前翼端板的设计工作。前翼端板在南安普敦的风洞测试完成，我特地让测试人员将风速调低至15英里每小时或者20英里每小时。传送带也以同样速度运转，然后我自己拿着一根木棒，在测试过程中跑到测试区域附近，木棒的一端缠了一缕4英寸长的羊毛，用来观察赛车周围的气流。羊毛忽上忽下，最后卷成一团，说明所检测区域的气流是一股乱流，乱流效率低，而且杂乱无序。

因为前胎周围没有车体板件，所以当前胎在自由气流中旋转时，轮胎周围的空气会随着轮胎一起，朝轮胎与地面的接触面转动。空气无法渗透过接触面，只能朝两侧逃逸，相当于空气从轮胎外侧和内侧两面被挤了出来。

挤到轮胎外侧的气流不是什么问题，关键是被挤到内侧的气流，在绕过车体时，除了会干扰车底气流外，还会影响流向扩散器的气流，破坏赛车的空气动力学性能。正是这股从轮胎内侧挤出来的乱流将木棒上的羊毛揉成一团。如果我能想办法挡住或者偏转这股乱流的话，赛车性能会进一步提升。

然后我就脑洞大开，萌生了在上班路上或者洗澡时冒出来的那种想法：咦，说不定规则里面有这方面的漏洞可以利用，来解决乱流的问题。我看了规则手册，发现确实有空子钻：规则规定前轴中线之前的车体、前翼、前翼端板和赛车最低点之间的距离不得小于25毫米。

规则还规定，在前胎后边缘之后的空间里，车体底面这部分不仅得是平的，还必须要在同一平面上。规则对前轮中轴线和后边缘之间的这部分空间的唯一要求，是不能低于赛车的最低点，所以关于这部分空间，大有文章可作。

我们把端板底板向后延长至前胎后边缘处，再在底板底部安上一块高度为25毫米的竖直导流板，导流板向外卷，最低点与赛车底部持平。这块导流板能有效阻挡向内的乱流，提升赛车受到的下压力。

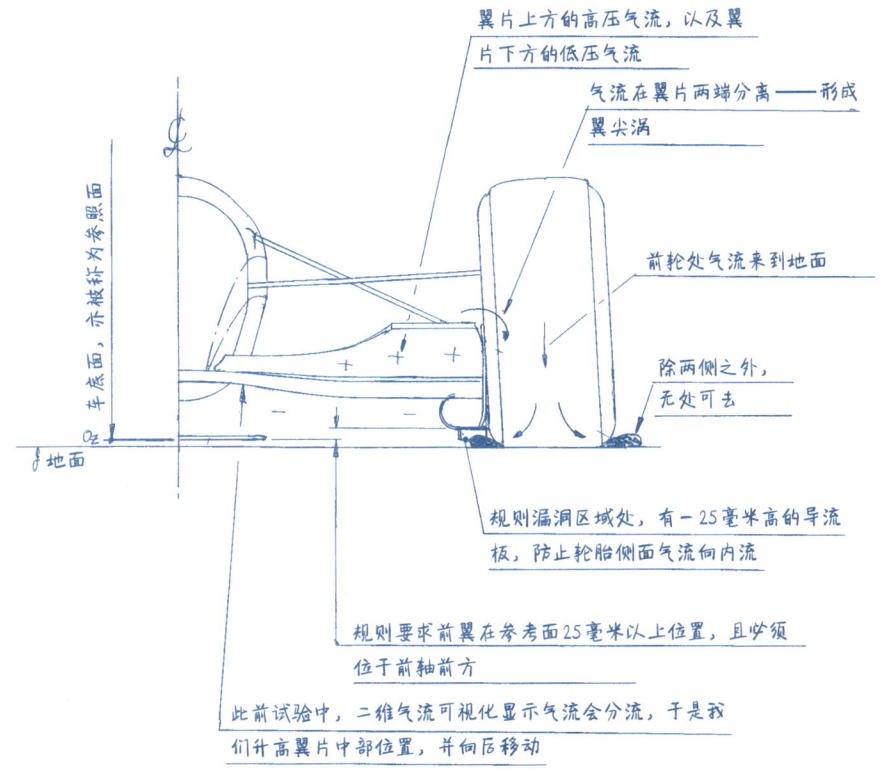

图9 轮胎侧面的乱流影响赛车的空气动力学性能

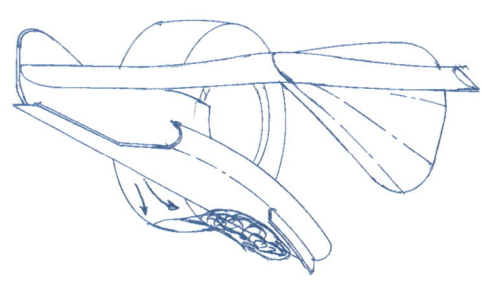

图10 端板底板的改动

每当这种时候我内心都觉得特别满足。

车队两台车的尺寸必须一模一样,所以必须要根据两位车手中体型更大的那位,来确定车架的尺寸。奈杰尔块头更大,不仅腿粗,屁股也大。可能到现在他屁股还是很大,腿还是那么粗。

在莱顿车队时,有次我做了一个车架模型,车手卡佩利能坐进去,而且很舒服,但是当赛车造出来后,他再进驾驶舱却很费劲。为避免重蹈覆辙,这次我特别注意尺寸问题,确保奈杰尔能坐进去。将车架靠近车手臀和大腿的部分设计得特别窄是车队开发部门多次迭代的后果,风洞测试结果表明这一设计十分有效。在认真测量奈杰尔的臀围之后,车架底部和奈杰尔的臀部成功吻合。车架模具出来之后帕特里克才明白是怎么回事,为这件事他还调侃我太夸张了。当奈杰尔第一次坐进造好了的赛车时,我反而特别激动,奈杰尔说虽然有点挤,好在他还能接受。

FW13赛车的散热器设计得非常实用。虽然莱顿赛车的散热器是竖直的,顶部向前倾斜,1990赛季的威廉姆斯赛车的散热器也是垂直的,不过顶部却是向后倾斜的。向后倾斜的形状不仅赋予散热器进气导管长度足够长,让空气在其中均匀扩散,还空出足够空间,使我们可以把外形圆润的油箱设计得更宽一些。更大的油箱容量这一点很关键,莱顿车队用的是V8发动机,而威廉姆斯赛车用的是一台V10雷诺发动机,后者油耗更高,所以要搭配更大的油箱。有了向后倾斜的散热器,我得以在不增加车架长度的前提下,即可提高油箱容量。

然后是变速箱。帕特里克特别喜欢和机械相关的工作内容,所以变速箱的设计、制图、外壳、内部构造等都由他完成。总体来说,我负责的部分包括赛车的空气动力学、车架构造、悬挂,具体包括前悬挂如何固定在车架上等类似细节;帕特里克先设计变速箱的原型,再根据赛车的空气动力特性和扩散器进行一些调整。虽然这是一款横置变速箱,但是帕特里克把它设计得很窄,所以没有影响到扩散器和赛车后端的空气动力特性,之前1990赛季威廉姆斯赛车上,变速箱太宽的问题就没解决。

1990赛季赛车和1991赛季赛车之间的另一处不同在于换挡装置,1990赛季赛车上,换挡通过操控传统的H式变速杆完成,1991赛季赛车上,变速杆变成了方向盘上的半自动换挡拨片。升挡拨方向盘右边的杆,降挡拨左边的杆。

新的换挡系统最早出现在法拉利1989赛季的赛车上,由约翰·巴纳德设计。该套系统是一次革新,体现在两方面:首先,换挡耗费时间大幅减少;其次,在换挡时,手不用离开方向盘。看看艾尔顿·塞纳1990赛季在摩纳哥站排位赛上车载摄像头的录像就知道有多夸张了。录像里，塞纳一直都是单手操控方向盘。因为一直都在换挡，所以塞纳一直靠左手转方向盘。

以上就是FW14这辆车的主要特点。如我所言，FW14各个方面的革新都是建立在原莱顿车队的赛车基础之上，相比之下，帕特里克领导下的威廉姆斯车队经验更丰富，掌握资源更多，团队更成熟，分工更明确。这辆赛车也是我自己生涯中赛车设计哲学的又一次延续：设计师先在脑海中想出一个很精彩的概念，然后经过多年，根据这一概念不断开发，直到规则改变，或是设计师自己意识到这条路走不通为止。对我来说，这样的方式进行工作收获最多。

相反，有很多设计师的赛车缺乏连续性。每一年所设计赛车的形状都不一样。如此设计出来的赛车，就连车队自己都不了解。2011赛季迈凯伦车队的赛车就是一例，那辆赛车其实不错。结果2012赛季的赛车完全不一样。新赛车只能说还行，没有什么出彩的地方。迈凯伦没想着如何继续开发这辆车，而是又从头再来，没有任何头绪。

在我看来，2012赛季的赛车仅仅是因为迈凯伦想显得与众不同的结果，并非因为车队的工程水平。在2013赛季的赛车上，迈凯伦只是复制各支车队的独特设计：把红牛赛车的前端，嫁接到雷诺车队的车身，再加上法拉利车队的车尾。想想就知道，这辆车表现很糟糕。

症结在于虽然迈凯伦不断改变自己的设计，但是他们从来都没有真正理解为什么要这样设计。达尔文关于进化论的观点是对的。只有找到大致正确的方向后，演化才是有意义的。

第 33 章

奈杰尔和里卡多都很喜欢这辆车，测试中赛车的表现也很不错，两位车手驾驶这台车进行新赛季的一场比赛。和对手迈凯伦与法拉利的赛车相比，孰优孰劣，我们心里没谱。

在菲尼克斯站的排位赛上，我们表现得很好。事后才认识到，那次居然是一级方程式之后十年里在美国的唯一一场比赛。但是在比赛期间，两辆车都因为变速箱问题而退赛。这可不是什么好兆头。

之前提到过，在前翼端板的底部安装了一片导流板。赛车速度很快时，下压力会压低赛车重心，使导流板与地面摩擦。为保护导流板，我们用螺栓固定了一片钢板，防止导流板磨损。电视观众能看到钢板与地面摩擦时产生火花。法拉利车队和迈凯伦车队都宣称安装这样的装置违反规则。

虽然有人要求我们把导流板卸了，但是我却和帕特里克说："规则手册里有规定，这样没犯规，让他们告去。"规则手册大家都有，但是我们却找到了规则上的漏洞，没什么不公平的。虽然规则制定者FIA没有让车队在这个区域安装车体部件的意思，但是规则手册里没有"意思"，只有规则。而且，规则在赛季中变更的情况，只可能是出于安全因素的原因，而所产生的火花很小，所以他们也不可能以这个借口来告我们。

帕特里克同意了，导流板被保留了下来。1993赛季时，规则终于禁止在端板下安装导流板，那个时候其他车队都学我们，给赛车安上了导流板，所以禁止了之后大家也还是在同一起跑线上。

那个比赛周末的高光时刻来自奈杰尔。排位赛之后，奈杰尔从赛车驾驶舱里爬了出来，宣称新赛车性能不亚于对手的赛车。凭奈杰尔在一级方程式的地位，这话鼓舞了车队士气，是车手对赛车信心的体现。

我挺欣赏奈杰尔。喜欢他和讨厌他的人都有，有人说他是一个特别自大而无聊的人，这只是谣言而已。从车手的角度来看，我认为只要能做到两点就算合格：第一，针对赛车能给出有效回馈；第二，能快速过连发弯不出错。这两点奈杰尔都做到了。在季前测试阶段，关于赛车的优缺点他都如实反馈，而且我知道奈杰尔属于一开车就全力以赴的车手。有些车手就不是这样，阿兰·普罗斯特便是一例。普罗斯特会慢慢发力，在测试时这点更明显，不会展现自己的全部实力，也不会把赛车性能发挥到极致。让人觉得"我的天，这车也太慢了吧？"，实际情况却是阿兰根本没用全力。这件事可以看出来阿兰·普罗斯特身为车手的自信，但是对车队来说，这样的行为让人看不懂。

奈杰尔不是这样。一坐进驾驶舱他就像换了个人一样。他驾驶时，赛车在他手下被驯得服服帖帖。每次开车，他都全力以赴。

巴西大奖赛在英特拉戈斯赛道举办，是赛季的第二场比赛，当时变速箱的问题仍未解决。

问题出在变速箱的同步环上，在同步环的帮助下，动力得以从输入轴传输至主动齿轮。当时赛车的变速箱有六挡，每一挡都有单独的同步环，其中第六挡的同步环损坏程度最严重。损坏到一定程度后，同步环将失去作用，此时，如果升到第六挡就会脱挡，给车手的感觉像是赛车挂空挡一样。

为了适应赛车的空气动力学设计，车队有意将这台半自动变速箱设计得很窄。没人明白为什么换挡过程会出现稳定性方面的问题。

在巴西站，我们把赛车当作五挡赛车开。完全不用第六挡，即使这意味着牺牲部分性能。直道尾速可以和其他赛车一样快，问题是每次换挡时发动机会损失更多转速，所以每次只要一换挡就会落后一些。虽然车队取消了软件上升六挡的功能，但是同步环和齿轮的问题依旧没解决。

软件上的改动于事无补。里卡多最后排名第二，第一名是塞纳。很多人都觉得里卡多的驾驶过于保守，要不然他可能就得冠军了。奈杰尔则中途退赛，这让他本人非常不快。还是因为变速箱的问题。

那天晚上我们把变速箱拆了下来，发现虽然没用第六挡，但是第六挡的同步环依旧严重受损。我们一直以为问题是半自动换挡操作导致同步环损坏。但事实并非如此。

最终帕特里克想到了问题的根源出在哪里：在轴向上，输出轴和输入轴缺乏足够支撑固定装置。赛车启动后，输出轴和输入轴不必要的移动，导致即使在变速没有达到某一挡位的情况下，该挡位同步环也会与齿轮接合。

知道了问题所在，解决起来就轻松容易得多。我们通过轴承更好地控制端部，保证输入轴和输出轴不会沿着轴向前后移动。

* * *

我到现在都记得在蒙特利尔发生了什么。自己设计的赛车夺得杆位，这在我的一级方程式生涯里是头一回，那种满足感我一直记得。解决了变速箱的毛病之后，车队的人都觉得有希望拿冠军。比赛过程中，奈杰尔一路领跑，在比赛快结束时，奈杰尔的领先优势有一圈之多。

在过了赛道上的发卡弯，距离终点只剩半英里时，奈杰尔开始向观众挥手，完全忘了降挡这回事，导致发动机丧失太多转速。这时发动机控制系统不知道出了什么毛病，发动机直接熄火，没能重返比赛，在发卡弯路段车抛锚了。

当时我站在维修区指挥台，通过屏幕观看比赛，看到赛车停下后，我的心一下子沉到了谷底。比赛里奈杰尔一直都有着压倒性的优势，却在最后出了这么一件事。在莱顿车队时，类似情形出现过两次，我们离冠军那么近了；如今是我在一级方程式的第四个赛季，眼看着就要拿冠军了，却在距离比赛结束还剩20秒时与其失之交臂。看得我心都碎了。

对于这样的结果奈杰尔也很沮丧。他知道自己犯了大错。在驶过终点之前，车手应保持全神贯注。赛车软件也出了毛病，导致发动机在低转速状态下熄火。之前不管是奈杰尔还是里卡多，都没在发动机低转速状态下驾驶过，所以软件的问题我们也一直没发现。不论如何，每当遇到这种情形时，互相指责也没什么意义。遇到问题时，有些车手会忘记自己也是车队的一员，开始怪罪其他成员，对此我很反感，而且我也很讨厌其他人责怪车手的情形，因为大家同属于一支团队。团队就应该团结一致。

车手做了一件之前没做过的事情，结果导致赛事结果改变，这在我生涯里不是孤例。

之前在日本大奖赛上也发生过类似的事情，伊凡不小心碰到点火开关。之后在我的生涯中，这种事发生过很多次。我还了解到，像哈基宁和莱科宁这样的芬兰车手驾驶时老出这种事。

墨西哥——准确来说是墨西哥城，是一个很奇怪的地方。城市海拔很高，大概有4900米，所以空气也很稀薄。一到墨西哥城，就会闻到一股刺鼻的、像是雾霾的味道，鼻腔里感觉辣辣的，不管在墨西哥城任何地方，都无法摆脱这股味道。一种气味就算不好闻，时间长了人大多也就习惯了，但是我一直适应不了这气味。我鼻子里始终都会有一股刺痛感、灼烧感。

关于墨西哥城的印象，除了这股气味之外，还有当时满大街的大众甲壳虫。我们还体验了一把警察有多腐败。就算我们什么事都没犯，但如果有警察手挨着枪，坚持认为我们闯红灯时，我就知道麻烦找上门了。警察要求直接罚款，现金从车窗递过去，然后就告诉我们可以滚了。

墨西哥大奖赛上，迈凯伦车队的塞纳一往无前。就算这样，我还是认为，如果（我是说如果）我们赛车的稳定性能高一点的话，就能打败驾驶迈凯伦赛车的塞纳。赛道本身不赖，就是有些颠簸，在维修区直道前，有一个倾斜的高速弯。赛车在过这个弯时，我们能够直接观察赛车高速过弯是何种状态，这样的机会非常难得。通常在维修区指挥台只能看到赛车在直道上一闪而过，即使这样还是隔着一块玻璃看到的。墨西哥城赛道却是个例外。从赛道末端颠簸斜坡弯到维修区直道这段距离中，工作人员都可以看到赛车，观察赛车在出弯后有何表现。

里卡多比赛周之前周五那天晚上水土不服，病得不轻，周六早上没法驾驶。一整天下来，里卡多就完成了两个飞驰圈，结果反而获得杆位，很不错的成绩。我很欣赏里卡多这位车手。

当时人们称他为一级方程式的"坏小子"，有人认为1978赛季那场车祸是里卡多的责任，车祸中罗尼·皮特森（Ronnie Peterson）受伤，而后因栓塞去世。1991赛季我开始和里卡多合作时，他已是一位声名在外的车手，曾多次获得很不错的成绩。他有那种意大利人才有的魅力，而且热衷于收集玩具火车，这点大家都没想到。

奈杰尔排位赛中排名第二，车队包揽了排位赛中的前两名。比赛开始后，里卡多和奈杰尔一路取得领先，但是，不知奈杰尔中间出了什么岔子。其中一圈他跑得特别慢，被第三名塞纳赶超，排在他俩之前的则是里卡多，领先二人15秒之多。

最终奈杰尔发威，超过塞纳，获得第二名，里卡多获得第一，两人相差2秒。威廉姆斯车队包揽冠亚军。

这是一个激动人心的结果。在多次争夺冠军未果之后，威廉姆斯车队终于如愿获得了一次分站赛冠军。这是特别神奇的一天。到机场后，我们一路走到登机口，大家都欣喜满怀，那感觉我现在还记得。

第 34 章

那年的法国大奖赛在新赛道马尼库尔举办。当地一家摩托车经销商想出了一个绝妙的点子，周末时把两辆铃木GS1100s摩托车借给威廉姆斯的两位车手开。这辆摩托拥有强劲动力。帕特里克和我认为让车手驾驶摩托不安全，所以两人挺身而出，代替车手骑这两辆摩托。

车队住的宾馆到马尼库尔20英里，在光影斑驳的乡间小路上，两人一路驰骋。马尼库尔赛道的围场呈方形，走几步就能到维修区通道，整体环境很好。各家车队的房车就停在围场区边缘的位置：方形围场的四个角落中，威廉姆斯车队的房车便停在其中之一，威廉姆斯赞助商骆驼香烟的房车停在另外一个角落里，围场中央是就餐区，也是"餐车"所在，各个车队在一天中专门预定一段时间，供自家工作人员就餐。

第三个角落是加油的地方。那个周六晚上，我发现摩托车没油了，而且心情极好，因为我们又在排位赛里包揽了前两名，所以决定骑铃木出去遛遛。正好车队同事们都在餐车那里就餐，所以想在经过餐车时，在大家面前露一手。

我秀了一把前轮离地平衡特技。本身动作没什么问题。我先前没预料到的却是，骆驼的房车就在前面。

因为太紧张，所以我犯了一个很幼稚的错误：在前轮触地前，我就按前刹车，把前轮锁死了。当锁死的前轮与碎石沥青路面接触时，前轮直接打滑，使得我连着摩托车一起滑倒。

一阵喧嚣。在激起一阵碎石后，我和摩托车一起撞上了骆驼房车的遮阳棚。

事故发生后，人群中一阵寂静。我爬了起来，原本挂在杆上的遮阳棚塑料膜，遮在了我的摩托车上。出乎意料的是，餐桌附近居然没有客人。我敢肯定之前是有人在那儿进餐的。后来，从桌底下慢慢爬出来的客人说，被吓到的女士们都凌乱了，红酒洒了她们一裙子。同时，我还听到餐车那边技师们的一阵欢呼，我一回头，看到奈杰尔正好站在弗兰克·威廉姆斯旁边，威廉姆斯已经将轮椅调至站立模式。

奈杰尔是目击者，告诉了弗兰克整个事件的经过，弗兰克晃了晃手臂，随后问道："是我们车队的人？"

奈杰尔用他的伯明翰式语调，缓缓说道："是我们车队的，艾德里安。"

弗兰克对他的护士说道："罗宾，记得给艾德里安发一套新队服。"

因为骑摩托时穿的是威廉姆斯车队的短袖和棉裤，所以我的左手和左腿都擦伤得厉害。

罗宾帮我处理伤口，喷了一层"塑料皮肤"，促进伤口愈合，然后还帮我把伤口包扎好。不消说，犯下这么愚蠢的错误后，我感觉自己就是个"傻帽"，因为伤口疼的缘故，之后好几晚我都没睡着。

比赛很顺利，奈杰尔轻松赢下比赛，车队获得两连胜。周日那天晚上，想着能见到玛丽戈尔德，我回到了马史吉本的家中。那会儿还是夏天，那天晚上天气挺舒服。为了遮住自己的伤口，我外面穿的是件飞行员外套。喝完庆功酒之后，我去洗澡。想洗掉绷带上的血迹。玛丽戈尔德走进浴室，看到后大吃一惊："天哪，怎么弄的？"

"你没看比赛？"我回复道。

"没啊！"

"比赛时在起跑线发生了事故，一辆赛车撞上了维修区指挥台，有点吓人。"

看到我的伤口之后，她笑了："但这是擦伤。"

虽然我是和她开玩笑的，但是很难在玛丽戈尔德面前蒙混过关。

真正糟糕的是，一周后揭开"塑料皮肤"后，我发现下面的伤口感染了。伤口看起来像是抹了草莓酱外加厚奶油。而且我还因此患上了脓毒症。

好消息是，在银石赛道上，我们延续了在法国和墨西哥的表现。银石赛道的标志是它的多个高速弯角。我们赛车行驶过程中能产生强大的下压力，很适合跑银石赛道的高速弯。

奈杰尔轻松取得杆位，虽然里卡多因为事故中途退赛，但是奈杰尔以大优势获得冠军。赛后雷诺制作了一幅大海报上面写着法文"Un deux trois"：帽子戏法。

塞纳因完赛前燃料不足最终排名第四。奈杰尔在跑返场圈时，让塞纳搭了趟便车。在回维修站的路上，塞纳一只脚放在侧箱，另一只脚蹬进驾驶舱，还一边朝着观众挥手。

在车队内部的赛后短会上，奈杰尔说那时他也不知道该怎么办："你说我是慢慢开回来，还是一脚加速把他甩下去呢？"玩笑归玩笑，但是在赛季那个关头，如果塞纳腿突然摔折了这种事情发生了，也不赖嘛。那时我还不知道，八年之后，我们的主要竞争对手真的在银石赛道上出车祸折了腿了。

不管怎么说，赢了比赛后车队的人都很开心。如果说摩纳哥大奖赛是一级方程式赛历里所有人最想赢的比赛的话，银石赛道站就是英国车队第二想赢的比赛。这里相当于我们的主场，所以获胜对于整个车队来说具有重要意义。本队有很多车间工人不能随车队东奔西走，他们是车队的无名英雄，在银石赛道却有机会目睹自己工作的成果。而如果比赛在其他赛道举办的话，工人们只能通过电视观看。

当年赛季刚开始的阶段对车队来说并不顺利。弗兰克为数不多的癖好中，他的私人飞机算是其中之一。因为常年坐轮椅，所以对他个人来说有了飞机很方便。不仅如此，车队可以乘用这辆飞机飞往欧洲各大赛道，不用乘坐商务机，从而极大缩短了旅途所耗费的时间。

准备参加匈牙利站的比赛时，我们和迈凯伦车队的私人飞机差不多同时到达私人航站楼。结果我们看到他们飞机里塞满了各种车体部件，包在泡泡包装纸里。

显然他们这是要搞事情。针对我们车队在性能上的优势，他们的做法是采用各种各样的新赛车部件，包括扩散器以及其他轻质部件。塞纳赢得了亨格罗林赛道的冠军，可能是因为这些新部件，也沾了赛道本身速度不快的光。

接下来的角逐场地是比利时的斯帕赛道。斯帕赛道有很多中高速弯角，正好适合我们的赛车。比赛里我们一路领先，结果中途赛车发动机的控制单元出了问题，类似问题很少见，斯帕赛道上是头一遭。最令人沮丧之处在于，如果没这问题的话，奈杰尔本可以轻松获胜的。

赛季余下的比赛中，因为赛道各不相同，我们和迈凯伦车队之间各有胜负。截至当年倒数第二场比赛，日本大奖赛的铃鹿赛道时，要想获得锦标赛冠军，我们必须赢下这一场。

结果输了。排位赛中，塞纳获得杆位，奈杰尔排名第二。比赛过程中，塞纳一直卡在奈杰尔之前。奈杰尔在准备超过塞纳的过程中失误，赛车抛锚，结局已定，我们失去了争夺冠军的资格。

结果相当令人沮丧。赛季里两队势均力敌，相比之下我们的车更快一些，最后却因为稳定性的问题功亏一篑。但是也有可喜的一面：自1987赛季起，威廉姆斯排名一直都很靠后，那一年我们却能和迈凯伦车队在争夺冠军的路上打得难解难分。

1992赛季里，我们要进一步提高赛车性能：从整体来看，迈凯伦赛车更快。于是我想到"主动悬挂"这一技术。

第35章

主动悬挂入门指南

赛车行驶越快,产生的下压力就越大,更贴近地面,悬挂负荷也随之上升。赛车行驶至直道末端时,防滑板与地面摩擦,这就是为什么这时能看到车底的火花。而当赛车在过低速弯时,因为产生下压力更小,赛车离地间隙也就更大,对于赛车悬挂系统的压力也更小。

在速度一定的情况下,要使赛车的空气动力学效率最高,赛车产生的下压力最大的话,必须把底盘高度控制在一个很窄的范围内。只有当车前后离地间隙满足特定组合时,才能使赛车达到最佳状态。刹车时,车头下沉,车尾扬起,如此一来,赛车的空气动力学性能也随之改变。这与赛车加速时的情况正好相反;过弯时,赛车会侧倾。如前文所说,此时车速和下压力均发生改变,因此离地间隙也随之变化。

在这些情况下,赛车的离地间隙都不是最理想的高度。因为不仅赛车的下压力发生了变化,还打破了赛车的平衡状态。

大家应该都知道重心这一概念。将一把12英寸的直尺放在一根手指上时,想要保持平衡,手指必须在6英寸的中间位置,也是直尺的重心所在。

对赛车的空气动力学来说,也是一样的道理。在空气动力学中这叫压力中心,是赛车前轴、后轴的下压力的平衡点。当赛车下沉、侧倾,或是离地间隙改变时,中心的位置也会随之变化。

中心位置的变化会影响赛车的操控性。刹车时,中心前移,前胎下压力大于后胎,所以,入弯时赛车前轮下压力更大。这也是为什么车手在入弯时,要进行转向调整。后轮打滑得厉害,所以不能锁定方向盘不动,必须调整,以应对赛车甩尾的问题。

安上"主动悬挂"后,赛车的悬挂支柱既可以变长,也可以变短,使赛车的离地间隙在各种状态下,尽可能保持恒定。理论上来说,最完美的控制系统,能够使赛车的离地间隙保持不变,唯一例外是赛道上较为颠簸的路段,离地间隙会因为悬挂的运动而改变。

主动悬挂的原理是利用和发动机相连的油泵以产生液压。通过液压来调节每个车轮转向执行器的长短,将离地间隙调节至理想高度。紧急刹车时,赛车会点头,但是前轮

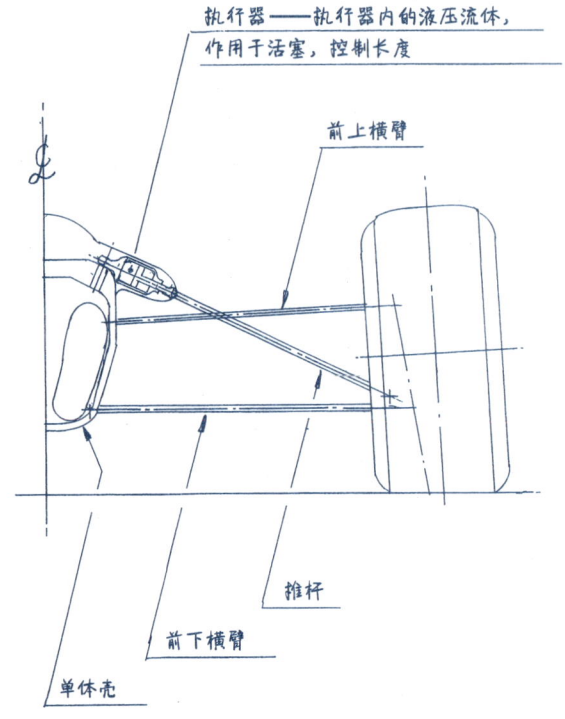

图11　主动悬挂系统中的部分零件

执行器会变长，以抵消点头对底盘高度的影响。同理，加速时后轮执行器伸长。JCB挖掘机的机械臂所采用的也是这种技术。

多年以前莲花车队曾经试过主动悬挂系统，但是始终没有调试好，最终只能放弃。

这是一套非常复杂的"全主动"系统，该系统不仅要在没有弹簧和减震器的情况下达到减震的效果，还要起到维持空气动力学平台稳定的作用。油泵的输出可能会在几毫秒内就发生变化。主动悬挂想要真正发挥作用的话，对系统的反应速度有很高的要求。想要实现这点很难，而且这套系统的能耗也很高。

即便如此，因其理论上的巨大潜力，包括威廉姆斯在内的很多车队都曾试着在赛车上使用主动悬挂。其他车队所采用的是一套反应很慢的悬挂系统。为了保证后接拖车或是拉一车煤时，车尾不至于下沉得太厉害，雪铁龙专门为所生产的汽车设计了一套悬挂。这套悬挂和其他车队用的悬挂很类似。

和莲花车队的主动悬挂系统相比，这套悬挂的结构更简单，保留了弹簧和减震器，以降低道路颠簸的影响，保证赛车的空气动力学平台尽可能水平。到那时为止，威廉姆斯车队曾在1986和1988两个赛季的赛车上试验过主动悬挂，因为技术不太成熟，在经历过多次启动故障之后，也放弃了主动悬挂。

早期主动悬挂系统未能成功，问题出在其电子控制系统上。于是帕特里克又招来两位年轻有为的工程师：一位是史蒂夫·怀斯，由他设计一套具有数据收集功能的电子控制单元，该控制单元将由威廉姆斯车队生产，另一位是帕迪·洛维，负责写电子控制系统的算法。

截至1991年秋天时，他们已经完成了前期工作，可以进行实车测试，接下来则是我的工作，我要想办法将主动悬挂支柱和罐式弹簧安在现有的FW14a赛车的底盘上。虽然最终安装完成了，但是不怎么美观：前后摇臂原本是用来将负荷从悬挂推杆传导至弹簧减震单元的，我把前后摇臂卸了，直接将转向执行器安装在了推杆的一端。使得车头两侧部位生生多出来两个鼓包。从外观上来说，这也是主动悬挂赛车FW14b和被动悬挂赛车FW14a之间的一个显著差距。

主动悬挂的液压构造和1988赛季威廉姆斯车队工程师所采用的一模一样。这套悬挂系统牺牲底盘高度调节和转向灵敏度这两大性能，因为在那辆车上我们试着将底盘控制系统和驾驶控制系统结合在一起。我们认为，赛车在空气动力学性能方面的提高能够弥补这方面的不足。

1991年秋天，我们进行了测试，主要由车队的测试车手达蒙·希尔和马克·布伦德尔参与前期的迭代和开发工作。赛季结束后，再让奈杰尔和里卡多参与赛车测试。然后就出问题了。

两位车手都觉得赛车反应不够灵敏，每次进弯时赛车都没什么反馈，无法明确感受到赛车是否有足够的抓地力。

此外，奈杰尔还有些顾虑，不确定这套系统是否安全。之前他在莲花车队，当时他们正好在开发主动悬挂系统，结果因为液压系统失灵，赛车直接停在了赛道上，更糟糕的结果是赛车也有可能像速度极快的攻城锤一样，直接砸到围栏上。奈杰尔是如此的心神不宁，甚至把我和帕特里克叫到一起，双手交叉放在胸前，告诉我们："我不想开这辆车。我不想开主动悬挂赛车。"

这之前我一直在花工夫设计新赛车FW15。新车按主动悬挂的要求设计，新的机械设计要保证在安装上主动悬挂后，赛车外形和之前比更和谐，底盘高度的变化范围更小，赛车的空气动力学性能也进行了相应改动，以适应更窄的底盘高度区间，也就是说，这样的设计如果用在一辆被动悬挂的赛车上，性能可能不会太理想。直到秋季测试阶段，赛车各方面表现良好时我们才开始研究FW15赛车，导致研究起步很晚。所以，当五月份比赛回到欧洲时，车队才会开始用FW15a赛车，在此前参与欧洲以外的比赛时用FW14b赛车。如果当时（1991年12月）改为使用被动悬挂赛车的话，在1992赛季的大部分时间里，我们只能使用FW14a。1991年年末时，和威廉姆斯车队相比，迈凯伦车队已经在研发上处于领先，所以如果再按奈杰尔所说把赛车改回被动悬挂的话，威廉姆斯车队夺冠的机会不会很大。所以对于奈杰尔的请求，我是这么答复他的："奈杰尔，新车是围绕主动悬挂设计的。它改成被动悬挂的话，会牺牲赛车性能。如果改回去，相当于直接放弃夺冠的机会，所以我们只能用主动悬挂，不断完善，直到弄好为止。"

帕特里克也同意我的看法。所以奈杰尔只能接受这一结果。

当车手觉得不安全时，工程师一定要听听车手是怎么说的。设计出一台安全的赛车是工程师的本分。这关乎车手和工程师之间的信任，而且这种信任是互相的。

冬歇期从来都挺难熬。冬歇期的紧张程度不亚于比赛，因为大家都在忙着设计下个赛季的赛车，赛季还未开始，车队之间的竞争就已开始。车队自己进行风洞测试和模拟程序测试，马力测试则由发动机合作伙伴雷诺完成。三项测试结果都出来之后，我们就能预测新车和之前赛车相比能快多少，但是我们不确定其他车队的赛车速度提升了多少。

各家车队的新车亮相并都完成常规测试之后，即进入赛前测试阶段。赛前测试一般都在巴塞罗那进行，赛前测试后，大家对于对手到底有多快会有一个大致概念。当年二月的各项测试证明，在冬歇期间我们的对手没有太多收获，而我们的FW14b赛车则越来越快。

威廉姆斯车队的速度优势是如此明显，以至于我们都不再关心赛车够不够快的问题，转而开始关注赛车到底有什么稳定性方面的问题。

而在家庭方面，事情也都在向着良好的方向发展。这主要要感谢我和玛丽戈尔德的交往。她比我小三岁，是一个朋友的朋友，在与阿曼达分手后，我与她的关系变得越来越亲密了。

她与我一样也有过一段婚姻，并且在这段婚姻中也在苦苦维系。她住在斯托小镇，离马史吉本有半小时车程。于是我们开始在两地之间见面，打壁球，然后去喝酒，之后分头回家。

1990年2月，我和玛丽戈尔德参加了一次滑雪之旅，那期间她与前夫办理了离婚。那年我们的关系不断密切，可以算得上是男女朋友。1991年的圣诞节，在一次泰国之行以后，她搬到了马史吉本，我们开始商量着用积蓄一起买一套房子。最终我们在法菲尔德买下了一间牧师古宅。

1992年5月，我和玛丽戈尔德搬进牧师古宅，就在教堂旁边。不管是和之前我在马史吉本住的小房子，还是玛丽戈尔德在斯托的小屋相比，都大一些，给人感觉很精致。我和玛丽戈尔德于8月完婚。

我发现个人生活和工作之间的节奏是一样的。其中一方面出问题，另一方面不会好。类似的，如果一方面好的话，另一方面也会很好。我自己的生活就是如此。

第36章

1992赛季，首场比赛在南非的卡亚拉米举办，出发之前，大家都认为单凭赛车的性能，赢冠军没问题，但是都担心稳定性的问题。季前测试中，赛车稳定性的问题出现过好几次，大家都记忆犹新，所以比赛过程中大家都很紧张。

最终大家度过了一个梦幻般的比赛周末。我们不仅轻松夺得杆位，还锁定了排位赛中的前两名，在正式比赛中，我们也主宰比赛，获得分站冠亚军，期间主动悬挂系统未出任何差错，完美的结局。

当然，主动悬挂系统的稳定表现，帕特里克功不可没。帕迪和史蒂夫设计的控制单元能够正常工作，我则负责设置工作以及之后空气动力学性能的优化。赛车控制方面，我曾提议在驾驶舱里安装调节器，如此一来即便在赛道上车手也能调节控制系统。为实现这一目标，我们在驾驶舱中安装了三个旋钮。这些旋钮可将离地间隙调至目标高度，一个用来调节赛车过低速弯时的车头离地间隙，另一个用来调节过高速弯时的车头离地间隙，最后一个用来调节车尾离地间隙。如此一来，车手得以随时调整赛车平衡。实现这点其中有一步很关键：出于系统布局的考量，移除了驾驶舱内曾经用来调节前后防倾杆的调节杆。

从风洞测试的结果中我还发现，离地间隙很小时，赛车的扩散器会失去效用，降低赛车的阻力（空气阻力因所谓"诱导阻力"的减小而减小，诱导阻力和赛车的升力或下压力成比例）。于是我们又在方向盘上安装了一个按钮，长按时，车尾离地间隙下降。车手在使用这一功能时，不是因为抓地力不够，而是因为发动机功率不够（一般是在直道上，但如果是奈杰尔开的话，每个高速弯他都要按按钮，例如斯帕赛道的布朗西蒙弯，只要车手胆子够大，过弯时即使车尾下压力减少，也可以不松油门，平稳过弯）。相当于是DRS的早期版本。

卡亚拉米大奖赛之后，我们一直都只用关注赛车的稳定性就行，车队原本决定欧洲赛季开始后用FW15赛车，后来推迟了这一决定，继续尽可能提高FW14b的稳定性。

1992赛季剩余部分我们都在这方面下功夫，确保赛车能完成比赛。而且事实也的确如此，因为主动悬挂而退赛的情形一次都没出现过。因为赛前参数设定失误，在蒙特利尔车队表现很糟糕，但是其他绝大部分比赛里，我们都轻松获得冠军。整个赛季，车队一骑绝尘。

虽然奈杰尔开始有些抗拒，但是事后证明这辆车就是为他而造的。他对自己的赛车控制技术有着绝对的信心。赛车入弯时，从方向盘转向的瞬间到主动悬挂介入之间还有一小段时间间隔，这期间赛车会在赛道上晃动；只要抓地性能足够，奈杰尔自信能处理这一紧急情况，而不去管过程中的"感官冲击"就好，一心想着速度越快，下压力越大，抓地性能也就越好就行。很快，奈杰尔便开始信任这辆车，掌握了驾驭它的能力。

但是对另一位车手里卡多来说，却没那么轻松。每次过弯时他都感觉车在飘，他的反应要么是刹车，要么是感觉到车着陆后再踩油门。车飘起来的体验没能让他更为自信，所以下一圈中再次过同一个弯角时，他都不愿意尝试用更快速度过弯。但是奈杰尔却会觉得"上一圈这个地方安全过弯，下一圈我试下，看能不能跑得更快一点"。

奈杰尔和里卡多相比还有另外一大优势：奈杰尔的上肢极为强壮。随着下压力变大，方向盘转向需要的力量也会越多。而且1992赛季那台赛车上也没有转向助力功能。在高速弯中，如果车手的力量不足以操控方向盘，他就必须要把方向盘转到某一位置，然后保持手臂不动，将方向盘锁定在这个位置上。此时如果车后轮打滑的话，他可以调整过来，因为调整需要松开方向盘，但是想要再回到锁定位置就很困难，一般出弯时赛车都开到赛道之外了。

这样会打击车手的信心。对车手而言，最重要的就是信心。奈杰尔驾驶时，如果赛车出了什么突发情况，他会直接解决问题。但是里卡多却不像奈杰尔那么自信，起码在驾驶这辆车时不如奈杰尔自信。

那个赛季奈杰尔还给了里卡多最后一击，进一步摧毁了里卡多的信心。例如，在赛季刚开始时，FIA宣布他们会称车手的体重。里卡多经常锻炼。但是对奈杰尔来说，不管是锻炼还是饮食，他一点都不注意。有个例子特别具有代表性，一次我们在保罗·里卡德赛道进行测试，大家一起去一家特别高档的餐厅吃饭。餐厅主打各种鱼类。奈杰尔说要龙利鱼，搭配番茄酱。

服务员瞥了他一眼，说："先生，您可真幽默。"

奈杰尔回复："谢谢。"

在服务员上完菜转身走了之后，奈杰尔又问："我要的番茄酱呢？"

"您开玩笑呢？"

"没啊，我认真的。"

服务员直接原地转身，冲进厨房。整个事情看起来有点像小品，厨房里的人们用法语大声嚷嚷，非常生气。

厨房门突然从里面被推开，主厨拿着一大桶番茄酱冲了出来，把番茄酱倒过来，在奈杰尔的龙利鱼上挤了一堆番茄酱，鱼都看不见了。主厨满脸通红，一脸鄙视。

奈杰尔平时说话带伯明翰口音，不紧不慢的。他一边笑着一边对主厨说："太谢谢你了。"

通过这次要番茄酱的事，就知道奈杰尔对待饮食是什么态度了。奈杰尔早就知道里卡多在称重时肯定会比他轻，因为里卡多在冬歇期间一直在健身房锻炼。

如果说一级方程式中车手间竞争很激烈的话，那队友之间的竞争则是有过之而无不及。

因为奈杰尔和里卡多两人驾驶的赛车是一样的，所以两人之间比的就是车技。两人之间的较量在1992赛季体现得淋漓尽致。季前测试结束后，两人都意识到凭借车队赛车的出色性能，两人其中的一人很有可能成为当年的冠军车手。

为了先在心理上胜过一筹，奈杰尔决定要减重，保证在称体重时比里卡多轻。他把自己备用头盔和鞋子的内衬都取了下来。称重之前的一天内，奈杰尔绝食禁水。到最后称重时，里卡多比奈杰尔还重0.5千克。

观察车手之间如何看待对方是一件很有意思的事情。这下里卡多直接蒙了。冬歇期间里卡多体重下降，身材很好，对此他引以为豪，而奈杰尔平常还吃汉堡。结果称重时里卡多比奈杰尔还重，这对里卡多的心理来说是巨大打击。

奈杰尔还有另外一种套路，大家之后才知道。比赛完之后所有车队内部都会开小会，两位车手和所有工程师都聚在一起。这样的做法之前就有。车手会向工程师反映赛车的操控性如何。比赛工程师会汇报赛车的参数设定。这个过程之后，车队就能了解赛车操控性能如何，以及怎样优化赛车参数设置。这些信息非常宝贵，对日后的赛车开发工作弥足珍贵。

但是，奈杰尔和他的比赛工程师大卫·布朗要开两次会。在正式的汇报中，里卡多的团队在场时，奈杰尔想到什么说什么。事后奈杰尔还会和大卫再开一次会。

调节离地间隙的旋钮上也是这样。在车队的记录中，奈杰尔赛车的离地间隙数据并非真实数据，每次奈杰尔跑完之后，回到维修区前都会调整旋钮位置。一支车队的两名车手总有一名快一名慢，通常跑得慢的车手会复制队友的赛车设定。因为一般都是里卡多慢一些，所以里卡多和其比赛工程师就会依照奈杰尔的赛车设定底盘高度。问题在于，所参照的并非真实数据。因为我们车队的赛车性能优势很明显，所以这么做可能也没什么问题。但在蒙特利尔，车队发现了奈杰尔的把戏。他把底盘高度调得太低，以至于赛车在赛道需要刹车的颠簸路段上行驶时，很不稳定。当车手选择单打独斗，对整个团队的专业资源弃而不用时，就会出现这种险情。

还有另外一件很有意思的事，发生在蒙扎赛道上。帕特里克问："奈杰尔，为什么每次过减速弯时，你都比里卡多快那么多？"

奈杰尔笑着答道："其实这事挺简单。每次我靠近路肩时，都会把我的手抵住驾驶舱内壁，这样方向盘就不会回转，所以路线也更稳定一些。"

了解到这些之后，帕特里克又来到里卡多的车库。帕特里克说道："里卡多，想在过减速弯道时尽量切弯的话，要把指关节抵住驾驶舱内壁。"

里卡多什么都愿意尝试，所以照做了，跑完三圈之后，里卡多手套上满是血迹，因为过弯时，指关节抵在驾驶舱内壁上，都磨破了。

这也是奈杰尔的小把戏。奈杰尔慢吞吞又粗糙的伯明翰口音是他的秘密武器。奈杰尔很擅长冷幽默。每次领先时，他都会在无线电里唱儿歌："蛋蛋先生墙头坐……"只为自娱自乐。

有一次他处于领先位置，依旧在无线电里唱儿歌，突然就安静了。

后来声音又从无线电里传了出来："我要输了。"

"什么情况？"

"后视镜掉了。这是噩兆啊。"

奈杰尔就是这么迷信。好在结果并不如他所料。奈杰尔赢得了那场比赛。

当年在主场银石赛道上，我们成功卫冕分站赛冠军，大家都很开心。奈杰尔领先第三名的马丁·布伦德尔 50 秒，里卡多名列第二。这场比赛本身挺无聊，但是奈杰尔的粉丝团体"我们的奈杰尔"非常激动，几百人都试着越过栅栏，跑到赛道上去。在跑冠军圈时，奈杰尔被迫从车上下来，结果车没停，慢悠悠地往前跑，还轧到了一位观众。第二天我们收到了那位观众的来信，信中说虽然自己摔倒后脚折了，但是因为这伤是由奈杰尔导致的，所以他深感荣幸。

摩纳哥站的结果就没那么美好了。奈杰尔夺得杆位，正式比赛开始后，大幅领先，直到还剩十圈时，赛车的一个后轮松了。奈杰尔进站后换了一个轮子，出站之时塞纳以微弱优势夺得领先。出站后，奈杰尔比塞纳快了 3 秒左右，奈杰尔采取了非常激进的驾驶策略，占满了塞纳的后视镜，但是塞纳本人非常聪明，不为所动。迈凯伦车队最终获得了分站赛冠军。赛后分析完，我们发现了后轮螺母松动的原因。一般会用一根帘线来固定轮胎加热毯。一位技师让这根绳子被夹在车轮和轮毂之间。当工作人员把后轮螺母用电钻取下来时，这根绳子被弄断了，断掉的绳子又卡在了后轮和后轴之间。随着比赛进行，帘线慢慢磨损，导致车轮螺母松动，改变了比赛结果。很多非常不起眼的小事，不经意间就引发了很多麻烦。以上便是一个很典型的例子。

说起来这事有些丢人。我在威廉姆斯车队待了六个赛季，六年里在摩纳哥站我们一次都没赢过。虽然我们赢了锦标赛冠军，但是就像我说的，摩纳哥是一场很特别的比赛。摩纳哥站是最受瞩目的一级方程式分站赛，有着最高的收视率，所有赞助商都会出席……但是我们每次都输掉了比赛。

除了这一场比赛之外，我们主宰了整个赛季。奈杰尔在匈牙利站锁定车手冠军头衔，车队则在比利时站提前锁定车队冠军。

这种感觉特别棒。那时我没觉得获得冠军是多"荣耀"的一件事，到现在我仍然如此认为。但是毫无疑问的是，意识到自己在世界一流的、以工程为基础的最高级别赛车运动里获得胜利，甚至赢得锦标赛冠军，让人心满意足。获得冠军过程中的激烈竞争很容易让人觉得有压力，心力交瘁，但是对这次冠军我并没有那么觉得，反而给我一种心里特别温暖的感觉。

现在回顾起来，生涯早期的成功总是显得更特别一些。当初里卡多为我赢得首个分站冠军后，我走过墨西哥机场的那种感觉，到现在都还记得。我甚至还用自己孩子的名字，来纪念比赛胜利。虽然这么做有点太随意，但我想说的是，这是我一生都在追逐的东西：小时候开始我就自己画赛车的素描，制造赛车模型，到后来成为赛车的主设计师，并凭借所设计的赛车赢得一级方程式冠军。

赢得冠军后，我记得自己曾想着"这是一生当中最美好的一天"。

第 37 章

对我来说，赛车从来都是需要付出很多的一件事，有好几次白天夜里我想着的都是赛车。弗兰克·威廉姆斯曾说我是他见过的最有好胜心的人。这种好胜心是我赛车生涯开始之后才有的，我小时候以及当时参加各种运动的时候不是这样的。因为学校老师的消极态度，外加我在大学时的挣扎，让我有决心去证明自己，我能成功。在我加入赛车竞技场之后，这种决心就转化为好胜心。

玛丽戈尔德曾说过，我是她见过的最自私的人。包括她在内，我的人生中有两段失败的婚姻，所以她这么说也有一定道理。在和其他人竞争时，有时候因为太想出成绩，所以只会关注这一个方面，对其他的事情漠不关心，不会去关注如何让身边的人幸福起来，或是如何让家庭成员更亲密。即便如此，我也认为自己只是"太投入"，而不是自私。毕竟，我的心思不是在自己身上，而是花在了赛车上。

1992赛季快结束时，全车队都很关注整个事情的走向：出乎很多观众意料的是，威廉姆斯车队和奈杰尔·曼赛尔分道扬镳。

事情的原委要从1991赛季说起，那时弗兰克开始与阿兰·普罗斯特私下接触，试着将对方招至麾下，当时阿兰的排名比奈杰尔更靠前。经历过1992赛季的接触后，双方签订合同，决定阿兰自1993赛季起为威廉姆斯车队效力。

这个决定是好是坏存在争议，更何况奈杰尔还是当年的冠军车手。从弗兰克的角度来说，他只是在执行自1991年就有的计划，当时他无法预见奈杰尔如此擅长驾驶主动悬挂赛车，也没有预料到奈杰尔会迎来赛车生涯的第二春。事后诸葛谁都会做：关于换车手这件事，与阿兰签订的合同中的一项条款规定，阿兰拒绝与奈杰尔成为队友。1990赛季时，两人在法拉利车队共事过，说得好听一点，两人关系一般般。

所以阿兰加入，奈杰尔走人。如果1993赛季的威廉姆斯车队的车手是奈杰尔和阿兰的话，车队内部肯定吵得不可开交。

英国媒体对换人的决定表示非常不满。奈杰尔出生于工薪家庭，在一级方程式一举成名。而这项运动经常被批评过于精英化，只有那些家里有钱的孩子才能取得成功。小报将奈杰尔奉为偶像，称他为"Il Leone"——意大利语，意为狮子。起这个外号的是意大利的狗仔队，那时奈杰尔还是法拉利车队的车手。《太阳报》发起一项活动，名为"拯救我们的奈杰尔"。大概一周时间里，每天都有示威者在威廉姆斯车队工厂外面，举着牌子抗议，等弗兰克的车开进来，把怒火发泄在他头上。最有意思的是，有人给弗兰克寄了几颗大理石，装在信封里，还配有一张便条，写着："石头是给弗兰克的，显然他疯了！"

阿兰这位伟大的车手就这样复出了。此前他两次夺得车手冠军。选择阿兰的行为像是一场赌博，因为车手复出时，究竟怎么样谁都说不好。尼基·劳达是一个例子，复出之后他又一次获得车手冠军。劳达仍然具备车手需要的那种专注力。反过来说，迈克尔·舒马赫也复出过，但是和他退役之前相比已不可同日而语。

阿兰对待赛车运动非常考究，所以人们称他为"教授"。每次设定赛车参数时，他对细节都一丝不苟，让设定与四平八稳的驾驶风格相称。有些车手总是神气活现的，阿兰则是这种车手的反面，总是很克制、若有所思的样子，让人感觉他很紧张——每次他都咬指甲，一直咬到指甲根。奈杰尔对待赛车非常粗暴，但是阿兰却不是这样，每次他驾驶时，绝对不会出现赛车打滑或者任何出格的驾驶行为。阿兰让人感觉他慢悠悠的。但是当你看到秒表记录成绩时，才会意识到这一圈他跑得有多快。回顾历史就知道，阿兰保持着车手的专注，这点从他复出后第一场比赛中可见一斑。

关于选择谁当车队二号车手这件事，威廉姆斯车队内部也有不同意见。以弗兰克为首的一部分人认为，应该让里卡多留下来。包括我在内的很多工程师则认为里卡多虽然有一定实力，但是连奈杰尔都赶不上，更不用说阿兰。我们提名了另外一位车手——达蒙·希尔。达蒙·希尔除了是布拉汉姆的车手之外，他还是我们的测试车手，反应很快，在开发1992赛季的主动悬挂赛车时，给出的反馈非常有建设性。所以他非常了解这辆车。

人们担心的是他的精神状态。1992赛季期间，达蒙·希尔所驾驶的赛车性能平平，而且经常连排位赛都跑不完，缺乏比赛经验，所以说选择他也是一次赌博。相比之下，里卡多则经验丰富，不过是开始走生涯下坡路的车手。

同时，其他车队在看到主动悬挂的性能优势之后，也开始着手开发自家的主动悬挂系统。1993年赛季伊始，迈凯伦、法拉利和贝纳通车队都在赛车上推出了主动悬挂系统。

然而，迈凯伦的主动悬挂系统虽然看起来不错，但是却有功率不足的问题，贝纳通车队也为同样的问题所困扰。而法拉利车队的主动悬挂系统还不能正常运转，所以无法对我们构成威胁。

与此同时，我们一直都在开发FW15这辆车，原本计划是1992赛季在欧洲赛季上亮相的。车队在1992年秋季开始对赛车进行测试，达蒙在开发过程中予以协助。这样的好处在于，到1993赛季开始之前，已经积累了相当可观的测试里程，有利于提高赛车的稳定性。坏处在于，这辆车的设计已经有九个月之久了，而对手的设计则是最新的。

但是赛车在这九个月期间一直在不断进化。新规则要求赛车整体宽度和后胎宽度变窄，使得赛车速度降低。针对我们车队的前翼端板和其底部导流片，FIA出台新规定，规定了端板的形状。当时大家都还没意识到，在我看来，这个规定开了一个特别不好的头，形成一股不良风气：之后又出台了更多更细的要求，规定赛车上何处能安装车体件，何处不能安装，有些规则还规定车体件必须是什么形状。关于这点以后继续讨论。

规则的改变，意味着赛车机械和空气动力学设计也要发生相应变化，也意味着工程师需要继续研发，以适应规则的变更。此外，我们还开发出了电控辅助转向、电控辅助刹车和四通道ABS系统。本质上来说，以上这些功能和主动悬挂是通过同样技术实现的。这些功能和当时公路车所用的系统不一样：其动力源自液压高压泵（这种泵一般用在直升机上），通过车载电脑，借助一种叫比例阀的装置进行控制。比例阀又叫作穆格阀。在航空器和直升机领域，穆格阀的地位近乎垄断。当赛车产生巨大的下压力时，转动方向盘需要的力气也更大一些。阿兰的上肢力量不如奈杰尔，因此辅助转向系统对阿兰来说十分关键。

所以赛季中除了像雨天比赛这样的小插曲之外，威廉姆斯车队主宰整个赛季，夺得车队冠军。这是我生涯当中的第二个冠军头衔，即便放在现在来看，也可以说是一级方程式历史上科技水平最高的赛车了。相当完美的一个赛季。

如果1994赛季也这么完美就好了。

第五回合 | 怎样创造FW16

第38章

1993赛季，艾尔顿·塞纳想换东家了。身为1991赛季的冠军车手，在之后的两个赛季中，塞纳都眼睁睁看着威廉姆斯车队拔得头筹。当弗兰克询问塞纳是否有意愿加入车队，协助车队成就三连冠伟业时，塞纳答应了。面对这样的选择，又有谁能批评他做得不对呢？

于是，在某些人看来，世界最佳车手就这样加入了卫冕冠军车队。

就这样，是否要说服阿兰多待一年这件事，人们已经不再讨论。他和塞纳两人一直互相不待见。两人都不想和对方成为队友。相比之下，塞纳正处于生涯巅峰，而阿兰可能已经开始走下坡路了。在两人之间选的话，肯定选塞纳。

弗兰克将塞纳奉为偶像，这不是没有道理的：不仅因为塞纳是有史以来最有天赋的车手之一，更因为他本身的人格魅力。这么说可能有溜须拍马的嫌疑，但是，当你和他相处过后，就明白为什么了。塞纳会让身边的人感觉他是一个很特别的人。虽然说不出来塞纳的名气有多大影响因素，但是这种感觉却是实实在在的。

塞纳加入威廉姆斯车队之前，我从来没有和他当面交谈过。1991赛季，他是我们的主要对手，1993赛季，他是唯一能和阿兰一较高下的车手。从竞技层面来说，塞纳是我们的劲敌。如今塞纳加入威廉姆斯，是一件很美妙的事情。1993年秋天，塞纳第一次来到威廉姆斯位于迪德科特的工厂进行参观，那天我现在仍然记忆犹新。互相介绍认识之后，老板让我带着塞纳参观工厂。于是我带着塞纳看了看车队的制图工作室和工厂，并将他介绍给了车队员工。整个过程中，塞纳对于细节的考究、他的好奇心以及他对赛车的热情，给我留下了极为深刻的印象。

接着我又把他带到风洞，向他展示了1994赛季赛车的模型，塞纳直奔模型，趴在地上，观察模型底部的扩散器。当我在介绍赛车的关键特性时，塞纳听得聚精会神。塞纳虽然不是工程师，但是他都尽量了解赛车的设计以及背后的设计哲学。车手对于赛车上采用的科技了解越多，就越清楚如何驾驶赛车，以及如何向工程师们提供有效反馈。塞纳这样的做法虽然偏传统，但是对任何车手来说，这都是不可多得的优点。对于赛车，塞纳有着赤子般的热情，总是愿意去学习。塞纳之所以成为一位伟大的车手，和他的好学是分不开的。

当然也要归功于他的车技。当他在驾驶时，他能让赛车做到一些赛车在其他车手控制下做不到的事情。塞纳最初于1983赛季崭露头角，当时一级方程式还处于涡轮增压时代。那时他就想出了一种非常特别的驾驶技术，即同时踩油门和刹车。当然那时赛车上还没有拨片换挡功能。当时车上还用着离合踏板和变速杆。过弯时，塞纳会同时踩以及松开油门和刹车，以保证涡轮增压的运转，所以当他需要马力出弯时，涡轮增压能够提供所需动力。

有人曾认为，自1988赛季涡轮增压发动机被禁之后，塞纳会失去他的竞争优势，因为上述驾驶技巧必须借助涡轮增压发动机来实现。事后证明，这些人错了：塞纳的另一大天赋，就是根据赛车的特点，改变自己的驾驶风格。虽然涡轮增压被禁后，这项技巧不能用了，但是他还有太多其他技巧，所以即使涡轮增压被禁也没有关系。他对于赛车的控制和在赛车上的付出均属现象级。

他对自己的车技非常有信心，相信自己不会让赛车失去控制，所以不管是他对赛车的态度，还是他驾驶赛车的方式，对于其他车手而言都是无法想象的。因为，在其他人看来，那样太危险了。但是在塞纳看来这一点都不危险，因为他对自己控制赛车的能力拥有绝对的自信。

塞纳就是这样一位伟大的车手。光是想到能和他共事都让人激动不已。

第 39 章

1993年底，我和帕特里克·赫德完成了FW15赛车的测试，从保罗·里卡德赛道回来，驾驶着一辆租来的车，准备去尼斯机场。

我在开车，帕特里克坐在副驾驶位置。车辆在蜿蜒的山路上高速行驶。也正是在这段山路上，弗兰克·威廉姆斯经历了一场车祸，让他坐上了轮椅。当晚我们开车时已经很晚了。弗兰克出事那天，也很晚了，在他开着租来的车过弯时，车辆失去控制，沿着山坡坠落，车顶塌了，导致他脊椎骨折。

我们也过了一个弯。发现距离约半英里之处，另一辆车迎面驶来。这也没什么。路上空间足够两辆车并排开过去。

但是迎面开来的车却是逆行。

身为国外游客，我第一反应是可能我自己开错道了，在我检查之后发现，错的是对方，不是我。

两辆车高速靠近。开得都很快。我随即做出本能反应。当时的情况下，我的做法和大多数人的做法一样。我将车开到了公路的另一边。

对方也做出了同样的动作。

这样一来，反倒是我在错误的车道上行驶了。我脑海里立即闪过一个念头，如果出车祸两人身亡的话，事故调查原因会显示是我们的车逆向行驶。

我想到的第二件事就是回到正确的车道上。但是如果对方也这么做的话，时间上就不允许我们进行第三次变道了。

好在公路旁边还有一段碎石路，所以我继续向左转弯，虽然不至于完全避开对方车辆，但想让对方知道，我会留在这边，不会再变道了。所幸对方明白了我们的意图，继续行驶，最终双方都平安无事。

然后我们继续赶路。两人死里逃生，有惊无险。有一段时间，我们都吓得说不出话来，之后帕特里克清了清嗓子，用嘶哑的声音说道："艾德里安，刚才开得挺好。"

我小声嘀咕："谢谢，帕特里克。"

伊莫珍，出生于1993年8月30日。她是一个特别听话的宝宝，很少哭。伊莫珍喜欢睡在羊毛毯上，所以每次我们去酒吧或者聚会时，总会带上一张毯子，这样她就可以在嘈杂的环境里慢慢睡着。我记得当时我们有一台点唱机，是山寨沃利策的，就放在我们位于法菲尔德的家中。伊莫珍对点唱机中不断变化的灯光和升起的泡泡很是着迷。她曾经穿着纸尿裤，拿着牛奶，开开心心地坐在点唱机前半个小时，直到觉得无趣之后，才自己走开。

玛丽戈尔德怀孕期间，我收到了一辆1938款的捷豹SS100，这辆车已经过改装。车最先是在美国买的，当时被拆得差不多了。一台很棒的车。我朋友戴夫·麦克罗伯特有一台SS100的模型，放在他们家壁炉台上。可能从那时起我就喜欢上了这台车。

这台车经一位名叫特里·罗宁的爱好者翻新。之前找到特里时，我问他能不能帮我重修这辆车。作为交换，以后翻新其他车辆时，他可以以这台车的样式作为模板。他答应了，五年之后，我收到了一台完好的车。如今市面上的所有SS100都是以我的这台车为原型修葺的。

我有给自己汽车起名字的习惯（我给好几台车起过名字），我叫这台车雷吉诺德（这点算是我们家传统，我从父亲那继承过来的，他总是以男性名字命名赛车，觉得这样车子可靠性更高一些，算是父亲自娱自乐的方式之一）。特里把车送到的那天，我开着车在威廉姆斯车队停车场溜了一圈。

记得是夏天的时候，我开着雷吉诺德，带着孩子们出去兜风。过了红绿灯之后，几个女儿坐在后座靠椅上，我笑着问她们："觉得这车怎么样？"

汉娜看起来很激动："太好玩了，感觉像是动画片里的飞车一样。"

夏洛特没有那么激动："爸，是不是所有车都卖完了所以你才买的这台车？"

有太多幸福的回忆。家庭和睦，家人陪在我身边。塞纳加入威廉姆斯车队。生活不能更美好了。

第40章

1994赛季，FW16赛车本可以成为而且也应该成为一辆不错的赛车。其中一项秘密武器被称作"启动控制系统"，旨在提高赛车启动时的表现。车手快速释放离合之后，电子控制系统会完成剩余工作，使赛车以最快速度通过起跑线。

另外一项秘密武器——不是我，而是帕特里克想出来的——是一项被称作CVT，即无段自动变速器系统的技术。

懂车的读者可能记得有款叫作DAF的车，这是一辆荷兰玻璃纤维汽车，搭载一台很小的发动机和手动变速箱，还配有一条传送带和一套滑轮系统，通过这些装置来改变传动比。

也就是说，发动机的转速可以保持均衡不变，通过改变传动比调整速度，而不是像往常一样，通过发动机转速来调整速度。

对于一台赛车发动机而言，这样是有好处的。所以车队的发动机设计方雷诺可以尽可能优化发动机在某一转速下的性能，而我们则只用通过改变滑轮组的传动比，来控制赛车的速度。

单作为变速箱来说，因为所涉及的摩擦更大，所以工作效率不那么高。但是从发动机的角度来看，因为发动机转速既定，所以可以调整进气管和出气管长度，以及气门正时，从而极大增加发动机输出功率，这是转速可变发动机不可比拟的。

可能对于现场观赛的观众来说，听起来有点吵，对于一级方程式这项运动来说也不是好事，因为人们已经习惯了发动机转速起伏的声音了，而当发动机转速一定时，声音一点都不好听。我自己亲身经历证明确实如此。我们在银石赛道对CVT进行了测试。声音确实很难听，但是我们的任务不是让车好听、好闻，或者好看。我们的目标永远只有一个：那就是让赛车跑得更快，不断刷新秒表纪录。

可能在另一个平行宇宙里，我们采用CVT后，其他车队理解了我们的做法，相继效仿。一级方程式赛车的发动机声，吸引很多人加入一级方程式的发动机声，一去不复返，或者说，暂时一去不复返。

现实情况却不是这样，法拉利车队听到我们发动机的声音后，投诉了我们。

之后几年，法拉利的投诉一直就没断过。如果有什么事是法拉利不喜欢的（一般是因为法拉利试过之后发现实现不了），他们就去FIA那投诉。FIA愿不愿意听他们抱怨就不一定了。我相信麦克斯和伯尼肯定会极力否认FIA偏向法拉利车队。但是，值得一提的是，从这时起，围场的人开始戏称FIA为"法拉利国际救助协会"（Ferrari International Aid）。很多年后，至2015年时，人们才发现法拉利车队的确和FIA签署了一份秘密协议，让法拉利有权一票否决任何对自己不利的规则变动——确认以后大家都觉得很不公平，之前有人怀疑过类似秘密协议的存在，但是在2015年之前一直都没有确凿证据。

当然，具体我们干了什么，法拉利不知道，反正当时所有车队都在研究各种电控部件，以增强赛车性能。法拉利的主动悬挂系统一直没能正常运转，有次在巴塞罗那站，法拉利车队的赛车驶出维修区时，车直接抛锚了，好在车手格哈德·贝格尔没受什么重伤。但是麦克斯·莫斯利似乎想要帮助法拉利，同时给迈凯伦和威廉姆斯一个下马威。于是麦克斯动用了条款3.15。

条款3.15最早诞生于1968赛季之后一段时间，那会儿赛车上有各种各样奇形怪状的可调节气动风翼。风翼都装在悬挂支柱上，位于悬挂上方。这些风翼导致了一系列车祸——车都起飞了——于是FIA引入了条款3.15，规定"赛车所有受弹簧支撑的部分必须与车体紧密相连，且相较于受弹簧支撑的部分而言，车体必须保持静止不动状态"。

在我看来"必须保持静止不动"可以有很多种解读。FIA的意思是威廉姆斯赛车主动悬挂上的活塞相较于赛车弹簧支撑的部分不是静止不动的。不过换个角度想：那些主动悬挂的活塞也可以看作是车体的一部分。FIA的回应是：我们说了算，说犯规就是犯规。

所以这件事就以这种方式结束了。我们的主动悬挂就这样被禁了。这还没完，之后的一系列规则变更，把威廉姆斯和其他车队一直在研发的内容全禁止了。被禁止的还包括CVT、牵引力控制系统、伺服制动系统、四通道ABS、后轮转向、电控辅助转向系统。整件事总结下来：科技有害，一级方程式不欢迎这些技术。FIA还宣布，包括车手在内的总车重量不得超过575千克，也就是说像阿兰·普罗斯特这样体重比较轻的车手不再具有内生优势。而且又可以在比赛过程中加油了，之前该措施在1984年年底时被禁，原因是有可能导致大型火灾。

现在没有谁能挑战FIA做出的这些决定。能做的无非就是跺脚或者生闷气，回家和对家人发火，然后回到车队继续新的工作。结果这次威廉姆斯车队又被对手甩在身后。

我们在电子控制这方面的投入不如其他车队那么多。连续两个赛季，我们都把赌注押在主动悬挂上。

你可能会问，麦克斯为什么要这么做？

我觉得原因有两点。首先，因为包括威廉姆斯、迈凯伦、泰雷尔在内的英国车库车队开始问关于FOCA归属权的问题，所以麦克斯需要立威，让人知道谁说了算；其次，因为法拉利以退出一级方程式来要挟，反正每隔一段时间法拉利车队都会这么来一次。人们会觉得一级方程式这项运动需要法拉利车队的参与，没有法拉利车队一级方程式的信誉似乎也没那么高了。自1978年以来，法拉利就再也没获得过锦标赛冠军，我敢肯定伯尼认为如果法拉利夺得冠军的话，对收视率会有好处。收视率越高，从电视转播中得到的利润就越多。而转播得到的利润越多，伯尼·埃克尔斯通先生拿的钱也就越多。

曾经的伯尼带领英国小型车队对抗以法拉利为首的贵族车队，如今则变得不择手段，想尽一切办法让法拉利留在一级方程式，保证其获得成功。同时还要教训英国车队。不知道大家读过奥威尔的《动物农场》没有？

第41章

FW16赛车由FW15进化而来。我的设计理念从过去到现在一直都是如此：先有一个看起来不错的概念，然后在这个概念的基础之上不断完善——如果没有特殊原因的话，我不会推倒重来。

所以，如果把1994赛季的FW16和莱顿881放在一起进行比较的话，很容易看出两车的相似之处：单体壳的形状、悬挂的布局、侧箱的形状、尾翼端板的形状、前翼背后的理念以及前翼端板的形状——所有这些都是基于881这台赛车背后的理念进化而来的。

这样的设计会不会太固步自封、太保守了呢？可能吧。因为规则不允许使用主动悬挂，只能用被动悬挂，所以我们也应该在设计上做出更多改变，开发出一台气动性能适应离地间隙变化的赛车。面对禁用主动悬挂这样大的规则变动，可以说威廉姆斯车队没能很好地适应新的规则。但是威廉姆斯车队本应该适应，而且是有能力适应这样的规则改变的。我自己在这个领域没有花太多心思，也没有付出多少努力。

在设计1994赛季的赛车时，我所关注的是如何尽可能梳理通过下尾翼的气流。下尾翼有两大作用：首先是产生下压力，更重要的是在扩散器后缘处制造低压，从而帮助气流通过扩散器。

下尾翼的位置究竟能安在多低的位置受很多因素限制，其中一个是来自后上叉臂的乱流。改进方案之一是改变上叉臂的位置，于是我将上叉臂下移120毫米，使叉臂环绕传动轴。那个时候，几乎所有悬挂叉臂都是由钢管焊接而成，但如果想要让叉臂围绕传动轴的话，这样的形状并不适合。于是我们用碳纤维制造了一个一体式的结构，该结构中没有传统意义上的独立悬挂支柱，让传动轴得以通过其空心的内部。这样的结构让通过下尾翼及其两端的气流更为平整。

规则要求装上雨灯，形状为正方形，规格为100毫米×100毫米。用于雨天当中的比赛。赛车在雨中行驶时，会在车尾扬起像公鸡尾巴形状的水柱。

雨灯的作用在于让跟在后面的车手透过水柱能看到雨灯发出的灯光。在一些极端天气下，甚至连雨灯都不管用了。但是因为LED灯的作用越来越强，所以很多地方都可以用LED灯——当车在车库里时，如果人在车后面靠得够近的话，灯打开后人都睁不开眼。

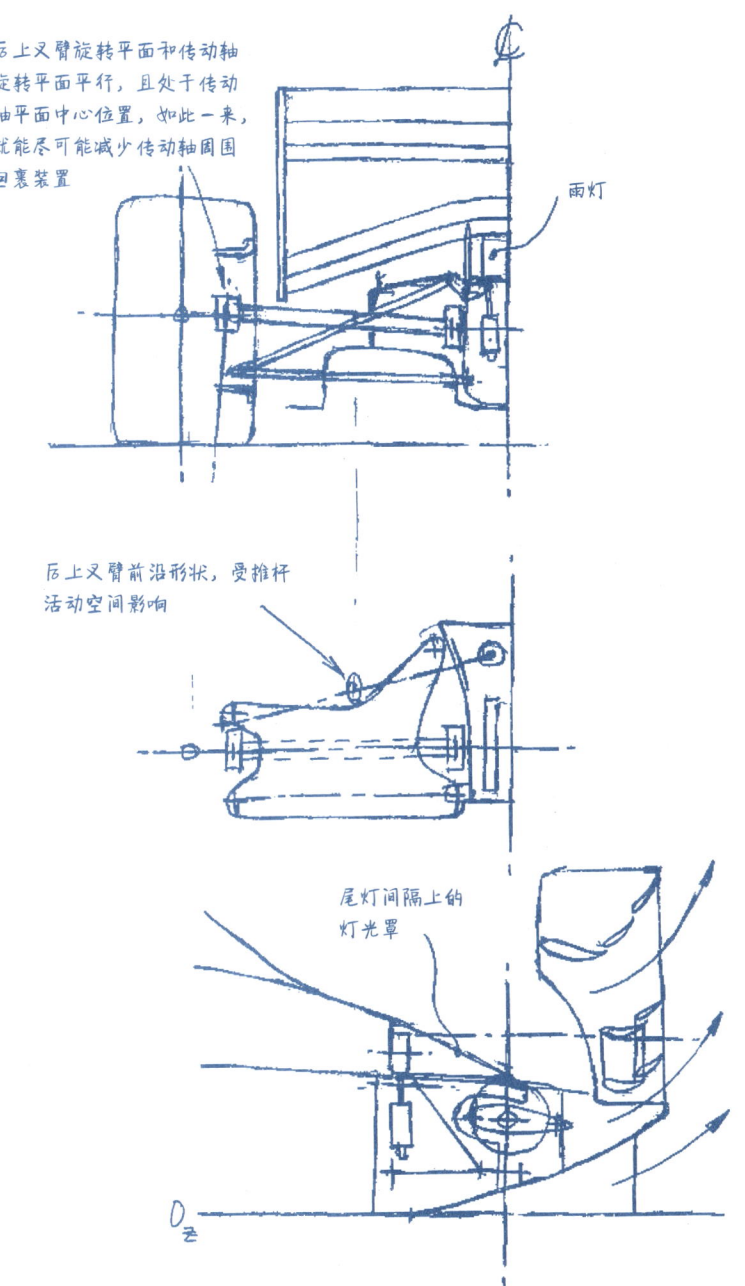

图12 FW16赛车布局的早期图纸,主要关注点在于整理流过尾翼的气流

雨灯一般安装在下尾翼下方。问题在于，这样的位置会扰乱通过的气流，使下尾翼无法达到其最佳效率。好不容易开发出了理想的下尾翼，结果因为雨灯的出现全给毁了。

移除叉臂之后，变速箱顶部便没有那么突出了，所以可以将雨灯装在变速箱上方、后轴中心线之前的位置。因为位置太过靠前，雨灯成了发动机罩的一部分，被装在了一个聚碳酸酯材质的透明罩内。

我们把车翼设计成下反角形，因此其两端的位置比尾翼位于赛车中轴线的位置要低一些。所以现在通过尾翼的气流非常平顺，在赛车中轴线上，没有了雨灯的干扰，在尾翼两端，没有上叉臂的干扰。

需要提醒的是，FIA不喜欢我们把雨灯安装在那样的位置。他们说，雨灯必须要安装在车尾可见处，像我们这样的话，雨灯会被用于固定尾翼的支架挡住。平心而论，他们这么说有一定道理，但是规则里没有规定这么做不行，所以他们也不能拿我们怎么样。规则怎么说就怎么来。

季前测试结束后，显然贝纳通车队造出了一台很快的赛车，其车手迈克尔·舒马赫将会对我们构成严重威胁。而且我们自己也有还未解决的问题。车座的形状塞纳不喜

倾心交流

欢，他也不喜欢位置很低的小直径方向盘。

但是这个时候已经太迟了，无法做出任何改动。更糟糕的是，测试结束后，塞纳和达蒙都发现赛车有些不可预测，尤其是在道路表面不平时。

好在达蒙他之前驾驶过1993赛季的赛车，这点很有用，因为这样我们就能意识到，主动悬挂被禁之后，赛车性能方面到底下降了多少。并不是说新车有多糟糕，而是说我们所开发出来的赛车不适合被动悬挂。

贝纳通车队的表现让我们很紧张。看起来他们的赛车非常有竞争力。或许他们将成为我们的劲敌。

在忧心忡忡的状态下，我们就这样来到巴西，参加赛季的第一场比赛。巴西是塞纳的家乡，不久前他度过了自己的34岁生日。他的生命只剩下一个多月的时间了。

第 42 章

巴西是一个五彩斑斓的地方,热情洋溢,充满了生命的喜悦。但是和一些贫穷的非洲小国一样,有些人腰缠万贯,但是大多数人都极度贫穷,对这些穷人来说,生活没有什么价值。但是巴西人对一级方程式近乎狂热,当时他们疯狂崇拜塞纳。今年塞纳加入威廉姆斯车队,所以不再和我们是对手了。我们轻松了不少,不用再体验去年的经历了。当时塞纳效力于迈凯伦车队,有机会打败威廉姆斯车队的阿兰和达蒙,赢得巴西大奖赛的冠军。

前一年我们开着大众的迷你巴士进入赛场时,还要一边开一边让巴西车迷们让路。一路上高歌、鸣笛、扬旗。身为一家英国车队,我们只能大口喘气,礼节性地微笑,装作没什么事的样子,让我们的巴士在赛场大门的黄色海洋中缓慢前行。人群中有人看到了我们的队服,威廉姆斯的队服。他们先向身边人指认我们,然后就开始朝着我们嚷嚷。塞纳的夺冠之路上,我们是最大的阻碍。很快大家都发现了威廉姆斯车队的存在。于是更多人加入了咒骂我们的行列。

我们喘得更厉害,笑得更难堪了,同时还痛苦地意识到,这样一群人很容易就会变成一群暴民。当人群中的情绪达到某一顶点之后,我们突然发现有什么东西砸到一扇车窗上了。接着他们又开始摇巴士,其中一人甚至还爬上车顶,上蹿下跳。

这样的情形持续了几个小时。巴士最后到达赛场入口,感觉上确实就像经历了几个小时,但是实际上可能就只有45秒左右。最后警察出面,利用警棍驱散了人群。

当我和威廉姆斯市场主管谢里丹·瑟恩(Sheridan Thynne)一同到达赛场时,我告诉自己,起码今年能安全一些了。塞纳现在是我们的人了。他的家乡就在圣保罗。我们有些晚了,于是谢里丹和我在机场外拦下一辆出租,前往旅馆。坐上车之后,正好赶上城市的早高峰,祈祷能平安到达。

在车流中慢慢前行的过程中,我猜测出租车司机可能昨晚玩得太凶,好几次睡着,下巴都挨着胸口了。一堵车司机就睡着,我们就要叫醒他。大概在第四次叫醒他之后,我们决定给他点激情,向他展示了我们威廉姆斯车队的旅行衬衣。我们对他说:"艾尔顿·塞纳!艾尔顿·塞纳!"希望他能开快点。

结果药力过猛。虽然起到了预期效果,司机瞬间清醒,急急忙忙赶到了目的地。问题是,他开始像个疯子一样开车,在车流当中进进出出,完全不在乎周围司机的鸣笛抗议。司机想证明他也可以像塞纳一样开车，完全忽略我们乘客内心有多惊恐。所幸我们安全抵达，下车之后因为太激动腿都软了。这可能是我一辈子里最吓人的坐车经历。

在这里生命低贱得可怜，其中一个例子是在赛道尽头展示出的一辆梅赛德斯，展示的重点不是这辆车有多新，而是它的防弹玻璃和车门。另外一个例子是我开车从赛场回旅馆的经历。一辆车突然插到我前面，后来我似乎看到一只狗的尸体，曝尸于马路。我心想：天啊，一只狗就这么被杀了。等到开近了之后我才发现，这确实是一具尸体，不过不是狗的，而是人的。显然，在贫民窟人们就是这样处置尸体的。直接把尸体扔在高速公路上。

转到圣保罗英特拉戈斯赛道的排位赛。英特拉戈斯被高楼大厦的阴影所覆盖，向城市的天际线看去时，这些高楼像是一堵堵城墙。我们的赛车仍然有问题，这些问题在英特拉戈斯这样崎岖不平的赛道上更突出。即便如此，凭借塞纳现象级的赛车操控水平，我们夺得杆位。能拿到杆位，依靠的是塞纳的车技，而不是因为我们的赛车有多出色。

进入比赛后，前21圈里，塞纳领先舒马赫，但是当两人都进站之后，舒马赫获得领先。

在维修区指挥台里，我们的眼睛紧盯着屏幕，一动不动，心都提到了嗓子眼，看着塞纳跟在舒马赫后面，一次次对他发起冲击。他有能力超过舒马赫。我们相信他能做到。只要还有机会，塞纳就一定能超过去。

但是在第56圈，塞纳紧跟舒马赫后面，出最后一个弯时，车先是开始旋转，然后停在了赛道上——这就是结局。

塞纳退赛之后，对于主队车迷来说没有理由继续留下来，我看着他们离开观赛区，车迷们垂头丧气，我们也心有戚戚。最终舒马赫成为第一名，达蒙名列第二。

这样的结果太遗憾了。考虑到塞纳在比赛当天所承受的压力，更觉得可惜。如果塞纳赢了，就算是获得第二名的话，我们去参加下一场比赛太平洋大奖赛，以及第三场圣马力诺大奖赛时，心态也不会那么紧张，可能结局也会不一样。关于塞纳的死亡，有太多"如果"和"本可以"的假设。有太多因素单独拿出来可能都不重要，但是把它们放在一起时却造成巨大影响。

赛后的对内会议上，塞纳恭喜达蒙拿到第二名，承认赛车旋转是他的错，而且他一个人承担所有责任。大家心里都没有责怪塞纳的意思。他将一辆很不好开的赛车发挥到其性能极致，他所做到的事情，任何其他车手都做不到。

后来大家坐在圣保罗机场的贵宾候机室里，等回国的航班，大家基本都沉默不语，事情没有照预想情况发展时的那种沉默，在那里我们听说贝纳通在巴西大奖赛的成绩有可能会被取消。

这让大家稍微好受了一些。问题出在贝纳通赛车的侧箱导流板上，侧箱导流板是一块翼板，垂直安装在车前部，作用是分散前轮尾流，使之远离车体和扩散器。

规则当中有一条要求从车底向上看时，所有的车体部件都"必须形成一个统一、牢固、坚硬、连续、不可穿透的平面"。但是贝纳通赛车上的侧箱导流板有好几块，一块安装在前面，一块安装在后面，两块一起形成了中间的空洞。就是因为所形成的空洞，所以他们的成绩会被取消。显然，如果有一个洞的话，那这个平面就是可以穿透的。

但是贝纳通却表示："这不能算是一个洞，因为这么多部件里有很多都是起支撑作用的，真正的侧箱导流板只有一块。"就像是说宝路薄荷糖中间的那块不算洞一样，这样的说法缺乏说服力，FIA不太可能接受这样的论断。

结果FIA还真同意了。最终结果是贝纳通车队的成绩保留。1995赛季时还专门修改了规则，允许在这一区域有洞出现。

接下来一场比赛是新举办的太平洋大奖赛，在日本美作市境内的英田田中国际赛道，又称为TI赛道。

我没去，留在威廉姆斯总部。我在风洞进行试验，想要知道为什么赛车的表现这么差。

我通过电视观看比赛，塞纳再度夺得杆位，但我知道，还是因为他的车技，而不是因为车的性能。

比赛中他在赛道的第一个弯角处遭遇车祸。塞纳首先被米卡·哈基宁（Mika Häkkinen）稍微撞了一下，然后赛车旋转，停在沙地上。还没过第一个弯，塞纳的比赛就结束了。又一个难以接受的结果。

也就是说在赛季第二场比赛结束后，塞纳连一场比赛都没有跑完，达蒙只拿了一个第二。对于身为卫冕冠军的我们来说，这样的开局是灾难性的。不管是车队还是塞纳都感到非常沮丧，他肯定觉得自己加入得太不是时候了。加入之前，威廉姆斯还是一家极为成功的车队，结果现在却眼睁睁看着它被对手打败。

比赛剩下来的时间里，他一直待在第一个弯角旁的赛道工作人员小屋里，观看比赛。我记得回来之后他开始对贝纳通有所怀疑。贝纳通赛车发出的声音有些不对劲——舒马赫驾驶的那台贝纳通，而不是他队友的那台——塞纳觉得听起来不对劲。他相信贝纳通车队用了牵引力控制系统。

我还是没能发现赛车到底哪里出了问题。显然是赛车气动性能方面的问题。赛车气动性能方面有些地方不太稳定，也就是说这个不稳定之处和赛车的地面效应有关系。与地面最近的部件有两个，分别是前翼和底板，所以可能是前翼或者扩散器不能正常工作。

我们在保罗阿马尼亚克赛道进行了测试，赛道崎岖不平，位于法国西南部。随行的只有部分员工，赛车由达蒙驾驶。他告诉我："赛车抖得厉害，我都看不见了。"

我让他再去开一次，不过这次我自己骑着一辆踏板车，在赛车驶过直道时，跟在后面观察。正如达蒙所说的，赛车抖动程度十分剧烈，以至于前轮都未与地面接触。此时车速是 150 英里每小时。

毫无疑问，有些地方不对劲。抖得这么厉害，以至于前轮都飘起来了，一定是气动性能方面某个因素不稳定。当晚，我开车从赛道回去。

我记得达蒙开着他租来的车，关了车灯以进入"隐身模式"，从后面把我的车撞了。我不知道的是，等下次俩人再开这种玩笑的时候，已经是很久以后的事了。

我回到风洞，继续研究哪里出了问题。我将风洞测试模型的高度调到最低，这样最有可能出现前翼失灵或是气流分离的情况，我们用了可视化涂料，结果一切正常；风洞测试结果显示，前翼没有任何问题。

于是我又对赛车底部进行测试，再次使用可视化涂料，发现气流在侧箱前端底部的位置出现分离。分离程度是如此之大，以至于扩散器完全没有起作用。

我终于找到了问题的答案。这是一个几何问题，所以用几何的方式来解决就好。因为我们的侧箱相当长，所以其前端处于离前轮很近的位置。因为侧箱很长，所以覆盖面积变大，如果在保证吸气量不变的情况下，所产生的总下压力能大幅提升。但是，如果车头离地间隙很小的话，侧箱过长会降低其与地面之间的距离。这样会带来一定制约，即气流的相对速度会很大，但是之后大幅减速。形成梯度负压强，继而导致气流分离——在我们的赛车上，体现为赛车剧烈地晃动，以及扩散器彻底失灵。

这也解释了我在法国的直道上亲眼见到的情况。颠簸的路面形成类似小坡的环境，导致赛车的气动性能处于不稳定的状态。

解决方案是大幅缩短侧箱的长度。虽然这样会使下压力峰值减小很多，但是车头底板离地面不会再那么近，扩散器也能发挥其作用，说不定我们能重回冠军争夺行列。

所以在太平洋大奖赛和圣马力诺大奖赛之间的这段时间里，我开始设计一个更短的侧箱，风洞测试结果显示，这样的侧箱不仅使得气动性能更稳定，也更便于生产。这一改动说不上有多大。赛车的机械布局、散热器以及其他部件可以保持原位不动，但还是需要很多工作才能完成，因为实现上述改动需要设计全新的底板和车体。

与此同时，车队前往伊莫拉赛道参加圣马力诺大奖赛——伊莫拉赛道很崎岖，这对我们来说不是好消息。接下来会发生什么，我们谁都不知道。

第 43 章

当年举办圣马力诺大奖赛时，伊莫拉还是晴天，天气很热。没人会把这样的天气和接下来要发生的一系列黑暗事件联系起来。第一件事从我周五早上到达赛道时就已经发生了。当我穿过停车场时，排位赛前的环节已经开始，我所看见的景象是一辆车从减速弯前最后一个弯角出来了。但是四个轮子都没有着地。赛车处于侧翻的状态，距离地面20英尺高，沿着围栏在空中抖动，飞跃围墙，最终跌落，消失在视线之外。

我想：我的天，我希望车手没什么意外。

原来是乔丹车队的车手，巴西人鲁本斯·巴里切罗（Rubens Barrichello）。出车祸时，赛车的速度在每小时140英里左右，在人称变体巴萨的弯角上，撞上路肩，因为撞击过猛，导致赛车直接飞了起来，最终跌落在地上时，车直接翻了过去。

因为事故的缘故，巴里切罗的舌头把他的气管给堵住了，多亏了席德·沃特金斯在赛道边第一时间的援助，他才保住性命。巴里切罗随即被送到比赛的医疗中心，又从医疗中心经飞机转运至位于博洛尼亚的马焦雷医院。第二天他就回到了赛道，在观众席观看比赛，只是鼻子断了，手臂打上石膏而已，并无大碍。鲁本斯目前[1]持有一项纪录，他是参加过一级方程式比赛次数最多的车手。即便如此，他所经历的车祸也是一场很恐怖，而且结果可能会更糟糕的车祸。亲眼见证这场车祸的人，会惊讶居然没有人受重伤。往往出现这样的车祸后，人们会开始重新审视：这是干吗呢？值得冒这么大风险吗？

我不知道艾尔顿是不是也这么想。之后我得知艾尔顿曾去看望过他的同胞巴里切罗。他们说，巴里切罗恢复意识后，就看到艾尔顿眼含泪水。

排位赛前环节结束后，练习赛开始了。艾尔顿很快，但是只要一到颠簸路段赛车就变得难以操控。这不仅困扰着他，也困扰着车队的每一个人。车队发现他最近有要加入法拉利车队的想法，所以我猜驾驶时这件事也让他分心了。艾尔顿的家人对他的新女友也很不满意，而且他还怀疑贝纳通的舒马赫在用牵引力控制系统。

虽然有以上种种让他分心的事情，但是我相信让艾尔顿最焦虑的事情，是到现在为止他连一场比赛都没赢过。他不是那种会推卸责任的人。真要说起来，艾尔顿很聪明，不是他的锅他也不会去背。但是，艾尔顿加入威廉姆斯就是为了冠军，可是到现在为止

---

[1] 截止作者2017年出版本书时，鲁本斯为比赛次数最多的车手。——编注

却连一分都没得。艾尔顿知道我们在努力弄懂车的问题在哪里，当我和他解释我在保罗阿马尼亚克赛道观察到的测试结果时，他也耐心倾听，表示理解。我对他说我已经发现问题出在侧箱上，而且我们已经在设计新的赛车，马上就能解决赛车的问题。

与此同时，我们还在尽一切可能，解决目前艾尔顿坐在车里不舒服的问题。他觉得坐在驾驶舱里很拘束。而且在开车时，他的指关节会碰到驾驶舱内壁。到现在我都不知道为什么会出现这种情况。肯定是因为艾尔顿的手在方向盘上的位置和之前的车手或是队友手的位置不一样。不管具体情况如何，艾尔顿希望方向盘的位置能稍微低一些，给他的手指留更多空间。

只要把方向盘的位置降低几毫米就行，但是我们还要考虑到一项FIA的规定，该规定涉及一块板子，板子为铝制，高宽均为200毫米。必须保证赛事官员能将铝板塞进车手和驾驶舱之间，从车手上半身一直到踏板部分。如果铝板放不进去的话，赛车会被判犯规，无法参加比赛。

如果我们降低转向管柱位置的话，那铝板就无法从中间通过。于是解决办法就是将转向管柱的局部直径减少4毫米。

但是，赛车在赛道上的问题还有待解决。就像是瞎猫想抓住死耗子一样，我们换上了更软的弹簧，但是弹簧越软，赛车底盘高度的变化幅度也就越大，继而降低赛车的气动性能稳定性。我们还试着调高车头离地间隙，但是这么做会大幅降低赛车的下压力。当时我头发还没掉光，我急得直挠头，想着如何找到问题出在哪里，其实我自己知道，问题远不是我们在赛道上进行各种调试就能解决的。我们对这辆车束手无策了。不管对赛车弹簧、减震器或者防倾杆做出怎样的调整，都无法解决赛车气动性能不稳定的问题。

那天还发生了另外一起事故，但是相对来说没那么严重。希姆泰克车队一辆车的前翼脱落了。当时希姆泰克的两位车手分别是罗兰·拉岑贝格尔（Roland Ratzenberger）和大卫·布拉汉姆（David Brabham）。我不记得是谁的车前翼掉了。

希姆泰克的经营者是一位名叫尼克·维斯（Nick Wirth）的男士，之前我在莱顿车队的时候就认识他了。他很聪明，但是人们给他起了一个外号叫"白噪音"，因为他不愿意在一件事上集中注意力。他和麦克斯·莫斯利走得很近，1994年两人携手建立希姆泰克车队，进入一级方程式。身为一家车队的老板，维斯可以说很年轻了。

那天晚上我在围场时，希姆泰克的车队经理查理·穆迪（Charlie Moody）找到我。我很了解查理，因为之前他也在莱顿车队，而且他也曾在雷普敦上学。

他有些不好意思地对我说："艾德里安，尼克让我修理前翼的问题。你能给我一些建议吗？"

我看了他一眼，心想既然他不是工程师，那么为什么会掺和到这种事情里来。于是我问："尼克在哪？"

查理回答道："他在和赞助商吃晚饭。"

我说："查理，我很愿意提供帮助，但是对于你们赛车的设计，我一无所知。所以我也不知道具体应该给出怎样的建议。我需要和尼克谈谈，毕竟他是车队的工程师。"

我看着查理离开，对于我们之间的谈话感到担忧。

周六进行排位赛，罗兰·拉岑贝格尔驾驶希姆泰克赛车，脱离赛道。

当时他在争夺最后一个起跑位置，所以没有选择进站对赛车进行检查，而是直接跑下一圈。在直道上行驶时，整个前翼都掉了下来，卡在了赛车底下，使赛车无法转弯。他以略低于200英里的时速与外墙相撞。

首席医护人员席德·沃特金斯尽自己最大努力进行抢救。又一名车手从伊莫拉赛道被空运至马焦雷医院，这是本周末第二次出现这样的事了。可惜的是，罗兰不像鲁本斯那么幸运，于医院不治身亡。

第44章

在一级方程式的围场里，塞纳朋友不多，但罗兰却是其中之一。当塞纳听到事故的消息时，他立刻乘坐比赛主办方的车，赶往车祸现场。之后当医院宣布罗兰去世的消息时，塞纳在席德·沃特金斯肩膀上泣不成声。席德和塞纳也是关系不错的朋友。席德让塞纳第二天别比赛了："放松一下，咱们去钓鱼吧。"塞纳说他必须参加比赛。不论受到怎样的打击，他都必须参加比赛。他必须坚持下去。

塞纳虽然在排位赛当中退赛了，但是他的成绩还是让他获得了杆位。本赛季第三次出现了塞纳处于杆位，舒马赫位列第二的情况。

对于罗兰事故发生的原因，人们有很多讨论。整个围场里大家的情绪都很低落。20世纪70年代之前，车手在赛车运动中丧生的情形很常见。但是在一级方程式里，上一次出现车手丧命的情况，还是12年前的吉尔·维伦纽夫（Gilles Villeneuve）。包括我在内，对于围场很多人来说，之前从未经历过这种事。大家都处于十分震惊的状态。毫无疑问，大家都开始问自己：值么？值得为之付出生命吗？

比赛日那天，我在车队卡车的后面。快到比赛时，各队赛车纷纷离开维修区通道，来到起跑线附近。当时我正在收集整理自己的各种笔记，正好塞纳冲了进来，脱下自己的赛车服，换上了诺迈柯斯内衣。

我想：他还来得及。现在我们知道的是，那天早上他还和阿兰·普罗斯特讨论重新建立大奖赛车手协会的事，旨在这项运动的安全性。当塞纳穿上连体衣时，他还在重复在太平洋大奖赛之后就说过的话——他怀疑贝纳通车队使用了牵引力控制系统。太平洋大奖赛之后，法拉利车队也陷入疑似使用牵引力控制系统的丑闻，最后法拉利车队全身而退。之后人们对FIA偏袒法拉利车队的不满情绪达到顶峰，以至于在伊莫拉的比赛举行之前，麦克斯不得不发出正式声明，表示FIA没有偏袒法拉利车队，对所有车队一视同仁。

但是真正让塞纳担心的不是法拉利车队牵引力控制系统的传言。他担心的是贝纳通车队：他感觉自己处于一个不公平竞争的环境，在和一台违规赛车比赛。

他就这样满怀心事地加入这场比赛，连同他的求胜心一起。塞纳是一级方程式有史以来最好胜、最有激情的车手之一。

第45章

比赛一开始就不顺。舒马赫的队友JJ·尼赫托的赛车熄火。佩德罗·拉米（Pedro Lamy）在视线不畅的情况下，与尼赫托追尾。碰撞时产生的碎片到处都是，部分碎片还飞向了观众席，导致数人受伤。周末的惨剧似乎没有要停下来的意思。

安全车出动，赛道工作人员开始清理赛道上的碎片。第五圈后，比赛继续，此时塞纳领先，舒马赫紧随其后。

惨剧发生在坦布雷罗弯。这是一个快速左手弯，就在离维修区不远的地方。车手通常会以最快速度过弯，但是也有像达蒙那样的车手，选择切弯切得不那么紧的，以避免赛道内侧崎岖的路肩。

但是塞纳似乎不是那么过弯的。塞纳选择切过去，他认为这样路程更短，所以可以更快过弯，尽管他知道赛车在颠簸路段不太稳定。和之前一样，他相信不管在任何情形下，赛车都在自己的掌握之下。

与此同时，在安全车后左右来回摆动驾驶五圈的后果之一，便是胎温降低、胎压下降，继而导致赛车离地间隙降低。

所以当比赛重新开始之后，塞纳的赛车拖底得厉害，也就是说，赛车底部都已经碰到地面了。很久之后，我们收到了舒马赫车载摄像头的拍摄画面。我们看到塞纳赛车后面不断有火花洒出来，尤其是在过坦布雷罗弯时。

比赛重启之后的一圈，也就是第六圈时，他安全驶过坦布雷罗弯，但是车底迸发出剧烈火花。赛车拖底的程度超乎想象。此时塞纳仍在舒马赫前面。他要做的就是制止舒马赫超车，与他1991赛季在铃鹿赛道对阵奈杰尔时的情形一样。但是塞纳不是那种会自满的车手，他不会专门盯着后视镜，挡住后面的车。他是一名车手，而车手就要全力以赴。塞纳第六圈的单圈时间在整场比赛中排名第三——这还是在油箱几近全满、胎压未处于最佳状态下完成的。

事故发生在第七圈。比赛进行到现在，大家都觉得胎压已经回归正常，但是舒马赫的车载相机录像却显示，塞纳的赛车进一步拖底。当塞纳再次过坦布雷罗弯时，车后冒出大量火花，像是在车尾放了一根点燃的烟花一样。

接着，从录像中看到，塞纳赛车的车尾向右滑了过去。看到这我心里一沉，此时赛车车头朝左，然后又突然一下往右行驶，朝那个方向开走，从录像的画面里消失了。

当时我们在维修区指挥台观看比赛报道，得知塞纳出了车祸。非常严重的车祸。

达蒙之后开过事发区域，他说他完全没想到塞纳会在车祸中丧生，直到看到扬起的红旗后才意识到事故的严重性。当时大家都在维修区指挥台附近，以为没什么事，塞纳的比赛工程师大卫·布朗一次次地试图在无线电里和塞纳建立联系，但是没有回音。

我记得当时听到的各种消息。塞纳就笔直地坐在车里，头靠着头枕，但是人一动不动。

我想起来看到席德和医护人员来到赛道。我看着塞纳被人从车里拖了出来，抬到担架上，这画面我现在都记得。当然，是通过屏幕看到的。达蒙一直在无线电里问怎么回事："到底什么情况？他怎么样了？发生了什么？"

可是我们也不知道具体情况如何。车队所有人都围在维修区指挥台，透过屏幕观察事故现场，这是我们唯一的信息渠道。我们的车手躺在担架上，一动不动。没有任何消息。

我还想起另外一件事，深深烙进我的脑海里的，是来自看台的嘈杂声。号角声、喇叭声、拨浪鼓声，各种声音混在一起。尽管在坦布雷罗弯的悲剧还在继续，但是所有这些疯狂的噪音还是不绝于耳。这些噪音是意大利大奖赛特有的，现在听到这些声音时，我仍感觉脊背发凉。

"我们不知道，"我对达蒙说，那时各队赛车正重新在起跑线集合，头顶传来直升机的声音，"我们真的不知道。"

比赛再次开始，我们被迫投入新的比赛中。直升机把塞纳带到了医院。舒马赫赢得了比赛，达蒙位列第六。

当我们在机场时，得到了消息。塞纳走了。

第 46 章

我们乘坐弗兰克的飞机飞回牛津北部的基德灵顿。一路上大家都没说话。我记不清到底有没有人开口了。我只记得,玛丽戈尔德来基德灵顿接我,开车送我回家,因为她知道,我这样的状态根本没法开车。

她在酒吧点了些啤酒送上门,让我借酒消愁。虽然没有用,但是很感激她这么做。记得虽然还是五月份,但是那天晚上很暖和。

喝完啤酒后,我躺在床上,夜不能寐,心里充斥着一股巨大的失落感,觉得所做的一切都没有意义。当时人们就都知道,塞纳命中注定要成为伟人,不仅仅局限于一级方程式这项运动。人们甚至议论他有一天可能成为巴西总统。但是我所做的一切值吗?每周日下午看着一堆赛车在那里绕圈子,有意义吗?二十多年后的今天,每当我谈起这件事时,还是会哽咽。

之后一天是周一,恰逢公众假日。我和其他主任工程师一起来到威廉姆斯车队的办公室,试图弄懂到底发生了什么。是不是设计方面的缺陷导致车祸发生?坦布雷罗这个弯虽然有些难度,但是还算平坦,属于那种不用松油门就能过的高速弯。凭借塞纳的车技,过这样的弯应该很轻松。

我们复盘了所有录像带,可以确认的是,事故中方向盘脱落了。在录像中可以看到,方向盘和转向管柱的一端停留在车体的旁边。显然,结论是转向管柱折了,导致车祸的发生。

帕特里克是技术主管,所以车队技术方面的事务由他负责。我是车队的首席设计师,负责赛车的整体设计。虽然两人都不负责赛车具体部件的设计与制造,但是身为领导,我们依旧担负着车祸的责任。简单来说,如果车祸是由转向管柱折断所导致,那就是我们的责任,因为我们的工作职责就是把所需系统安装到位,以避免此类事件的发生。

找到事故的最终原因需要很长时间。接下来几个月、几年的时间里,我都在一遍遍地看事故录像:舒马赫车载摄像头录像、赛道电视直播录像、比赛录像,并将影像与各种数据结合,试图弄清楚到底发生了什么,为什么塞纳那天下午会离我们而去。

FW16赛车拥有两台车载电脑。一台电脑控制发动机,供应商是玛涅蒂·马瑞利(Magneti Marelli);另一台威廉姆斯车队自行研制的电子控制单元,由威廉姆斯车队的电子主管史蒂夫·怀斯开发完成，用以控制1992赛季中使用的主动悬挂系统。

规则大改之后，禁止使用各种电控系统，车载电脑也不像以前那样，能发挥那么大作用，但是，它们仍旧起到收集数据的作用，利用车上各处的传感器，收集各类"诊断"信息，包括悬挂负荷、赛车换挡数据、油门位置、发动机转速、车轮速度、减震器位置——有了这些数据之后，我们就能知晓赛车在赛道行驶时处于怎样的状态。

事故中雷诺发动机的马瑞利控制单元已经被毁得差不多了，威廉姆斯控制单元也严重受损，即便如此，我们还是从中获取了部分数据。我们从中发现的关键数据包括油门位置、刹车压力和转向扭矩。观察到的数据支持我们转向管柱出现故障的理论，因为数据显示转向管柱扭矩降至接近零。也就是说，事故发生阶段，没有转向输入。这种情况的出现有两种可能：一是塞纳刻意没动方向盘，二是转向管柱出现故障。

FIA将舒马赫的车载录像发给了我们。看完录像后，先前"车祸是由转向管柱故障导致"这一理论被推翻了。录像显示，事故发生时，赛车车尾发生侧滑，但是如果转向管柱出现故障的话，车尾是不可能侧滑的。显然，如果赛车的转向系统出了问题，赛车会笔直往前跑。但是如果赛车车尾侧滑的话，只可能是因为车尾抓地力不足导致，而不是车头抓地力不足。

这有些说不通。之前在美国时，赛道都是椭圆形的，所以我知道车手在参加超级赛道时，总会遇到车尾在高速弯侧滑的问题。解决后轮侧滑问题一般只用反方向锁定方向盘，比如在高速通过左手弯时，方向盘向右转，然后锁定方向盘就行。但是如果车侧滑得很快很急的话，在侧滑过程中，赛车会突然获得抓地力，导致驾驶舱里的车手朝着与锁定方向相反的方向甩出去，使赛车直接撞墙。为避免这种情况的发生，参加超级赛道的车手一般会让赛车继续侧滑。

所以，塞纳是不是也遭遇了"超级赛道"事故，即车尾侧滑，然后又突然获得抓地力，最终直接撞上外墙？在美国的超级赛道比赛中，最优秀、经验最丰富的车手也会出现这种情况。

很快，原本事故原因细分为两个问题：首先，是什么因素导致塞纳的赛车开出跑道？其次，考虑到塞纳的驾驶技术，为什么他无法控制赛车？

当我们将车载电脑的数据，与舒马赫车载录像同步之后，发现车尾侧滑时，塞纳松开油门到大概40%的程度，同时转向扭矩骤降。

车尾失去抓地力时，只要是车手，都会这么处理。他没有完全松开油门。当时他试着让后胎的抓地力达到最大，也就是说阻止后胎所产生的力转化为水平方向的力，让水平方向的力最小化。想达到这一点，可以通过加速或者刹车实现，当赛车重新获取抓地力时，让抓地力达到最大值。看起来塞纳在事故中就是这么处理的；他通过减小转向扭矩的方式来实施反向锁定，如前文所说，当车尾出现侧滑时，就应该这样操作。

数据显示40%油门与低转向扭矩的状态维持了半秒时间，然后突然刹车压强陡升。观察数据显示，当赛车离开赛道时，刹车压强特别高。根据数据，分析出的事故经过如下：首先车尾侧滑，塞纳做出反应，企图通过松开油门到40%左右，同时降低转向扭矩的方式阻止赛车继续侧滑，但是半秒后发现赛车失去控制，于是急踩刹车。

最初车尾侧滑的原因和转向管柱侧滑没有关系。肯定有另外的原因导致赛车侧滑。

起跑线附近的事故发生后，碎片洒满赛道，外加出动的安全车是一辆欧宝威达，更是使节奏降低了不少。在低速行驶了那么多圈之后，比赛重启时，胎温和胎压都很低。毫无疑问，过低的胎温和胎压会导致赛车拖底，也就是我们所看到的。

但是这不足以解释所发生的一切。实际上，胎温和胎压的问题甚至会产生一定误解。

比如，从第六圈到第七圈时，胎压应该是逐渐升高的，但是为什么这两圈里塞纳赛车冒出来的火花却几乎一样多呢？悬挂部件都没有什么问题，只能说明当时胎压还是未达到理想转态。为什么会这样？跑完一整圈之后，胎温以及胎压理应回到正常状态。

《赛车》杂志上有一张出车祸前的照片（1997年2月20日刊，第6页），照片显示着赛道上一块碎片挡在塞纳的赛车前方，赛车即将驶过。车祸中右侧前后轮都被完全摧毁，所以无法通过检查获取准确结论。但是，照片里那么大的一块碎片，很容易扎破轮胎，使轮胎慢慢漏气。有可能是因为轮胎被扎破了，所以导致我们所看到的赛车拖底现象。同时也使后胎侧滑，因为车胎没气之后，车的重量都由轮毂负担，而轮毂无法产生水平方向的抓地力。

不仅如此，因为底板与地面直接接触，所以扩散器完全没法发挥作用，从而导致车尾损失了大部分下压力作用。

对我来说，以上解释了为什么车尾突然侧滑的问题，显然塞纳也没料到会发生这样的事。

不过，第二个问题还没解决。赛车侧滑之后，为什么塞纳没能控制住赛车呢？在赛道上所有的车手里，塞纳是对赛车控制能力最强的车手，对他来说在那种情况下掌控赛车易如反掌。有两种可能。一种可能是这时转向管柱出现故障。另一种可能是越过路肩之后，车头朝左，但是前轮还是指向前方的，此时后轮突然获得抓地力，于是车立即朝右行驶。

FIA允许我们检查转向管柱后，发现转向管柱上确实有一道疲劳裂纹，所以出现故障是迟早的事。裂纹出现在套杆1/3长度处，绕整个套杆一圈，剩余部分则直接断了，可能是因为事故当中的冲击导致，也有可能是因为赛车侧滑后，塞纳想通过转向控制赛车，结果导致转向管柱折断。转向管柱折断之处正好是之前局部直径减少4毫米的地方。

由此产生了一个新问题：没有疲劳裂纹的、剩下的那2/3转向管柱能否承受足够扭矩，确保赛车的正常驾驶？所以我们造了一个试验台，包含赛车整个转向系统，并用锯子在转向管柱1/3处锯开，来模拟当时的疲劳裂纹。然后模拟"车手"转动方向盘，达到事故中数据记录仪所记录的最大转向扭矩。结果显示，即使是在受损的状态下，管柱仍拥有足够强度，保证赛车能正常转向。以上测试结束后，我们还进行了其他各种各样的测试：电子控制单元记录了转向齿条和转向管柱上压力传感器所收集的数据，通过测试，我们试着将这些数据与测试数据进行比对。冲出赛道时，赛车越过了一道凹凸不平的边缘，位于赛道和防护带之间，导致转向齿条承受的压强陡增，转向管柱的扭矩也随之上升。想要在测试台上让转向扭矩达到事故时的水平只有一种办法，即管柱必须保证基本完整，只有这样管柱才能传导方向盘转向时产生的扭矩——通俗点说，你不能测量一根断掉转向管柱的转向扭矩。

当初由我负责解决塞纳手指关节和驾驶舱内壁摩擦的问题，我下令把方向盘的位置稍微调低一些。我命令制图部门将方向盘的位置调低2毫米，他们后来向我反映，如果方向盘降低2毫米的话，FIA规则要求的金属板便无法塞入驾驶舱，所以我叫他们把转向管柱的局部直径减少4毫米。

那时，我既没有细看图纸，也没有建立一套检查机制，来保证整个流程的安全性。工程上，有一条众所周知、通俗易懂的规律：想要材料达到一定刚度和强度，必须要增加厚度，但是我们没有那么做。我们没有增加转向管柱的厚度。

还有另外一条通俗易懂、广为人知的规律：如果某个部件有一个很尖的折角的话，折角会承受很大压力，进而导致部件出现裂纹、疲劳的现象，疲劳裂纹会不断扩大，最终导致整个部件失灵。

从以上两个角度来说，减少转向管柱直径的做法，不是什么好主意。最终，我和帕特里克要对此负责。

于是我开始问自己。对于聪明人来说，这些问题无法避免。第一个问题：如果说自己做出的决定，有可能导致某人丧命的话，这样的事我还愿意做吗？如果答案是肯定的，那么接下来是第二个问题：我能不能接受我所负责的团队在设计赛车时有可能会犯错，而且该错误可能会导致某人丧命？我知道这听起来有些蠢，在伊莫拉赛道的比赛之前，我从来都没问过自己这两个问题。

如果想要在赛车这条路上继续走下去，必须跨过这道坎。必须要肯定回答以上两个问题才行，因为不管怎么样，没人能承诺永远不出错。设计赛车意味着开拓设计的新领域。不这样就不可能设计出优秀的赛车。而且还要在比赛过程中进行选择。比赛中如果赛车因为一些原因受损，就面临以下选择：我该让车手退赛，还是继续比赛？太过谨慎，可能就无缘无故退赛了；太过激进，车手可能会出车祸，各种程度的车祸。做这样的判断从来都不是一件容易的事。

有人问我对于塞纳的遭遇是否感到自责。我确实感到自责。身为团队领导之一，主导车队设计了赛车，一位伟人驾驶这辆赛车时丧命。不管事故原因到底是不是因为转向管柱，那样的设计都是不合格的，本不应该在赛车上出现。我和帕特里克所制定的流程有纰漏，这没什么可辩解的。车队设计部门没有安全检查机制的问题暴露了出来。

事故发生后，帕特里克和我经讨论后，同意建立一套完备机制，保证重要安全部件（包括转向系统、刹车系统、悬挂系统的部件，以及包括前翼、尾翼在内的关键空气动力学部件），所有这些失灵后有可能导致车祸部件的图纸，都应该交给一位经验丰富的结构强度工程师进行检查，确保这些部件的结构稳定性，并在设计师签名之后，再经结构强度工程师签字确认。

我之所以内疚，并不是因为事故有可能是由转向管柱失灵而引起（我认为事实并非如此），而是因为我把赛车的气动性能搞砸了。我没能处理好赛车由主动悬挂到被动悬挂的转变，设计出了一台气动性能不稳定的赛车，让塞纳驾驶着这样的一辆车，做出超出赛车性能的驾驶行为。不论车胎有没有被扎，在驾驶这样一台气动性能不稳定的赛车时，塞纳选择更快更颠簸的路线切弯的行为，即便对他来说，也只会让赛车更加难以驾驭。

我在想，如果当时我们有更多时间就好了。伊莫拉赛道的比赛开始之前，我已经明白赛车的问题所在。只要给我时间，我就能完成风洞测试模型，造出相关部件，安装在赛车上，让塞纳驾驶一辆配得上他的车。但是时间没有给我们机会。

第 47 章

意大利法律规定里没有意外身亡的概念。如果死因不是自杀的话，必须要追究某人的责任。

伊莫拉赛道上罗兰和塞纳的事故发生后，博洛尼亚地方检察官办公室指派了一位检察官调查此事。事故发生两年半后，博洛尼亚联邦检察官毛里齐奥·帕萨里尼（Maurizio Passarini）宣布，不会对希姆泰克车队就罗兰·拉岑贝格尔的事故发起诉讼，但是将以谋杀罪名，起诉威廉姆斯车队的高管以及伊莫拉赛道的管理层。

被告包括威廉姆斯的弗兰克、帕特里克，还有我。伊莫拉赛道由萨基斯（Sagis）公司管理，公司主管费德里克·本迪内利（Federico Bendinelli）则以未能修改危险弯道的罪名被起诉。罗兰·拉岑贝格尔死亡后，赛道经理乔治·波吉（Giorgio Poggi）和FIA的比赛经理罗兰德·布瑞斯瑞德（Roland Bruynseraede）未做出提高比赛安全性的举动，需承担连带责任，也被起诉。

在我看来，整件事在一级方程式中引起了大地震。塞纳的死，我有责任，但是我不觉得自己有任何罪行。我自己的负罪感我自己来承担，不需要什么意大利的法官在法庭审判我，更何况这么做违背了塞纳家人的意愿。帕萨里尼如此轻易地忽略了拉岑贝格尔的事故，让我怀疑他这么做的目的是保住个人名誉。1996赛季末，刚离开威廉姆斯后的那段时间里，我一直都在为诉讼案忙个不停。开庭时间是1997年的夏天。那时我已经不在威廉姆斯车队了。之后和迈凯伦车队签订的合同里有一项附加条件，要求涉及这次谋杀指控的所有法律费用，都由迈凯伦车队来承担。我还没离开威廉姆斯的时候，帕特里克就明确告诉我，因为我们三个人单独收到起诉，所以每个人各自负责自己的辩护。在我看来，这样的要求很奇怪。

最后，在开庭前一天的晚上，帕特里克找到我，对我说："我觉得有必要告诉你一件事，在我看来，因为你是负责赛车设计的主设计师，因此塞纳的事故你应该负全责。"

我直接蒙了。完全没料到帕特里克会这么说。我认为，身为车队的领导之一，自然要对此事负责。我的手下是设计部门的主管，帕特里克的手下则是细节设计师，负责部件的绘制工作。如果大家真的要互相指责的话，我可以说："但是，你不应该怪我，应该去告设计部门的主管和那些画图的人。这事和我一点关系都没有，因为我从来没看过赛车的设计图。"做人不能这样。实际审理过程中，上述员工没有被卷进来。

从那以后，我比以前更有同理心了。20年后回顾这件事，我相信帕特里克是因为压力太大才会那么说，再给他一次机会，他可能会以更恰当的方式来处理。而且，在法庭上他也没有表示我应该负全责。

和英国相比，意大利的庭审很不一样。庭审就像是意式婚礼一样，谁想站就站起来，大声喊几句之后，又坐回去。

检方邀请毛罗·富尔杰利（Mauro Forghieri）担任技术专家，毛罗是一位受人敬仰的设计师，曾于20世纪60年代至70年代间，担任法拉利的技术主管。曾经有一代设计师既会设计车架，又能设计发动机，毛罗便是其中之一。我非常尊敬他，让这一位已退休的设计师，来帮助检方认定我们的杀人罪名，是一件很沮丧的事。他的证据集中在转向管柱上，整个指控都围绕着转向管柱展开。他说，如此糟糕的设计不应该出现在赛车上。这么说确实有道理，但是这并不代表事故是由转向管柱的糟糕设计导致的。

我们尽最大努力让法官明白两者之间的区别，但是法官在技术方面一窍不通。我们尽力向他解释车载录像和数据之间有何联系，后轮为何打滑并最终导致转向过度，塞纳为什么要反向转动方向盘并且把油门踏板松到一半的位置，这些驾驶行为又是如何影响赛车的运动。

不管我们通过何种方式向法官说明，也不管我们尝试多少次，法官一直听不懂我们在说什么，到最后英国的大律师都觉得受挫。我自己的律师和大律师之前都是门外汉，后来都明白了。

整个审判乱得一塌糊涂，没完没了。直到1997年12月，所有被告才免于杀人罪的指控。因为指控"未被证明"，所以还有余地，于是3年后进行再审，不像一审那么长，没有新的证据，因此维持原判。之后还进行了三审，但仍旧维持原有判决。意大利法律规定，10年内没有新证据出现的话，判决将不再更改。

事故车辆最终运回英国进行销毁，算是整个事件中唯一正确的事。一些车手因事故丧生后，车队应该将涉事赛车处理掉。有些人会把这些车弄到手，然后翻新一下，用来赚钱，简直令人作呕。

第48章

  1994年，受塞纳丧生事故影响，说不上为什么，整个威廉姆斯车队像是变成了僵尸一样。

  虽然还能说话、移动，但是大家意识不到自己说了什么，也不知道为什么要从一个地方跑到另外一个地方。每天的生活感觉都不是自己的。

  我们赢得了那个赛季的冠军。准确来说，是当年的车队冠军。因为大家都没有忘记伊莫拉赛道的事，这场胜利来得喜忧参半。

  但是，能战胜贝纳通车队赢得冠军，确实给了我们些许安慰。在我看来，塞纳对贝纳通车队的怀疑是对的。整个赛季过程中，他们都在作弊。

  伊莫拉之后的一场比赛，是一场意志力的考验。达蒙成为车队头号车手，二号车手则由大卫·库特哈德（David Coulthard）出任，不过这是之后的事了。

  事故之后达蒙心里怎么想我不确定，但是他的表现直接证明了他的坚韧性格。之前达蒙的父亲就在一场赛事事故中丧生；如今，因为队友的死亡，他成了车队的头号车手。达蒙没有显得不自信或者太过悲伤，反而带着整个车队一齐前进。

  参加摩纳哥大奖赛时，我们只有达蒙一位车手。比赛过程中再次发生重大事故，让人心情愈加沉重：索伯车队的卡尔·温德林格（Karl Wendlinger）的赛车在出隧道时失控，与减速弯角的围栏相撞，导致赛车侧翻，卡尔当场失去知觉。卡尔持续昏迷了一段时间，虽然他最终醒了过来，并完全康复，但是他无法参加当年剩余的比赛。

  第二天，比赛开始前，所有车手站在各自发车位置附近，为纪念罗兰与塞纳，默哀一分钟。为逝去的同侪默哀完后，还要立马钻进车里继续比赛，我想对于车手们来说肯定不好受。报社记者们肯定也这么想。当温德林格陷入休克的消息传开后，麦克斯·莫斯利忙于应付媒体关于一级方程式安全的诸多质疑。先是两位车手在伊莫拉赛道丧生，现在大家又在电视上看到了温德林格在驾驶舱中昏迷的样子，在全世界媒体看来，这成了压死骆驼的最后一根稻草。突然之间，一级方程式成了一群自顾不暇之辈。虽然和近几年相比赛车已经变慢了很多，而且已经拆除了包括主动悬挂在内的一系列系统。报纸标题风格都是"杀人机器"这般；专栏作家所抛出的问题，我在伊莫拉的事故后也问过自己：为了这样一项运动献出生命，值得吗？

  在巨大的公共压力下，麦克斯决定采取行动，这是正确的决定。在摩纳哥大奖赛上，官方宣布，自下一场巴塞罗那大奖赛起，车队必须缩短扩散器的长度，简化前翼端板的结构——这一切都是为了降低赛车的下压力。而且还要在赛车底部加上一块名为"底板"的部件，如此一来，首先与地面接触的，将不会是赛车底盘，而是这块底板。底板厚度为10毫米，也就是说赛车底盘高度提高了10毫米。此举会减弱地面效应，进一步降低赛车下压力。

舒马赫夺得杆位，他的队友JJ·尼赫托名列第七（注意两人之间的排名差距）。达蒙比赛中与哈基宁相撞，中途退赛。

在西班牙大奖赛之前，我们有两周的时间进行调整，以适应新规定。同时，我们还要继续进行在伊莫拉大奖赛之前刚启动的短型侧箱项目。

讽刺的是，加上赛车底板之后，车底盘高度增加，解决了赛车气动性能不稳定的问题。虽然这样让下压力减小了，但也缓解了一直以来困扰着我们的问题：之前车头太低，车尾太高，导致侧箱前端离地面太近，使赛车气动性能失灵。因为侧箱的离地高度比原来升高了10毫米。起码从短期来看，我们头一次从规则改动中受益。

将赛车扩散器长度减短并加上赛车底板之后，我们带着改良后的赛车，前往巴塞罗那。比赛期间，舒马赫一骑绝尘，把达蒙孤零零地甩在第二名的位置。最终幸运的天平倒向我们这边，比赛中段，舒马赫通过无线电报告，赛车变速箱失灵，我觉得是卡在了五挡。舒马赫单圈时间陡降，给了达蒙超车的机会。达蒙超过舒马赫，获得胜利，让车队欢欣鼓舞，士气大振。

在加拿大站上，达蒙排在舒马赫之后，名列第二。奈杰尔在法国站上重归车队，一时成为大新闻。奈杰尔走了又回来，有些折腾。法国大奖赛上，达蒙再次落后舒马赫，名列第二。

之后的银石赛道上，贝纳通车队的设计师像是突然出了什么问题一样，车队竞争力减弱。比赛中舒马赫忽略裁判出示的黑旗，被取消资格，达蒙赢得银石赛道冠军。从那以后，达蒙和舒马赫各有输赢，奈杰尔回归后，受到车队的欢迎。在霍根海姆，FIA在检查舒马赫的发动机软件，也就是控制发动机各项参数的电子控制单元的软件后，发现发动机的启动控制系统（之前被允许，用来辅助赛车从发车位实现静态发车）仍处于激活状态。

贝纳通车队被抓了现行，惊恐不已，声称这是车队失误，1993赛季曾使用过，新赛季里保留了下来，但是并没在新赛季中使用过。这种说法居然也混得过去。不知道FIA是没能力还是没意愿去查贝纳通车队，最后撤销了对贝纳通车队的指控。

但是，结合现实来看，舒马赫的表现和前队友尼赫托，以及之后队友乔斯·维斯塔潘（Jos Verstappen）表现的差距之大，很难不引人怀疑。虽然舒马赫的确是一名伟大的车手，但是在一级方程式这样的水平上，队友之间表现差异如此之大的事，之前从来没有出现过。之前一个赛季，舒马赫的队友还是马丁·布伦德尔（Martin Brundle）时，两人之间差距也没这么大。人们自然会问——舒马赫的赛车有什么不一样的？如果车队想要在赛车上动手脚的话，肯定会选择电控系统。之后的历史也证明了之前的猜测：在舒马赫去了法拉利车队之后，虽然仍旧比他的队友要快，但是程度没有那么夸张。

在银石赛道的比赛中，维斯塔潘的赛车在进站时起火，大火导致贝纳通车队的两名技师受伤。神奇的是，起火时乔斯头盔的挡风板是开着的，而且他没受伤。

之后的一周里，FIA派代表前往贝纳通车队的工厂，检查为维斯塔潘赛车加油时所使用的油箱。在随后的一份声明中，FIA表示："燃油阀门无法正常关闭，由此导致燃油泄漏。因为异物的存在，导致阀门关闭过慢。原本用来过滤异物的过滤器被刻意移除，导致异物卡在阀门口。"

燃油过滤器会减小燃料流量，增加加油时间。会不会是因为贝纳通车队为缩短进站加油时间，移除燃油过滤器？

维修区大多数工作人员都知道答案是什么。最后贝纳通车队没有因为火灾而受罚，引起一片哗然。那时，贝纳通车队还卷入了另外一场规则风波。比利时大奖赛上，舒马赫赛车的底板被发现违规。

前文介绍过，赛车底板是自摩纳哥站之后引入的一项安全规定。舒马赫赛车的底板不符合最低厚度的要求，虽然贝纳通车队宣称是因为舒马赫驶过路肩时，赛车底板被刮，所以变薄了，但是他们还是被强制退赛。他们对判决提出申诉，但申诉被驳回，达蒙获得冠军。之后达蒙和舒马赫之间仍旧互有输赢，到西班牙大奖赛时，舒马赫开始在媒体面前攻击达蒙。之前曾二度被取消比赛资格，但在西班牙，舒马赫夺得杆位并赢得冠军，使贝纳通和舒马赫分别在车队和车手积分榜上取得领先。

日本大奖赛可能是达蒙一生中最精彩的比赛。虽然车况极差，但是大家一致决定继续下去。达蒙展现出了完美的驾驶技术。他把对手舒马赫甩到后面看不见了；他的对手只剩自己，最终达蒙打破了自己的纪录。

悬念被带到了澳大利亚的阿德莱德，当时威廉姆斯在车队积分榜上排行榜首，领先第二名5分。车手积分榜上，达蒙只落后舒马赫1分，一场比赛见分晓。假设两人都能完成比赛，谁的排名更靠前，谁就是车手冠军。

那次我没去阿德莱德。麦克斯在摩纳哥站宣布了很多新规则，像赛车底板这样的规则是立即生效的，还有很多其他规则会在下个赛季生效。鉴于此情况，我需要全身心投入设计下个赛季的赛车，所以我选择留下来专心研发，没有去阿德莱德。

做出这个决定我很后悔。虽然留下来了，却一直在想比赛进行得如何，无法集中精神研究赛车，此外，如果我在现场的话，可能有机会改变最终结果。威廉姆斯赢得车队冠军，但是我认为自己本可帮助达蒙获得车手冠军。

奈杰尔大展神通，夺得杆位。显然他宝刀未老。但是发车时奈杰尔搞砸了，舒马赫领先达蒙。

比赛过程中达蒙紧紧跟在舒马赫后面，只落后舒马赫几秒钟。压力之下，两位车手不断在比赛中刷新单圈纪录，他们知道一切都在此一举，所以都全力以赴。

第35圈，舒马赫在进一个S形弯时，蹭到了外侧围栏，导致后右悬挂受损。可惜事故发生在达蒙视野之外，所以他不知道发生了什么；如果他知道的话，肯定会和舒马赫保持距离，之后再等机会超车。结果达蒙以为有机会超过去，在右手弯内侧刹车减速，准备之后加速超过去。

达蒙这么做之后，舒马赫也意识到了自己悬挂受损，无法阻止达蒙弯道超车，所以他选择和达蒙相撞。因为舒马赫领先达蒙1分，所以这样做就可锁定车手冠军。

维修区的人都觉得他是故意撞上去的。舒马赫直接朝达蒙转了过去，他自己直接退赛，但是过程中也成功损坏了达蒙的赛车。相撞后，达蒙的赛车缓慢驶出弯道，由于舒马赫赛车的撞击，赛车左前悬挂上叉臂的后臂已经弯了。

我怪自己就怪在这里。达蒙只要获得第五名，得到2分，就可以在积分榜上领先舒马赫1分，赢得冠军。

从结果来看，即使落后一圈也还是有机会获得第五名。达蒙或许有机会继续比赛。在张力作用下，后叉臂不太可能彻底损坏。叉臂唯一能受到压缩作用的地方就是左手弯，而在阿德莱德赛道上，总共只有四个左手弯。如果有人告诉达蒙，进左手弯时提前刹车，慢一点入弯的话，说不定达蒙能完赛。但是，这么做也确实有风险：悬挂可能还是会出现故障，导致车祸，车祸后果会怎么样，没有人知道。考虑到当年车队经历的那些事，可能我在那里结果也是一样的。

不论如何，达蒙没能完成比赛。达蒙退赛后，奈杰尔赢得比赛。即便在很多人看来，舒马赫的做法是故意犯规，但是他还是成为当年的车手冠军，威廉姆斯车队成为冠军车队。《赛道》杂志报道，达蒙"战斗至最后一刻，输得磊落，毫无怨言，有其父当年的风采"。

至于是不是故意犯规，现在只有迈克尔知道。现在他处于昏迷之中，赛车圈的所有人都为舒马赫的妻子科琳娜和他们的孩子感到难过。2015年和2016年期间，他儿子米克和我儿子哈里在德国四级方程式和亚洲的MRF系列赛里是对手。哈里和米克之间很熟；米克是位很优秀的年轻人，很让他父母骄傲。

那一年的比赛就这样结束了。在这样一个悲剧赛季的最后，我们迎来了这样一个不太光彩的结局，而达蒙仍旧维持自己的尊严和体面。回忆起来，这一年没有什么快乐的回忆，FW16这辆赛车我自己也不喜欢。20多年之后再回首1994赛季，让我放不下的，不是贝纳通车队的小动作，也不是迈克尔·舒马赫的不择手段，而是伊莫拉赛道的事故。

我感到很难过，也为塞纳惋惜。

第六回合 | 怎样创造 FW18

第 49 章

1995赛季，出现很多小插曲，而且发生了很多不愉快的事。达蒙和舒马赫开始打口水战。而且达蒙和大卫·库特哈德都表现不佳。关于1995赛季赛车变速箱的布局，帕特里克和我未能达成一致意见，同时贝纳通车队获得了性能更强劲的雷诺发动机。

一言以蔽之，虽然账面实力上，我们有那个赛季最快的赛车，但是因为稳定性的问题，外加车手失误，威廉姆斯车队输给了贝纳通车队，这是贝纳通车队首次，也是唯一一次获得车队冠军。舒马赫将第二个车手冠军纳入囊中，随后签约法拉利车队。

同时，也到了我和威廉姆斯车队续约的关头。

我向车队提出了两项要求。一是要求涨薪。从莱顿车队加入威廉姆斯的时候我的薪水减少了。考虑到我在设计赛车时所做出的贡献，对威廉姆斯车队三获冠军的关键作用，我觉得车队应该在金钱上有所表示。我工作从来都不是因为钱，而是因为对赛车的一片热忱。即便如此，每个人心里都有一杆秤，而衡量个人成就的方式之一，就是看他赚了多少钱。赚大钱的机会，不要白不要。

更关键的是我的第二项要求。经历了奈杰尔的失策之后，我想要更多地参与到威廉姆斯车队的决策之中：发动机和车手的选择、与FIA之间的斗争，等等。之前都是管理层吃午饭的时候做出决定，我在很久之后才被告知。我拒绝再这样下去，我要提出自己的意见。

同时，迈凯伦车队和法拉利车队也向我抛出了橄榄枝。

当然，迈凯伦车队是罗恩·丹尼斯（Ron Dennis）说了算，圈里人对他有褒有贬。我唯一一次和他说话是在1989年的摩纳哥站。那时赛车停在港口，距离维修区约400米远。想要去港口，必须要穿过一条很窄的小路，所以如果同时有人从对面走过来的话，不可能装作看不见。一天下午，正好我和罗恩在小路上碰到了。虽然他经常"目中无人"，但两人还是说了几句话。

他停下来后，我们闲聊了几句。他赞扬了我在莱顿车队的工作，并最后表示："哪天你想加入迈凯伦车队，总会有你的位置。"然后他又说了一句："但是要知道迈凯伦车队不可能开出天价年薪。"

他很喜欢我在莱顿车队的工作成果，这让我受宠若惊。但是，关于"天价年薪"所补充的那句话又有些奇怪。多年以后回忆起那次相遇时，他事后承认那么说确实不妥，觉得不该那么说。

不论如何，我接触的不是罗恩。和我密会的是车队总经理，马丁·惠特马什（Martin Whitmarsh）。迈凯伦车队提供的职位是技术主管。

同时接触的还有法拉利车队。让·托德之前在经营标致的世界拉力赛车队，之后来到马拉内罗，成为法拉利的竞技主管。这是我第二次和法拉利密会，第一次是在1985年，当时法拉利考虑启动一项全新的印地赛车项目，准备邀请我担任总设计师。

这次玛丽戈尔德和我一起去了，法拉利把我们从博洛尼亚的机场直接送到让的农庄，格哈德·贝格尔（Gerhard Berger）也在那里等着与我们见面。让在物色一位新的技术主管，开出的条件很诱人。他还问我对迈克尔·舒马赫有什么看法，因为法拉利准备在1996赛季邀请他加入。老实说，这个问题很难一言以概之：一方面，舒马赫是一位可敬的对手，也是当时最优秀的车手，但是在伊莫拉我和艾尔顿交流时，他确信舒马赫的赛车使用了牵引力控制系统，当时对我影响很大；如果还没多久就要和舒马赫共事的话，我不能接受。

当时我面临一个重要决定：加入法拉利意味着举家搬到意大利，虽然玛丽戈尔德表示她愿意和伊莫珍一起搬过去，但是我不想让工作变动影响婚姻的事情重演，1984年我去美国之后，和阿曼达的婚姻失败。除此以外，想看女儿夏洛特和汉娜本身就不容易，去意大利之后想见她们就更难了。而且玛丽戈尔德和我好不容易组建起了幸福家庭。

或者我也可以加入迈凯伦，只用沿着M4公路搬家就可以了。

最后弗兰克和帕特里克都向我保证，未来威廉姆斯做重大决定时，都会让我参与决策。而且薪水也提高了。所以1995年6月时，我和威廉姆斯车队续约三年。

在1995年这个不令人满意的锦标赛之后，又因为车队两位车手都有很多失误，弗兰克开始对现有车手的技术感到不满。

问题是，谁走谁留下。但后来迈凯伦车队邀请大卫·库特哈德加入，而且他也感受到自己可能马上要被威廉姆斯裁了，于是同意加入迈凯伦。

不久之后，雅克·维伦纽夫（Jacques Villeneuve）的经纪人找到我们，雅克是已故伟大车手吉尔·维伦纽夫的儿子。弗兰克和帕特里克决定在7月底、8月初的时候让雅克在银石赛道试驾。最后时间定在一个周末，我没去，但是我们事先说好了，如果雅克的成绩，和达蒙在银石的成绩相差不超过1秒的话，我们才进行后续的测试。

最后结果比达蒙慢了2秒左右，所以我以为不会再有后续的测试了。但并非如我所想，我们和他签了约。或者应该说，弗兰克和帕特里克和他签了约。

假期回来之后,我要求和两人会面,质问他们为什么即便雅克比达蒙慢2秒,我们还是签了他;更关键的问题是,之前我已经签了一份新合约,合同指明以后车队做重大决定之前都会咨询我,其中明确包括选择车手这件事。

他们弱弱地说:"当时你在巴巴多斯。"

我说:"你们可以打电话给我啊,或者传真也行。"

弗兰克表示他们很抱歉,之前25年都是这样,已经习惯了。但是这样的事不会再发生了。

新赛季赛车的设计,基于1995赛季的FW17进化而来。因为之前艾尔顿曾表示过对方向盘位置的担忧,所以我们重新设计了驾驶座的位置,新驾驶舱的开口更长,达蒙进去后,可以更靠后仰着。这样设计的出发点是为了降低车手头部位置的同时,升高踏板和方向盘的位置——有点像坐在浴缸里一样,只不过脚是踩在各个踏板上。因为在新驾驶舱里,达蒙的小腿接近水平,所以我们要调整踏板的角度。调整完之后,达蒙在新车里的驾驶姿势,和之前一个赛季相比,舒适得多。而且这样还能提高赛车的气动性能,发动机进风口就在车手头部的后侧,这样的设计可以让进入发动机的气流更平整。此外,因为头盔的位置更低了,所以不仅流过尾翼的气流更平整,还降低了赛车重心的高度。这样的设计被证明是行之有效的,时至今日,这仍然是驾驶舱设计的最优解。

需要注意的是,实现这样的设计并不容易。达蒙个子很高,鞋要穿46码,成了设

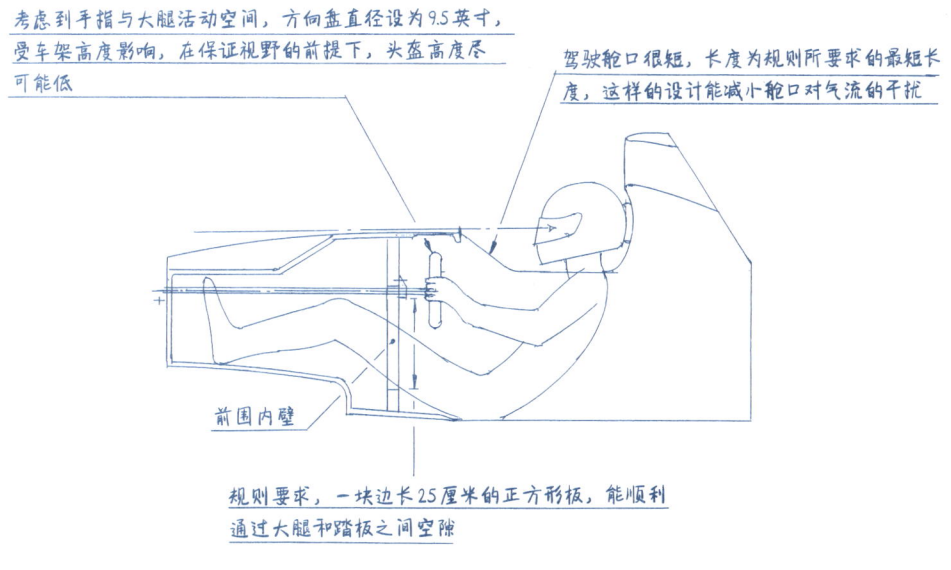

图13a　FW16赛车的车手坐姿图,方向盘的位置和前代赛车相比更低

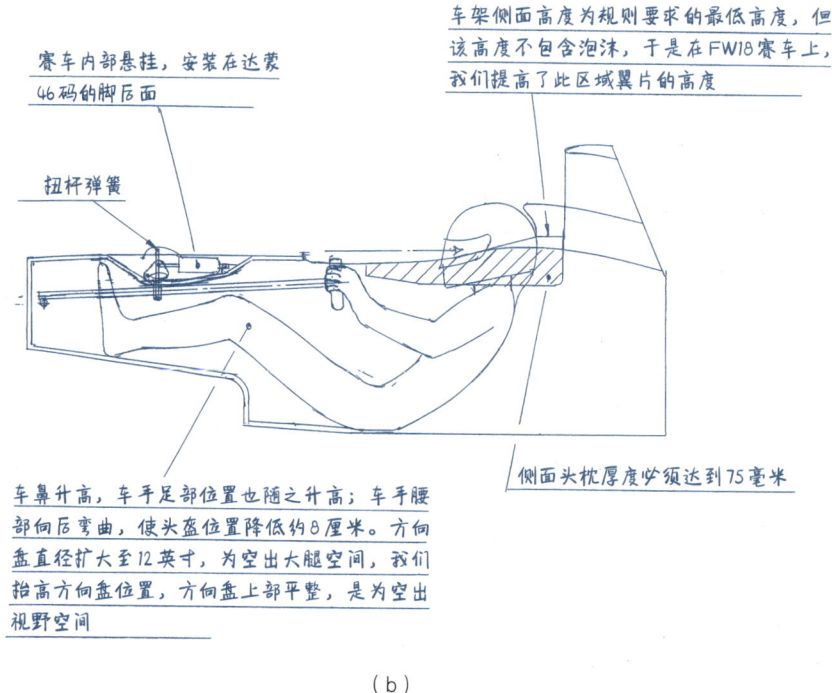

（b）

图13b　FW17赛车的车手坐姿图，踏板和方向盘的位置更高，改善尾翼气流的同时，降低赛车重心的高度

计师们的一道难题。从FW14一直到FW16赛车上，赛车的弹簧减震单元一直都位于车手双脚的上方，但是现在车手足部的位置本来就更高了，再加上达蒙的大脚丫子，更放不下弹簧减震器了。

为解决这一问题，我把推杆以及车体内的悬挂摇臂进一步后移，并且采用扭杆弹簧，以取代环绕减震的螺旋弹簧。时至今日，扭杆弹簧已无甚新奇之处，很早之前公路车和赛车上就开始使用扭杆弹簧了。和扭杆弹簧相比，螺旋弹簧的劣势在于，因为弹簧围绕减震器，所以弯曲负荷会不可避免地转移到减震器上，从而产生摩擦。在悬挂系统中，设计师会尽力避免摩擦的产生。在将扭杆安装在达蒙胫骨上方的过程中，我们又碰到了麻烦：FIA规定一块金属板必须能从车手躯干上方通过，直到车手双脚的位置——这一规则导致之前转向管柱的各种问题。

想满足这项规则并不容易，但最后我们还是做到了。水平方向上，达蒙双脚的位置在悬挂前面，车架的上表面从达蒙脚的后方、前悬挂的下面，然后上升至方向盘前方。

清除空间、抬高转向管柱的好处在于，没有转向管柱的阻挡后，车手的左脚也可以从左边移到右边，踩踏刹车踏板。1995赛季时，达蒙和库特哈德都没有利用这一点，但是 1996 赛季雅克却开始用左脚踩刹车。之后这种布局流行起来之后，其他车手也开始左脚踩刹车。

这么做的优势在于，之前当车手右脚由油门换到刹车时，会有一定延迟，左脚也能踩刹车的话，能节约些许时间。若想在不松开油门的情况下减速，卡丁车车手通常会在踩着油门的同时，轻踩刹车，牺牲一小部分速度，来保证发动机的转速。过某些特定弯时，车手会在踩刹车锁死后轮的同时，轻点油门。

1996 赛季，车队还要适应规则的改变。当时赛车速度已经很快了。碳纤维单体壳能承受车祸的巨大冲击，保护车手。问题在于，车祸时车手身体会承受巨大冲击导致的加速度，造成内伤。

席德·沃特金斯构想出两种方法，来吸收这些冲击力。方法之一是安装前部撞击结构，碰撞过程中撞击结构会变形或碎掉，吸收撞击产生的能量，避免这些能量由单体壳传导至车手身上。所以，1996 赛季为安装前部撞击结构，车队需要在赛车上做出额外的改动；1997 赛季引入后部撞击结构，随后又添加了侧面撞击结构，吸收赛车与围墙侧面相撞时产生的能量。

席德还发现了另外一个问题，如果车手在事故中伤了脊椎或是后背，人们把车手从车里救出来时，很容易导致脊椎进一步的受伤。

为防止这种情况的发生，席德提议让驾驶舱的开口更宽一些，留出足够空间，让车手坐在车座，再将车手抬出来。车座上还加入了一个颈托，在赛车行驶时保护车手的头部。

席德还研究出了一种特殊形状的头枕，由一种被称为康弗的特殊记忆海绵制成，厚度不小于 75 毫米，外表面涂有一层凯夫拉纤维。这也是自 1996 赛季引入的。

和过去一样，我继续去仔细研究新规则，期望能找到一些漏洞，还真让我找到了一个。为支撑这些新头枕，新规则对头枕到车架的最小高度有要求，但是 FIA 没有明确指出最小高度是否包含 75 毫米厚的头枕的高度，只是对头枕的面积有要求。于是在测量了达蒙的肩高后，在保证头枕面积不变的前提下，我让头枕下移，直到头枕下沿正好达到达蒙的肩高。

虽然规则的出发点并非如此，但是从气动性能方面来说，这样的安排能让气流更加平整。头枕下移后，为满足规则要求，车架的形状必须呈刀片状。我们的对手之前没有发现这一规则漏洞，在赛季第一站墨尔本站时才发现，很是懊恼。但是规则就是规则，没有关于规则制定者意愿的条款。因为制造车架需要的时间太长，所以在赛季里我们的对手不可能复刻这一特征，也就是说，1996 赛季里，这一优势是我们所特有的。1997

赛季，各家车队纷纷效仿。

FW18赛车性能提升让我最惊讶之处，在于和FW17B相比，FW18的下压力有巨大提升。我们进一步缩短了侧箱的长度，开发出了一块更长的侧向导流板，来引导前轮后部气流，此外，我们还改进了前翼。1995赛季末时，我们就在FW17B上引入了底切扩散器，新赛季里，我们引入了第二代底切扩散器，对赛车性能提升比一代更明显。而且，我们将散热器布置成了前掠形状，缩短了"可乐瓶区域"的宽度。

在新赛车上，我还做出了另外一大更改：我没有采用风洞测试结果推荐的底盘高度设置，而是设计成了正斜角，即前低后高。1994赛季刚引入时，该特征曾一度是我们车队赛车的弱点。但是在1995赛季，新规则要求安装底盘底板、50毫米阶梯底，和升高的前翼端板之后，外加我们车队开发出了更短的侧箱，所以现在将赛车离地间隙设置成前低后高很合理。风洞测试结果表明，如果赛车气动性能围绕该设置设计，能大幅提高赛车下压力。但帕特里克并不看好。因为，采用该设计后，为避免底盘底板的拖底与磨损，赛车的中心必须要在底盘底板的前端位置，导致赛车重心的高度增加。1996赛季时，我们已经有了一套简略的赛道模拟模型，能把下压力提升对单圈时间的正面影响，和重心升高时对单圈时间的负面影响进行比较。结果显示，赛车前低后高的设定能显著缩短赛车单圈时间，但模拟过程中的轮胎模拟还不够逼真，而且我们也没有考虑热效应的影响。

所以，为得到更准确的测量结果，我们进行了另一项简单实验：在测试期间把金属铅固定在防滚架上，来确定重心高度与单圈时间的比例，然后看这一比例对轮胎磨损和赛车的操控性有何影响。

我们在三处不同赛道进行测试，每一处的测试结果都显示下压力对性能提升的影响更大。多年以来，该设计哲学一直在我所设计的赛车上有所体现：时至今日，红牛车队赛车的倾斜角是所有车中最大的。

简而言之，FIA的意图是在1994赛季初的基础上，使赛车下压力减少30%。但是在FW18赛车上，赛车下压力又回到了1994赛季的水平。

可能有人会问：FIA一直致力于提高比赛的安全性，但是你想出这么多改进的地方，绕了这么大一圈后，难道不是在故意拆台吗？我同意这种说法——部分同意。首先，这项比赛的关键之处就在于：FIA不断想出一些限制性规则，让赛车慢下来，而我们性能设计师的工作，就是想办法把车速再提上去。这是一级方程式的重要组成部分，而且，如果FIA不修改规则的话，车队赛车的下压力会更大。设计师和规则制定者之间的斗争永远也不会停止。

第50章

1995年年末,达蒙的比赛工程师大卫·布朗加入迈凯伦车队。我们决定内部提拔人选,代替大卫·布朗;年轻的设计工程师蒂姆·普雷斯顿(Tim Preston)自告奋勇,成为达蒙的比赛工程师。

问题在于,此前蒂姆没有任何担任比赛工程师的经验,所以我决定带着蒂姆一起,指导他的比赛工程师工作,直到他能胜任为止。

我很享受这份工作。在印地赛事的最后一年,我担任马里奥·安德烈蒂的比赛工程师,从那以后就再也没能全身心投入比赛工程师的工作当中。我很享受再次担任比赛工程师的工作,找回了当年的感觉。1996赛季,威廉姆斯车队赛车的性能优势非常明显,冠军车手的争夺,归结到达蒙和雅克两位威廉姆斯车队的车手之间。这意味着我有机会去试一些新招,玩玩平常没机会玩的东西。

整个赛季过得轻松愉快。赛季首站墨尔本,威廉姆斯囊括冠亚军。车队胜绩连连,赛车的性能优势显而易见。冬歇期间,达蒙和妻子乔吉外出度假,归来后又和舒马赫在媒体上打起了口水战。达蒙在媒体面前仍旧表现得自信满满。

即便如此,达蒙并非毫无弱点。赛季第四场比赛在纽博格林赛道举办,达蒙夺得杆位,但是在比赛时,他突然在无线电里说感觉赛车不对劲。他坚称赛车车胎被扎,而且悬挂也可能出了问题。但是当赛车进站接受检查后,并无大碍。他被什么事吓着了。我专门绕到赛车后面看了下,没发现什么问题,但是在我去看的过程中,耳机线缠到了尾翼上。达蒙发车时,我听到"噔"的一声,接着耳机摔到地面上,被拖出维修区。最终达蒙获得了第四。如果不是因为进站的话,他本可以赢得冠军。但是对车队来说结果不赖,因为雅克为车队夺得了冠军。因为之前伊莫拉的事故,再加上他父亲的去世,达蒙对于赛车安全问题总是非常小心,有时甚至会影响他发挥。

第五场比赛重回伊莫拉赛道,再次来到这里,大家心里都不好受。达蒙的好朋友乔治·哈里森(George Harrison)把我从那些不快回忆中拉了出来。乔治自己也很喜欢赛车运动。我们经常和乔治在一起,来去酒店都开车送他。他曾经写了一首关于一级方程式的歌曲,歌词提到了伯尼·埃克尔斯通和迈克尔·舒马赫等人。不幸的是,这首歌最终没能发表——如果发表的话,围场里很多人会起诉乔治——但是,坐达蒙车的时候,乔治会唱这首歌,很好听的一首歌。

说回比赛的事。当时规则规定，排位赛结束时车里有多少油，比赛开始得保持该油量。

排位赛中，为取得杆位，赛车不会加太多油。这么做的弊端在于，比赛中过不了多久赛车就要进站加油，这对车手来说很不利，因为如果许多其他车队赛车也同时进站的话，出站时就必须要减速。

排位赛中，加入法拉利车队的舒马赫出人意料地夺得杆位，达蒙屈居第二。当晚我思索出了比赛策略，我们应该一开始节省燃料，直到大概30圈左右达蒙要套圈末位车手的时候，利用舒马赫进站加油、出站被车流限制的时机，超车舒马赫。

这样的策略达蒙并不看好。达蒙当然想战胜舒马赫，赢得分站冠军，但想要成为赛季冠军车手，他觉得首要任务应该是比雅克获得更多分数。所以，他觉得应该采取和雅克类似的比赛策略，而不是如我所设想的那样，孤注一掷。

最终我说服了达蒙，而且我的策略奏效了。达蒙抓住了其他赛车进站的机会，在空旷的赛道上一骑绝尘，以大优势战胜舒马赫夺得冠军。

摩纳哥站的比赛对威廉姆斯车队来说一直都不顺利。这次我们本可以轻松夺冠，但再一次事与愿违：燃油泵上的一个塞子松了。第40圈时，塞子脱落，汽油喷得到处都是。虽然此前已在比赛中获得领先，但是车手不得不中途退赛。真的很可惜。

必须承认，在西班牙大奖赛我们表现得一团糟。当天是阴天，天气预报也没说会下雨。

比赛团队办公室在拖车的末端，阳光照不进来。比赛之前，大家都忙着准备各种文件，没心思看车外。等终于出来的时候，发现外面已经在下雨了。

此时比赛即将开始，对于突如其来的雨，我们没有任何准备。知道会下雨的话，我们会对赛车进行相应设定，让赛车更适合雨天路况。结果比赛过程中，达蒙的赛车打滑，雅克获得第三，而舒马赫的表现，让人们知道雨天应该如何驾驶。比赛工程师应该随时关注身边状况。这个道理我早就明白，这次惨痛教训里我又体会了一次。

蒙特利尔站的赛道以雅克的父亲命名，达蒙以微弱优势战胜雅克，夺得杆位。结果关于比赛策略双方出现分歧：雅克最后选择进站一次，而我为达蒙制定的策略是进站两次。要知道，当时还没有能预测比赛走势的计算机模拟软件。所以我画了一幅分析图，大概估计出达蒙要领先雅克多久才能保证在二次进站的情况下，仍能处于领先。我和达蒙还更改了指示板上的内容：不是他以及雅克的具体圈数，而是在达蒙二次进站后超过雅克，理论上所需要的时间。在我计算理论圈数时，因为知道达蒙格外注意安全，从来不贸然激进，所以把这一点也考虑了进来。此外，我还顾及到了套圈末位车手，以及进站过慢可能造成的影响。实际比赛中，达蒙没有因为末位车手的阻拦而变慢，而且两次进站也都很顺利，使得最终出站时，领先了12秒，而不是在指示板上显示的3秒。赛后达蒙还怪我，认为我强迫他开得太快——但是他也承认，最后确实没出车祸。

法国站上，车队又一次揽获前两名，之后回到主场银石赛道，威廉姆斯再次锁定发车前排。达蒙在杆位。

发车时达蒙出现失误，第1圈结束时仅排第五，随后慢慢赶上，在第27圈时，已经追到了第三名的位置。快要首次进站时，达蒙赛车前翼的一处轴承部位出现故障，于是被迫退赛。

好在雅克赢得分站冠军，对于车队车间员工来说也是一件值得庆祝的事。在银石赛道比赛时，车队大部分员工及其家属会以车队贵宾的身份来到现场观赛，有机会亲眼看到自己所建造的赛车，见证自己的工作成果。

但是那天还没结束。比赛结束后，比赛方会仔细检查赛车，确保赛车符合规则。

检查结束后，会有1小时的"验车管制"时间，期间所有赛车将停在一个指定区域当中。此时车队可投诉其他车队。

比赛开始之前，车也停在这里，我们管这地方叫"停车管制区"。各个车队在这里都会有很多小动作。包括我在内的一些工程师会抓住这个机会，看看其他车队的赛车。其他车队的技工在这里发现对手车队的资深工程师（比如，我）后，会紧紧围住自己车队的赛车，不让对手看到想看的部位。尤其是法拉利车队，每次我朝他们赛车靠近时，技工就像蜂群一样朝我这边涌。

于是，我每次装作对一个部位很感兴趣，朝那个方向靠近，技工蜂拥而至，挡住我的视线，同时我们车队的摄影师会偷偷把我真正想看的部分拍下来。到现在法拉利车队都没识破。

老实说，这么做闹着玩的成分居多。如果我真的想观察一台赛车的话，只用等到赛后赛车停在停车管制区的时候，一个小时内，任何人不得触碰赛车。车就停在眼皮底下，那个时候所有工作人员都在忙着收拾东西，想看多久看多久。如我所说，如果看不惯其他车队的赛车的话，可以在这个时候进行投诉。

这场比赛结束后，贝纳通车队就我们赛车前轮端板的一处细节提出异议。当时规则的3.4条款刚经过更改，要求"为保护其他车队赛车的轮胎，车身在前轮前方部分两侧末端的前边缘和上边缘的最小厚度为10毫米，半径不得小于5毫米"。

我就是按照字面意思来理解"前边缘和上边缘"：向上的部位就是上面，向前的部位就是前面。如果某一部位和赛车纵轴之间的夹角大于45度，那么它就属于朝向赛车侧面而不是正面，因此，该表面应该属于侧边缘，而不是前边缘。很简单的原理。

我把这个原理应用到了前翼端板的底端边缘上，也就是所谓的端板底板，底板倒角的角度大于45度。虽然厚度不足10毫米，但是因为角度大于45度，所以我认为这属于侧边缘，因此是合规的。

贝纳通车队宣称我们犯规了，于是赛会官员找到我和帕特里克，让我们解释。在场的还有贝纳通车队的布朗，他向FIA的查理·怀汀（Charlie Whiting）解释为什么他觉得我们犯规了，身为赛车的设计师，由我回答为什么我认为这样的设计是符合规则的。

必须承认，当时我有些生气，但同时也有些紧张。被叫到赛会官员面前解释自己的设计为什么合规这种事，之前从来没有经历过。之前庆祝时喝了些香槟，回想起来不确定是好是坏。如我前文所说，整个制造部门都在庆祝车队的胜利，所以和大家一样，我也放纵了一回。

我不仅紧张，还有些醉醺醺的。我说底板倒角是朝向侧面的，所以不算犯规。

查理听了我的解释后，提议和赛会官员一起去赛车那儿看看。一群人来到赛车处，查理说："如大家所见，倒角确实大于45度。"

然后查理眼睛一亮，狡猾地问道："艾德里安，不介意我压一下底板吧？"

我说没问题，然后看着他轻轻踩了一脚，结果整个底板直接断了。于是查理对赛会官员说："看，就算不接受艾德里安的解释，底板的强度已不足以损坏轮胎。"

赛会官员们接受了我们的解释，驳回贝纳通车队的投诉。

自1994赛季起，罗斯·布朗就担任贝纳通车队的技术主管。所以从那年起我就一直对他有所防备。身为高级工程师，我们在各自的车队都获得了成功，但是两人的做事风格大相径庭：在设计赛车时，我喜欢亲力亲为，工作期间，至少有一半时间我是在拿着铅笔画图。我试着以身作则，自己画图，协同其他工程师一起，帮助他们完善他们的创意。

而罗斯却不是这样。他更像是技术经理，通过雇用正确人选来为自己办事。其中最著名的要数罗里·拜恩（Rory Byrne），这是一位我很尊敬的设计师。罗斯会把框架搭好，让手下干活。虽然有着不同的风格，但是有件事很有意思：自1992年至2013年期间，两人的赛车包揽了所有冠军。

德国站的比赛进行得异常艰难。我试图梳理进入气箱底座的气流，从而达到提高发动机功率、梳理尾翼气流的目的。为实现这一点，我们在达蒙头盔的后侧加入了一个小型整流罩，将头枕设计成越过头盔上方的形状。这样做是为了让头盔和头枕构成空气动力学外形。

结果弄巧成拙。霍根海姆赛道上的路肩和减速弯很多；和其他车手一样，达蒙在驶过路肩时，赛车会颠簸。因为车手在驾驶舱里颠来颠去，导致头盔与钩子形状的头枕不断碰撞，并最终损坏头枕。比赛进行到约1/3的时候，头枕出现一道大裂缝，在赛车驶入直道时，直接被掀开，使发动机功率大降。以上就是我自己用力过猛的例子之一。虽然这套装置确实有用，但是在测试头枕时，时间太短，没有意识到有可能会损坏。

达蒙赛车的性能下降，贝纳通车队的格哈德·贝格尔抓住机会超过达蒙，眼看就要赢得比赛了。到还剩最后3圈时，贝格尔的赛车出现重大发动机故障。于是达蒙获得了冠军。

运气太好了。

下一场比赛在匈牙利。在这里，威廉姆斯车队第五次锁定比赛前两名，提前获得车队冠军：在经历了上个赛季的种种不顺后，我们终于迎来了一个令人满意的成绩。在车手积分榜上，雅克和达蒙把其他人远远甩在后面，望尘莫及。

之后一场比赛是在斯帕赛道举办的比利时大奖赛。正是在那场比赛后，我与威廉姆斯车队之间开始不和——这也标志着一个时代的结束。

第 51 章

在德国站的那个周末，有流言说弗兰克·威廉姆斯会与海因茨–哈拉尔德·弗兰岑（Heinz-Harald Frentzen）签约，后者将成为1997赛季威廉姆斯车队的车手。

和达蒙以及车队里的大多数人一样，我觉得这只是围场里的流言而已，没有很在意。但是流言并没有就此散去。

说回当时发生的一件事。车队在斯帕赛道的成绩非常糟糕（舒马赫第一，雅克第二），之后我和帕特里克一起坐飞机从比利时回英国。飞机上帕特里克喝了两杯红酒。

"我听说弗兰岑1997赛季会加盟车队，有这回事吗？"，我问帕特里克。

帕特里克若无其事地说："哎对了，一直想和你说这件事。年初的时候弗兰克和我决定，签下弗兰岑成为车队1997赛季的车手，因为达蒙在1995赛季的表现太差了。"

这才真相大白。流言是真的。之前他们在没通知我的情况下，就和雅克·维伦纽夫签了两年合约。结果这次又在没告诉我的前提下，签约弗兰岑，赶走达蒙。当初他们可不是这么说的，我的合同里也不是这么写的。

他们有至少七个月的时间来告诉我他们的想法。七个月。

在帕特里克喝了几杯红酒之后（他管红酒叫"红色狂躁剂"），向他表示我的不满他肯定不会听。我们就这样坐在机舱里。两个人不可能在飞机上吵起来。为避免局面太难看，我坐在座位上，怒而不发。从战术的角度来说我也没法理解这一举动，1995赛季里，弗兰岑表现出了一定潜力，但是要说他出类拔萃的话，也谈不上。这显然是一步昏招：1996赛季还没开始，完全没有必要和两位车手签署1997赛季的合同。达蒙眼看就要成为1996赛季的冠军车手了，车队给他的礼物就是把他给炒了。当初他们也是这么对奈杰尔的。

我完全不知道他们为什么不和我商量就做出这样的决定。到现在我还是无法理解。但我知道，当时的我需要做出选择：在知道类似情况会一次次发生的情况下，忍气吞声，或者加入另一支车队。

以这样的方式离开，太可惜了。经历了不顺利的两年后，我们终于有了一辆既快又可靠的车。现在我是达蒙的比赛工程师，而且车队有着无可比拟的优势。整个赛季过得很轻松，可以说是我生涯里最享受的一年了。

但是闹了这么一出，太扫兴了。

意识到和帕特里克说没用之后，我找到弗兰克，和他说我要考虑是否继续待在威廉姆斯车队了。其实我们心里都清楚，我真正的意思是"此处不留爷，自有留爷处"。

消息传到帕特里克耳中后，他找到我，说话神态像夜店保安一样，他咆哮道："我听说你告诉弗兰克，要考虑是否继续待在车队。我告诉你，想走没那么容易。你和我们签了合同的，我们不会让你随便违约。"

我说："帕特里克，违约的是你们。"

显然，局面已经到了不可挽回的地步。

这时，迈凯伦车队再次进入我的视野。虽然1995年时我拒绝了他们的邀请，但是迈凯伦的经理马丁·惠特马什并没有放弃对我的追逐，每隔大概一两个月就会打电话问我近况如何。斯帕赛道的比赛之后，威廉姆斯车队和达蒙的律师迈克尔·布林（Michael Breen）都向媒体表示，1997赛季达蒙将不再为威廉姆斯车队效力。随后迈凯伦车队第一时间和我取得联系。

双方在克里维登酒店的一家包厢里见面，该酒店因臭名昭著的"普罗富莫事件"而为人所知。我们讨论了我加入迈凯伦担任技术主管的相关事宜。因为我和威廉姆斯车队的合同还有两年到期，所以想要加入迈凯伦，会有很多法律层面的问题要解决。

同时，我还要设计1997赛季的新赛车。随着事态发展，我和帕特里克水火不容，于是我通过画图来排解烦恼。

新赛车的设计工作在这之前就已经开始。车队赛车的研究和设计工作一般在六月份开始。建造时间最长的两个赛车部件，一个是单体壳，构成车架的核心；另外一个是变速器的变速箱体。两个部件必须要在9月中旬前完成。所以工作已经进行了一部分了。

有次度假时从巴巴多斯转机到圣巴斯岛，当我看到螺旋桨下面发动机进气口的形状时，茅塞顿开。气箱的问题困扰我长达一年之久，现在终于迎刃而解。如果让头枕成为进气口底座的话，气流会受到头盔的干扰沿着头枕顶部进入气箱。为什么不把进气口底座和头枕分开，把底座抬高，让底座和头枕之间空出一定空间？这是FW19赛车上的一处重大革新，遂成为一级方程式赛车的标准设计。

赛季继续，大家也都知道达蒙马上要被裁了。发现自己合约会提前终止后，达蒙状态受到了影响。他原本在蒙扎站中获得领先，最后被人超车。葡萄牙大奖赛是赛季的倒数第二场比赛，达蒙位列第三，雅克获得冠军。

赛季的最后一站是日本大奖赛，达蒙领先雅克9分。达蒙只要再得1分，就能成为冠军车手。只要能得分就行。前六名都有积分。

我特别想看到达蒙成为冠军,这完全是他应得的。是他带领车队从伊莫拉赛道的阴霾里走了出来,过程中我和他还成了好朋友。最终达蒙成为冠军,但是,在第37圈时,雅克赛车上的车轮螺母脱落。肯定是因为赛车进站时螺母没有扭紧,雅克以这样的方式退出冠军的争夺让人觉得惋惜。不过,若让赛事继续下去,达蒙本就会赢得比赛,最终结果也确实如此。

达蒙用一种完美的方式向威廉姆斯的管理层竖中指:获得分站冠军,成为冠军车手,鞠躬退场。

感谢弗兰克,他对我说:"艾德里安,赛车是你设计的,你应该站到领奖台上去。"

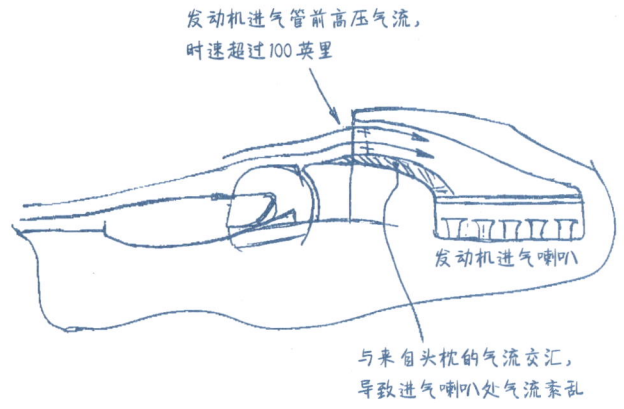

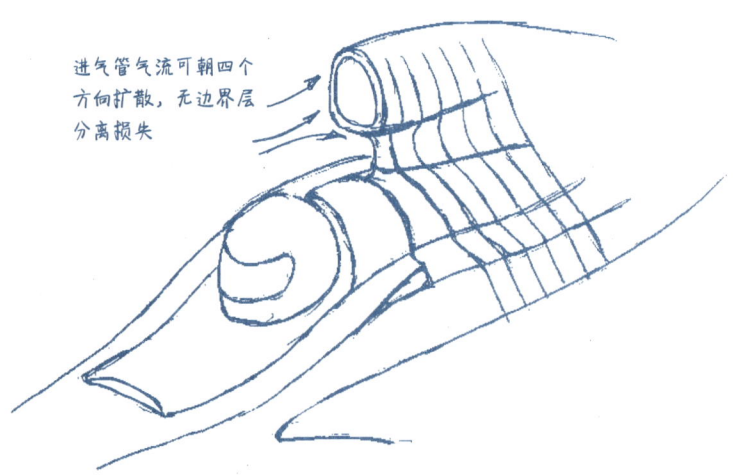

图片14　气箱的问题和在FW19赛车上引入的解决方案

采取必要的防护措施

于是我就站上去了。结果香槟喷到眼睛里了,特别疼。(之后几年上领奖台的时候,我都会戴上护目镜。可能看起来挺可笑,但是香槟沁到眼睛里实在太疼,而且塞巴斯蒂安·维特尔特别喜欢拿着香槟对着我眼睛喷。)

因为同时赢得分站赛冠军和总冠军,我们还获赠一大瓶银色的酩悦香槟。这瓶香槟我现在还留着,当作那一年的一个纪念品。

那天晚上大家都很情绪化,我、达蒙还有KTV包厢里的所有技师都喝得酩酊大醉,那也是我最后一次真正感受到自己是威廉姆斯车队的一员。弗兰克极力挽留我,保证如果我留下来会做出改变,还答应给我比迈凯伦车队高得多的薪水,对我说:"别告诉帕特里克。"

但是形势已经非常明显:是时候挪地方了。迈凯伦车队有太多吸引我的地方。我喜欢他们的总经理马丁·惠特马什,喜欢他们的队伍,而且加入之后我还可以与库特哈德共事;他们所用的梅赛德斯发动机,是由我的老朋友马里奥·伊利恩所设计制造完成,之前他在布利斯沃夫的伊尔摩。

所以结论也很清楚:自然是去迈凯伦啊!

玛丽戈尔德帮助我与迈凯伦车队进行谈判,最后我和迈凯伦签订合同。我的律师朱利安·罗斯基尔（Julian Roskill）建议我不要继续在威廉姆斯的工作了，虽然我想完成这边的工作之后再走。但是他的意见是，如果我还待在威廉姆斯车队的话，所传递出的信号是我任由威廉姆斯车队违约，而自己却无所作为。那年11月7号星期四是我在威廉姆斯工作的最后一天。之后再也没回去过。

我没有什么不好的想法。起码我自己这边是这样。弗兰克还是老样子，我们还是朋友，每过几场比赛，我都会去威廉姆斯车队的房车里坐坐，和弗兰克聊上几句。至于帕特里克，我觉得两人一起外出进餐的事情再也不会发生了，但是在社交场合，两人还是会闲聊，每年圣诞节也会互寄贺卡。我十分尊敬他们两位，而且我知道，他们之所以没能改变，不是因为两人不愿意，而是因为他们做不到。他们属于受习惯支配的那一类人，无法适应新的车队秩序。我曾经很欣赏威廉姆斯这一点，而且这已经融入了威廉姆斯车队的性格之中，这也是为什么当初我想加入进来的原因。但是一山不容三虎。回想起来，我就不应该在1995年的时候和威廉姆斯车队续约。

想想还是有些遗憾，因为当初我觉得能和车队一起成就一番事业。之后的历史证明。FW19赛车为威廉姆斯赢得了1997赛季的冠军。但是自那以后，威廉姆斯渐渐式微。

第七回合 | 怎样创造MP4 13

第52章

1996年11月，离开威廉姆斯车队之后，直到1997年8月1日，我才开始在迈凯伦车队的工作。期间我一直在带薪休假。

在一级方程式中连续工作九年之后，我利用这个机会让自己放松了一下。然后，为应对伊莫拉事故中杀人罪的指控，我和律师一起做了很多工作，此外还要对付威廉姆斯车队的案子，威廉姆斯车队企图向法庭申请禁令，禁止我在与他们合同结束之前为其他车队效力。

这是坏消息。你问有什么好消息？好消息是我要去一级方程式历史上最成功的车队迈凯伦当技术主管了。在威廉姆斯的时候，如果赛车表现不佳，是我和帕特里克两人的责任。在迈凯伦车队，我要一个人独挑大梁。我想证明不需要帕特里克压着我，我也能取得成绩。之前我在莱顿车队设计的赛车驾驶舱太小，1989赛季所设计的赛车显示出了潜力，但是为稳定性的问题所困扰。围场里人们都觉得需要有人帮我兜着，而在威廉姆斯车队时，有帕特里克压着我，让我不至于做得太离谱。我觉得事实并非如此——就算是真的，我也不是当初的那个我了——但是这样的说法经久不散，所以我自然想证明不是这样。我要证明即使没有人为我殿后，我也有能力管理好一支车队的工程队伍，而且也可以独立设计出一台出色的赛车。为进一步提高赛事的安全性，1998赛季见证了我生涯中最大的一次规则变动。首先，规则要求车架的高度更低、形状更接近盒状。这个要求背后的意图是提高车架的强度，在撞击发生时更好地保护车手，同时限制赛车的气动性能，让赛车减速。

此外，车身宽度变窄；上一次缩短宽度限制还是20世纪70年代的事，而且禁止使用光头胎：轮胎上必须要有胎纹，以减少轮胎与地面的接触面积，继而降低轮胎的抓地力。这一系列的改动都是为了让1998赛季的赛车远慢于1997赛季的赛车。

去迈凯伦工作之前，我不可以和迈凯伦车队的技术人员见面，因为这会违反我与威廉姆斯车队之间的合约，当时合约纠纷案件还在审理当中。但是我手上就有画板，以及一份新规则的复印文本，于是我就开始在法菲尔德的家中画设计图，试图理解什么样的车型能够最大程度适应这些新规则。对于我来说，做这些事就像是盖上一条"舒适毯"一样。我能从中获得慰藉，即便时至今日我仍然这么认为。我喜欢在安静的环境中工作。多年来，我已经养成了将全身心集中在工作上的能力。感觉思路不明朗时，我会停下来喝杯咖啡，吃一块燕麦饼干，或者起来走走，休息一下。一般只用休息五分钟，就可以让灵感再次迸发。我会用0.7毫米笔芯的HB自动铅笔在A4纸上画手稿，然后用0.3毫米的4B铅笔在画板的透光纸上画图纸。我花在画板上的所有时间中，有大概四分之一是在画赛车整体构造，想办法在机械和气动性能之间找到平衡；剩余的时间都用来画赛车的气动外形。赛车构造图一般要先画出来，这部分工作也是我最喜欢的，但是气动性能方面的设计一般都不是一蹴而就的。

每次我都试着让自己以最佳状态投入画图工作之中。我必须要对自己的作品充满信心，相信自己的设计能提高赛车性能。当我自己都没有信心的时候，最终设计效果一定不佳。

但是，这项工作的性质决定了，最终能出现在赛车上的，只占我所有图纸的25%。剩下的75%中，要么是计算流体力学测试或者风洞测试结果表明需要进一步优化的，要么是一开始思路就错了，图纸直接进废纸篓。最难的部分永远是对自己诚实，意识到自己在做无用功的时候及时停下来，尝试一些不一样的设计。我经常看到一些同事，当越来越多证据表明，某一设计无法奏效时，他们反而越不愿意改变。

我首先注意到的是对赛车宽度的限制。一级方程式赛车的重心高度一般在300毫米左右。例如，在不考虑下压力的情况下，假设一台赛车宽600毫米，两侧至赛车中线的距离都是300毫米，如果这台赛车转弯时受到的加速度为1G，它就会处于侧翻的临界点。因为新赛车的宽度更窄，所以，为减少赛车重量转移，赛车的重心必须要很低才行。

赛车过弯时，车手会在直道阶段减速，然后经历一个同时刹车与转向的过程，该阶段被称为"组合入弯"，此阶段之后至赛车到达弯中的过程中，赛车仅仅只进行转向，此后是赛车的出弯阶段，此时车手会在转向的同时加速，该过程被称为"组合出弯"。

在我看来，在赛车宽度缩短的情况下，要减少组合入弯时外前胎的临界负荷，或是减少组合出弯时外后胎的临界负荷，需要增加轴距。

有人说赛车宽度缩短时，长度也要缩短，以维持赛车的长宽比例。但我不这么认为，我觉得应该反着来。

这是我所测试的第一个想法。我所绘制赛车的轴距比1997赛季赛车的轴距要长一些，所有赛车部件的安装位置都尽可能低一些，以此降低赛车的重心高度。

我还和马里奥·伊利恩谈了谈。从法律上来说，我和他在我"带薪休假"期间，是不能说话的，但是两人之间很熟，我要找他直接和他打电话就好。结果我们还一起吃了饭，讨论了1998赛季发动机的问题，还聊了如何安排赛车的整体布局，以适应新规则。马里奥想出了一套新的发动机设计方案，能降低曲轴的位置，而且他还试图降低缸盖的重量。

我还想让车手的座位更低一些。新规则的用意是让车架的横截面呈长方形，但是规则并没有直接这么说，只是对赛车的横截面积有要求。我想到，可以把赛车横截面做成梯形，以保留赛车的V字形。自从莱顿车队时期我就是这样，找规则漏洞。为满足规则

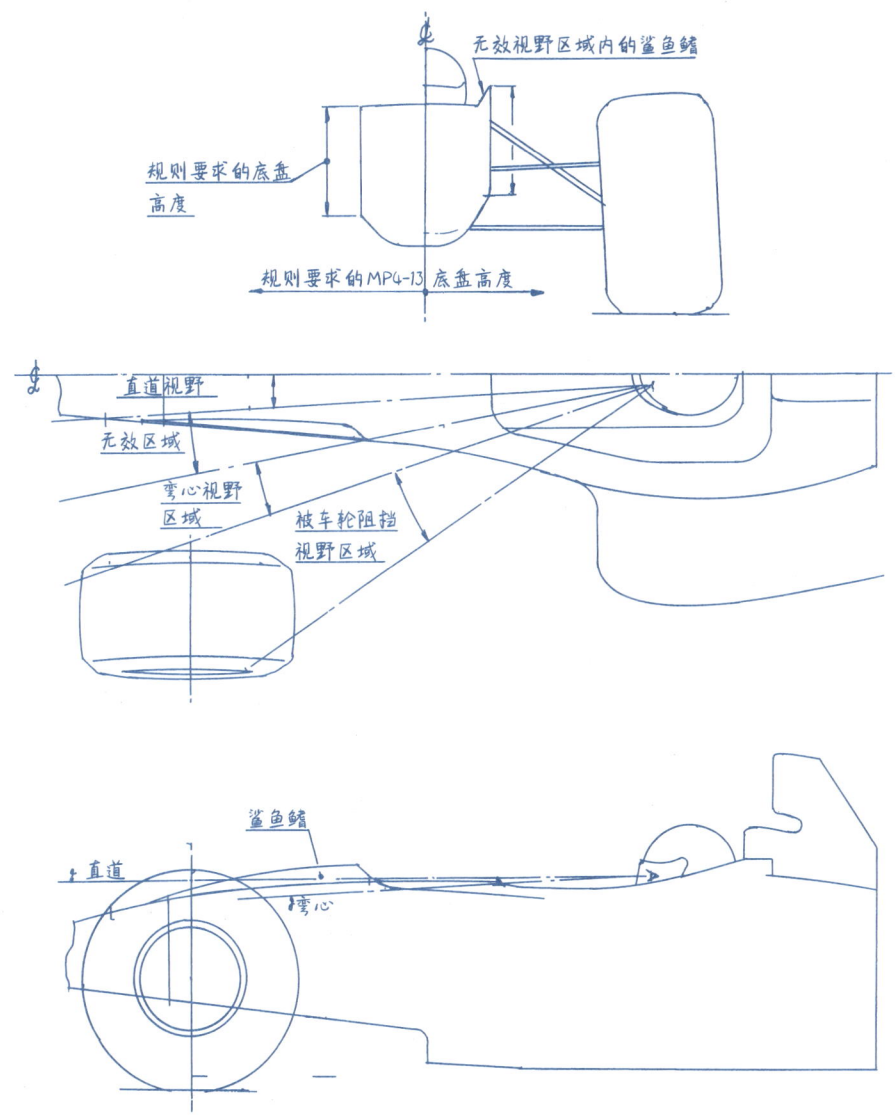

图15　因为规则对横截面高度有要求，导致车手驾驶MP4-13赛车时，视野受影响

对于横截面高度的要求，我们必须要在车架的上表面安装一对翼片。但是这会带来一个潜在问题：加上的翼片会遮挡车手的视野。

好在我们知道比赛期间车手的视野是怎样的，车手的眼睛会像电子眼一样转动。在直道上行驶时，车手会朝前看，其目光聚焦在下一处刹车区域，或者是向两侧看，观察转弯区域的弯心。也就是说，有些区域车手从来都不看。

最后翼片被安在了赛车两侧靠前的位置，边缘刚好到驾驶舱口。车手看不清被遮挡的区域，但是还是能观察赛车正前方，或是赛车两侧的弯心位置。

车体比以前更宽，但是因为规则改变，车轮移到车体下方（因为赛车整体宽度变窄），所以前轮和车体之间的距离大幅减少。这意味着前轮尾流对侧箱和扩散器的不利影响将进一步扩大，所以需要对该区域重新设计开发。V字形的车架将缓解这一问题，但涉及前翼、侧向导流板和侧箱的形状这些部件的细节时，需要参考风洞测试的结果。我能做的只是把自己的各种想法画出来，但是画出来也没人看，只能堆在桌子上。但是这段时间我的工作状态很好，因为画纸太多，客房里充满了纸张的"清香味道"。

最后罗恩与弗兰克达成协议。具体金额我不清楚，但是迈凯伦车队付了一大笔钱，说服威廉姆斯车队于8月1日终止与我签订的合同。当罗恩宣布消息时，我一度很沮丧，因为律师朱利安和我花了很大工夫，威廉姆斯车队违约在先，所以我们认为在法庭上是有优势的。不过回想起来，罗恩这么做是对的，如果把这些不光彩的细节公之于众的话，对谁都没好处。我终于正式成了迈凯伦车队的一员。

第 53 章

迈凯伦车队在沃金，上班从法菲尔德去那里太远，于是玛丽戈尔德和我开始物色新房子。

当时房地产交易市场中，销售出尔反尔的事情屡见不鲜；被坑了几次后，我们都没心思看了，最后我们决定去伯克郡附近的一处房产看看，房子是在《田园生活》杂志上看到的。房子不仅比我们预想的大，而且价格我们也负担不起，但是它却是如此特别，吸引着我们。

房子很大，是一处乔治王朝时期的老房子，还带有一处让人赞不绝口的院子，房子属于一个瑞典的小伙子，是ABBA乐团的一号人物。车库能容下9辆车，其中有好几辆劳斯莱斯，一下就把我吸引住了。自从接触过了捷豹SS100之后，我就爱上了那些经典名车。此外，这栋房子历史悠久，让我们更心动了：自末日审判书时代起，该地点就有房屋；正是在如今房子的花园中，沃尔特·斯科特爵士写下了诗歌《马米恩》。

这房子我们去看了三四次，每次去墙上挂的画、车库里的古董车就少一些，到最后所有画都没了，所有劳斯莱斯也都消失了，只剩下一辆老旧的捷豹XK120，停在车库里。显然房子的瑞典主人最近很缺钱。

我们不顾面子地利用这一点，报出了一个很低的价格，卖方最后接受了我们的报价。于是我们在8月1号那天搬了进去。

准确地说，是玛丽戈尔德搬了进去，因为8月1号那天正好是我上班的第一天。

我在迈凯伦车队占了间办公室，之前属于车队前任技术主管约翰·巴纳德（之后他加入法拉利车队，他走了之后迈凯伦的技术工作群龙无首，进展甚微，然后我加入了车队），我把自己的图纸带了过来。出于法律方面的因素，所有图纸的完成时间都是"1997年8月1日"。

我和新同事见了面。我将再次与尼尔·奥特利一起工作，他负责赛车的机械设计；赛车的气动性能由一位法国人负责，名叫亨利·杜朗（Henri Durand）；竞赛团队由来自加州的史蒂夫·尼科尔斯（Steve Nicholls）负责。他们带我参观了车队。然后我发现有件小事让我很不爽。

一开始我还说不上来具体是什么事，结果突然反应过来：迈凯伦车队这里全都是灰色的。之前我知道，迈凯伦车队的队服以灰色为主，但是直到第一天来上班之后，我才意识到，车队对灰色是多么"钟爱有加"。灰色是罗恩最喜欢的颜色。车间里所有东西都是灰色的。办公室里所有东西都是灰色的。就连他飞机上印的飞机号都是灰色的。

一切都是灰色的，除了我的办公室。约翰·巴纳德于20世纪80年代末期离开车队，办公室看起来好似之后再也没有人碰过一样：办公室的地板、墙板、天花板都是桃花心木板，窗台是黑色的，配有桃花心木的办公桌，以及深棕色地毯。办公室的角落里放着我从法菲尔德搬来的画板，因为不是棕色，所以在办公室里特别显眼。因为8月1日才报到，这个时间开始设计赛车已经很晚了。为赶进度，一周七天我天天加班。两周之后，我发现在这样一间屋子里工作到午夜，人会感到很压抑。

罗恩坚持要我在8月16日那天去匈牙利比赛现场。我本想研究1998赛季的赛车，但是他想让我去看看1997赛季的赛车，就赛车设定方面提供一些建议。去了之后可以见见车手库特哈德和米卡·哈基宁（Mika Häkkinen），以及其他车队成员，而且一旦罗恩想让人做某件事，不说服对方不罢休。于是我同意前往匈牙利。

走之前，我问车间经理，能不能把我的办公室装修一下，让气氛更活泼一些。因为新房子那里色谱图很多，所以我带了一张油漆调色表到公司，让他们把办公室装饰成暖蓝色，还要了一张浅色调的地毯，和一把浅黄棕色的椅子。

去了匈牙利之后，我人生第一次穿上了灰色队服。这和之前的队服颜色不一样，感觉怪怪的。虽然在匈牙利这次我没走错车队，但我必须承认，这种事之后发生过。车手经常犯这种错，在练习时，有时候还停到别家车队的车位去了。

在匈牙利的那个周末，我开始了解米卡，我发现他愿意接受我的想法。我建议赛车应该使用更软的弹簧。大卫的表现比米卡好，所以不愿意换弹簧，这也可以理解，但是米卡接受了我的建议。回到办公室之后，我觉得自己和车手之间的关系肯定会越来越好。

办公室的氛围也焕然一新。车间经理按照我的要求，把办公室重新布置了一番。之前的办公室昏暗压抑，现在办公室整体呈暖蓝色，铺了一张浅蓝色地毯，和之前相比大不一样。

当我从迈凯伦宽敞但单调的车间，走到自己的办公室时，感觉就像《绿野仙踪》电影一样，由黑白变为彩色。从那以后，晚上加班时感觉也没那么压抑了。

周一晚上罗恩来办公室看我，当他注意到办公室的变化时，就没那么开心了。他就站在办公室门口，嘴巴张着说不出话来，像是金鱼一样在那里大口喘了半分钟，但他表现得像是有五分钟之久，脸色也由正常变红，再由红变紫。我心想：天哪，他不会是心脏病发作了吧？结果罗恩一言不发，原地转身缩回迈凯伦的灰色"避难所"之中。

好在当时我和迈凯伦车队还处于蜜月期，所以我做什么都是对的，得以侥幸逃脱。多年以后，罗恩的妻子丽莎回忆起这件事时，说当天晚上罗恩回家之后勃然大怒。罗恩控制欲非常强，喜欢将身边所有事情都掌握在自己手里。和迈凯伦车队相关的任何事物都是灰色这件事，就是一个例子。他不希望看到自己的权威受到挑战。

1997年，我出席的另外一场比赛是在赫雷兹赛道，这也是赛季最后一场比赛。比赛值得一看，驾驶FW19的雅克·维伦纽夫和法拉利车队的舒马赫展开了精彩对决。在我离开威廉姆斯车队之前，FW19的设计工作已接近尾声。

虽然我只是一名旁观者，但是心里还是希望雅克能赢，毕竟他所驾驶的赛车由我负责设计。法拉利在维修区里特别不受欢迎，以至于其他大部分车队也都希望威廉姆斯能赢。在之前的日本大奖赛上，雅克因为一次黄旗事故，遭到FIA的无端重罚，加深了众人对于法拉利车队的不满情绪。

比赛过程中，舒马赫成功超过了雅克，但是车队被告知赛车出现水压问题，无法完成比赛。舒马赫置之不顾。当雅克想要超过舒马赫时，舒马赫直接朝雅克撞了过去，打算像之前对达蒙那次一样，让双方同时退赛。

但是这次舒马赫失算了。他自己倒是退赛了，但是雅克侥幸逃脱，得以继续比赛，眼看就要赢得冠军。只要在比赛中获得两分，雅克就能成为冠军车手。

此前罗恩·丹尼斯和弗兰克达成协议：迈凯伦车队在比赛过程中帮助雅克，而威廉姆斯车队则把分站冠军让给迈凯伦车队。

弗兰克同意了。比赛时有几次雅克本来是在大卫和米卡后面进站，但是迈凯伦让雅克先行通过。维伦纽夫接到无线电消息，让迈凯伦车队两位车手超过去。最终米卡赢得生涯首个分站赛冠军，大卫位列第二，维伦纽夫获得第三，成为当年冠军车手。

如我所说，这种赛场上的小动作和我无关。对我来说，最重要的是威廉姆斯借助我所设计的一辆威廉姆斯赛车获得了车手和车队双料冠军。我在威廉姆斯车队当了七个赛季的赛车设计师，期间车队五次赢得车队冠军，四次获得车手冠军。

但是，人要向前看。一声叹息，过去的事就过去了。我还要在自己的喜气洋洋的、非灰色的新办公室里，设计MP4-13赛车呢。

第 54 章

迈凯伦车队使用的风洞是一处商用风洞，位于靠近特威克纳姆的一处厂房内。我们在8月底对"带薪休假"期间的设计进行了测试，结果令人失望：与我设计的模型相比，亨利和他们队友设计的模型产生的下压力多出了至少10%。

这就有些尴尬了。正如我刚加入威廉姆斯车队时，在迈凯伦车队的工程部门里一样有人觉得车队已经走上正轨，不需要我过来捣乱。如果我的模型的风洞测试结果让性能提升的话，就能打消人们的质疑。但是这样的结果不管是从办公室政治，还是从竞技的角度来说，都让我更加难以立足。测试前我以为肯定会比他们的好，事后回想起来，这样的想法实在是太自大了。我的模型的形状都是自己在卧室里想出来的，但是人家的模型可是在风洞里经过几个月的测试才开发出来。

亨利的手下，希腊空气动力学工程师彼得·普罗德罗姆（Peter Prodromou）却觉得我的模型有潜力。很感谢他的支持，我们很快取得了重大突破。

V形车架和低头枕，以及前翼的设计都行之有效。之前亨利和其团队的研究结果显示，形状更长的侧箱有助于将前轮尾流挡出去，提高赛车性能。我们将他们所设计的侧箱和我设计的车体结合在一起，形成新的车架，然后研究如何让侧箱导流板适应新车架，同时还重新设计了刹车导管和扩散器的形状。经过两周的测试后，和8月中旬相比，双方合作设计的模型已经大有进步。要知道，我们的目标是突破规则的限制，让赛车性能回到1997赛季的水平。就这点来说，我们取得了不错的进展。

这个过程中，我发现在复合材料方面，迈凯伦车队遥遥领先威廉姆斯车队——复合材料部件也就是碳纤维部件，在当时只有车架、车体和车翼是碳纤维的，现在还有悬挂和变速箱壳体。威廉姆斯车队的复合材料总监是布莱恩·奥劳尔克（Brian O'Rourke），虽然碳复合材料当时还属于一个新兴领域，但是他本人却非常保守。我刚加入威廉姆斯车队时赛车所用的复合材料技术，与六年后我离开时赛车所用的复合材料技术相比，并没有多大进步。

身为管理层，我和帕特里克这点没做好。

在强度分析和轻质复合材料设计方面，尼尔的设计团队遥遥领先。再加上马里奥·伊利恩的轻质发动机，迈凯伦车队的赛车非常轻，规则要求的赛车最小重量是580千克，而赛车需要40千克的压载物才能满足要求。那么问题来了。压载物应该放哪里呢？一般用金属钨作为一级方程式赛车的压载物，但是40千克钨的体积有2.1升，想要在一辆一级方程式赛车上找到这么多空间，不是一件容易的事。我们想出的解决方案是在油箱底下安装一个舱室，可以在比赛当天按需加入一层层压载物，以满足赛车重量要求。

这次设计赛车的时间很紧张，所以我经常加班。玛丽戈尔德和女儿们很难看到我，因为我很少回家。我尽我所能追赶进度。但是办公室的氛围特别好。大家都敢想敢做，之前不信任我的那些人，也打消了对我的质疑。大家都认为车队在正确的轨道上，所以每个人都像打了鸡血一样。

在里卡德赛道进行首次测试后，两位车手都表示赛车不好开，这让我们有些担忧。但是，围场里每支车队都表示有类似问题。因为赛车变窄，所以前轮尾流所形成的乱流会时不时扰乱赛车的气动特性。而且在轮胎增加胎纹之后，客观上赛车确实不如之前好开了（之后事实证明的确如此，自1998赛季的季前测试和前几场比赛之后，我再也没看过那么多赛车旋转的情形出现）。

一周之后，我们把赛车运到巴塞罗那，与其他车队一起，进行首次公开测试。测试总共四天，但是前两天我们没去，因为在里卡德赛道测试时，赛车的碳纤维后上叉臂断了，所以需要一根新的钢质叉臂。当时我正往希思罗机场一号航站楼走，车队的比赛工程主管史蒂夫·哈勒姆（Steve Hallam）给我打电话，说米卡刚跑完一圈，单圈时间1分21.7秒。

我说："挺快啊，其他车手成绩怎么样？"

他回答："第二名的单圈成绩是1分23.3秒。"

其他赛车已经测试了两天，结果我们去了之后还比人家快了1秒多。听到这个消息后，我走路都轻飘飘的。前景可期。

之后一周里又在巴塞罗那进行了一次测试，我们也再次在单圈时间排行榜上排名榜首。我们就这样信心满满地前往墨尔本，参加赛季的第一场比赛。虽然感觉还行，但是我们永远都不知道其他车队是不是在隐藏实力。

就像是在1996赛季和达蒙搭档一样，米卡当年的比赛工程师由我担任，直到他名义上的比赛工程师马克·施雷德（Mark Slade）能胜任为止。米卡和我相处愉快——他观察力很敏锐，而我会花时间去理解他所说的"赛车有点飘"和"感觉不到方向盘"具体是什么意思，去思考从工程上来说问题出在哪里。终于有像我这样的人出现了，我感觉我的出现让米卡更自信了。

天赋高的车手都会让自己去适应赛车，并在自己适应后向车队反映赛车表现如何，而不是告诉对方，应该去修改赛车，以适应自己的驾驶风格。米卡就属于那种有天赋的车手。

赛季伊始，我们很受车迷欢迎，但是这就是颗糖衣炮弹，赢了大家觉得是应该的，输了大家都觉得你是失败者。

当时车队内部还有一个潜在问题，在我加入迈凯伦之前，他们就已经开发出了被称作刹车转向的一套系统。

一辆车可以通过两种方式转弯。司机可以直接转方向盘，或是让内侧车轮慢下来。拿坦克来举例，坦克在转弯时，会让外侧履带加速，内侧履带减速。汽车也可以通过让内侧后车轮刹车的方式转弯。

这套系统原本是用在小型轻质越野车上，去参加需要爬陡坡的比赛。出于爬坡的需要，这些车的大部分重量都集中在后轴上，因此前轮所承担的重量很少，没有什么转向能力。所以，当越野车前轮飘起来的时候，越野车司机会用后轮刹车来转向，所谓的后轮刹车实际上是一对手刹。司机如果想向右转，会拉起右手边的手刹，减慢右后轮的速度，如果想向左转，也是类似操作。

1997年年初，迈凯伦车队就把越野车的后轮刹车系统移植到了一级方程式赛车上。

驾驶舱的脚部空间里加入了第四块踏板，当赛车驶入一个低速弯的中间点时，一般赛车会转向不足（冲到赛道外），但此时车手可以踩踏该踏板，让内侧后轮减速。在方向盘上有一处开关，根据到底是左手弯还是右手弯，调整踏板控制左、右后轮刹车。

1993赛季时，贝纳通车队曾经开发出了一套电控后轮转向系统。

但是，麦克斯·莫斯利担心该系统降低赛车驾驶难度，因此在1994赛季引入的一系列严苛规则里：在《技术规则》的第十条中规定禁止车队使用四轮转向系统，意图防止车队使用后轮转向技术。但是迈凯伦车队却认为，利用第四块踏板转向的做法完全合规，而且赛事管理机构也接受了这样的说法。

不幸的是，在奥地利大奖赛上，迈凯伦车队的一辆赛车抛锚了，一位眼尖的摄影师趁机拍下了一张驾驶舱内部的照片，暴露了迈凯伦第四块踏板的秘密。

显然法拉利车队也试着为赛车加入第四块踏板，但是没能让它起到预期作用，所以又如往常一样，投诉了安装第四块踏板的做法。导致在墨尔本的那个周末，迈凯伦赛车的这一系统是否合规引起了很多人关注，产生了不少争议。

比赛之前，FIA的查理·怀汀向我要了一套后轮刹车系统的图纸，我便给了他。排位赛结果很不错，前两名都是我们的，领先优势还不小。带着这样的成绩，我们进入了比赛。

同往常一样，比赛时我站在维修区指挥台。迈凯伦车队在维修区里有座位，但我很反感这一点，因为觉得站着比坐着更容易集中注意力，所以我就把座位移走了。我担心车手对后轮刹车系统的过度使用，使后轮刹车片过热，并最终导致刹车片故障。之前我就和两位车手说过，如果不是非用不可的话，不要去踩第四块踏板。不幸的是，米卡没有采纳我的建议。

米卡完全无所顾忌，结果遥测数据显示，米卡赛车的内后轮刹车片温度越来越高。我们向米卡发送了一条加密过的无线电信息，让他别用后轮刹车了。但是，在1995赛季经历了一次可怕的车祸之后，米卡听力受损，他以为听到的是"马上进站"，所以就进站了（当年车祸发生时，席德·沃特金斯直接在赛道边上完成了一场气管切开手术）。

米卡进站没有停车，被示意直接开走，出站时已经落在大卫后面。

罗恩在无线电里对大卫说："因为车队失误，米卡落后，让他超车过去。"

这种情况下绝大多数车手都会说："什么玩意儿！"但是大卫不会，他属于车手中很有修养的那类人。他认为米卡肯定是有什么情况，所以应该像赛前商量好的那样，后过第一个弯的要给先过第一个弯的车手让路，于是就让米卡超了过去。最终结果米卡第一，大卫第二。

对这样的安排我很难说是好是坏。确实是米卡先过弯，而且本身表现也无可挑剔，却因为自己听错了而进站。这种情况下，谁应该得冠军？应该是迎头赶上的大卫，还是像赛前规定的那样，因为米卡领先所以让他夺冠？

不管怎么说似乎都有道理。很庆幸做这个决定的人是罗恩而不是我。

无论如何，我设计的第一辆迈凯伦赛车获得了冠军——结果赛后我们接到指令，说我们的刹车转向系统违规，赛季剩下的比赛中不允许使用，尽管前一个赛季还不算犯规。

本来挺高兴的，结果出了这样一件事。墨尔本赛道本身有其特殊性，几乎所有的弯道都属于中低速直角弯。在这里获得冠军不代表赛车在其他赛道也能有优异表现。而且，我们也不确定，我们的优势有多少是因为刹车转向系统。这套系统是迈凯伦车队在1997赛季开发出来的，主要开发人员估计该系统能将赛车的单圈时间减少3/4秒，而我们在墨尔本赛道的结果大致符合该预测。

我担心车队在澳大利亚只是昙花一现，在之后的比赛会输给法拉利车队的舒马赫。带着这样的紧张心情，我去了巴西。结果证明我的担心是多余的。即使没有了刹车转向系统，赛车仍旧能保持平衡。米卡再次获得杆位，大卫排名第二。比赛最终结果亦是如此。这样的结果令人非常满意。

阿根廷大奖赛上就没那么顺利了。我们用的是普利司通轮胎，而威廉姆斯和法拉利使用的是固特异轮胎，两支车队都因为固特异轮胎导致的转向不足问题而困扰不已。坏消息是，阿根廷大奖赛之前固特异抄袭普利司通，通过拓宽前胎的方法，解决了该问题。舒马赫战胜了米卡，抢到第二名。

之后是圣马力诺大奖赛，每当这个时候我才意识到自己有多不愿意回到伊莫拉。每年在圣马力诺，我都会在周六晚上租一辆踏板车，开到坦布雷罗弯，吊唁艾尔顿，但每次我都会被观众看到，让我更加不悦。即便如此，我仍觉得这是自己应该做的事。每次比赛结束离开时，从后视镜里看到伊莫拉，总能让我松一口气。

库特哈德赢得伊莫拉的冠军，米卡则因为变速箱的问题而退赛。西班牙站上，我们主宰比赛。接下来是摩纳哥站，之前从来没在这里拿过冠军，所以我特别想赢。结果练习过程中就出了问题。米卡将赛车开到极致，因为是在摩纳哥赛道，所以赛车会时不时蹭到赛道周围的围墙，撞弯了后横拉杆。

我就想：朝米卡摇手指，告诉他别让车刮墙上的做法肯定没用。于是我决定通过加厚外包装的方式，提高横拉杆的强度。事后该决定被证明是行之有效的，米卡的赛车在比赛过程中确实有碰到围墙。

关键是，米卡夺得了冠军。因为稳定性的问题，大卫中途退赛。米卡赢得摩纳哥分站冠军后，总算是了却了我的一桩心愿。终于赢了。

赛季里舒马赫一直紧紧跟在我们后头。不管其他人怎么说，舒马赫都是一位意志坚定的车手。

之后的斯帕，天气预报显示天气会很干燥，但是斯帕赛道位于阿登森林之中，其天气状况与周边地区略有不同。天气炎热时，蒸发的水分会在森林上方形成云层，导致暴雨骤降。周日比赛时就出现了这一情况。大雨倾盆。

比赛一开始就出现了事故，大卫的赛车在第1圈时就失去控制，发生车祸，总共波及13辆赛车。中途暂停后，比赛很快重启。大卫坐进了备用车。米卡的赛车因为打滑，退出比赛，过程中还导致索伯车队的约翰尼·赫伯特退赛。整个场面异常混乱。事实证明，普利司通的雨胎并不适合斯帕赛道。舒马赫获得领先，并在第25圈时追到大卫后面，准备套圈。虽然对舒马赫怀恨在心，但我们还是告诉库特哈德，让舒马赫过去。正当库特哈德准备让路的时候，舒马赫错估了自己的速度，直接与库特哈德追尾。

两辆车都被迫进站，大卫赛车尾翼受损，舒马赫赛车失去了右前轮。我觉得库特哈德还有机会，能上场拿几分，于是叫车队及时准备更换赛车尾翼。

结果舒马赫怒不可遏地冲到我们车库，觉得库特哈德故意与他相撞（他还好意思说？），要和库特哈德大吵一架。于是我们的技师在库特哈德身边，站成一堵墙，防止两人打起来出洋相，让其他人看笑话。

虽然法拉利彻底出局，但这场比赛里我们颗粒无收，随后获得胜利的是乔丹车队的达蒙，也算众望所归。

赛季的倒数第二场比赛在纽博格林，排位赛中两位车手表现不佳，米卡第三，大卫第五。法拉利车队锁定前排。

大卫那场比赛里状态很差。有时候，就算车手身体无恙、睡眠充足、感觉良好，最后表现却不尽如人意。究竟为什么，他们自己也说不上来。那场比赛的大卫就是一个例子，像是受了诅咒一样。大卫是一位伟大的车手，状态好的时候，他是不可超越的。但是偶尔他也会表现不佳，状态全无，或者无缘无故侧滑、出事故。

比赛那天，法拉利车队的两位车手严格执行所制定策略：发车后舒马赫领先，法拉利的另一位车手埃迪·埃尔文第二，米卡第三。法拉利给埃尔文的命令是在挡住米卡的前提下，越慢越好，让舒马赫有机会建立巨大领先优势。开始几圈里，比赛如法拉利计划的那样展开，我们在旁边看得心情异常沮丧。法拉利的计划我们一眼就看出来了。

在进入第13圈末尾的减速弯时，米卡展现出精湛的车技，一举超过埃尔文。此时舒马赫领先8.5秒，但是接下来几圈里，米卡全力以赴，把每一圈都当作排位赛来跑。将赛车性能发挥到极致。

到第24圈时，米卡与舒马赫之间的差距，由8.5秒缩小到了3.5秒。

之后舒马赫进站，我们让米卡继续追赶，打算让米卡靠旧轮胎以低油量的优势逼近舒马赫，然后在舒马赫第二次进站时超过他。米卡进站时与车队员工的配合天衣无缝，终于在出站时刚好超过舒马赫，然后获得了比赛冠军。到现在我都记得，赛后我坐在车库后面的一个纸箱上，激动得颤抖；这次胜利重新点燃了我们的夺冠热情。

卢森堡大奖赛结束后，米卡在车手积分榜上领先第二名4分，在车队积分榜上，我们领先第二名15分，所有悬念都留在了最后，日本的铃鹿赛道。

排位塞上，舒马赫表现惊人，夺得杆位，米卡以0.2秒的差距位列第二。这结果让我有些失望，我以为铃鹿赛道的高速弯会让我们更有优势一些。好在我们还领先4分，就算舒马赫赢了，只要米卡能得第二名，车手冠军依然是我们的，而且只要最后结果不太差，车队冠军也是我们的。

比赛开始前，舒马赫在发车格赛车熄火，被迫从末位起跑。比赛开始后，我眼睁睁看着舒马赫一路追赶，到第22圈时，他已追到了第三位，急得我心提到了嗓子眼。现在压力到了我们这边，因为我们要将现有排名维持至比赛结束，比赛一度非常胶着，直到第31圈时，舒马赫赛车爆胎，退出比赛。"我们是冠军！世界冠军！"

赛后车队陷入狂欢。要知道，之前几年迈凯伦车队历经坎坷，自1991年艾尔顿之后再也没有获得冠军，所以这个冠军对于车队来说意义非凡；加入新车队的第一年就获得冠军，对我来说这是莫大的鼓舞；而且这不仅是米卡的，也是伊尔摩·梅赛德斯的发动机设计师马里奥的第一个一级方程式冠军。比赛之后，皇后乐队的《我们是冠军》这首歌反复播放。

赛道变成了游乐园，唯一区别是没有摩天轮及各种游乐设施。那天晚上，我们好好庆祝了一番。大家一起去了KTV。梅赛德斯的竞技总监诺博特·豪格（Norbert Haug）老觉得自己可以去当蓝调歌手，那天他唱了首《野马萨利》；罗恩喝醉后，喜欢去撕别人裤子后面的口袋，看着挺好玩，但有时候也很烦人。可能一不小心裤子后面整个都会被罗恩撕破，有好几张照片里，我和马里奥的裤子都是用胶带粘起来的。

在东京比赛有一点很麻烦，那天我们四点多才上床睡觉，才睡了一个小时，五点钟又要起床赶飞机，起床后因为前晚喝太多清酒，还要忍受宿醉之苦。但有一点是肯定的——

一切都是值得的。

第 55 章

1998年7月25日，赛季比赛正在活跃进行中，那天我和玛丽戈尔德的第二个孩子，也是我的第四个孩子，出生了。

我给他起名叫哈里森·威廉·伊内斯·纽维。中间名威廉是为了纪念我爷爷，爷爷在二战中丧生，父亲经常谈论起老人家，评价很高。但是，当我给父亲打电话说孩子出生的消息，介绍中间名的来历后，他却说："你搞错了，你爷爷不叫威廉，叫威尔弗雷德。"

电话挂了，我对玛丽戈尔德说："亲爱的，我们把儿子名字弄错了。"

她说："不是我们，是你弄错了！"

我又给父亲打了过去，骗他说名字已经改过来了。

孩子出生我们都很高兴，有的父亲第一眼就爱上了自己的孩子，我可不是这种人。我不太喜欢小孩，但是随着孩子们慢慢长大，有了自己的性格之后，我爱他们到极点。八岁时，哈里和我说："爸，我想去玩卡丁车。"我心想：这主意不错啊。这么多年里，在和众多车手合作过之后，我发现这些车手都很聪明，在从事赛车运动中还培养出了很多其他能力。赛车这项运动能教会人很多有用的生活技能，让人明白，如果想有成就，必须要努力。驾驶赛车不像表面看起来那么风光，需要车手在心理和身体两个方面同时做好准备，还要勤加练习，与工程师们合作，此外，还要学会展示自己，建立个人品牌，学会如何面对失败，在一场比赛表现不佳之后，如何自我检讨。以及最重要的，决心，不论从事哪一行，想要成功，都要有坚定的意志。

想到这些好处之后，我说："行，就这么决定了。"当初父亲要求我自己打工赚钱买车，我没有这样要求哈里，毕竟当时我已经14岁了，而哈里才8岁。多年以后，哈里和我说最先开始他是想玩室内卡丁车的，因为听学校的一些朋友说他们玩过。要早这么说我就能省一大笔钱了！

就像多年前我和父亲一样，我也带哈里去了本地一家卡丁车赛场，位于坎伯利的布莱克布斯。我们站在赛道边，看着那些卡丁车开来开去。哈里热情高涨，之后几周里，我们买了一辆二手卡丁车，还买了一辆拖车，连在了我那辆路虎发现的后面，开车带他去参加下午的练习。

我和其他孩子的父亲相处融洽。很多人知道我是谁，但是并没有表现出特别在意的样子，一如我所愿。孩子在学校的足球比赛我从来没去过，父母一边观看孩子在球场上跑来跑去，一边在边线旁边和其他父母聊天，我从来没觉得这有什么值得参加的。但带孩子去玩卡丁车这件事对我来说似乎顺理成章。

我们开始让哈里参加比赛，他的车技也在逐渐提高。我记得有一场比赛是在威尔顿米尔赛道，靠近米尔顿凯恩斯，那场比赛马克·韦伯（Mark Webber）也去了。马克跪在卡丁车旁边和哈里说话，我站在旁边。这时一对父子经过，我听到孩子对父亲说："爸，我们不可能赢的。那个小朋友，艾德里安·纽维为他调赛车，马克·韦伯是他的教练。"

看着哈里不断进步我心里感觉很内疚，因为我工作的缘故，所以不能送他去赛道。于是我给库特哈德打了个电话。我说："哈里需要人指导。但是我没时间。"

库特哈德说："巧了，之前带我跑卡丁车那人叫戴夫·博伊斯（Dave Boyce），或许他可以收哈里加入他们战队。"

虽然戴夫住在格拉斯哥附近，但仍表示愿意接收哈里。之后戴夫不仅与我们家熟络了起来，还成了哈里的引路人，一直指导哈里比赛。哈里之后还抱怨过好几次，因为戴夫手下的车手只有哈里一人，但是其他队伍都有大型商业公司在背后管理运营，每支车队都有四五辆车上场，成群结队，想要战胜他们很难。

因为车手服背后印上了"纽维"，哈里好几次被人认了出来。其他小孩问他："你爸怎么这么抠门啊？他干吗不给你买好一点的配件？"有些父亲会在孩子的卡丁车上花很多钱，把房子拿去抵押借钱的例子都听过好几次了。

当时我和玛丽戈尔德坚持哈里要把学习放在第一位，即使这样做会使他在和对手竞争时处于不利地位。现在有一批年轻车手，为了把所有时间都用来练车，几乎不怎么上学。对于孩子，我觉得这样做风险太大：虽然刘易斯·汉密尔顿就是这样培养出来的，但是还应该看到，每出现这样一位车手，背后还有几十个孩子，到了20岁时，既没工作，也没受什么教育，而且还会因为无法与同龄人玩耍，失去很多童年乐趣。

学习第一的做法确实影响哈里在卡丁车比赛上取得更好成绩。即便如此，他仍旧得以加入ADAC四级方程式，和舒马赫的儿子米克做队友。最近哈里赢得了MRF方程式挑战赛16至17赛季的冠军，这是哈里在重大赛事获得的首座冠军。

女儿伊莫珍也喜欢挑战自己。在间隔年去旅游之前，她自己一个人跑到澳大利亚待了3个月，完成了一套游艇大师课程。她喜欢冒险，爬过乞力马扎罗山，在北极坐狗拉雪橇玩了7天，还在喜马拉雅山海拔4300米以上的区域睡了7个星期的帐篷。勇于冒险只是她的天赋之一。她一直都是一个富有创意的孩子，我觉得她这点受我和她奶奶遗传影响。她刚学会拿笔不久，就喜欢画画、涂鸦。看我画画她可以看几个小时——她的任务是为画好的赛车上色。这么多年来，她没有辜负自己的艺术天赋，画出了很多非常不错的作品。女儿不仅很有毅力，还能把事情处理得井井有条。在这些优点的基础之上，她利用了自己的艺术天赋，投身于室内设计行业。看到她有这样的成就，我很高兴。

另外一个女儿汉娜也富有艺术天赋。所有孩子里面，哈里是唯一一个没有继承这一点的。

汉娜善良友爱，非常喜欢动物，同时还很幽默，自成一格，是表里如一的一个人。在她小的时候，汉娜就表现得很有活力，不管是在学校做游戏、跳舞，还是跳泥坑，她总是第一个。

汉娜在学习上也很努力，初中毕业考试时，她好几门都是A+，大学入学考试时，她的成绩是全A。后来汉娜去了布莱顿和萨塞克斯医学院学医。医学院的课程有的她喜欢，尤其是解剖学，但是对其他课程就没那么感兴趣。后来汉娜意识到未来她不想当医生。于是她去邓迪大学念了一个医学绘图专业的硕士。因为汉娜本身就很喜欢艺术和解剖，所以这个课程非常适合她。

我的第一个孩子夏洛特在利兹大学读历史专业，在大学的时候她和一个叫贾斯丁·索尔兹伯里（Justin Salisbury）的小伙在一起了。在大学的最后一年里，贾斯丁的父亲因心脏病突然去世，他母亲又在一周后被一辆巴士轧了。之前他们家在布莱顿和彭赞斯（Penzance）各开了一家旅馆。因为出了车祸，他母亲花了六年多的时间才完全恢复过来，但恢复好之后，两家旅馆早已破败不堪，濒临倒闭。于是贾斯丁从大学辍学，去经营布莱顿的那家旅店。

那地方不像是旅馆，更像是学生宿舍，台阶涂得像彩虹，每一级的颜色都不一样。毕业之后，夏洛特去布莱顿帮他。因为她毕业论文写的内容是街头艺术，所以给布莱顿旅店起名叫艺术之家：她让很多街头艺术家住地下室，作为交换，这些人去装饰旅店的客房，所以每一间房都别具一格。之后他们还参加了英国第四频道的一档节目《旅店督察》。节目由亚力克斯·波利斯奇主持，她本人来自复地集团。参加节目过程中，两人学到很多东西。经过两人的努力，原本要关门的小旅馆，在一次投票中，成为布莱顿最受欢迎的酒店。

夏洛特还去彭赞斯住了一年，管理建筑工人，应付供应商，让彭赞斯那间摇摇欲坠的小楼摇身一变，成了他们所经营的第二家精品酒店，艺术之家的分店。

当时我就想，虽然目前看来，夏洛特过得挺好，但万一两人分手的话，她的一切努力就都付诸东流了。

他们找到了一栋荒废了的房子，在匹里可，我把房子买了下来，然后我们一起把房子重新装修了一番。虽说是"我们"一起，但实际上，99%的工作都是由夏洛特和贾斯丁两人完成的，但我也有参与。根据自己全世界出差的经历，确保酒店的一些关键部分不出差错。一位经常出差的商务人士在入住酒店时，会有以下几点基本要求：一张舒适的床、能用的淋浴间、房间的灯和电视用起来都很方便，对于那些睡得很浅的人来说，还不能有太多噪音。这么多年来，在我住过的那么多家酒店里，能满足这几点基本要求的酒店少得匪夷所思。

后来匹里可的那间艺术之家分店也在一次伦敦最佳微型旅馆的评比中获奖，现在生意非常好。之后夏洛特和贾斯丁还开了一间餐馆，叫剑桥街餐厅。

欢声笑语，打打闹闹，这种事家家户户都会有，但是我的孩子们似乎都挺了过来，最后都过得挺好。看到他们能有今天我很自豪。

第 56 章

1998年节礼日那天,我刚好满40岁。玛丽戈尔德为我安排了一场生日派对。请了一支乐队,是朋友查尔斯·布鲁克特男爵组建的。

查尔斯的正式头衔是布鲁克特大厅的布鲁克特男爵。之前他买了很多辆法拉利,后来发现自己捉襟见肘,于是做了一个非常愚蠢的决定,他谎称车辆被偷,来骗保险。他把车给拆了,然后埋了起来,真是暴殄天物。后来因为没埋好,被人发现,查尔斯被判进大牢。

在牢里,查尔斯和几个狱友一起组了一支乐队,叫时间领主乐队,就是这帮人,来到雪松酒店,在我40岁生日宴会上演奏。那天晚上大家都很尽兴。

时间领主在台上演奏时,先是达蒙上台,然后乔治·哈里森也加入了他们,他们同台演出是那天晚上最精彩的镜头。乔治之前在公开场合唱歌,还是5年前的事——先前他被诊患有喉癌,随后接受了相关治疗。看到乔治唱歌,他的妻子奥利维娅激动不已。

乔治是一个很有魅力的人,去世后我们都很怀念他。和塞纳一样,乔治是那种走到

40岁的生日宴会上,和达蒙与乔治一起,听到我唱歌,两人吓一跳

哪里都能吸引人注意的人。是因为他们本身和他们所取得的成就，所以引人注目吗？很可能是，但这已经不重要了，因为他们就是这样的一群人。乔治是一个慷慨大方、很有思想的人，经常讲冷笑话。那天夜里两点多的时候，我和乔治一起去屋外透透气，那天晚上繁星满天。我们在外面有一搭没一搭地聊了一个小时。聊的时候觉得对话内容特别深刻，但是和人聊过几次后就知道怎么回事了。第二天早上我什么都不记得了，觉得特别遗憾。

当时规则已经没有太多变动，我特别期待1999年新赛季的到来。我一直集中精力，力求更好地理解现有的赛车，想在已有基础上让赛车更上一层楼。所以说，1999赛季的赛车是先前赛车的一次进化。一般八月份的时候，车队才对新赛车进行风洞测试。但我们在五月份的时候已经开始了测试工作，使新赛季赛车的气动性能和1998赛季的赛车相比大幅提高。

当年赛季人们议论最多的，是舒马赫在银石赛道折断腿的事故。赛前，米卡在车手排名积分榜榜首，但是法拉利却在车队积分榜上排在我们前面。结果英国大奖赛上，舒马赫赛车刹车失灵，发生事故，导致腿部骨折，缺席了之后数场比赛。对于已经取得领先的我们来说，舒马赫的缺席会让我们的冠军之路走得更容易一些。但我们有没有利用这个机会呢？并没有，车队像是睡着了一样。我们就这样让机会溜走。整支车队像是失去了目标一样。

纽博格林是赛季的倒数第三场比赛，法拉利车队在这场比赛里引入了全新侧箱导流板。他们装作有什么不得了一样，只要赛车一停，就用罩子把导流板罩起来，导致我看不到导流板是什么样子。当时车队还不像现在这样，专门请摄影师当"间谍"。

之后一站在马来西亚，赛季的倒数第二场比赛，舒马赫回归。埃尔文获得分站冠军，舒马赫第二，米卡第三。赛后积分榜上，埃尔文车手积分第一，领先米卡4分。车队积分榜上，法拉利领先我们4分。

赛后我和罗恩去停车管制区看了眼各个车队的赛车。罗恩说："看，法拉利赛车的轮胎不合规。那是光头胎，胎纹都磨光了。"我对罗恩的看法表示赞同，而且我还第一次看到了赛车的导流板，看起来也不合规。为什么这么说？规则要求从底面看赛车时，赛车的下表面必须是一个平面，也就是说任何凸出的车体部件的下方，都要安装一块投影底板。看到那些导流板的投影底板时，我觉得那些底板没有那么大，遮不住导流板。

接着我们去找FIA的技术主管查理·怀汀。查理弯下身子看了赛车，找到我们，对我们说："我觉得轮胎没问题。但是，艾德里安说的是对的，导流板确实犯规了。"

车一直停在停车管制区里，最后我们得到消息，法拉利的成绩取消。原因是侧箱导流板不符合规则。

罗斯·布朗在电视上承认，车队犯了一个很愚蠢的错误，而且侧箱导流板确实犯规了。就这样，因为法拉利车队的成绩取消，米卡成了锦标赛冠军，迈凯伦车队获得车队冠军。

之后法拉利进行了抗议。现在我们知道，法拉利抗议是受FIA（不愧是法拉利国际后援会）主席麦克斯·莫斯利怂恿。

多年后，我曾和麦克斯说起这件事。他的说法是，当时是我们迈凯伦车队把法拉利骗进坑里的：我们早就知道他们的侧箱导流板违规了，但是一直等到他们超过我们的时候才提出抗议。

这显然是无稽之谈。那个赛季一直到马来西亚站之后，我才得到机会，仔细观察法拉利的赛车。就算麦克斯说的是真的，也无法改变法拉利使用违规侧箱导流板的事实。

和之后上诉法庭的听证会比，历史上西班牙的异端裁判所简直就是在做好人好事。遗憾的是，为了不再吃法拉利的官司，在这里我不能展开更多细节。就说一件事：FIA的技术主管查理·怀汀"度假"去了，所以无法出席陈述他的观察结果。反正先前的赛后裁决被推翻了。之前我们还以为自己是冠军的，然后冠军就这样没了。实际上，车队很容易犯像法拉利车队这样的错误；真正把我惹毛了的，是法拉利在被公开取消成绩后，却未受到任何处罚这件事。我敢肯定，如果我们车队犯下类似错误的话，绝对不可能受到这样的待遇。我们带着这样的沮丧心情，和遭受不公后的屈辱，进入了赛季的最后一场比赛，决心要战斗到底。

练习过程中，埃尔文撞车，导致他排位排名第五。排位最后结果是舒马赫在杆位，米卡第二。法拉利这场比赛的策略，肯定是想办法让埃尔文紧贴在米卡后面。积分榜上埃尔文有4分的领先优势，所以他不用跑到米卡前面去，但是如果最后结果是像发车时的排名，即米卡第二，埃尔文第五的话，冠军就是米卡。

周六晚上我们坐下来讨论了各种可能的情况。如果舒马赫这样开，我们应该如何处理？如果埃尔文那样开，我们又该如何应对？当时米卡也在场，我们一群人挤在铃鹿赛道围场上方的一间很小的办公室里（办公室的墙壁都是白色的），花了一个多小时时间，来讨论大家能想出来的一切应对策略，最后米卡一声不吭地站了起来，离开了屋子。其实，他这么做是对的。最后讨论的情况太过复杂，此时，在自信心和芬兰人不合群的性格的驱使之下，米卡做出了上述举动。我觉得，米卡肯定是在想：不管那么多，直接赢就是了。米卡就是拥有这种心态的人，这也让他成了一名伟大的车手：之前有人和他说他是冠军，没过几天冠军又没了，一番曲折过后，他能顶住压力，毫不露怯地面对比赛。能做到这样的车手不多。

我非常喜欢米卡。米卡属于很典型的芬兰人，如果一件事能用一句话说完，绝对不会说第二句——但几杯"芬兰干白"（伏特加）下肚之后，他就会打开话匣子。和他一起共事非常愉快。只要设计师愿意花时间，去理解米卡对赛车有什么要求，为了这份信任，他会涌泉相报。米卡的做事风格，和阿兰·普罗斯特、塞巴斯蒂安·维特尔相比完全相反。我们工程人员问完车手关于赛车操控性的问题之后，米卡转身就走，相信我们能想出办法，解决问题，到下次驾驶时再出现，不管是排位还是正赛，米卡都是这样。在研究赛车的相关数据时，车手有时会在数据中失去方向，导致驾驶方式变得死板，就像是用方法派去演戏，而不是凭借自己的感觉驾驶。从成绩来看，两种思路都能取得成功。

米卡赢得了比赛。比赛伊始，米卡就在和舒马赫的较量中占据领先，最后以比他快5秒的战果结束了比赛，锁定自己的第二座车手冠军奖杯。舒马赫排名第二，比舒马赫慢了一分半的欧文排名第三。遗憾的是，如果不是因为车祸的话，DC本可以获得第三名。

最终法拉利赢得车队冠军，这是自1983年来法拉利的首个冠军。但即使这样，我们也为米卡的成绩感到骄傲。他的驾驶技术卓尔不群，这个冠军实至名归。通过自己的努力，米卡成功吸引到了法拉利的注意。

而我，在经历了这样的一个赛季后，我已经受够了。侧箱导流板事件是赛季的一个缩影，整个赛季让我心力交瘁，还影响到了我的婚姻生活。

为了放松，我和玛丽戈尔德去迪拜玩了一周，结果还是没能让我从压力状态解放出来。之后罗恩组织我们去拉斯维加斯，观看伦诺克斯·刘易斯对阵伊万德·霍利菲尔德的拳击赛。我们住在百乐宫酒店的一间套房里，套房很不错，带有全景落地窗。观看比赛时，我们坐在第一排的位置。那天，玛丽戈尔德和丽莎·丹尼斯（迈凯伦车队老板罗恩的前妻）穿的都是白色的衣服。即使衣服上溅了血，丽莎还是兴奋地高喊助威，像是加州女牛仔一样。玛丽戈尔德虽然没有那么开心，但是总体来说，这趟旅行还是很精彩的。即便如此，这次休假也没有让我觉得放松多少。

第57章

2000赛季的赛车，是1998赛季赛车进化三次后的作品，整体上极具竞争力。当年赛季还剩两场比赛时，米卡在车手积分榜上名列第一，领先第二名舒马赫2分；车队积分榜上，我们迈凯伦车队排名第一，领先法拉利车队4分。可惜我们因为机械稳定性不足的问题，最后功亏一篑。赛季倒数第二场比赛美国大奖赛中，原本拥有绝对领先优势的米卡，因为发动机故障，被迫退赛。最终舒马赫获得第三个车手冠军，法拉利车队则成功卫冕车队冠军。之后的四个赛季，舒马赫和法拉利包揽了全部车手和车队冠军。

对我而言，2000赛季让我印象最深刻的一件事发生在8月份。我和玛丽戈尔德，以及马丁·惠特马什和他妻子黛比，受罗恩邀请，去他在法国南部的别墅做客。

大家一起坐在别墅泳池边。罗恩对我和马丁说："在未来，我打算让你们俩接管迈凯伦。我退位，你们来管理车队。"

"好吧，听起来太棒……了。"我清了清嗓子，"那具体是什么时候呢？"

罗恩说："其实，具体时间我还没想好。但是，我需要你们的承诺。你们有打算肩负这份担子吗？"

出乎意料的是，马丁答应了他，向罗恩献忠。但我觉得自己并没有这样的打算，所以答道："我没有。罗恩，抱歉。虽然在这里工作我很开心，但是我不能向你保证自己会一直待在这里，等到你退休。"

那天下午，法国南部的一阵凉风，掠过泳池表面。罗恩身上有很多优点，但是也有一些弱点，其中之一，就是罗恩期待手下对他怀有毫无保留的绝对忠诚。因为我没有表现出他期望的忠诚，所以我们的关系迅速降温。从那以后，局面与原来大相径庭。粉刷办公室我还能接受。但不仅降工资，还让我跪下来心怀感激地接受？这就是另外一回事了。

从法国别墅回来之后，罗恩冷落了我9个月。之后，因为我之前签的劳动合同快到期了，所以双方开始协商新合同，本来我还挺乐观的。毕竟原来迈凯伦车队只能偶尔赢几场，现在成了冠军的有力竞争者。

但罗恩不这么想。最后他开出的薪水比我之前几个赛季挣得还要少。老实说，事前我完全没想到会是这样。可能有人会说，反正也不少，不管最后数字多少我都应该知足，但道理不是这样讲的。在我的帮助下，公司走向繁荣（更多赞助、奖金，车队收入全面上升），过去十个赛季，车队胜率达50%，但是我的奖励却是……降薪？

罗恩说："要么签，要么走。"

我说："这合同我不会签的。"

谈判就此陷入僵局。

正好当时我在印地赛车的老朋友，鲍比·拉哈尔（Bobby Rahal），给我打了个电话。鲍比在捷豹赛车担任总经理。

我们见面时，他对我说："我想邀请你加入我们，开个价吧。"

我们聊了聊车队的愿景和财务状况。每当碰到这种情形时，我都要确定车队的投入程度有多高。他们是否想成为冠军的有力竞争者？有没有与目标匹配的资源？两人还聊到了薪水。

鲍比说："我们开出的工资是X英镑。"

这个数，和我在迈凯伦车队拿的薪水相比，高多了——是我在迈凯伦工资的2.5倍，高得有点出乎意料。固定工资，没有奖金，但是我能接受，我自己本来也有换工作的想法：2000赛季我们之所以错失冠军，主要因为发动机稳定性不足的问题，这部分工作不归我管。

达成初步一致意见后，两人决定以后再聊；同时，和罗恩的谈判仍旧毫无进展。鲍比和我又见了一面，但这次除了他之外，还有尼基·劳达。

这让我有点吃惊。我不知道尼基在捷豹。在他传奇车手的盛名之外，在商业上与人竞争时，他也以不择手段而"闻名"。

虽然如此，但是我相信和鲍比共事的话，不会有任何问题：因为福特在资金上的支持，车队拥有成为冠军所需的资源（而且还开出了让人难以拒绝的薪水）。玛丽戈尔德和我一起协商福利待遇事宜，最后协商结果我很满意。之后我们又见了一次——这次尼基不在——我和鲍比达成共识，我还签了一份意向书，表示我同意加入捷豹。

第二天，我走进罗恩的办公室，对他说："罗恩，我有事要和你说。新合同的谈判一直没结果，所以我决定加入捷豹。"

罗恩一听，脸色一灰，成了他办公室的颜色。他说："你不能去。"

我说："我想走就走。"

"我不想你走。"

我说："你真这么想的话，为何之前谈判那么不配合？"

说完之后我就从公司走了。下午我没去上班，去接夏洛特和汉娜，带她们去沃金的电影院看《木乃伊归来》。

和其他有素质的观众一样,我一坐下就把手机关了。我不知道的是,在我欣赏木乃伊回到现代世界,看得津津有味时,外面早已沧海桑田:罗恩知道我和他妻子丽莎关系不错,于是把专机开到法国南部把妻子接回来,一起商讨作战方案。然后他又和玛丽戈尔德打电话,一番长谈后,说动她给我打电话发信息。当我从电影院出来看手机时,发现有一长串未接电话、一堆未读信息以及被塞满的语音信箱。

回到家后,玛丽戈尔德说:"罗恩还想要争取一下。"没过多久,他就和丽莎一起到了我家门口。大家一起坐下来聊了很久,罗恩先是骂捷豹,说他们不可能成功,然后还警告我,在捷豹内部,尼基与鲍比正处于权力斗争之中:如果尼基赢了的话,我是否仍然愿意在尼基手下工作。最后,他还问我,怎样可以让我留在迈凯伦。

我说:"从长期来看,我想参加一些赛车以外的项目。"

"比如?"

我说:"赛车这项运动吸引我的一点在于,它既涉及人,又涉及机械。我不仅要和同行竞争,还要同车手合作。此外还涉及很多不同方面,机械设计、空气动力学、布局设计,所以每天都会有新的工作内容……"

罗恩看着我:"所以呢?"

"正是这种人与机械结合、包含竞争的特点吸引着我。问题是,在赛车运动之外,还有哪些投入巨大、要求人与机械结合的运动呢?每年研发投入几百万英镑的赛事,除了赛车之外,就是美洲杯(全称:美洲杯帆船赛)了。如果能加入美洲杯的话,就完美了。"

最后我和罗恩都同意签合同,其中有一条款,大致意思是,两年后如果我个人想减少自己在一级方程式的参与程度,转投美洲杯的话,罗恩会想办法,筹钱让迈凯伦参赛。他能同意我完全没想到。如果筹不到足够钱的话,他至少会出50%的钱。新开出的薪水和捷豹的薪水旗鼓相当。

这时丽莎发话了。她是一个很有魅力的人。她说:"疯子才会拒绝。"新的条件,让我感觉到自己的价值在迈凯伦车队得到了认可。

他们两人这样一唱一和,向我发起魅力攻势。约四五个小时后,我和玛丽戈尔德退回厨房,两人私下商量。这样的条件,可以说相当优厚。

我们得出的结论是,不管什么原因,罗恩必须要让我留在车队——可能是因为和某位赞助商的合同里有这项要求。可能有人会问,那为什么他一开始那么强硬呢?我也不知道。

可能他一开始自作聪明，觉得我除了迈凯伦没其他地方去。也可能是因为我没有向他献忠，所以他要惩罚我？在他说服我的过程中，做得最成功的一点，是告诉我鲍比和尼基之间的权力斗争。愿意加入捷豹的主要原因，是因为我和鲍比之间的关系。在一支车队里，车队经理和技术主管之间的关系良好，对车队的成功而言，至关重要。我不想加入车队后，成为在这场权力斗争中福特势力下的一颗棋子，不愿意拿自己的生涯冒这么大风险。我和玛丽戈尔德回到客厅。

我告诉罗恩："行，我留下来。"

这一决定是有代价的，之前答应了鲍比，但是最后没去，我很过意不去。知道我的决定后，他非常失望。好在一年后，两人不计前嫌，重归旧好。直到现在，我们还是关系很好的朋友。罗恩是对的，之后鲍比在捷豹只待了两个多月，就被扫地出门。接下来几年，捷豹车队管理层大换血，证明之前不加入捷豹是正确的决定。自从福特从杰基·斯图沃特手里买下车队后，一直干预车队的运营——这样的做法是不可能成功的。

所以罗恩让我留在车队。但是他心里仍旧有情绪。事实是，他的一位员工已经成为车队不可分割的一部分，而且在他看来，他被我勒索了。这让罗恩非常不悦。当时我不知道的是，他要马丁想办法，确保类似情况不会再次发生。

马丁的解决方案是在迈凯伦车队的几个工程部门里，引入矩阵式组织结构。这样的做法不够人性化，给部门负责人和"性能创造专家"（员工私底下叫他们"毛拉"，这个词本来是指伊斯兰教的渊博学者）带来了很多不必要的麻烦。

最后也没达到预期效果。此外，办公室还搬到了新地方，由诺曼·福斯特设计的一间工厂。

按理来说，新地方应该很不错，但是事实并非如此。想知道为何是这样，需要先了解罗恩·丹尼斯是一个什么样的人。罗恩办公室里一般会摆几堆纸，整齐摆放在桌面上。了解他最直接的方式，是坐到他的办公椅上，把纸堆挪动几毫米。罗恩知道后，会花几个小时的时间，确保纸堆回到原来的位置。

他就是这种性格的人。罗恩非常强调整洁干净，这本来是优点，但是如果太过的话，就会变成无以复加的控制欲。

在我看来，新地方因为灰色的涂刷和太过整洁，显得压抑。让人想起弗里茨·朗的电影《大都会》中的一个场景：一排排的书桌，整齐摆在一起。像是历史上帝国时代的产物。包括我在内，很多人都认为，在这样的环境里很难进行富有创造性的工作。我们刚搬进来时，罗恩甚至连水杯都不让放在办公桌上，更不用说茶、咖啡，或者个人物品了。有人告诉他不让员工在办公室喝水的规定是违法的，所以他撤销了这项规定，但仍然不让员工喝茶或者咖啡。至于个人物品的话，只能在桌上放一张家人合照，但是下班之后照片必须放进抽屉。

要去上班的地方，必须先下螺旋形楼梯，走过一段地下通道。通道的地面是灰色的，墙则是白色的。感觉像是奥威尔式电影里的场景。走过通道后，再上一段螺旋式楼梯，才能进入建筑中部的车间楼层。

我特别讨厌走地下通道，所以每次我都从楼外草坪绕过去，跨过室内步道，穿过比赛卡车停车场，进入车间。在地下室看监控的工作人员，经常在视频里看到我这么绕路走，还给我发了一封邮件，警告我如果我不按照规定路线走的话，会遭受"内部处分"。这也管！

第58章

不难想象，在如电影《大都会》一般的迈凯伦新址里，我很难发挥自己的才干。2002赛季的赛车是工程部门矩阵式组织结构生产的第一台赛车，赛车设计得很糟糕，也不是我自己最满意的赛车。2003赛季，车队想尽力赶上法拉利，采用了一套新的设计。新设计的整体布局紧凑，搭配新的空气动力学思路。车队对新赛车寄予厚望。

最后赛车还是有很多问题。我再次陷入和之前类似的困境当中：风洞测试结果显示赛车表现强劲，和上赛季赛车相比性能本应大幅提升。但赛车进行赛道测试后，却发现赛车气动性能非常不稳定，让我回忆起1989赛季在莱顿车队，以及1994赛季初始在威廉姆斯车队（让塞纳觉得不好开的那台车）这两段不愉快的经历。

我加入迈凯伦时，车队空气动力学部门负责人是亨利·杜朗。他离开车队之后，我任命彼得·普罗德罗姆为新任部门负责人。我和他一起努力寻找问题究竟出在哪里。新办公室的顶层，是车队自己的风洞。新设计的赛车理应要比现有的MP4-17快得多。实际上却慢一些，而且车手也反映赛车不稳定。

2003赛季期间，我们试着找出MP4-18赛车的问题到底在哪儿。在赛道上，车手驾驶着升级过后的MP4-17赛车。最后车队的成绩，反而比我之前估计的要好得多。大卫赢得了几座分站赛冠军，包括摩纳哥站。米卡由基米·莱科宁代替，他的优异表现使得迈凯伦车队依然是冠军的有力竞争者：到赛季的第六站为止，在车手积分榜上，我们反而排在舒马赫之前。不管是做事方式，还是行为举止，米卡和莱科宁都有很多相似之处。他们两人都深信自己是世上最快的车手，也都依靠自己的感觉驾驶。可能因为在他们的祖国芬兰，就连出租车司机都是靠漂移过弯。

在纽博格林，原本大幅领先的基米，却因发动机故障而退赛。梅赛德斯发动机的可靠性堪忧。2000赛季，我们就因为这个问题，错失冠军。结果这个赛季我们又受到了相同问题的困扰。

如前文所说，当时梅赛德斯发动机是由伊尔摩公司制造，公司由马里奥和他的合伙人保罗·摩根一同经营。1998年到1999年的时候，他们的发动机动力最为强劲，稳定性虽然不是百分之百，但是也能接受。不幸的是，2001年时保罗逝世。保罗是老爷飞机爱好者，拥有一架霍克海怒战斗机。该型号战机是二战期间飞得最快的活塞发动机战斗机。从飞机名字就能看出来，这是一架海军战机，其设计方便飞机在航母甲板上起降。飞机动力强劲：当飞机前轮陷进草场跑道的车辙时，如果飞行员给足油门，飞机会前空翻。

保罗的飞机就是这么出事的。他降落在当地的西维尔机场，结果飞机前轮卡在机场的灌水槽里，为了让前轮从水槽里出来，他猛踩油门，结果飞机机尾前翻，导致保罗在事故中丧生。享年52岁。

这场悲剧不仅带走了保罗这位伟大的工程师，还让伊尔摩失去了主心骨。生前保罗是公司的总经理，他的逝去，把公司的技术主管马里奥推到前台，开始管理公司的销售、管理与运营方面的工作，这让马里奥分身乏术，导致他们生产的发动机性能下降、稳定性的问题更为凸显，让我们车队在与法拉利和宝马车队的竞争中落入下风。

与此同时，在公司的风洞里，我和彼得觉得我们已经发现了赛车空气动力学方面的问题究竟出在哪儿：问题和车架以及侧箱正面的形状有关，导致气流在到达侧箱前面时，呈三角翼形，这样形状的气流很不稳定，在某些情况下会成为乱流。想缓解这个问题，可以缩短前翼的长度，但这样一来又会导致赛车产生的下压力减少。最好是重新设计的车架和侧箱的形状，以解决车翼上方高压气流停滞不动的问题。但如此一来，我们就要再设计一个新的车架。在各大车队新赛季赛车的开发过程中，重新设计车架这种事原本是再正常不过的事情。但是车队里有另一种声音。马丁和另外两位"毛拉"——帕迪·洛维和帕特·福莱觉得，通过开发，可以让目前的赛车变得更加稳定、更富竞争力。工程部门的意见分为两派：车队是该修改单体壳和侧箱的形状，通过解决赛车空气动力学的问题，来解决稳定性不足的问题（在我看来解决空气动力学问题是解决稳定性问题的关键）；还是应该直接发现赛车的稳定性问题，然后试图在未经比赛，而且不招人喜欢的MP4-18赛车解决这些问题，以提高赛车的性能？

马丁让我和工程部门的所有领导、"毛拉"聚在一起（包括尼尔·奥特利，现在担任一支车队的执行工程总监），开会讨论。马丁主持了这次会议。在简单讨论后，马丁决定举手表决选择哪种方案，把我吓一跳。其实在投票之前结果就已经内定了，马丁知道最后结果肯定不是我提出的方案。那些"毛拉"都投给马丁，而车队的主设计师麦克·考夫兰、彼得·普罗德罗姆和工程部门领导，都支持我。尼尔根本不知道该投谁，这么要求他根本就不公平。我承认自己当时有些失态，直接对马丁破口大骂，破门而出——事后回想起来，觉得自己这么做一点都不光彩。我之所以这样，不光因为我觉得他们的思路是错的，更因为我自己的想法居然以投票的方式被否决——自己车队技术总监的职位被罢免了。罗恩以这种方式，报复我在游泳池的事，以及捷豹门事件——让我不解的是，他愿意以危害车队的利益为代价，就为了报复我？于是，我们的车手驾驶着MP4-19A（实际上就是MP4-18赛车，只不过更换了侧箱导流板），开始征战2004赛季。结果事实证明，赛车性能极差，而且操控性也不高，导致迈凯伦车队在2004赛季开局不利——差不多是车队十年间最差的开局。

最后大家都意识到之前的决定是错误的，而且我们要立刻采取补救措施，罗恩也终于同意为赛车设计新的单体壳，此时车队已没有时间去改造赛车的冷却系统了。所以最后赛车仍旧不是我之前九十月份所设想的样子。但好歹我们终于走到了正确的道路上。换上了新单体壳、新悬挂和新车体之后，赛车终于在赛季的第14站，斯帕赛道亮相。迈凯伦一举摆脱之前的颓势，赢下斯帕站冠军，一次精彩的逆转。不过还是可惜，如果我们一开始就用那辆车的话，这原本可以是一个很美妙的赛季……

第八回合 | 怎样创造MP4 20

第59章

2004赛季，有件事让我激动不已、灵感迸发：在之后的一个赛季，比赛规则会大改。FIA一直在尝试让赛车越来越慢。2005年，FIA对赛车的空气动力学方面做出进一步的限制，其中主要一条是将前翼的高度提高50毫米。

这个高度听起来似乎没多少，但实际上影响巨大，因为前翼本身的气动性能，以及气流掠过前翼之后的结构，很大程度上决定了赛车的整体气动性能。

如果气流从前翼出来之后不够平稳，无法与前轮和前悬挂产生良性互动的话，从前轮和悬挂掠过的气流会更加不平稳，导致车身的气流质量也很差，继而使赛车的整体气动性能下降。

要说赛车上最重要的空气动力学部件，就数赛车前翼，因为前翼处会产生赛车所需要的前下压力。设计前翼的关键在于，既要让其产生足够下压力，又要保证前翼对掠过车身的气流产生尽可能小的干扰。

要设计出这样的前翼并不容易，更何况规则对于前翼的限制越来越多。这也是为什么，如今赛车前翼会变得那么复杂、精致。现在一级方程式赛车的前翼就是一件艺术品，这一复杂的部件不仅能产生下压力，还能整理掠过前轮和车身其余部位气流的涡结构。

为了研究如何设计抬高之后的前翼，我们利用CFD来理解赛车周围的气流结构。CFD是计算流体力学（computation fluid dynamics）的缩写，是一门利用数学计算，来模拟赛车的气动性能的学科。模拟过程中涉及大量的计算。运行这些计算，我们需要性能强大的计算机。在当时，人们才刚开始利用计算机模拟作为设计与研发辅助工具。早期模拟软件显示，气流掠过前翼端板，形成涡流之后，会直接撞到前悬挂的下悬架叉臂上，打乱赛车的整体空气动力学布局。

模拟结果出来前不久的时间点上，我和家人一起去巴巴多斯，开始了为期十天的假期。之前在度假期间我都会很有创造力，这次也不例外。

躺在沙滩上时，我开始思考前翼抬高后，会对气流结构产生怎样的影响。前翼抬高不仅会让赛车失去部分前下压力，还会进一步增大翼尖涡与地面之间的距离，直接让翼尖涡撞上悬架叉臂。

很快我就想到了解决方案。办法非常简单。升高前悬挂下叉臂的安装位置，之前下叉臂指向前轮辋底部，在提高大约120毫米后，下叉臂的指向差不多在前轴中心线的高度，然后将叉臂悬置安在底盘底角的位置。通过底座的刚度来抵消叉臂大幅升高后，叉臂比刚度的损失。

为找到赛车气动性能和结构布局之间的平衡点，度假期间我通过传真的方式与公司沟通。我和公司之间来回发送图纸，整个假期期间在酒店房间度过的时间，比在沙滩上

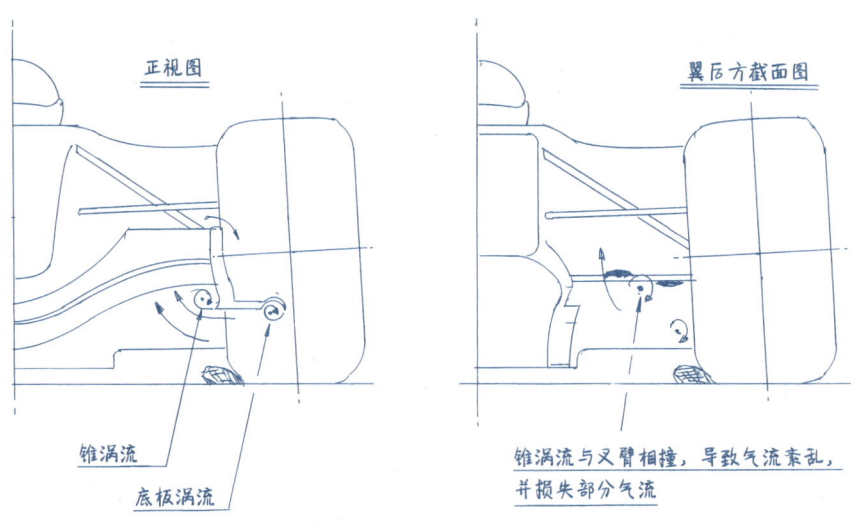

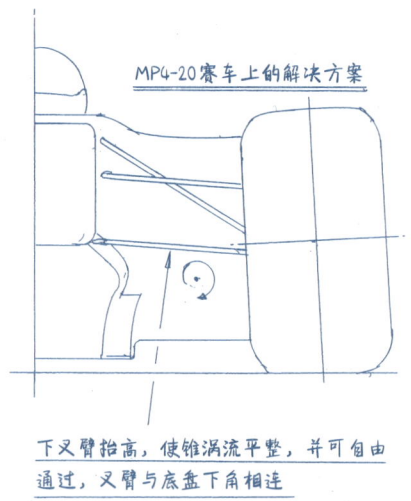

图16 规则要求前翼提升50毫米后，我们车队通过上述方案，在MP4-20赛车上解决了一系列气动难题

的时间还要多,整个假期里效率非常高。传真会送到酒店前台,我看了之后,会在传真上做记号,快速写下一些笔记,然后把图纸传真回车间,类似过程不断反复。

看到我在假期期间工作,玛丽戈尔德很不悦,孩子们也感觉自己被忽视了。但在这十天的时间里,我和同事们取得了很多进展。

我从假期归来之后,除了要解决升高下叉臂悬挂的问题外,还要处理我们所谓"圈翼"这个部件,圈翼从车架两侧出来,然后延伸到车体箱底部。在圈翼、升高后的前下叉臂,还有其后侧的侧箱导流板的共同作用下,之前因为前翼升高而损失的大部分下压力,又被我们找了回来。

我们进一步深化了在19B赛车上实现的设计哲学,将龙骨设计成一条平滑的曲线——垂直的龙骨从中间将赛车一分为二,从车手大腿底侧起,一直延伸至车手背后。当时的龙骨的前端会超出侧箱正面所在的水平面,但是这样的设计会导致赛车所受的压力增大,而压力增大的问题曾导致18A赛车表现不佳。在19B赛车上,我们缩短了龙骨凸出部分的宽度,让龙骨前端与赛车后半部分的可乐瓶形车身,形成一个更平滑、连续的整体。抬高悬挂这样的设计有一点很关键:我们的对手不可能在2005赛季抄袭我们的设计,想这么做,需要全新的车架。但是我们在这方面的优势只延续了一个赛季,第二年所有排名靠前的车队都"复刻"了我们的设计,这件事虽说有些扫兴,但我们还是对自己的设计感到自豪。

赛车换挡系统的改进,让赛车性能在之前基础上,更上一层楼。一位非常聪明的数学家盖尔斯·伍德和一位"毛拉"蒂姆·高斯一起构想出了这套改进方案。

当时所有的一级方程式赛车用的都是序列式变速箱。在序列式变速箱里,有绕着动力输出轴旋转的主动齿轮,还有与每一挡位对应的挡位齿轮,动力在主动齿轮与挡位齿轮之间的传输,必须先依靠"狗牙"(挡位齿轮上的城垛形凸起)与"狗环"(拥有城垛形凸起的圆环,通过花键的方式,与主动轴连接)的耦合。赛车升挡是通过车载电脑实现的。首先,车手通过拨动拨片发出指令,通过熄灭火花的方式,降低发动机扭矩;随后,液压控制系统介入,分离已耦合的狗齿与狗环,等待目标挡位齿轮和主动齿轮转速匹配时,再让狗齿和对应狗环耦合。

上述步骤的问题在于,换挡时需要等发动机转速降到合适区间才能让齿轮耦合,等待时间过短的话,会损坏狗齿。一般需要等待0.1秒,期间赛车无法加速。一圈下来一般要升挡25次,把这个数乘以每次升挡时损失的加速时间,再将乘积与"完美换挡"(无扭矩损失的换挡)所需时间相比,可以得到一个理论数值。相比之下,一圈下来

"完美换挡"要快0.35秒，差异显著。

我们计划在2003赛季实现"完美换挡"功能，为此，车队开始研发一套双离合变速箱，如今人们称之为DSG。新变速箱的开发，是"我们该如何击败法拉利车队"科技战略的一部分。DSG拥有两根轴，一根上都是奇数挡位的齿轮，1-3-5-7挡都在这根轴上，另一根轴上都是偶数挡2-4-6。每根轴都有独立的离合器。假设电脑已经预测到，下一次换挡将从三挡升到四挡时，会提前让四挡准备好。当车手下达换挡指令时，赛车不再降低发动机扭矩，而是直接让偶数挡位杆与主动杆啮合，让奇数挡位杆脱轴。原本换挡时损失的能量现在由离合器吸收，如此一来，在赛车换挡过程中，也能继续加速。

我们原希望在2004赛季开始时，用上这套DSG系统，马丁和其他"毛拉"认为，经过DSG系统升级过后，MP4-18赛车所拥有的圈速优势，足以让它征战2004赛季。但他们的想法失败了，有两个原因：首先，这套系统还没准备好；其次，DSG变速箱又大又沉。因为换挡十分顺滑，所以现在很多顶级跑车都用DSG变速箱。但用DSG变速箱的后果之一是，变速箱的重量由原来的90千克，升至150千克。

但是，2004年夏天在斯图加特的梅赛德斯工厂，用一台原型车在马力机上进行瞬态工况法测试时，盖尔斯和蒂姆意识到，如果能实现奇数挡位杆狗环和偶数挡位杆狗环的独立控制，同时利用精妙数学工具，预测狗齿在什么位置处于换挡就绪状态的话，就不必再用两根杆或者双离合了。恍然开悟后，我们拥有了一台全新变速箱：新变速箱不仅拥有DSG变速箱的圈速优势，和传统变速箱相比，其重量和体积也只是略微增加。

赛前测试期间，装上新变速箱的赛车非常快，一骑绝尘，同时基米也反映，赛车开起来很稳很舒适。新变速箱一开始碰到了一些啮合问题，解决之后，运转良好。这样的开头让大家深受鼓舞。

赛季开始后，我们发现虽然赛车表现出了一定潜力，但是没能展现出所预期的表现，大家开始持谨慎乐观态度。在澳大利亚站上，我们只是拿到了第六和第八名。马来西亚站中也只是第四和第九而已。

当时基米的队友是巴勃罗·蒙托亚。在赛季第二场比赛马来西亚站之后，蒙托亚"打网球"时脚崴了，太丢人了。蒙托亚伤退期间，我们先后让佩德罗·德拉罗萨和亚历山大·伍尔茨顶替他。

赛季第三场比赛在巴林，比赛中赛车性能进一步提升。佩德罗虽身为替补，却创下比赛最快圈速的纪录。随着设置的不断优化，**赛车慢慢展现出应有潜力**，但这个过程花了不少时间。

赛季第四场比赛在伊莫拉，基米夺得杆位。但正式比赛刚开始，基米发车时发动机转速高得前所未有，使赛车变速系统过载，导致传动轴接头受损。比赛就这样结束了。车在赛道上一动不动。

这样的事情发生后，可以从两个角度来看。如果赛车足够结实的话，完全可以承受如此粗暴的驾驶行为。而且如果我们能事先预料到的话，也肯定会把车造得更结实。问题在于，在这之前从来没有任何一位车手做过类似的事情，所以相关问题也从没发生过。有点像1991赛季奈杰尔在蒙特利尔站上赛车熄火那次一样。

反正这件事之后，峰回路转。

第五站西班牙站上，基米夺得杆位后获得冠军，这也是这台车的第一个分站赛冠军。在经历过上赛季的政治阴谋后，这个冠军为车队带来莫大鼓舞。当赛车终于发挥出应有潜力之后，我们连战连胜。车队获得摩纳哥站杆位，并在之后获得冠军。巴勃罗随后归队，但并未完全恢复。

就这样，我们去了美国……

第60章

2005赛季，一级方程式的美国大奖赛成为体育史上最富争议的赛事之一。

从表面上来看，在印第安纳波利斯赛道举办一级方程式比赛的决定十分合理。赛道可以容纳非常多的观众，声名享誉海内外。在这里举办比赛的弊端在于，赛道并不合适。赛道之前是作为一条超级赛道而闻名，也正是因为这一点，为之后2005赛季的错误，埋下了祸根。

超级赛道和一般赛道的区别在于，超级赛道一圈之中只有四个斜坡弯，入弯时赛车速度都很高，弯角周围也没有缓冲区。所以，如果出现驾驶失误或者赛车故障的话，赛车会直接撞到赛道外围的围墙上，发生重大事故。类似事故在这些超级赛道比赛中时有发生。

一级方程式赛车根本就不是围绕那样的赛道设计的。不可能将超级赛道略微修改后让其变成一条一级方程式赛道，甚至投入使用，这么做太危险了。自2000年美国大奖赛在印第安纳波利斯举办以来，他们一直在改造赛道：他们在内场加入弯曲路段，斜坡弯的数目，由原来的四个，减少到了两个，其余两个弯现在被改造到了椭圆的内部。这样设计的赛道既不流畅，也不好开。

这是整个事情的背景。车队6月份到达美国，在前期练习阶段，我们的赛车跑得很快，让我们以为和对手相比我们已经占据了一定优势。

但是，有一件事引起了我们的担忧：迈克尔的弟弟拉尔夫·舒马赫在过斜坡弯时发生严重事故。拉尔夫本人并未受伤，但是车辆遭受猛烈撞击，显然是由轮胎故障导致。

调查后，米其林发现，斜坡弯给赛车施加了相当大的负荷，使后胎的胎侧受到驻波的冲击，拉尔夫赛车后胎导致爆胎。驻波使轮胎胎侧出现高频失真现象，导致轮胎内部的钢制帘线失效，造成灾难性后果。随后大家逐渐意识到，使用米其林轮胎的赛车大概在30多圈时，就会出现该问题。2005年的新规则规定比赛期间车队不得更换赛车轮胎，新规则不仅遭到所有车队的反对，对于上述问题来说，更是火上浇油。

米其林的人离开现场后，连夜赶工，企图找到问题的解决办法，却无功而返。他们的工程师说，当里程不超过某个圈数时，赛车可以安全驾驶，但如果跑完正常比赛的话，会有安全隐患。

也就是说，排位赛是安全的，但是如果进行比赛的话，相当于是拿着车手和观众的生命在冒险，因为事故发生时碎片有可能会飞到观众席上去。那些使用米其林轮胎的车队面临着以下选择：

（1）让赛车冒着危险参赛，当然，谁都不想这样；

（2）直接退赛，但这样也不太好；

（3）说服FIA改变赛道布局。

我们几家车队一起想出了第三种办法。与此同时，使用普利司通轮胎的法拉利，在嗅到了一丝胜利，甚至夺冠的机会后表示：这是米其林和他们车队的问题，和我们没关系。我们会照常参加比赛。

在双方争执不休之际，FIA终于作出声明：我们不会修改赛道。参加比赛的车队自负风险。

所有使用米其林轮胎的车队都承认参赛存在安全隐患，但想到那些花钱买票的观众，我们都认为至少应该亮个相。于是，车队都同意在起跑前上场亮相，然后在暖胎圈结束前退场，不参加正式比赛。

比赛开始前，我在想是不是所有车队都会遵守我们的君子协议，而且我相信，有类似想法的不止我一个人。最终大家都没有参赛。暖胎圈快要结束时，所有使用米其林轮胎的赛车都进站退场，赛道上只有六辆用普利司通轮胎的赛车。不出所料，法拉利车队轻松摘取前两名，三四名属于乔丹车队，剩下两名属于米纳尔迪车队。对于一级方程式整个赛事而言，这场比赛的后果是灾难性的，对于印第安纳波利斯赛道来说更是如此，想想观众有多愤怒，就能理解为什么所有观众都要求退款。

当然，对于米其林而言这更是一场公关灾难：因为他们轮胎的缘故，美国大奖赛已经不能算是一场正规比赛了。

整个周末让人感觉莫名其妙，这一天是一级方程式历史上灰暗的一天。你问第二年是不是还回那里办比赛？第二年确实举办了比赛，但是意料之中的事情是，观众们都用脚投票，观众席空无一人。

发动机的问题仍旧困扰着我们。马里奥制造的发动机一直出问题，这让我很不悦，但碍于我和他之间的关系，我很为难。赛季中间人们都在猜测车手冠军归属，是基米，还是雷诺车队的费尔南多·阿隆索？最后在赛季倒数第三站，巴西大奖赛上，阿隆索提前锁定冠军——唯一让我们感到欣慰的一点，在于阿隆索终结了舒马赫-法拉利组合多年来对冠军的统治。

之后一场比赛是在铃鹿举办的日本大奖赛，这场比赛被《赛道》杂志评为"本世纪最精彩比赛"之一，它见证了基米传奇般的车技。

开局前基米排名非常靠后。由于周五时发动机发生故障，在之后的排位赛中，基米只获得了第十的成绩。发车时，基米发挥出色，然后使出浑身解数，贡献出了他一生当中最精彩的比赛，并在最后一圈中超过对手，赢得冠军——虽然他知道，即使赢得这场比赛，也不可能赢得车手冠军。这值得人们脱帽致敬。

赛季最后一场比赛在中国，这也是一级方程式首次[1]在中国举行大奖赛。赛前我们只落后雷诺车队2分。可惜事情并未如我们所预想的那样，雷诺首次在赛季后半段的比赛里比我们更快，他们在排位赛中就锁定了前排位置。比赛中，雷诺把我们甩在身后，最后比赛结果一如发车时的顺序，雷诺获得冠军。

这样的结果让我很失落，原本我们是有机会获得冠军的。表面上，我们车队拥有最快的赛车，赛季17场比赛中，我们赢了10场。但是我们既没有赢得车手冠军，也没有获得车队冠军，主要原因，就是多次发生的发动机故障。

虽然没有获得冠军，但是至少我们证明自己有能力设计出一台火星车——对于和赞助商之间的谈判来说，这点很重要。对于我个人来说，这也很重要，因为当时我对迈凯伦车队的运营状况已不抱任何希望。

我的做法是，多和自己认可的工程师一起共事，主要是彼得·普罗德罗姆和主设计师麦克·考夫兰，少和矩阵系统的"毛拉"打交道。即便如此，我也意识到了，我已经到了失去自己设计灵感的处境。创意不再像以前一样唾手可得，我必须要逼自己去想——这不是什么好兆头。

---

1 事实上，2005年是中国大奖赛第二次举行。——编注

第61章

2004赛季时，红牛车队进入公众视野。福特拒绝继续向捷豹车队投资，于是在2004年底，把车队卖给了功能饮料公司红牛。

红牛的老板迪特里希·马特希茨觉得，一级方程式的围场无聊乏味，于是想挑战自己，努力为这一赛事注入更多趣味与魅力，少一些古板。车队一经加入，便吸引了人们的注意：不仅举办大型聚会，还邀请各路模特，红牛甚至还办了一份类似《私家侦探》杂志风格的报纸，名为《红牛快报》，放在围场入口，供人取阅。

那些老牌车队认为整件事就是个笑话，而红牛车队也不过是一支只会寻欢作乐的车队，最多混上两三个赛季就会打退堂鼓，要么因为钱烧光了，要么因为自己觉得没意思了。要知道，现在的红牛和2005年相比，不可同日而语。当时，只有玩滑板和单板的人才会为红牛做广告，这饮料不太好喝，而且也没什么名气。那个时候不像现在，如今加油站的便利店或者酒店房间里的微型冰箱里，都能看到红牛。

除了大闹围场外，迪特里希觉得他需要任命一位新的车队经理。在自己的长期亲信，赫尔穆特·马尔科博士的建议与帮助下，迪特里希开始寻找合适的候选人。只要涉及赛车相关的事，迪特里希最信任的人永远都是赫尔穆特。

根据赫尔穆特的建议，他们看中了一个叫克里斯蒂安·霍纳的人。

克里斯蒂安曾是一名车手，年轻时曾参加过三级方程式和F3000赛事，过程中，和他父亲加里一起创立了阿登车队，克里斯蒂安和另一位车手一起驾驶车队旗下的两辆赛车。最后克里斯蒂安得出结论：他自己与其担任车手，不如去管理那些受红牛资助的F3000车手。对于迪特里希和赫尔穆特来说，克里斯蒂安是车队经理的完美人选。于是两人选他作为车队经理。

之后，他们又选择大卫·库特哈德，作为车队2005赛季的头号车手。因为大卫不如基米快，所以迈凯伦车队放走了大卫，但大卫仍旧是一位经验丰富的顶级车手。红牛签下大卫是明智之举。

随着人选陆续就位，克里斯蒂安决定在原有捷豹技术队伍的基础上进行补强，找人带领技术部门。他知道我名声在外，外加大卫·库特哈德在一旁吹耳边风："想做点成绩出来的话，你需要把艾德里安招过来。"于是克里斯蒂安开始和我接触。他的套路是先通过在围场与我"偶遇"来套近乎。我在路上走，克里斯蒂安"碰巧"在一条道上朝着我走来。"艾德里安,你好你好……"

他会停下来和我闲聊——克里斯蒂安是一个擅长交际、很会聊天的人,我们就这样认识了对方。后来,他又邀请玛丽戈尔德和我,同他和他女友一起,去摩纳哥观看一部《星球大战》电影的首映(我承认看的时候睡着了),通过这种方式来示好。

几次之后,我们熟了起来,我也开始怀疑他是为了招我加入车队才这么做的。

2005赛季前半段,双方一直在接触。当年银石赛道站,我从围场内停成一排的卡车旁走过。靠近红牛车队的卡车时,一位看起来很严肃的绅士身着一件黑色皮夹克朝我走来。他带着德语口音对我说:"我是赫尔穆特·马尔科博士。我为红牛车队效力。你会给我打电话的。"然后他给了我一张自己的名片,原地转身,走了。这就是我第一次和赫尔穆特相见的场景。

我承认自己被他的直截了当吓了一跳(后来我才了解到,奥地利人都是这风格),我就想:有点意思。红牛是一支新生车队。如果车队资金充足的话,相当于从头开始参与组建一支车队。这一点非常吸引我。从很多方面来说,自从加入莱顿车队起,这就是我一桩未了的心愿——每次情形稍有起色,就会被拆台。我效力过两支车队,威廉姆斯和迈凯伦。两支车队实力强劲,远在我加入之前,他们就赢得过很多比赛,多次获得冠军。我会为车队贡献新颖设计理念,但是车队的大致框架已经有了。我只要提供工程创意、管理已有团队就行,不用去想怎样壮大团队。

而这对我来说是一次全新的挑战。

我打电话给克里斯蒂安,告诉他我与赫尔穆特见面的事。大约一周后,大卫·库特哈德、克里斯蒂安和我在蓝鸟俱乐部的包厢里见了一面,讨论红牛车队,以及我是否有兴趣加入红牛的事。

我当然有兴趣了。当时我就决定要离开迈凯伦车队了,随着对这支车队的了解逐渐增多,为车队效力的工作机会也越来越吸引我。除了资金有保障外,车队还是想赢的,而不只是每天聚会。

但我觉得还是谨慎一些为好,向大卫·库特哈德确认,他这么做不完全是因为受红牛车队指使。他向我保证:"艾德里安,不是你想的那样。相信我,这群人来真的。他们确实想做出点成绩来。"

有一件事我们还没谈,就是我的薪水。关于这点,克里斯蒂安和我都选择避而不谈,英国人都觉得谈钱太俗了。直到双方达成一致,带我去红牛位于萨尔茨堡的总部,见老板迪特里希时,才开始讨论钱和合同的事。

去萨尔茨堡的周末感觉很奇妙。本来这次访问应该是尽量低调的，因为当时我还是迈凯伦的员工，不想让迈凯伦方面知道我在接触其他车队。玛丽戈尔德、我、大卫·库特哈德、比弗利还有克里斯蒂安乘坐一架私人飞机，从卢顿起飞，飞往萨尔茨堡去参观著名的"7号机库"——迪特里希名下的这家博物馆，同时也是他的会客厅。建筑分为两个部分，其中一个部分是机库，用来收藏、维护迪特里希的飞机；另一部分是一座造型独特的圆顶建筑，也收藏有一系列飞机。在他收藏的军用飞机里，有一架阿帕奇武装直升机，可能是世界上唯一一台属于个人的阿帕奇。

去的时候我戴了一顶棒球帽加以掩饰，还急急忙忙冲进了藏馆——不想正好撞上一队日本游客，我猜他们肯定也是一帮赛车迷，因为这群人一看到我就开始拍我，上前找我要合影。保密工作就这样付诸东流，好在当时的社交媒体不像现在这么发达。

我们最终见到迪特里希，握手问好。见完面后，他安排了一架特技表演飞机，带我们离开萨尔茨堡，一路上我们晕头转向。周日早上，又安排一架退役了的德国空军水上飞机，把我们带到离萨尔茨堡30多公里外的一处湖上。我们在湖上吃了一顿非常丰盛的午餐，然后又乘坐直升机，与迪特里希进行第二次会面。

直到那会儿，我们还没有谈到薪水的问题。谈工资这种事永远都会有些尴尬，也不是我想加入红牛的主要动机。但是，就像之前说的那样，个人价值可以通过薪水的多少得到体现，这点对我来说很重要。玛丽戈尔德和我事前就商量好了，由她来负责谈判的部分，而我们的报价，和我在迈凯伦车队挣的是一样的，也同样是之前捷豹车队开出的薪水。当他们谈到具体数字的时候我本人都没有参与进去，但是显然最后双方达成了一致。我听到"送他回家"这句话，说这话的人不是迪特里希就是就是赫尔穆特·马尔科博士。

也就是说，几个奥地利人是在一番讨论之后才答应给我提出的薪水。很明显，迪特里希给格哈德·贝格尔打过电话。格哈德事后回忆，说迪特里希在电话里说："格哈德，我们把艾德里安·纽维请到萨尔茨堡来了，但是他要求的薪水很高，怎么办？"格哈德说："取决于你有多想得冠军。"我欠格哈德很大一份人情。

正因为格哈德的劝说，迪特里希没有继续在薪水问题上讨价还价。迪特里希觉得，如果格哈德·贝格尔说我值这个价，那就这么定了。

因为双方已经达成一致，所以当我们从中国大奖赛回来后，我就去找罗恩告诉他这件事。

这次和之前情况完全不一样。罗恩知道我去意已决。即便如此，迈凯伦和红牛对于何时公布消息这件事上仍然没有达成一致，罗恩想尽量推迟公布时间（有人告诉我，说罗恩希望借我的名声，招兵买马，稳定军心），同时，出于同样的考量，克里斯蒂安迫切希望能尽早公布消息。

到最后，我拒绝忍受罗恩的伎俩，我找到他，对他说："罗恩，我离队的消息马上就会传出去，已非我能左右。红牛想要发声明，木已成舟。"

没想到的是，我刚一回到办公桌，就被要求立刻离开办公楼。走之前，只允许我打包收拾东西，然后就派人把我送出了办公楼。我在迈凯伦的生涯，以不快收场。

更让人心酸的是，之前我们设计的赛车MP4-20获得了当年《赛车》杂志颁发的"年度赛车"奖项。作为一项业界盛事，颁奖仪式在伦敦格罗夫纳酒店举办。玛丽戈尔德和我以红牛车队贵宾的身份出席，宴会上我们和红牛车队的人坐在一桌，看着罗恩上台领奖。在他进行获奖演说的过程中，我在想：他会不会提到我的贡献呢？

他提到了我。他告诉在场所有人，我之所以离开迈凯伦，转投红牛，是因为我想要一份平淡无奇、毫无压力的工作，想在红牛这样不成大器的车队混日子。而且，他还说我是为了钱才这么做。

坐在一旁的克里斯蒂安在为我感到愤愤不平的同时，我发现自己想的却是另外一点。我想：现在我知道，离开迈凯伦的决定是正确的。我还回想起多年以前的一件事，当时去参加罗宾·赫德的婚礼，结果我去晚了。好吧，也没有很晚。我到的时候，新娘还没到。我一入场，就听见麦克斯·莫斯利转身对邻座的人说："嘿！看莱顿车队的人来了——慢慢悠悠，老样子啊。"事隔多年，我对自己说了一句一样的话：艾德里安，用成绩证明谁是谁非。

第九回合 | # 怎样创造 RB5

第 62 章

保安在众目之下把我"送"走，之后我和迈凯伦合同到期，遂与红牛签署新合同，迈凯伦并未表示抗议。这次没有所谓的"带薪休假"，因为在迈凯伦看来，红牛车队不构成任何威胁，所以也不用担心我提前离开车队。原计划是在3月1号入职。

正式入职前几周，为了把我介绍给红牛的资深工程师，我们在米尔顿凯恩斯的一间酒吧里私下见了一面。这次会面气氛很尴尬。一位"元老"对我说："艾德里安，我们捷豹车队（居然还觉得自己在捷豹！）有自己的规矩，你既然来了我们这儿，就应该按我们的规矩来。"

他那么一说，我也就那么一听。话说回来，从那句话就能看出来，为什么多年来捷豹车队的最好成绩不过是车队排行榜第七。

抛开我自己的意见不说，人们都会觉得捷豹车队自身的工程师们已经意识到了问题所在，知道之前的工程工艺和思路无法带来突破；而且会对一支前冠军车队成员的加入表示欢迎，因为有机会了解冠军车队是怎么运作的，更何况一年前车队刚易主。但是他们并没有这么想，也没有这么做。

如果读者来自英格兰中部地区，我先道歉，说起来有些奇怪，似乎英格兰中部地区的人会有这种性格：即便各种证据告诉他们并非如此，他们总以为自己的方法是最好的。这样的一种地区文化，为人们带来了如莫里斯·玛丽娜、奥斯汀·奥列格罗，还有指挥官诺顿这样的伟大产品，也导致了目前红牛的局面。从部分员工仍然自豪地宣称自己车队为捷豹车队便可见一斑，车队文化需要从整体层面上进行调整。

克里斯蒂安和马丁·惠特马什商量之后，把我的画板搬了过来。这是我的画板第四次"迁徙"，之前从我法菲尔德的卧室，搬到了迈凯伦的新旧工厂，之后又到了米尔顿凯恩斯。

四年前，我差一点加入捷豹，如今已经在当初同样的工位开始工作。

我一头栽进新赛车的研究和设计工作之中，也就是2007年的RB3赛车。我的第一项任务是进行整体规划，同时还负责为风洞测试绘制启动模型，后者让我忙了将近六七个星期。

我加班加点，以脑海里迈凯伦赛车形状为基础，绘制出了一辆全新的赛车。从法律的角度来看，这么做没有任何问题，因为我是根据脑海中掌握的信息绘制的。但是不能用原公司的材料、图纸、文件等进行设计。F1界曾多次出现商业间谍行为，最为人所知的一次是在2007年，赛事方发现迈凯伦车队通过一位心怀不满的法拉利员工，获取法拉利内部信息时，迈凯伦被罚1亿美元，并扣光了所有车队积分。

总而言之，我所设计的赛车比2006赛季的红牛赛车要强不少，2006赛季的赛车不仅散热不行，而且下压力小，操控性差，变速箱也不够稳定。除上述问题之外，这车没什么不好的。

我还感觉车队需要两样重大研究设施。一样是马力机——之前迈凯伦车队用的是梅赛德斯在斯图加特的马力机，但是红牛作为一支使用法拉利发动机的私人车队，当时还没有渠道，去使用这样一台专业设备。我认为，要想开发出红牛自己的2005赛季迈凯伦快速换挡变速系统，马力机扮演着重要角色。有一家名叫MTS的美国公司，原是多家车队的风洞传送带供应商，表示他们有能力制造该设备，报价在100万英镑。我向迪特里希说明了我们需要购买这台设备的原因，他欣然同意。

我们还需要的另一样设备，即车手交互式驾驶模拟器，之前在迈凯伦车队时，我们就在开发这套设备——相当于一个非常先进的街机游戏，车手可以坐进去，在计算机模拟赛道环境中驾驶。

从工程的角度来说，这套系统的价值不在于训练车手，而是让车队有机会测试不同参数设置。例如，如果我们想评估一套不一样的悬挂几何或者赛车不同气动外形的性能时，可以利用这套模拟器，来评估新改动是增加还是降低了赛车操控性，或者是让赛车更快还是更慢了。

实际上，虽然在迈凯伦车队我们已经开发出了一套模拟器，但测试结果是否可靠，当时并不确定。但看起来这似乎会是未来发展的大趋势——规则上对于测试的限制越来越多，而模拟技术在电影和游戏行业的主导下突飞猛进。

为建造这样一套车手交互式模拟系统，需要一块环绕式3D屏幕，屏幕的作用是模拟车手的视野，使余光所见也与真实情况接近。实现这一点并不难——就像看电影一样，让车手戴上3D眼镜就行。除了画面外，还需要一套音效系统——所需音效通过合成很容易实现，通过车手的耳塞播放出来即可。

这套系统的难点在于其运动系统。赛车在刹车时的加速度等于重力加速度的四倍。要在模拟器上实现四倍重力加速度，运动平台得建成足球场大小。那么大的平台我们实现不了，所以我们采取了折中的方案，用一条很长的跑道，来实现一个重力加速度（也就是说会移动很长一段距离）。

问题在于，在项目开发过程中，我开始持有保留意见，首先不确定车队负责模拟器的团队是否能胜任这项工作，其次也不确定负责建造模拟器的供应商能否顺利完工。同时，我还感觉我在空气动力学创意方面的进展很缓慢，需要花费很长时间才能构思好一个部件。车队里有一种开会文化，每次开会大家都很惬意，互相汇报过去完成了什么，很少讨论接下来应该做什么。此外，我们还浪费了大量时间，去讨论是否要在风洞测试时，使用一套很有可能完全不奏效的轮动系统，可当时整个风洞项目就是一团乱麻。

回顾起来，当时我花了太多时间去设计2007赛季的赛车，没有花足够时间去解决这些核心问题。我觉得人们开始对我阳奉阴违：表面答应得好好的，但是背后却按自己的思路来工作，一如之前在捷豹的工作状态。我怀疑的那几个人，每次和他们对峙时，总会遭到他们的反对。为了了解具体情况，克里斯蒂安和我请来了一位老朋友，简·普尔（Jayne Poole），来解决这些问题。简最先开始在科瑞斯特酒店就职，然后又在霍格·罗宾逊集团步步高升，自2006年秋天起，她开始担任车队的人力资源顾问，每周来三天。之前我就认识简，但是我没有和车队同事说，因为只有工程师以及其他员工不知道，和她交流时才会毫无戒心。不仅如此，克里斯蒂安和罗伯·马歇尔之间也有我的盟友。我还把之前在迈凯伦的彼得·普罗德罗姆，以及盖尔斯·伍德（我见过最聪明的人）挖了过来，之前二人和我关系不错。除了参与快速换挡变速箱的工作外，盖尔斯还在开发车手交互式驾驶模拟器的过程中立下不少功劳，所以他是负责推进模拟器计划的完美人选。

最终简证明我的怀疑是对的，我也裁掉了三位高级工程师。我敢说，裁员这种事情，从来都不轻松。工作氛围的转变就在一夜之间：其他我不太确定的、装腔作势之人的态度大转弯，可能因为之前选错了效忠对象，而且马上领导就要走人，所以见风使舵吧。表面上看，一级方程式是一项强调科技的运动，但归根结底，它其实是一项需要人参与的运动。这项运动的关键之一，在于打造一个良好的工作环境，使得员工能够发挥各自才干，获得提高。

这件事之后，我们还要去寻找新的发动机供应商。如前文所言，之前红牛用的是法拉利车队的发动机，但是性能和参数远不如厂牌车队自用发动机。我与克里斯蒂安和法拉利的竞技总监让-托德会面，但是他明确表示不会向我们提供厂牌车队的原厂发动机。2006年早期，梅赛德斯的V8发动机性能很差，相比之下雷诺的发动机要好一些。于是我们和雷诺负责发动机的技术总监罗勃·怀特联系，他同意为我们提供厂牌车队级的发动机。为了让工程团队内的沟通更顺畅，我成功说服克里斯蒂安，把分散各处的工程办公室，迁到了统一的一层，这样所有人都可以在一间大屋子里一起办公。我还在团队内部建立起了新的开会文化，会上应该做的，是讨论出一套思路清晰的计划和方案，而不是在会上读各种文件，这些工作应该在会前完成。

最后一项奢侈任务是选择车手。2006赛季里，大卫担任车队的头号车手，至于车队的二号车手，红牛车队使用了一套很有意思的系统：他们有两位二号车手，一位是奥地利人克里斯蒂安·克莱恩，另一位是意大利车手安东尼奥·里尤兹。每隔几场，红牛车队就会换一次二号车手，两位车手轮流。克里斯蒂安作为车手很优秀，但是不属于顶尖层次；身为卡丁车手时，安东尼奥的表现堪称现象级，体现出极高的天赋。但是，和很多意大利车手一样，在进入一级方程式之后，逐渐失去光彩，表现一直不尽如人意。

我们开始考虑马克·韦伯。他之前曾为捷豹车队效力，但是双方相处并不愉快，于是转投威廉姆斯车队。我对马克的评价很高，于是我们开始接触他。我们欣慰地发现，马克喜欢与我共事。于是2007赛季的车手组合就此确定。

此外，自从瓦伦西亚的美洲杯帆船赛回来后，我有所启发。我发现因为帆船队的规模小得多，而且可以在比赛地点待很久，所以在各地之间迁移很方便。在结束一天的驾驶后，帆船队会去船厂，和船厂的工程师讨论他们掌握的信息，他们对于帆船有什么反馈和感受，哪些地方可以做出改进，诸如此类问题。

这完全出乎我的意料，因为和赛车行业的惯例截然相反——之前的捷豹（现在的红牛）就是一个反面典型——赛车制造团队和比赛团队之间经常看不对眼，比赛工程师会摆架子，有一种"赛车怎么样我们说了算"的态度，继而让制造团队的工程师们更加恼火。

我们开始考虑是否在米尔顿凯恩斯的一号楼设一间远程会议室，与赛道的控制室相连。如此一来，每场比赛参与进来的工程师，从跟队的五六名，变为所有的制造工程师。两间会议室可以进行视频会议。假设赛车的变速箱出现稳定性问题，比赛团队的人员可以和工厂负责变速箱的专家视频通话，我们还建立了数据传输通道，可以把车上各种各样的传感器以及车载电脑所收集到的数据，实时传输给工厂的工程师团队。

数据传输通道这件事很关键，但实现起来却面临一些挑战。我们找到美国通信行业巨头AT&T，问他们能不能实现这个需求。双方商量之后，他们告诉我们可以实现。

现在红牛很多关键设施都已就位，虽然当中很多还需要两年甚至更长时间才会进入成熟阶段，但是在工厂工作人员的心中，满是期待。

第63章

与此同时，我对经典车的热情有增无减。戴夫·麦克罗伯特（Dave McRobert）开着他父亲的沃尔斯利和我的SS100"雷金纳德"在多场长途拉力赛中展开交锋，包括蒙特卡罗经典拉力赛、1000英里拉力赛，在从列日到罗马的那场拉力赛上也曾有过两次交手。

第一次去列日的比赛一波三折。比赛开始前一天晚上，我们还在修车，差点错过比赛。当然最后我们还是赶上了比赛，整个体验很不错：从比利时开始，我们一直在空旷的道路上驰骋，一路上的景色都很美，我们途经德国和法国，然后进入意大利。

但是，在翻越阿尔卑斯山的时候，我们开始听到从后轴传来的噪音，像是在敲什么东西一样。我不知道是哪里出了问题。到意大利后，我们来到法拉利位于菲奥拉诺的测试赛道，几位技师穿着红色外衣，来到车旁，检查有什么问题。在大张旗鼓地给后轴上完机油后，发现不是油不够的问题（问题是整个后轴都快从车身上脱落了）。

第二天，一家全国范围内发行的报纸报道了这件事，标题是"纽维向法拉利寻求救援"。太无耻了。

之后我又参加了几场拉力赛，自己乐在其中。实际当中，很多拉力赛都有两种比赛模式。一种是限速模式，比赛中车手必须保持一定的平均速度，我和戴夫参加的就是这种；还有一种是竞速模式，车手开得越快越好，须以最短时间完成比赛。我觉得后一种更有意思，下次有机会试试。

因为有了这种打算，所以我就买了一辆福特GT 40（车牌号 VRE 777G），在当时看来这是一笔很大的投资，比我一般买车的价格要高很多（但是现在看来是一笔成功的投资，当时买这辆车时是2003年，从那之后经典车的价格一路高涨）。我当初打算开这辆车去参加9月份的古德伍德经典车赛，它和摩纳哥经典车大奖赛差不多算是全世界最好的两大经典车比赛项目。我给查尔斯·马奇爵士打电话，他让我和比赛秘书联系。

电话里，秘书说："你当然可以参加。能不能把你的比赛资格证发给我？"

这对于整个生涯都混迹于赛车行业的人来说，简直荒谬，在这之前，我完全不知道，参加这种活动还需要许可证。我不知道自己当初是怎么想的，可能觉得谁都可以去参加比赛。

后来我因为有一次打网球，跟腱拉伤，所以只能在观众席看这次经典赛。我的朋友焦迪·基德正好参加了这次比赛，所以她肯定有赛车资格证，于是我问她怎么拿证。

她说："有个小伙子叫乔·马卡利，住我们那儿，我在他那接受培训，最后拿的证。你给他打电话吧。"

于是我给乔打了电话，乔是一位专业赛车教练，电话中他说："没问题，我可以教你。"我就这样认识了乔，到现在我们还是关系很不错的朋友。

在我参加赛车驾照考试时，乔担任我的考官。但是，想要通过考试，获得驾照，我需要驾驶那辆GT40，参加类似古德伍德这样的国际赛事才行，参加小规模的国内比赛没有用。必须要完成六场大型赛车国内比赛，并获得名次。

简而言之，到2004年5月时，我才完成第六场比赛。2004年、2005年期间，我又参加了几场比赛，成绩都还不错，在我所在的这个级别里，还获得了几次冠军。开GT40这辆车让我很享受，但是，有时候在刹车时，这台车很不稳定，也不知道为什么。

当时我的竞争对手是一个名叫雷·贝尔姆的小伙子。他曾多次获得各项赛车赛事的冠军，是有史以来最为成功的业余车手之一。有次在达宁顿堡附近比赛时，好几圈我们两人圈速差不多，就在我离他越来越近的时候，赛车发动机发生故障。2006年7月去勒芒参赛时，我早已料到他会是我的劲敌。在首场比赛中，我紧随其后，位列第二，也就是说，在之后的一场比赛中，我会在二号发车位。

比赛第1圈，两人保持着发车顺序，直到慕尚直道。当我在慕尚直道的第二个减速弯刹车时，后轮脱落，撞到了右边的围栏上，此时车上只有三个轮子，时速接近200英里。

总有人说死之前会看到生命中曾经的片段。虽然我已经意识到可能会发生非常严重的车祸，但是我敢说，当时我脑海里想的全都是"我该怎么让车的速度慢下来？""撞到什么上会最安全？"我知道自己肯定会撞上什么，因为刹车踏板已踩到底，右后轮已脱落。虽然赛车已失控，情况惊险，但是赛车并没有慢下来。我最终选择把车开向减速弯的分界点，也就是赛道的围栏上，觉得围栏可能会比较软，尽管我并不知道围栏是由何种材料制成的。

我记得当时挡风玻璃都碎了，心说：见鬼，挡风玻璃被震碎了！事后回忆时，我才意识到，当时安全带肯定已经被拉得很长，以至于自己的眼睛与挡风玻璃近在咫尺。我还记得自己飞了起来，当我在空中朝副驾驶窗户外看时，发现雷正在抬头看我，我还在想，要不要和他打个招呼呢？

第 64 章

后来我自己从"飞行器"里爬了出来，看这辆GT40损坏情况有多严重，发现车体、车门、车轮全没了。

我沮丧到了极点。虽然我平常不是这种人，当时我直接把头盔摔在地上了，结果头盔也被我摔坏了。接着我坐了下来，整个人还很恍惚。

很幸运我并没有受伤，说明我的GT40是一辆很结实的车。最开始我是打算买保时捷908的，如果当初买的是那台车，经历这种车祸的话，人肯定就没了。当时看，最明显的外伤是右手上的一道口子。随着时间推移，事实证明我还受了挥鞭伤，导致严重的偏头痛，在头痛之后的两天内，右眼逐渐失明。大卫一直是一位很绅士的人，他给我打电话说，我必须去看医生，医生诊断我的颅骨出了问题，还把他的拇指伸进我的嘴里，按压上颚。整个过程很痛苦，但事后效果却很好，我的视力也恢复了。

我把GT40送去修理的同时，还买了一辆捷豹E型车，这台车很轻（车牌号PS1175），那年我又开着这台车参加古德伍德。在第一场练习赛中，跑完两圈逐渐适应时，又出了一场车祸。

这次出车祸的原因完全不知道。只记得醒来之后，我躺在救护车中，以为自己还在勒芒，并开口对护士说："我晕车，放我下来。快停车！"

可能语气不是太友好。显然对于经历了脑震荡的人来说，这样再正常不过了。护士说："不可能停车的。你多大了？"我说："28。"然后又失去了知觉。

到了古德伍德的医院后，我又醒了过来，看见达里奥·弗兰奇蒂躺在我旁边的一张床上。"你怎么在这儿？"我问他。达里奥说："车祸。"然后两人都昏了过去。之后六个小时里，两人这种一问一答昏过去的对话进行了大概十多次，两人就这样不断重复醒来又昏过去的循环，最后分别被带到各自的夜间病房。

几天后，我给车手贾斯丁·洛打电话，比赛时他就在我后面。"能和我说说出车祸时到底发生了什么吗？"我问他。

他说："整个过程很奇怪。在从弯道进入非终点直道时，后轮滑得越来越厉害，最终车开始转圈，撞上围栏。整个过程观察起来，给人感觉出乎意料，很难想象赛车会在那个地方出问题。"

因为右后轮在事故中毁坏，可能永远也无法发现事故的真正原因。之后一位比赛工作人员从拉凡特发来一封电报，出车祸时他在非终点直道的弯角，看到赛车右后方低一些，所以事故很有可能是右后胎漏气导致的。车本身一定程度受损，但是不像之前GT40那般严重，找几个人敲一下就能修好。

最后结果是，在三四个月的时间里，我出了两场车祸，并因此而出名，直到现在人们都有这种印象（太不公平了，我又不是第一个出过好几次车祸的人）。

年底时，我和乔，以及另外一位朋友罗勃·威尔逊一起驾驶一辆宝马，完成了一场总共6个小时的比赛，比赛地点在意大利米萨诺。团队排名位列第二，这样的结果让我恢复了些许信心。乔认识很多人，为我们争取到了参加勒芒24小时耐力赛的机会，我们驾驶的赛车是一辆法拉利GT2。这辆车的主人是我们的朋友本·奥库特，他也是一位业余赛车手，所以我们是那次比赛55支队伍中，唯一一个全部都由业余车手组成的队伍。

勒芒耐力赛是一项非常精彩的赛事。世界上关注度最高的三大赛车赛事，除了勒芒之外，还有摩纳哥大奖赛和印地500。以业余车手身份参加这样的比赛，对于我们来说自然很开心，对于其他人来说，可能就很不爽了。乔、本和我表示我们的目标是完成比赛，三人其实都有一定压力，因为不想让另外两人失望。在经历了GT40和E型车两场事故之后，我在开车时会格外紧张，导致驾驶不够灵活，缺乏节奏感，我自己完全意识到了这一点。

比赛当天早些时候，我看到了一张大概1.5米高的赛事宣传海报。因为乔扮演着周末比赛竞技主管的角色，于是我以玩笑的口吻对他说，他应该把我们每个人的海报截下来，作为纪念品。

比赛开始时进展顺利，但是到凌晨两点左右时，就在我戴好头盔，站了起来，等着接乔的班时，突然车库里开始躁动起来。我不知道乔把海报的事情交给自己的一位手下去做了，那人还真拿着裁纸刀，去签字室偷海报去了，那个时间点，很多比赛工作人员和记者都在房里睡觉。虽然他成功把海报割了下来，但是，在他退出房间时，被睡在那里的人绊到了，结果整个房间的人都被吵醒。于是他拿着卷好的海报，快速下来，穿过车库，冲到了维修区，后面跟着一群怒不可遏的赛事官员和工作人员。

周日早上11点30分是我的最后一棒，距比赛结束还剩三个半小时。大约一个小时后，开始下雨，于是我进站换雨胎，顺便加点油。出站之后，雨更大了，能见度非常有限，所有车辆都因路变湿的原因，开始打滑，非常吓人。不断有选手滑出赛道，趁着这个机会我们成功爬到分级别第4名、整体第22名的位置。工程师在无线电里对我说：

"艾德里安，你后面的那辆帕诺兹，现在平均每圈比你快3秒。"我提高了自己声音，果断地说："我猜因为他既没结婚，而且也没有四个小孩！"距离比赛结束还有半个小时的时候，赛事方终于在两点半派出安全车，我也进站休息，换本上场，跟着安全车冲过终点。雨中驾驶时需要高度集中注意力，我已经开了三个小时，非常疲劳。当我们看到本驾驶赛车冲过终点时，我们所有人心中都有一股巨大的骄傲感和成就感。

2009年，我参加了古德伍德旅游者杯，这是我在上次车祸后第一次回到这里比赛。就像2006年一样，我和鲍比组队参赛，但这次没有什么意外，我们赢得了比赛。一场让人心满意足的胜利。

但是在2010年，我在斯内特顿赛道驾驶一辆吉内塔时，遭遇了人生中第三场车祸。因为当时头脑处于举棋不定的状态（原因后文会说到），比赛中对手准备超过我时，我的赛车打滑，接着车身被后面的车辆迎头撞上，把我撞晕了过去。

和驾驶E型车的那次事故相比，这次我脑震荡没有那么严重，即便如此，我也知道，类似事情不能再发生了。再这样下去，等年纪大了，就会成为各种慢性病。

2012年，我再次回到古德伍德，这次是和马丁·布伦德尔组队，让人很紧张。我应该参加比赛吗？我来这儿干吗的？让自己承受这么大压力，何苦呢？

马丁在排位赛中夺得杆位，但这样一来我就更紧张了，第1圈跑了一半，车就滑到草地上去了。等我再次出发时，已经落在了队伍后方。

剩余的比赛里，我贡献出了一生中最精彩的表演。已经滑过一次后，压力没那么大，人也不再紧张。我在大部队中穿梭，大概在比赛进行到一半，也就是30分钟左右的时候，我已经追到了第四名的位置，而且还破了GT车在古德伍德赛道的单圈纪录，好几年之后才被人打破。安全车出动时，我进站下车，换马丁上车，出站时马丁成功抢到第二的位置，前面只剩一人。马丁很轻松地超过了第一名，我们也获得了第二座旅游者杯。

这场比赛当中最有意思的地方在于我心态的转变。一开始还因为压力很大，所以表现得不好。一旦没有压力之后，实力提升不止一个档次。类似的事情我在一级方程式的车手身上也见过。

之后一年我去古德伍德参加一场比赛，只允许选手驾驶GT40参赛，中途两位车手只能换一次。这次比赛是为了庆祝GT40这辆车的15周年纪念。保罗·朗詹特和迪恩·朗詹特父子修好了我的GT40和E型车，通过他们两人，我认识了肯尼·布拉克。肯尼是瑞典人，很有个性，曾赢过印地500。他对待任何比赛都很认真，即使是古德伍德，也坚持在比赛前进行测试。有一次他在测试时，赛车在刹车时抛锚，他反馈车尾不受控制。仔细检查后，迪恩发现后卡钳的塞缸磨损十分严重，会出现活塞脱缸，甚至卡住的情形。勒芒的事故，是不是也是同样原因导致的呢？我不确定，但是换了新卡钳之后，我们再刹车的话，车尾肯定不会再打滑了。

排位赛时赛道是湿的，瑞典人肯尼借此机会大秀车技，展现出令人惊叹的赛车控制能力，但是，这样的驾驶速度不是最快的。在油管上可以看；但我自己看到的时候，印象深刻，不得不佩服人家。

正赛时场地是干的，我们赢得了冠军，这也是我在古德伍德第二次上演帽子戏法，一次是驾驶E型车，还有一次是GT40。

获得这样的荣誉之后，我决定休息一段时间。不仅两次戴帽，而且我还经历两次脑震荡。有谣言说我在作弊，用红牛的风洞去测试自己的GT40和E型车，也打消了我继续比赛的念头。说得跟真的似的。

我开始对摩托车感兴趣。2014年，我们包括查理·布尔曼在内的一群人，开着摩托车，从津巴布韦的维多利亚瀑布出发，途经博茨瓦纳，最终到达约翰内斯堡，整个旅途非常有意思。大家都很喜欢这种活动，所以我们第二年又来了两次，一次去了摩洛哥穿越阿特拉斯山脉，另一次去了蒙古和戈壁滩。男人一旦骑上越野摩托，就会变狂野。

说回汽车，后来我买了一辆莲花金叶49。这辆车是我儿时的梦想，曾按照1：12的比例，做过这台车的模型。在保罗·朗詹特和莲花经典车队的帮助与指导下，我把车拆了，然后又组装了起来。感觉像是生命中的一种循环，50年前制作了这台车的模型，50年后把真的给拆了。之前整整一年的时间里，只要有空，我就会去组装那辆车，最后当我开着它在莲花位于诺福克的测试赛道上行驶时，心里有一种很特别的感觉。虽然从来没有参加过单座赛车比赛，但是我还是做了一个很大胆的决定，报名参加2016年的摩纳哥经典车大奖赛。

因为之前没有太多这种车的驾驶经验，所以一开始遇到了一些问题。我到了摩纳哥之后，住在摩纳哥的大卫开车来机场接我。

晚上可以在赛道上兜圈，所以大卫就带着我去看了看，告诉我哪些地方需要注意。第二天我去见了格哈德·贝格尔，他也带着我去赛道走了一圈，向我提供更多建议——也就是说在比赛开始之前，已经有两位摩纳哥冠军为我提供指导了。

即便如此，我仍然觉得摩纳哥赛很难。摩纳哥赛道的一大特点是道路很窄，而且围栏很高。给人感觉像是开车穿过隧道一样，深知没有什么容错空间。

所以在练习赛上，我开得非常谨慎。排位赛时，遇到雨天，而我的表现也很差，但在正赛中，开局很不错，第1圈时我就成功超过两位对手，在比赛剩余的时间里，也领先后面车手很多。整场比赛下来，感觉好极了！如果说之前在古德伍德是我表现最好的比赛，那这次就是我最享受的——我终于能在摩纳哥赛道驾驶一辆格拉汉姆·希尔莲花49，实现自己儿时的梦想。

曾经有很多人问我，参加这些比赛对于我身为工程师的工作是否有帮助。回答是肯定的。从技术的角度来说，当车手们在描述赛车驾驶体验时，我能更好地理解他们的意思和需求。

比赛的经历还让我亲身体验了车手在驾驶时的心理活动。虽然只是业余级别，但是当我坐上驾驶座时，我仍旧能感受到那份压力，尤其是在电视上转播的，像勒芒、古德伍德以及摩纳哥这样的比赛，当然，压力更多地来源于自己，因为对自己有期许。车手也是一样的。车手都会说，会为了车队拿出好的表现，这么说并没有错，但是车手们都有私心。为了自己，做到极致。

第65章

1998年前后，父亲从他的兽医诊所退休了。几年后，父母搬到了约克郡。母亲在约克郡长大，会经常去那度假，他们特别喜欢去那里的沼泽地带遛狗，所以选住这里很正常。他们搬到了一个叫斯科尔比的小村子，村庄位于斯卡布罗北边。

每隔两三个月，我都会开车去那看他们，带着哈里一起。夏洛特、汉娜和伊莫珍去的少一些，因为要开很久。而哈里每次坐在车里都很开心，喜欢在高速公路的服务区停车休息，尤其是哈特菲尔德，一直是哈里的最爱，因为我们可以"在路上"吃早餐，看着高速公路上的车，从我们下方经过。我们可以去沼泽地区遛狗，或是去当地名胜游玩，大家都很开心。有次周末我们全家人一起出去玩了。晚上我们在一家当地酒店喝酒，我听见背后有人带着考克尼口音，在我背后说："艾德里安，你怎么到这来了？"我一回头，看到巴里·西尼在背后，脸上带着微笑。巴里和他的朋友史蒂夫·帕里什把他的直升机飞到这里来了。赛车圈里的人对于规章制度和飞行管制这种限制都会嗤之以鼻，他先是让皇家空军苦不堪言，然后又把直升机降落在了一家养老院的保龄球草场上——老人们既激动，又兴奋，当然也有人很生气。然后巴里又和众人讲了最近一次骑摩托车时遭遇的车祸，还站在酒吧中间把裤子脱了，就为了显摆自己的淤青，逗得我母亲直乐。简直是个人才。

有次我去拜访他们时，父亲把我带到一旁。对我说："儿子啊，我不知道为什么，但是有时候我感觉自己的脑袋快变成一团浆糊了。"

最开始我没太在意，但是几天之后，母亲打电话给我，说父亲内出血，送到医院去了。

我急忙赶了过去。原来是脑溢血。幸运的是，情况不是太糟糕，父亲只是稍微有些瘫痪，类似于轻度中风。医生的建议是好好照顾父亲，除此之外没有别的了。后来大家了解到，脑溢血的事情已经有一段时间了。父亲爱好体育，会带着狗去树林里跑步。虽然他之前从未和母亲坦白过，但是有几次他都突然醒来，发现自己躺在地上，完全不知道自己发生了什么。显然，这是因为由轻微内出血导致的昏厥。

四周之后，母亲打电话说又出事了，这次严重，父亲没有拐杖已经没法走路了。他的头脑也不如以往，说话内容重复。

我打电话给席德·沃特金斯，和他说了父亲的情况。他说："在伦敦有位医生，是这方面的专家。我建议你可以把你父亲带到他那去，检查一下。"

于是我开车赶回约克郡，把父亲接上车，顺着M1公路赶了回来。在伦敦市区一个路口转弯时，我们看到了伦敦电视塔，感觉就像是回到了自己12岁的时候，当时父亲会带我去看各种赛车展，每次看到电视塔我都很激动。但是这次激动的人已不是我，而是父亲，他激动地眨眼睛，对我说："艾德里安，快看！"

父亲住院了。然而，在医生在对父亲做检查时，再次出血。医生急忙把父亲送进手术室，救了过来。我知道这么说有点残忍，但是如果他们没救过来的话，对父亲母亲可能更好，因为那次出血之后，父亲的状况急转直下，不能走路，也无法与人对话。他还能开口，但是说的杂乱无章，完全听不懂。他会不断说："艾德里安，你是不是骑摩托回来了？我听见了。"他肯定是指我20多岁时骑的那辆杜卡迪。

通过我在赛车界认识的朋友，我把父亲送进了一家本地的疗养院，这家疗养院由本氏慈善经营，专门接受汽车行业的人。他们把我父亲照顾得很好。

不幸的是，我母亲很难接受这件事。虽然在我童年时，他们争吵不断，但这么多年来，两人早已亲密无间。他们还是会因为小事吵架，但是两个人已经没法分开了。灵魂伴侣就是他们这种。之前母亲的生活都是围着父亲转的，现在她一个人生活在斯科尔比，感觉很孤独。

我们在阿斯科特为母亲找了一栋屋子住，这样她离我们和父亲都近一些。但是，在新房住了五晚之后，她嫌路边车太吵，于是搬回了斯科尔比。

大概一个月之后，母亲因为伤心过度，在斯科尔比去世了。

我必须要把消息告诉父亲："对不起，妈走了。"在那次大出血之后，父亲第一次以完全清醒的状态看着我，对我说："我知道。"饱受折磨的父亲突然就能理解我说的话，而且在我开口之前他似乎就已经知道我要说什么了，非常不可思议。这证明了父母之间感情之深。

母亲去世后，我和哈里时不时去疗养院看望父亲。我们会带桌游过去，在他病榻边玩几局再走。我们能做的只有这些了；感觉即使是看我们玩他也很开心。父亲显然是位花花公子；即使是在那样一种状态下，他还经常和护士们开玩笑。最开始时，父亲还试过能否恢复，情况最好时能扶着步行框走路，但是几个月之后父亲放弃了。2008年1月，在一个寒冷的冬天，父亲走得很安详。

父亲是我的启蒙老师。我之所以会站在画板前设计赛车、爱上汽车、不断想要改进它们的方方面面，不光是赛车的性能和速度，还有对世界的审美、环境、赛车运动等各方面的影响，都多亏了父亲，童年时他的那间小作坊，以及他对机械超乎平常的热爱，总想去敲敲打打。而且，也多亏母亲对艺术与绘画的热情。

第 66 章

虽然采用了新车手、新设计和新的雷诺发动机，我们2007赛季的赛车还是不够快，只获得了车队积分榜第五的成绩，虽然和之前捷豹车队第七名的成绩相比，有所进步，但是和我们的目标相比，还差得很远。

很多人批评在2007赛季的一级方程式比赛中，想要超车太难了，比赛变得流程化，只有通过进站策略才能实现超车。于是，一个专项组应运而生，希望能在仔细研究空气动力学规则后，提出规则改动方案，希望减小领头赛车的气流，以及对后面赛车空气动力学的负面影响。

除了在2005赛季抬高前翼之外，自1998赛季起，空气动力学规则变化不大，赛车的空气动力学系统都很成熟，没有车队会去冒险。车队都是通过小型迭代的方式，改进赛车性能，这符合顶级大车队的利益，因为他们预算多，气动团队经验丰富，架构有序，坐拥一流设备。

红牛车队正努力追赶，很有可能还要赶一回，如果空气动力学规则大改的话，可能为一些不一样的设计思路，提供机会。一开始，空气动力学规则是要在2008赛季才引入的，但是不管是从个人、设施还是从组织架构的角度来说，那个时候红牛可能捞不到多少便宜。同时，我把之前在迈凯伦的一位很熟的同事，保罗·莫纳汉（Paul Monaghan）挖了过来，之前他担任比赛工程师队伍的负责人，现在让他扮演一个更与众不同的角色——车队与FIA就规则方面的联络人。

我问保罗他能否把改规则的事推迟一年，到2009赛季。他在联络时表示，这些规则变动很草率，需要更多研究支持，为我争取到所需的时间；最终，新规则于2008年3月发布。

2008赛季，红牛的赛车是RB4，是一辆很一般的车。不仅我们仍旧面临很多稳定性的问题，而且赛季伊始之际，大卫在墨尔本遭遇了一次车祸，赛车几乎支离破碎。悬挂系统过于脆弱，以至于当大卫在马来西亚站上过一个高速弯时，撞上路肩，前轮双双脱落。

2005年末，破产了的米纳尔迪车队（位于意大利的法恩莎）成为迪特里希收购的第二支车队，并将之重命名为红牛二队。收购的目的一是将其作为训练车队，为处于更高级别比赛的红牛一队输送车手，二是为了提振红牛饮料在意大利地区惨不忍睹的销售额。赛车的研发和设计将由另外一家公司负责，也就是我所在的红牛科技。因此，在2007和2008两个赛季里，红牛一队和红牛二队所使用的赛车非常相似，唯一区别在于，红牛二队所采用的法拉利发动机，是红牛一队在2006赛季末尾淘汰下来的。

对于那年的米尔顿凯恩斯设计团队来说，赛季最令人难忘的时刻，莫过于当年在蒙扎站的排位赛，当时在下雨，红牛二队的一位年轻车手，塞巴斯蒂安·维特尔获得杆位，而红牛一队的马克，却只排名第三。正赛时也是大雨倾盆，没有人会料到，这位天赋出众的车手能领先多久——最后他出人意料地获得冠军。塞巴斯蒂安在那天的表现惊为天人，在自己21岁73天时，以大幅度领先获得胜利，成为这项运动历史上最年轻的分站赛冠军。这场精彩的比赛，也为米尔顿凯恩斯的设计团队，带来了他们的首座奖杯。

但对我们来说，这是一件很尴尬的事，名义上我们是为红牛一队效力的，当时却被青年队"红牛二队"给打败了，而且他们用的还是被我们淘汰了的法拉利发动机。赛季末尾，在奥地利萨尔茨堡举行的总结会议上，迪特里希把我们狠狠批评了一番。要求我们提高赛车性能。他想让赛车表现更上一层楼，可以理解。也不知道自己是因为胆子大还是太蠢，我决定，放弃今年的冠军；今年夺冠的机会不大。新规则会给我们带来机会。于是，在第二场比赛之后，我不再参与2008赛季赛车的开发，转而专注于2009赛季RB5赛车的研究和设计。

2009赛季的规则明确规定，前翼要与车同宽，前翼上方500毫米处还必须有一个中性区，而且扩散器也被要求后移。也就是说，扩散器的前端现在不能越过后轴的中心。侧箱导流板周围的区域也受到严格限制，而且禁止在侧箱上安装任何附体或弹片。后翼的宽度更小，位置更高，让车尾看起来很不自然。

从空气动力学角度来说，新赛车和之前相比大相径庭。第一个难题在于：如何处理新前翼的问题？现在前翼在前轮胎前方。就像之前所说，所有翼板端板都会产生涡流——因为翼板上方压力大，下方压力小，因为气流会在端板附近走"捷径"，所以会从上表面旋转到下表面，产生一种能阻挡顺流的涡流结构。

自然中这样的例子有很多。龙卷风就是一例。如果去观察潮湿天气里，希思罗机场飞机起飞的景象，就会发现机翼的端部会有一串水汽，也就是我们所说的翼尖涡。在赛车上也会看见，潮湿的天气里，赛车尾翼部位能看到翼尖涡，湿度太高以至于涡流将空气中水分凝结。

过去三十年里，所有一级方程式赛车中，只有一部分赛车会把前翼安置于前胎前

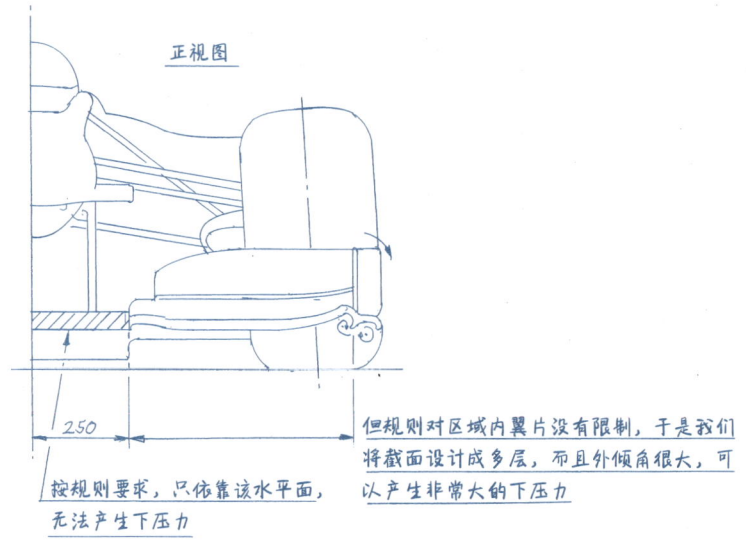

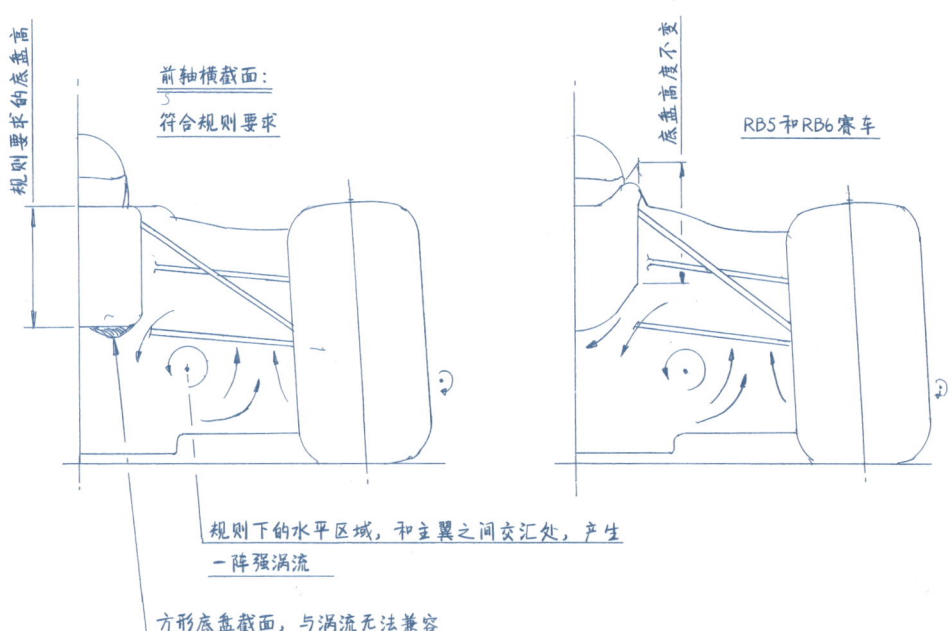

图17 图片展示了2009赛季规则对于前轮宽度的限制，更宽的前翼会改变其周围的气流场，在空气动力学方面带来新的问题；图中还包含我们的应对思路，可以看出赛车的V形车架

方，前翼翼尖涡导至前胎内侧。如今前翼如此之宽，我们有机会通过调整端板形状的方式，试着将翼尖涡引向前轮外侧，从空气动力学的角度来说，这有很大不同。导向前胎内的气流会对顺流气流的结构造成非常大的不利影响，因为它会干扰前轮气流，将前轮

气流向内引导，转移至车身剩余部位。一般这些气流会传至导流板，但是现在不可能了，因为新规则对于导流板区域的限制。

另外一点很明显的区别在于，之前前翼距离赛车中心线 250 毫米高，能产生非常强的脱体涡，被称为 250 涡流，因为是从距离赛车中心线 250 毫米高处产生的，而现在，前翼上方有了中性区。250 涡流实际上对赛车很有用，因为气流的旋转会将前轮底部的气流向外引导，远离车身，减少前轮气流被吸入扩散器的概率，毕竟扩散器很容易受到气流影响。

弊端在于，虽然旋转的气流会将前轮下半部分气流向外引导，同时也会吸入前轮上半部分气流，并引导至尾翼。了解到这点之后，我们对设计方向进行调整，即改变前翼端板的倾斜角，将翼尖涡导向前轮外侧的同时，最大程度强化流向尾翼的 250 涡流，并让其保持稳定。

250 涡流是如此强劲，以至于单体壳底角的气流都被分开。导致的后果是，从横截面来看，整个长方形车架都被旋转的涡流包围，从气动性能角度来说不是最优解。

在不断研读规则之后，我发现一处规则漏洞，类似的情况在 1998 赛季的迈凯伦赛车上也出现过，即从横截面上，将车架设计为 V 形。规则规定车架的高度必须达到一个特定的值，该值随赛车长度的变化而变化，但是只说了是横截面的高度，没有规定横截面必须是长方形。

于是我们采取了和 1998 赛季迈凯伦赛车车架同样的设计原理，区别在于，赛车的棱角是圆的，以满足规则对赛车棱角半径的要求。在这样的设计理念下，车架的侧面能够更好地抵御从前翼逃逸出的结构性强涡流。

250 涡流带来的另外一个问题是其高度，和 2005 年的迈凯伦赛车相比，虽然我们已经升高了前下叉臂的位置，但是该气流会撞上赛车的前悬挂。为了不影响悬挂几何，解决办法是进一步升高前翼靠近车身一侧的高度，虽然局部性能下降，但是根据交互驾驶模拟器的结果来看，圈速有所提升（当时已经建造完成，被证明是非常有用的一套系统）。

车尾扩散器的形状非常关键，尤其是靠近后胎的地方。很早轮胎挤流的问题就让我们头疼不已，之前 FW14 赛车上也碰到过类似问题。轮胎旋转时，因为轮胎会与地面接触，所以表面的气流只能向轮胎两边逃逸，这样的气流非常不稳定。

因为现在扩散器的起始位置必须在后轴上，于是挤流直接被吸进扩散器，极大地影响了赛车性能。解决办法之一是在后刹车导管上安装翼片，同时在底板上表面安装护栏，如此一来，能将气流引导至与轮胎挤流相反的方向。该方案被证明是行之有效的；赛车性能大幅提升。

为让扩散器顺利运转，还有一件很关键的事，需要在扩散器后侧创造出一块低压流场，帮助气流通过。需要借助下尾翼实现这一点。下尾翼在扩散器末端边缘的正上方，能够创造出一块低压气流区域。但是，近几个赛季围场内普遍使用推杆后悬挂，推杆的摇臂以及悬挂会扰乱下尾翼的气流，大幅降低下尾翼的作用。

因为现在扩散器的位置更靠后了，我们发现有足够空间安装一根拉杆，降低摇臂和悬挂的高度，不再对气流形成干扰，这根拉杆可以加在变速箱的正前方。如此一来，车体下部更窄，让下尾翼的气流更强劲，进一步提升赛车下压力。

在此基础上，我们还把尾部车体的下半部分也设计得很窄，来优化通往格尼襟翼（位于扩散器后方）的气流，同时还增加了该部件上方车体的宽度，以形成一个类似鱼尾的平台，来梳理后轮两侧的气流，减少从车轮两侧逃逸的气流量。

拉杆悬挂、将涡流引导至后胎两侧的挡板和后刹车导管区域附近的翼片，再加上又窄又低的鱼尾形尾部车体，所有这些现在已经成了F1赛车的标配。要是一级方程式禁止抄袭那该有多好！

我们没有使用的是早就开发出的，即后来人们称之为双层扩散器的东西——如果

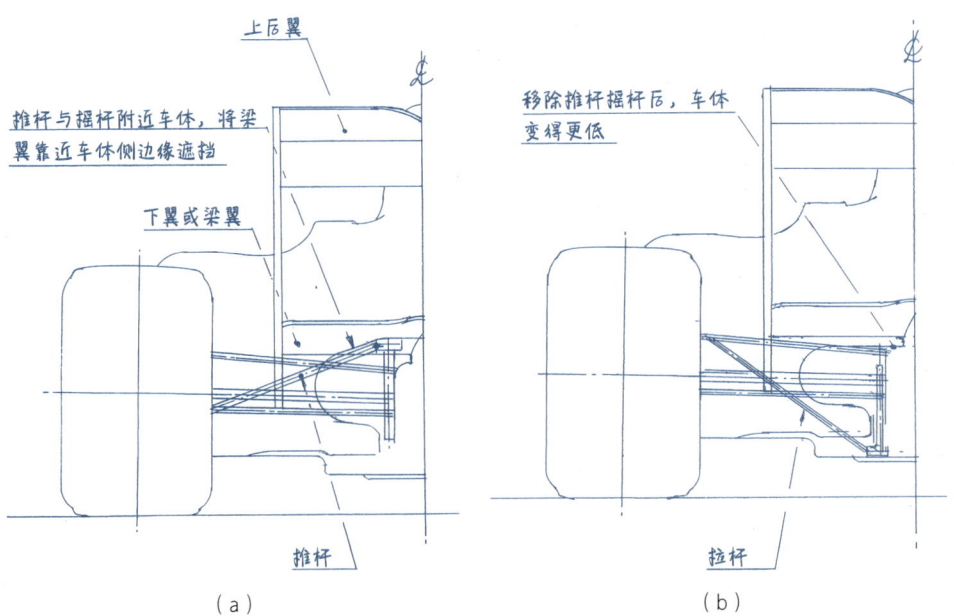

（a） （b）

图18（a）、（b） 因为推杆后悬挂的存在，通往下尾翼气流的质量下降（a）。在RB5赛车上引入的拉杆改变了这一状况（b）

你不认为它犯规的话。

有三支车队曾用过双层扩散器：威廉姆斯、丰田和罗斯·布朗的新车队布朗车队。我加入红牛前后不久，罗斯加盟本田车队，2007和2008两个赛季，两人都没有取得很大成功。11月份时，本田决定退出。

罗斯成功说服本田，本田同意支付之后一年的费用，所以车队员工还不至于立马失业。

此外，他还成功说服了马丁·惠特马什以及迈凯伦车队帮忙牵线，让梅赛德斯为他们提供发动机，想起来心中仍然愤愤不平，因为我们也才提过类似意向，但被他们拒绝了。事后证明，这是一招臭棋，首先，梅赛德斯自己本身就有意愿去建立自己的车队，为布朗车队提供梅赛德斯发动机相当于为之后的收购铺路，其次，此举也让梅赛德斯和迈凯伦的合作伙伴关系降级为客户关系。

布朗车队和本田车队关系好的时候，其中一位日本工程师意识到了双层扩散器的可能。他发现了一处规则漏洞。

规则中定义了赛车的两个平面，首先是参照面，即赛车中心所在的水平面，然后是阶梯面，阶梯面在赛车两侧，而且必须要处于比参照面要高50毫米的位置。

另外，规则还要求，垂直方向上两个平面之间50毫米的间隙，必须有装置将其相连。规则还要求在参照面和阶梯面之上不能有孔。

而一个日本工程师发现，规则并没有说，连接参照面和阶梯面之间的垂直连接上不能有洞。

这是一种很机智的解读。但是这样算不算犯规呢？很难说。在2009年年初赛车初登场的时候，三支车队利用了这个漏洞；而这个漏洞最早是在1995年被发现的，这说明要么车队之间有人员流动，要么这些车队之间有交流。

不管是哪种情况，反正最后威廉姆斯、丰田和布朗车队采用了新的双层扩散器。

如你想象，我们完全不敢相信。我们找到了FIA、麦克斯·莫斯利、查理·怀汀，要求他们给个说法。查理含糊其辞，而麦克斯说得很直接。他说这绝对犯规，不用担心，不会让他们上场参加比赛。

迄今为止，我都不确定这到底算不算犯规。显然，本田的工程师对规则的解读堪称天才，虽然我们提出了抗议，但是和FIA的政治游戏比起来，是否犯规这件事已经不重要了。那个时候，麦克斯在和迈凯伦、法拉利争论关于一级方程式未来和发展方向的问题。一个愤世嫉俗的人可能会觉得，最后这场争论已经不再是关于双层扩散器是否犯规这件事，更多的，是FIA想给两支车队一个下马威。因为迈凯伦和法拉利两支车队都没有使用双层扩散器，麦克斯便借机说它合规。

可惜我们被卷入其中；就算没有使用双层扩散器也难以幸免。

双层扩散器对赛车性能有很大影响。双层扩散器相当于绕过了规则对于扩散器高度的限制；规则规定车尾扩散器的高度只能是175毫米，但有了双层扩散器，最终实际高度可达300毫米。这一点罗斯·布朗肯定早就知道，因为他一直在游说赛事规则制定者，要求进一步限制扩散器的高度。罗斯·布朗想让规则对扩散器高度的限制，从175毫米降至125毫米。因为他深知，对于有双层扩散器的赛车来说，即使下面扩散器高度减小，也没有太大影响。

这样算不算合理利用规则漏洞？还是说有些太过了？

如果是我的话，我会这么做吗？我觉得不会，但这是一个值得思考的问题。

第67章

关于2009赛季的规则，还有一件事值得一提：1999年，我们曾研究过一套能量回收与存储系统，结果法拉利抗议，FIA判定该设备违规。到2009年，事情出现180度大转弯，现在允许车队使用动能回收系统——KERS（Kinetic Energy Recovery System）。

KERS的工作原理，和丰田普锐斯（Prius）混合动力车的原理类似；通常赛车在刹车时产生的热能都被浪费了，而KERS会把这部分能量贮存起来，在之后赛车加速时加以利用。

问题是，想要安装KERS，必须保证赛车要比规则要求的车重轻35千克；如果没有的话，在赛车安上KERS后，首先会超重，其次会变慢。还要考虑散热的问题，因为要另外安装散热器，所以赛车的气动性能也会减弱。在安装电池时，还要解决赛车重量分布的难题。

理论上来说，安装KERS后圈速会有0.4秒的提升，但是因为赛车气动性能下降的原因，外加我们无法找到理想的车重分布，最后这点性能提高也被抵消。而且在我们的工厂还发生过火灾，由锂电池热失控导致，所有这些问题，让我决定放弃KERS，我们这种体量的车队不值得去研究这套系统。

在赫雷斯赛道的测试顺利进行。显然布朗车队的赛车是最快的，而我们和梅赛德斯、法拉利、宝马、丰田这几家车队之间不分伯仲。当然，在发车区，我们的赛车是最吸引眼球的。

因为大卫暂时告别赛道，转投电视行业，成为一名赛车评论员，所以我们让塞巴斯蒂安从小牛车队，加入大牛。如前文所说，塞巴斯蒂安是那种喜欢观察数据的车手。他总是会把自己和赛车逼到极限，虽然也会犯错，但是他学习能力非常强，我印象里他没有犯过同样的错误。塞巴斯蒂安对自己很诚实。如果他觉得自己没有表现好会非常自责，但是总会以更强大的姿态归来。

加入我们时，塞巴斯蒂安还很年轻，虽然经验不足，但是他天赋极高，人也聪明，所以成长速度很快。他是否会有被压力困扰的时候呢？会，观察他驾驶就能发现这点。但是要知道，一级方程式本身就是一个压力很大的地方。对于圈外人来说很难理解这一点。

休赛期间，马克在骑自行车时不幸遭遇事故。不仅肋骨和肩膀骨折，而且小腿也严重骨折。事故发生在11月份，想要在新赛季继续驾驶的话，留给马克恢复的时间很少。

直到2月份赛车准备就绪时，我们才见到马克，在他测试驾驶舱尺寸时，看得出来他很痛苦。马克有澳洲人特有的坚毅，决心证明他能够驾驶赛车。我觉得马克知道这辆车很快，而且在一级方程式付出那么多心血，驾驶那么多较为逊色的赛车后，他不想错过这次机会。

马克尽一切所能，让自己快速恢复，这点我很佩服；但是，即便如此，当马克在新赛季回到赛道上时，并没有完全恢复到原来的水平。我怀疑这影响到了他最开始几场比赛的状态。

赛季第一站在澳大利亚，我们似乎成了唯一一支可以与布朗一较高下的车队。赛巴斯蒂安排位第三名，但是因为在比赛中对库比卡犯规，得到后一场比赛发车位置下降十名的惩罚。

第二站在马来西亚举办，因为雨天的缘故，比赛场面十分混乱。因为天气，外加塞巴斯蒂安被罚，比赛结果令人失望。塞巴斯蒂安的赛车打滑出了赛道，马克名列第六。

马来西亚站比赛期间，整个双层扩散器问题达到高潮，虽然不情愿，但是我们红牛车队还是与法拉利和迈凯伦一起，向FIA就布朗车队发起抗议。马来西亚站结束时，结果已经出来了：FIA允许布朗车队使用双层扩散器，于是我选择不跟队参加第三站中国大奖赛，而是留在后方，一心研究如何造出我们自己的双层扩散器。因为双层扩散器对性能提升显著，所以即便赛车一开始没有考虑到这点，我们也要想办法把双层扩散器安装上去。

结果我错过了车队的第一个分站赛冠军。

中国大奖赛上也下雨了。塞巴斯蒂安获得杆位，马克排名第三；比赛中我们的赛车跑得最快。马克正面挑战对手，在一快速弯的外侧超越布朗车队的巴顿，成为第二名。这不仅是我们的第一个分站赛冠军，也是我们首次锁定分站赛前两名。

为了获得领先，我们需要尽快安装扩散器，摩纳哥站上，我们对扩散器进行首次试验。

但是，部件的兼容性很差。我们没有花足够时间去思考如何设计车体的线条，质量不过关，而且空气动力学设计也不严谨。虽然有提升，但是没有达到之前预期的高度。

比赛中，塞巴斯蒂安因车祸退赛，巴顿卫冕分站赛冠军，马克获得第五名。

土耳其大奖赛上，虽然我们没能获得冠军，但整体表现很不错。赛季进行到银石赛道时，我们终于研发出一个更为可靠的双层扩散器了。整个过程并不容易，因为最初设计变速箱和后悬挂时，没有考虑到双层扩散器；但是风洞测试结果显示，赛车性能大幅提升。作为高速赛道，我们在银石尝到了甜头；我们不仅获得杆位，在正式比赛中，塞巴斯蒂安和马克更是把其他人远远甩在身后。他们毫不费力地主宰比赛，赢得冠军。

现在，我们终于有一辆可以打败布朗车队的赛车了，并且在银石赛道成功击败了他们——日日夜夜之后，我们终于设计制造出了双层扩散器，安装在赛车上，并最终在主场赛道获得冠军，让人心满意足。

这场比赛之后，克里斯蒂安举办了一场赛后聚会。在牛津郡的一座风景秀丽的村庄里，克里斯蒂安买下了一栋有年头的房子，之前曾是牧师居所。那个周日，红牛车队成员及其家人和朋友在这里聚会，总共约50人。

其中一位是我的朋友，乔·马卡利，驾驶一辆崭新的法拉利加利福尼亚。喝了一两杯（也有可能是三四杯）之后，为了庆祝比赛胜利，我偷偷夺过乔的车钥匙，把车开到克里斯蒂安家的草坪上，开始表演原地漂移转圈，当时大家还都在大帐篷里欣赏乐队演奏。

马克描述得特别形象：随着法拉利在草地上不断转圈，从帐篷里看，外面像是探照灯在不断乱晃。车灯、尾灯不断转圈……

人们陆续出来看是怎么回事。大概转了30圈之后，我停下，从车中走出来，接受观众们的鼓掌致意。然后，我就直接把乔的法拉利停草地上了，我以为的"草地"上。那天晚上我在那过夜，第二天早上起来时，头痛不已，朝窗外看去，发现所谓的"草地"已经变成了一圈圈泥巴圈。克里斯蒂安最后还是原谅了我——也就三年之后吧。

第 68 章

下一站是德国，我们再次获得前两名，这次马克获得冠军。那天我由衷为他感到高兴。

在那场比赛前，所有人的注意力都聚焦在塞巴斯蒂安这位超级新人身上，而马克却在德国站以实力击败塞巴斯蒂安，实至名归。

从工程的角度来看，这两人的组合互补。塞巴斯蒂安对轮胎很了解。他总是和普利司通，以及之后倍耐力的员工交流，让自己对轮胎的理解更深入。对于塞巴斯蒂安来说，赛车在入弯时保持平衡是一件很重要的事。他还对发动机的操控性很敏感，可以感知到发动机怎样输出动力。马克对于这些事情没有这么热衷，但是却更了解赛车的气动性能。不管是高速弯还是中速弯，马克总能发觉空气动力学方面需要改进的地方，而且他往往都是对的。

两人堪称冠军组合：马克负责反馈赛车气动性能，而塞巴斯蒂安负责反馈赛车机械性能，包括轮胎、悬挂和发动机的操控性。不得不承认，马克退役后，我们在空气动力学方面得到的反馈，不复以往。

现在我们三度包揽前两名，前两次塞巴斯蒂安是冠军，第三次是马克。两人互不相让，都争夺各个分站赛冠军，我们和布朗车队之间也是有来有回。

赛季结束前，我们能不能把差距缩小到零分？从安迪·考威尔的动力曲线中，我们得知布朗车队的梅赛德斯发动机性能优于我们的，所以，像在蒙扎这样考验动力的赛道，我们可能没有什么竞争力，事实也正如所料。结果，我们甚至无法缩小两队分差。虽然我们多次获得分站赛冠军，但是在积分榜上我们总是处于落后位置，在赛季倒数第二场比赛巴西站结束后，虽然马克赢得比赛而且维特尔第三，但是巴顿直接成为赛季车手冠军。在车队积分榜上，布朗车队的领先优势太大，不可能被赶超。虽然赛季后半段我们的得分比布朗多，但仍不足以弥补之前导致的分差。

2009赛季就这样结束了，虽然没有夺得赛季冠军，但是我们证明了自己是一支常胜车队，一支可以打败迈凯伦和法拉利这些名门的车队。我们可以更自信，告诉那些从捷豹转至红牛，但心中仍有疑虑的员工，新的制度是行之有效的。对于我们来说，2009赛季是非常重要的一年。未来我们会更强。

第十回合 | 怎样创造RB6

第69章

2010年，比赛规则没有多大变化，其中最大一点变化是KERS被禁。这对我们来说是个好机会，我们有足够空当去开发双层扩散器，并设计与之相配的变速箱和后悬挂。

这就是我们的计划。要想最大程度利用扩散器，起始位置越靠前越好。为满足这一点，我们增加了发动机后侧和后轴中心线之间的距离，这样我们就有足够空间安装上扩散器的进气管。规则只要求从下面能看到参照面或者阶梯面的面板，而两个平面之间的连接面板上可以有洞，这样不算犯规，因为从下往上看时，不可能透过这些洞看到赛车内部的部件。悬挂部件不算作车体，这点很关键。如果从这些洞里看到减震器的话，不算犯规。为了利用一直到发动机的这段距离，我需要保证从下面看不到由此导致的洞。解决办法是以一个非常夸张的角度，安装后下叉臂的减震器，通过发动机周围的一套万向节，将减震器一端连在发动机背面，一端连着变速箱的双头螺柱。不仅进气管巨大，而且变速箱很窄，如此一来，扩散器的横截面又宽又高，与扩散器出口相连的，是位置提前的下尾翼，会产生大量的下压力。上扩散器的出口是如此之大，以至于技师们经常拿一位同事，个头矮小的波尔开玩笑，让他离扩散器远一点，以免被吸进去！

改进车头的思路很简单。我们进一步修改了车架形状，让车架两侧更突出，使整体更接近V形。在低速弯时，赛车的底盘高度变高，赛车表现下降，这也是RB5赛车赛季末尾时体现出的主要弱点。为解决该问题，车头的改造工作主要集中在前翼上。

前几年，我对赛车排气管出口的位置一直不太满意。自1994年伊莫拉事故后，规则改动之一便是禁止将废气排进扩散器中，目的是降低赛车性能。自2001赛季起，所有车队都选择在车体上开一个孔，让排气管从孔里出来，将尾气排到下尾翼上。此举能够增加下压力，但是效果相对有限。

有了双层扩散器之后，可以将废弃尾气排至上扩散器的旁边，而且从车底还看不见，完美避开规则的限制。这样的设计让赛车风洞测试的结果更上一层楼。

理论上来说，新的设计会产生非常大的下压力。RB6赛车所产生的下压力比20世纪70年代的侧裙－地面效应赛车还要高，是一级方程式历史上产生下压力最大的赛车。之前一个赛季，在过类似银石赛道的考普斯（Copse）快速弯时，马克需要先降挡然后再挂挡，甚至还需要刹车，现在可以将油门踩到底直接过弯。赛车所承受的加速度是重力加速度的五倍，创纪录的数据。

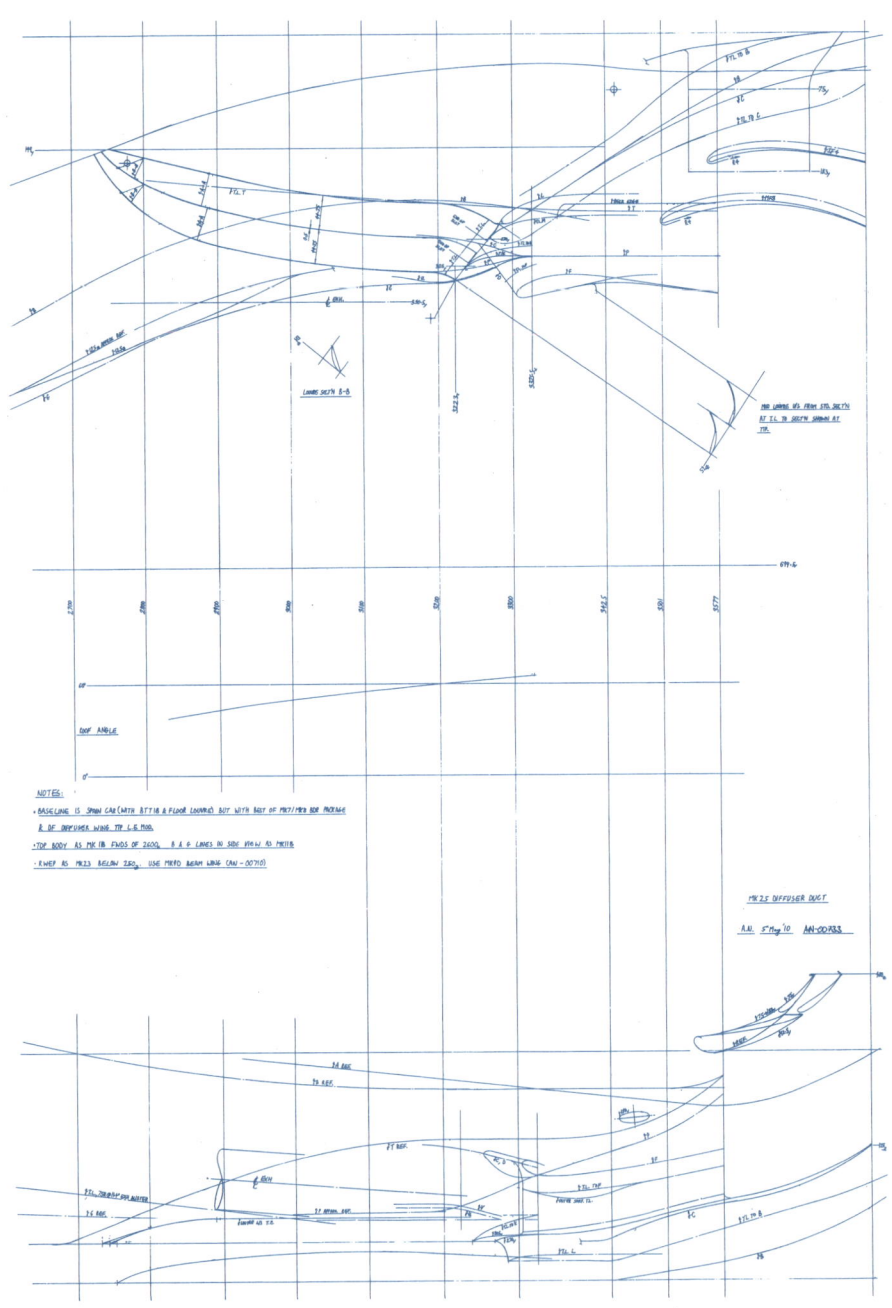

图19 RB6赛车上双层扩散器的图纸

结果显示并不如我们所想象的顺利。在西班牙南部的赫雷斯赛道进行首次测试时发现,即使没跑多远,后胎磨损情况也很严重。马克说:"感觉车尾非常敏感,不受我控制。"

那个时候我们已经在赛车上安装压力接头了,当马克表示车尾转向过度时,可以看到仪表的读数大幅下降。这种糟糕的、反复出现的情况再次发生:自己造的一辆新车,在风洞测试时有很大下压力,但是一上赛道就不那么稳定了。

我们猜测有几种原因。测试时,彼得·普罗德罗姆和我都在现场,对于这种问题,彼得很擅长,有一套他自己的方法论,大家聚在一起,思考导致赛车不稳定的原因是什么。

在制造新车时,有几件事我们不太确定,最典型的一例是,我们学习其他车队,把赛车两侧的底板边缘卷起一定角度,在行驶时产生局部下压力,就像翼片一样。但是,局部下压力的增加,会减少车尾整体气流的气压。通过计算流体力学的计算显示,损失的这部分气流被导至后轮挤流区域,降低扩散器的稳定性。

在赫雷斯赛道的那两天里,我们想出一个计划,将底板卷起的部分去掉,并在后胎两侧安装了一些调整片。第二天测试结束时,赛车表现符合预期:压力接头读数不再下降,马克也反映赛车像是一台下压力增强版的RB5,设计赛车时,我们也按照该目标进行设计。

大家都松了一口气。必须承认,一开始看到压力接头读数下降时,大家都很头大,当初我的想法是:唉,去年车队表现还不错;结果今年就搞砸了——当初891、FW16、MP4-18都是这样。

幸好在两天时间里,我们有的放矢,成功解决问题。在发现、分析类似问题的过程中,有两点很关键:首先,科技的发展成熟,让我们得以借助计算流体力学,理解车身周围复杂的气流结构;其次,车身上的压力接头,使得我们可以将赛车赛道上的数据,与风洞中的结果进行对比,发现具体问题所在。在解决上述问题时,如果我们能及时获取这些信息,解决问题的速度肯定会更快,但是当时的资源和计算机算力还达不到要求。反过来想,如果2010赛季我们没有坚持使用这些工具的话,也许RB6会被人遗忘,历史上多了一辆风洞测试优秀,但是赛道表现很差的赛车。

第70章

那时梅赛德斯已经收购了布朗车队,他们的赛车之前赛季拥有压倒性优势,如今车队主色换成了梅赛德斯的银色。

但是,在赛季前,似乎他们不再像上个赛季那样有竞争力,于是我们的主要对手只剩法拉利和迈凯伦;和他们相比,我觉得我们的车更快。我们赛车的竞争力是如此之强,以至于我故意给赛车加额外的油、安装额外的压载物,让它们跑得慢一些。我不想因为赛车过快而吸引不必要的关注,我还担心FIA可能会想办法制裁我们。一旦人们知道你的赛车很快,他们就会花时间去观察你的赛车。但如果车很慢的话,人们路过都不会看一眼。为掩人耳目,在新车媒体发布前,车队涂装车间(由戴夫·奎因管理)专门在车体上原来排气管的位置,画了一根假排气管。

2010赛季于当年3月开始。与此同时,我和玛丽戈尔德的婚姻也宣告结束,这样的结局令人难过。

此前,我总认为,如果家庭出现问题,工作也会随之出现问题。但是那个赛季结果证明,事实并非如此。事业上最成功的那一年,恰恰是我家庭生活最糟的一年。对于工作我更加投入。画板成了我的避风港。

赛季第一站在巴林,比赛结果让我们喜忧参半。对于赛车的速度我很有信心,但是我知道还有问题待解决。塞巴斯蒂安获得杆位,比赛开始后一直处于领先,直到第33圈,受赛车火花塞故障影响,发动机的七个气缸出现失火现象。我们原本取得了巨大领先,但比赛最后的结果是:塞巴斯蒂安第四,马克第八。这让人苦闷不已。

在澳大利亚进行练习赛中,我们发现车轮螺母越来越松。赛车刹车片和车轮法兰之间没有足够空间来安装轴承,如果螺母扭得太紧,会损坏镁质车轮。我们还遇到另一个问题,即轮毂表面的楔子。这些问题在比赛中爆发出来。一场排位赛里,车队两位车手锁定前排;比赛时,车轮螺母越来越松,结果塞巴斯蒂安退赛,马克第九。

这全是我们自己的责任。这原属于设计失误;测试时,我们其实观察到了一些端倪,但是没有采取任何应对措施。这只是类似事件中的一例,我们原以为自己可以解决这个问题,但是并没有去思考问题根源是什么,导致了这样的比赛结果。这件事证明,虽然我们可以造出速度很快的赛车,但是团队仍旧有很多成长空间,学会如何成为一支全面的队伍,造出一辆可靠、满足要求的赛车。

而且，就维修区指挥台来说，我们的比赛策略也有可以优化的空间。围场的队伍在一周的时间里要做很多事情；要在时间紧张、信息有限、喧闹嘈杂的环境里做决定。所以很容易犯错。

我们需要更好的工具和团队支持，做出更明智的决定。为实现这一点，首先要做的是开发新的软件工具。于是我们聘用了一位年轻的游戏专家威尔·考特内，为我们写程序。我认为我们是第一个使用这些工具的车队（其中之一是蒙特卡洛方法），但当时还是2010年，考虑到赛季的情况，这些工具还远未达到成熟可用的阶段。

马来西亚站上，为测试一个新创意，我们修改了赛车的悬挂：就一级方程式赛车的气动性能来说，因为前翼距离地面更近，所以对于车头离地间隙的变化，前翼比后翼更敏感。前翼离地面越近，赛车效率就越高，所以要尽可能降低赛车离地间隙。可是当时我们的前悬挂已经很紧了，静止时，赛车离地间隙为30毫米，当赛车从维修区直道出来时，间隙降至7毫米，赛车底板会与赛道沥青摩擦。

很多年前，当我还在迈凯伦时就有一个想法：如果在水平方向上，我们可以用执行器和中央起伏弹簧，将伸展的后悬挂与压缩的前悬挂相连，如此一来，可以进一步降低静止状态时赛车的离地间隙，后悬挂每多伸展10毫米，前悬挂就会降低3毫米。在迈凯伦时我们试着用过这套系统，可结果并不理想，因为2005赛季迈凯伦赛车的车尾离地间隙太敏感。

但是RB6这辆车的车尾离地间隙没有那么敏感，而且，2009赛季的规则变化带来了巨大的前翼，使车头离地间隙变得敏感。我重构了这个想法，车队的赛车动力团队在模拟时，建立了一个很完美的模型，并在车手交互式驾驶模拟器中投入使用。

现在我们面临两难的选择。这套系统之后被称为前后交叉互联悬挂（FRIC）。在当时，如果我们宣称这套系统是为了提高赛车的气动性能，我们会重蹈覆辙，像当初主动悬挂那样，被FIA禁掉。好在这套系统还能降低悬挂系统的俯仰刚度，提高赛车本身的性能。所以，这套装置的主要目标，是提高赛车本身性能，这样的改进FIA是允许的。补充一点，在很多车队用上这套系统后，2014赛季最后它还是被禁掉了，FIA认为主要是为了改进气动性能。

不管出于何种动机，在马来西亚站上，我们正式启用FRIC，再加上赛车本身的速度优势，让我们锁定发车前排，轻松获得分站赛冠亚军。

中国站上，我们在排位赛上锁定前两名。比赛时下雨，我们没能根据天气调整相应策略。

比赛结果：第六名和第八名。在西班牙站上，我们启用了很多新部件：新的扩散器、排气管、导流板、下尾翼、刹车导管翼片。

所有部门一起齐心协力，取得了超出预期的成果：工厂的同事一周七天每天加班，周四晚上，技师团队为了把部件安装到赛车上，一宿没睡。驶上赛道后，赛车表现与风洞测试结果一致，马克为我们取得杆位，领先第三名汉密尔顿0.9秒，维特尔位列第二。正赛里，马克快到让其他对手看不见，并最终取得胜利，维特尔很幸运，以第三名的身份站上了领奖台。

说他幸运，是因为在还剩12圈时，维特尔还是第三名，结果一片前轮刹车盘脱落，看到块状物和细屑从前轮飘出来，好在故障发生时，赛车所处位置有足够多的缓冲区，避免了车祸的发生。我们让维特尔进站，换完胎后让技师快速看了一眼刹车导管的"蛋糕模"，即包裹住刹车盘的导管，但是看不出来有什么问题（安装了蛋糕模之后，无法看到刹车盘），于是让维特尔出发。

根据刹车盘压强数据，我们很难弄清当时究竟发生了什么，行程看起来很正常；左前胎上的红外温度传感器只能探测环境温度。我们要在安全和比赛得分之间作出艰难选择。我们是应该让维特尔退赛，还是让他冒险继续比赛，希望最后能得分？最后，我决定让维特尔继续比赛，因为车上只有三片刹车盘，所以塞巴斯蒂安需要提前刹车。说到底，如果他想退赛，没人能说不可以。

将赛车从停车管制区取回来之后，我们发现刹车盘已经碎了，不过大概有1/4的刹车盘还在刹车片之间，不至于让刹车片和活塞掉落，倒是刹车液流了出来。最后没出什么差错，看到维特尔通过终点线时我松了一口气。结果那场比赛获得的15分成为之后夺冠的关键……

摩纳哥站没有那么曲折。马克继续了他的一流表现，获得杆位，维特尔第三。比赛中，马克一路领先，维特尔则成功超车库比卡，这不仅是车队首个摩纳哥站冠军，同时还包揽前两名。可以想象，这是一场让人心满意足的胜利。

红牛作出了一项很红牛的决定：为了摩纳哥站，红牛特地造了一辆巨大的浮动平底船，船一年里大部分时间都停在阿尔卑斯山，只在摩纳哥站的周末使用。平底船甲板之上，是一栋"能量站"，该建筑有三层高，在意大利因佩里亚（Imperia，距摩纳哥海岸线距离为40英里）耗时21天建成，转移到摩纳哥之后，又花了另外两天时间进行安装，才可供使用。三周时间里，需要七十多人共同参与建造。

之后这艘船变为摩纳哥的观光胜地之一，看起来的确很震撼，是个招待客人以及供应商的好地方。花那么多钱值不值呢？这是他们该考虑的问题，对于我们来说，这就是一个巨大的聚会场所，那年我们赢了之后，就在这里疯狂庆祝。建筑的旁边有游泳池，那次胜利后，所有人在庆祝时都掉了进去，马克和维特尔也在其中，两人抓住彼此一起从三楼高的地方跳进了游泳池。

在下一站伊斯坦布尔，我们运气就没那么好了。毋庸置疑，一起跳进泳池是马克和维特尔最后一次"携手"。

第71章

那年我们第一次登顶车队积分榜榜首,车手积分榜上,马克第一,维特尔第二。

伊斯坦布尔的排位赛上,马克获得杆位,塞巴斯蒂安排名第三。比赛发车后,两人保持发车顺序不变,马克领先,迈凯伦的汉密尔顿紧随其后,接着是维特尔,前后二人之间头尾相连,像是一列高速列车在赛道上行驶。

一次进站时,维特尔抓住机会,成功超过汉密尔顿,接着又对马克展开攻势,也成功超越队友,然后维特尔准备切到外侧,进入接下来左手弯的转弯路线。

之后两人相撞。

维特尔其实没有必要切到右侧去。有人猜测马克其实可以躲过去。不管是谁的责任,维特尔因此退赛,马克也因赛车受损,只获得第三名,将一二名让给了迈凯伦。

队友相撞这种事必然会在车队内部引发问题,而赫尔穆特·马尔科博士在媒体面前公然对自己的学生维特尔表示支持,说相撞就是马克的错,这无异于火上浇油。两位车手开始互相指责,打起了口水仗。我和克里斯蒂安试图在幕后修复两人隔阂,结果被媒体发现,而且从外界来看,我俩处理得并不好。

从那之后,马克和维特尔两人关系急转直下。这也让马克明白,赫尔穆特更偏向维特尔,这让他非常恼火。对待两位车手,我觉得自己做到了一碗水端平,但是我承认我没有事无巨细地参与到所有细节里去,例如发动机、部件分配等。对于一位车手来说,车队对于他的态度是一件很重要的事;而且,在一些无法改变的事情上花工夫没有意义。马克当时和妻子在一起,他花太多时间去担心赫尔穆特和维特尔的事;这么做可以理解,但是对于马克来说,并不是一件好事。想要在一级方程式中获得成功,需要全身心投入。很少有车手能在坐进驾驶舱的那一刻,把所有不必要的包袱扔在脑后。

我没去蒙特利尔。我觉得应该花时间在RB7赛车的研发上。结果因为采用错误的比赛策略,我们在排位赛选错了轮胎,在比赛中将胜利拱手让给了汉密尔顿,最终马克和维特尔分列第二、第三。

在瓦伦西亚,赫尔穆特施展自己一贯的政治手腕,找到马克并对他说:"马克,你在瓦伦西亚的成绩一直很烂,今年的比赛结果会有什么不一样吗?"鼓励车手从来不应该是这样。

结果,马克开局表现很糟糕。和摩纳哥站一样,瓦伦西亚赛道属于街头赛道,所以想要超车十分困难，于是我们决定将马克第一次进站的时间提前，调整状态，好在之后超过对手。

出站后马克正好在莲花车队科瓦莱宁之后。虽然科瓦莱宁速度不快，但是他肯定不会让马克轻易超车。马克紧随其后，以为对手会和自己一样，在该刹车的地方刹车。没想到，因为对手和我们赛车的刹车性能不同，科瓦莱宁提前50米刹车，马克完全没有料到这一点。

如果马克没有紧随其后，而是跟在对手侧后方的话就好了——那样的话可以直接超过对方。但是当时马克的赛车还处于前方赛车车尾气流的影响之下，准备变道，完全没有想到科瓦莱宁会这么早刹车。这样的情况下，如果前方车手提前刹车，前后两车的相对速度会有很大差别。马克撞上科瓦莱宁车尾的一侧，前轮爬上科瓦莱宁赛车的后轮，让马克的赛车直接飞了起来。

车祸发生时我没有看到。当时我正低头看赛车圈速，克里斯蒂安突然抓住我的右手臂。

我心想：克里斯蒂安抓我干吗？这感觉有点熟悉，发生什么了？

抬头看到克里斯蒂安脸色惨白，然后在屏幕上看到马克的赛车车尾朝前，高速撞在赛道围栏上。事后我才发现赛车飞得有多高。

那是一场重大车祸。好在马克并没有受伤，因为赛车飞起来后，没有落在观众头上，或是另一辆赛车上，也没有撞上横跨赛道的天桥（虽然离天桥很近了）。除了马克毫发无损之外，方向盘也是完好的。马克下车后，满心愤懑，把方向盘往地上摔，结果车上唯一完好的部件，也被摔坏了。我猜当时他肯定满脑子都在想赫尔穆特对他说的那些话。

当时有一种趋势，各车队会把规则要求的车鼻相机，安装在前翼中央水平部分的上方、前翼支架之间的位置。我们也有样学样，计算流体力学的计算和风洞测试的结果显示，这样做能增加前翼产生的下压力，但同时也会产生一些额外的气流，从而干扰车底的气流。

计算流体力学的结果和风洞测试的结果大相径庭，计算结果显示弊大于利，但风洞测试结果则是利大于弊。从制造的角度来说，把摄像头从鼻尖移到下方的新位置很容易，所以我决定在下一站银石赛道上进行测验。

为进行测验，我们准备了两个备用车鼻；当将车鼻固定到维特尔的车上时，出现了问题，车鼻摔到地上，一圈都没跑，备用车鼻就坏了。新车鼻成功安装在了马克的赛车上，但在第一场练习赛后，马克表示并不喜欢新车鼻，于是又把它换到维特尔的赛车上，进行第二次测验。维特尔默不作声，赛后车间人员的分析显示，新部件提高了赛车的整体气动性能。

我想收集更多数据，弄明白马克为什么不喜欢新车鼻，于是周六早上，我找到马克的比赛工程师皮尔毕姆，问他想不想在比赛上用新车鼻。皮尔毕姆表示拒绝，没有太多兴趣，于是我去让维特尔的比赛工程师洛基，在比赛中使用新车鼻。

排位赛上，维特尔战胜马克，获得杆位，我们在主场锁定前排。但比赛的走向却与排位相反，维特尔开局不利，在一号弯时，为防住汉密尔顿，太过心急，导致爆胎，遂降至队尾。而马克却轻松获胜，之后维特尔努力追赶，最后获得第七名。

虽然在主场成功卫冕，但是当克里斯蒂安在无线电中向马克表示祝贺时，马克回答："二号车手（暗指他自己）能拿到这样的成绩不赖嘛。"对话让这场胜利失色不少。虽然马克自己不想要新车鼻，但是当他得知车队把"自己的"车鼻给了维特尔之后，还是怒不可遏。对我来说这样的决定可能不够细心，但是我的目标是理解赛车状况，提升赛车性能，所以如果一位车手不想用，自然就把它给另外一位车手。出乎我意料的还在后面，一石激起千层浪。

媒体对马克在无线电里所说的话大做文章，整件事的走向让人分外恼火。其实完全没必要这样，因为不论是作为一位车手还是他本人，我都很尊敬他，而且在研发赛车的过程中，他的反馈起了很大作用。

冠军的争夺异常激烈，最后归属将在五个人里产生，分别是我们车队的两位车手、迈凯伦的两位车手，和法拉利的阿隆索。德国站上，维特尔获得杆位，马克第四。法拉利拙劣的比赛策略达到历史新高度，他们让马萨将冠军让给自己的队友阿隆索，此举也为他们带来了一笔10万美元的罚款。维特尔和马克分获第三、第六。

匈牙利站，马克获得冠军，维特尔位列第三；维特尔原本领先，但在安全车出动后，因为离安全车太远而犯规，不仅将分站冠军拱手相让，也让马克获得了车手榜榜首的位置。

斯帕赛道，马克夺得杆位，但因发车时出现些许问题，第1圈末尾仅排名第七。随后马克一路追赶，最终获得亚军，维特尔因判断失误，撞上巴顿的赛车，两人纷纷退赛。让人倍感遗憾。我们拥有最快的赛车，却总是因为各种原因而失去应得的分数。

蒙扎赛道上直道很多，比拼的是赛车马力，而马力并不是我们的优势。本着重在参与的态度，维特尔第四，马克第六，这个结果对我们来说已经很好了。

之后一站是新加坡站，也是我们第一次去那比赛，新加坡是一个很有趣的地方。从机场去往酒店的路上，有一座金光闪闪的环形建筑，建筑表面上有"财富之泉"四个字。在当地文化里，可以公开追求财富。这个国家非常干净，绿化面积大，而且粉丝们对比赛近乎狂热。

新加坡的赛道属于街头赛道，颠簸程度胜于摩纳哥站，但是不像摩纳哥那么窄，容错空间也没有那么小。必须承认的是，我个人很喜欢街头赛道。和最近几年涌现出来的"正统"赛道相比，街头赛道更有特色。那些正规赛道太过千篇一律，缺乏特点，但是没办法，伯尼总是派一个设计师去设计赛道。

维特尔很快就掌握了新赛道的特点，在练习赛中他跑得最快。一开始，在这样颠簸的赛道上操控赛车并不是一件容易的事，我意识到，车在经过减速带时，会从地面反弹，离地很远，过程中会损失大量下压力，因为这样的高度在赛车的正常离地间隙之外。

理解这点之后，我们调低了车尾高度，让赛车更加稳定，我们以信心满满的姿态进入排位赛，以为会轻松获得杆位。因为我们太过松懈，实际排位赛中，阿隆索表现异常出色，夺得杆位。进入正赛后，阿隆索赢得比赛，维特尔和马克分列二、三位；两人虽然比阿隆索快，但就是无法超过他。

之后是日本站的铃鹿赛道，这是一条非常经典的高速赛道，有很多弯角都极富挑战性。铃鹿赛道见证了历史上很多精彩对决，也是我最喜欢去的赛道之一，不光是因为日本粉丝们的热情。早上来到赛道时，粉丝们早已经坐在观赛区了。比赛结束很久之后，车队人员都已经将赛车包装完毕，准备运往下一站时，发现粉丝们还是坐在那里，专心观看工作人员将赛车包装好。

但是，有趣的地方在于，一级方程式圈里很少有大放异彩的日本人，不管是车手还是设计师。或许有人会问为什么。在我看来，日本车队参加一级方程式是一件很困难的事情，因为他们离这项赛事的中心即英国，太远了。

绝大多数一级方程式车队都在英国，能够做到自给自足，因为这里车队多，所以周围的各种专业供应商也会随车队一起聚集在这里。就招聘而言，从其他车队挖人也简单很多，因为如果住在牛津郡附近的话，换工作甚至都不用搬家。为什么基地在德国的丰田车队一直无建树？以上便是原因之一。瑞士的索伯车队也面临着同样的问题。对于在英格兰出生、长大的人来说，没有多少人愿意搬去科隆或者苏黎世。

法拉利是特例，因为法拉利的名头本身就带有某种魔力，而且大多数人会觉得意大利是一个很宜居的国家，就连英国人也这么认为。

说回铃鹿赛道，比赛周末我们倍感压力，一是因为这是一条高速赛道，二是因为每个高速弯出口的路肩，都是锯齿状。如前文所说，为降低前翼的离地间隙，在调制赛车时，会把倾角调得很大。但在铃鹿赛道上，这样的设置会让整个前翼在掠过路肩时遭受反复碰撞。要考虑的第二件事是部件的气动弹性。像翼片这样的气动部件，在实际使用时，结构会发生一定变形，气动弹性被用来描述气动部件的变形程度。客机在起飞或遭遇气流时，从悬窗处观察机翼，会看到机翼的弯曲——在阵风的作用下，波音747机翼尖高度变化最多可达6米。

赛季过程中，我们一直在调整赛车不同部位的气动弹性，尤其是前翼，就是为了减小过高速弯时赛车前翼端板的离地间隙，但是这样的间隙对于铃鹿赛道来说太低了。

周末，保罗·莫纳汉和我花了很长时间，来提高前翼的强度，确保它们在比赛过程中不会出差错。解决办法是添加碳纤维夹板，利用碳布和树脂，车队同事直接在现场就做好这些夹板。排位赛时我们锁定前排，正式比赛里，为保证前翼不受损，我们要求两位车手在出高速弯时，不走既定的出弯路线。

比赛时我身在维修区指挥台，但是心里并不轻松，因为我知道虽然我们车的性能让我们有能力赢得比赛，但是我们能否保证，在越过终点前，前翼完好无损呢？两位车手能否听从命令，避免恶性竞争？他们两人都想获得车手冠军，所以之间的竞争非常激烈。整场比赛中，马克一直在追赶维特尔，每次两人靠近出弯路肩时，我们都会在无线电里提醒他们，好在两人都听从指挥。当两人以冠亚军之姿越过终点时，我心里松了一口气。

赛后，对手们"红牛在作弊"的闹剧达到顶峰。人们要么是不理解，或者根本就没听说过P式弹簧系统（前后交叉互联悬挂）；他们只是观察到，在静态时，我们赛车车头高度很低，于是就以为我们是在作弊。练习赛中，赛道录像显示我们的前翼在路肩上不断震动，他们认为这肯定也是什么作弊手段。

最后，FIA在测量了我们前翼离地间隙之后，证明我们没有犯规（之前每一站他们都这么说），而且对于我们的悬挂系统他们也觉得没有问题。

日本站之后，大家心情都很好。因为没必要急着去韩国，所以我们在东京待了几天。我们和车队的市场团队，以及红牛股东许书标一起，大吃一顿。许书标是泰国人，拥有红牛50%的股份。他和夫人一起组织了这次聚餐，然后我们又一起去了一家威士忌酒吧。去之前，我就已经喝了不少清酒，当时大卫也在，只要他在，我就会喝多。有位穿摩托车皮夹克的女郎找到我，我们两人聊了起来，我做了件很丢人的事，把一大块菠萝在一杯1958年的苏格兰威士忌里蘸了一下（许书标问我哪一年出生的，然后就买了这瓶酒——谁知道这酒多少钱），然后喂给她吃。

之后发生什么，我记不太清。我只记得我和她在酒店的一间房里（但是幸好我们什么都没做，因为之后我才发现她是许书标的侄女），此时，大卫正拿着一瓶香槟，和克里斯蒂安，以及马丁·布伦德尔一起，站在过道，拿着玻璃杯倒扣在门上，偷听屋里有什么动静！

我们在酒店喝完香槟之后，她和我加入大部队去了一家夜店，之后发生的事情的细节，我都不记得。只知道第二天早上醒来时，我的房间里有一座交通圆锥筒。这东西怎么会在这儿呢？不管了。

第二天，酒还没醒，我就坐飞机飞往韩国，飞机上给圆锥筒安排了座位。车库的工作人员还给圆锥筒贴了一张围场门票，一路上这圆锥筒成了我们的吉祥物。但韩国站的比赛中，运气并没有偏向我们这一边。

虽然韩国站的赛道是新的，但是因为千篇一律的设计，并没有让人觉得很激动。排位赛上我们排名第一、第二。

比赛一开始就下雨了。雨下得很大，以至于比赛不得不多次延后。最后安全车出动，安全车一下场，维特尔就冲到马克前面，而马克也不甘示弱，结果两人就这样把其他车手甩在身后。

接下来的比赛中，马克求胜心切，为了在雨战中打败维特尔，他太过心急，使赛车侧滑，失去控制，撞上了围栏，后面罗斯博格没能避开，撞上了马克的侧面，好在马克没有受伤。

在清理赛道时，比赛被迫中断；随后比赛继续，维特尔把后面的车手甩到看不见，这原本将会是一场轻而易举的胜利，结果在还剩10圈时，我们看到他赛车的排气管里冒出大量火焰和烟雾。赛车发动机爆缸。

这是整个赛季里最艰难的时刻。费尔南多赢得比赛，并在车手积分榜上领先马克11分，维特尔跟在后面，落后25分。

如果马克没有出事的话，他原本会领先21分，如果维特尔的发动机没有爆缸的话，他也能领先7分，但是，赛车场上没有那么多如果。

巴西站是整个赛季的倒数第二站，车队内部矛盾突显。从概率上来说，马克获得车手冠军的机会更大，所以马克他们一帮人觉得，车队应该采取这样的策略：如果维特尔第一，马克第二，车队应该叫维特尔把冠军让给马克，因为维特尔落后太多，获得冠军希望有限，而如果他让出冠军的话，马克夺冠概率会更大。

而维特尔却有他自己的想法。理论上来说，维特尔仍然有夺冠的可能，所以他想放手一搏。可以想象，整个比赛周末过程中，双方的争吵从未停止，这对准备比赛来说并不是什么好事——而且，和之前一样，克里斯蒂安和我被夹在中间。除了尊重维特尔本人的意愿之外，我们别无选择，因此只能让两人放开跑，只要保证维特尔在阿布扎比还有机会就行。

巴西站的赛道上充满了各种弯角，这对于我们的赛车来说很有利，所以只要车手发挥正常，就能赢得比赛。好在最后比赛里并没有出现差错。赛车依旧很快，排位赛上获得第一、第二，比赛过程中优势也很明显。

最后结果和我们预期的一样，维特尔第一，马克第二，车队没有要求两人换位置，比赛就这样安稳结束。回想起来，如果我们让他们换位置的话，这样的命令不仅违反规则，还会让红牛车队处于舆论的风口浪尖，承受巨大的公关压力。

除此之外，我们还在巴西站上提前锁定了车队冠军，这是对车队每一位成员付出的肯定与嘉奖。对于我个人来说，这座车队冠军奖杯也具有重要意义。之前我赢过车队冠军，但当时我是在威廉姆斯和迈凯伦，之前人们戏称红牛车队是"做饮料的"，是整个围场的笑柄，而我却帮助车队获得冠军，满足感不言而喻。

即便如此，当时我并没有就此满足，因为已经努力了这么久，我们的目标是双料冠军。

在圣保罗郊区一家由乡间别墅改造而来的夜店里，我们临时组织了一场聚会，庆祝车队夺冠，我和克里斯蒂安到的时候，聚会已经开始了。两人找不到入口，于是绕到后门，透过铁栏杆，看到队友在里面喝香槟。就在我们翻越栏杆时，被一帮猿猴一样的巴西保镖发现，给拦了下来。

我说："别呀，那都是我们自己人，别捣乱。"对于这种话保安从来不听。他们抱住克里斯蒂安的腰，然后把他扔到了栏杆另一边，就像一只小狗一样，任由大狗摆布，然后他们又准备对我动手。估计当时我是想和人打架，于是摆出了拳击架势，准备按照《昆斯贝里拳击比赛规则》和他们打一场，嘴上说道："不要！你们凭什么把我扛起来！"其实说了也白说，估计他们也听不懂英语。多亏我运气好，当时雷诺车队技师在我们之后也到了，用法语口音大声喊："艾德里安有麻烦了！"他们跑到铁栏杆旁边，在我身边围成一圈。一瞬间看起来像是巴黎暴乱即将重演一样，随后克里斯蒂安说道："起来吧艾德里安，咱们走。"我们都认为应该保持克制，而不是逞能。我从围栏里翻了出来，然后离开了——在自家车队的庆祝会上，我们被拒之门外。最后，我们只是在机场的贵宾候机室喝了一杯。

然后两人飞往迪拜,距离阿布扎比只有一个小时的车程,在酒店待了几天,在沙滩上晒晒太阳,两人就这样休息了一阵子,等待着最后一场决定性比赛的到来。

阿布扎比站的比赛在晚上举行,但是奇怪之处在于,第一场和第三场练习赛却是在白天。白天和夜里,赛车的性能与表现完全不一样。比赛在黄昏时开始,然后天黑,此时赛道温度降低,轮胎性能表现也会变得完全不一样。阿布扎比赛道地处沙漠,第一天,赛道上全是尘土,很脏,但是大家似乎都很轻松,处于一种聚会的氛围之中。

现在局势很明了。想要获得车手冠军,维特尔要在获得分站冠军的同时,保证费尔南多的成绩不能高于第五名;而马克要在获得分站冠军的同时,保证费尔南多不高于第三名。

阿布扎比赛道上有两条很长的直道,和竞争对手相比,直道并不是我们的优势所在。在比赛过程中,维特尔从杆位发车后一直领先,马克在排位赛中表现一般,只获得了第五名,正式比赛前期,也一直维持在第五的位置。

此时费尔南多第三,如果保持第三至比赛结束,他将获得车手冠军。

我们必须采取行动。马克被挡在巴顿的后面,无法超车,于是我们让他提前进站,看在采取不同策略后,是否有机会超过其他对手。

法拉利车队紧盯马克,将其视为主要对手,因此可能忘记维特尔也有夺冠的机会,看到我们让马克进站之后,他们也让阿隆索进站,保证费尔南多对马克的领先优势。

对于他们来说,这是策略上的重大失误,这对我们来说是好消息。我们实在走投无路了,才让马克提前进站,结果并没有起什么作用:马克最后排名第八,所以我们的策略不仅没有让他更近一步,反而让他落后了。这并不是我们的本意,我们只是想冒险赌一把。一直聚焦马克没有太大意义——我们必须尝试其他方法。

法拉利出于恐慌,让阿隆索盯着马克,所以阿隆索的排名也下降了,原本处于第三、有机会赢得车手冠军的费尔南多,结果掉到第七,如果维特尔继续领先,费尔南多将失去冠军。

大家都以为在直道上之后,阿隆索和马克的排名将会有所上升,但是雷诺车队的维塔利·佩特罗夫采取极端防守策略,将阿隆索紧紧卡在自己后面。意想不到的是,阿隆索一直没有机会超车,落得越来越远,最后发现根本无法超过佩特罗夫。

维特尔越过终点时,他的比赛工程师洛基通过无线电对他说:"恭喜赢得分站赛冠军……"

然后是依次开过终点的车手：汉密尔顿第二，巴顿第三，罗斯博格第四，库比卡第五，佩特罗夫第六……

"塞巴斯蒂安！你是车手冠军！"

就算现在回想起来，我仍然觉得感慨不已。我们绝境逢生，赢得了最后的比赛。虽然当年我们的赛车是最快的，但是最后车手冠军赢得并不轻松，先是赛车稳定性的问题，然后是比赛策略的失误，再加上两位车手所犯的错。我仍记得心里当时难以置信的感觉。

比赛结束后，我坐在车库后方的一个包装箱上。肯尼是我们的主技师，这么多年来一直都很优秀，总是表现出敢想敢做的精神，他找到了我。我很少抽烟，但在赢得比赛后，有时为了平复心情，我会来一支。看到他带了两支烟来，我很开心，一支给他，一支给我。我们在那儿坐了一个小时，心里有些感慨，任凭时间流逝，看法拉利车队会不会去投诉我们。

他们没有，我们摇摇晃晃，走回了酒店，临时在酒店的一间房里，庆祝胜利。克里斯蒂安和我要飞回奥地利，奥地利那边要求克里斯蒂安、我、赫尔穆特、两位车手，去参加庆祝游行，所以我们第二天早上五六点就要从机场出发。

当克里斯蒂安和我准备加入庆祝宴会时，我们再次被保安拦了下来，这次我们说："我们受够了！"然后两人一起从保安身边冲了过去，加入了庆祝的行列。大家喝的是野格炸弹，用野格利口酒和红牛混合而成，我用亲身经历告诉大家，喝完之后第二天肯定非常不舒服。

坐在飞机上，马克肯定很不好受：飞机上所有人都在庆祝胜利，而他一个人在那儿，为自己的失败而苦恼。

马克能出现在飞机上，更多是因为他的责任感；换作我，我不确定自己会不会上飞机。

我们去到阿布扎比机场，和维特尔见面，他的庆祝方式是吃一顿麦当劳——整个赛季里他一直都想吃麦当劳，但是训练师不允许——大家一起飞往萨尔茨堡，回到7号机库，迎接我们的除了铜管乐团和红毯之外，还有满脸笑容的迪特里希。

后来我们见到了奖杯，之后被送到了米尔顿凯恩斯前台区域的一个柜子里。

关于这个还有一段故事。一开始我们用几排架子装奖杯，但是赫尔穆特认为这样太寒酸了，需要重新装修前台区域，这是一个非常正确的决定。重新装修需要约两个月的时间，期间整个区域处于封锁状态。出于安保方面的考虑，晚上如果想要离开办公室去

获得双料冠军之后的欣喜不已与如释重负，于2010年和克里斯蒂安在阿布扎比

停车场，需要从车间另外一边走出去，足足要花10分钟。

一天晚上我来到前台附近，区域贴满了各种黄色隔离带，写着"禁止进入"的字眼。

为一探究竟，我从底下钻过了那些隔离带，进入前台，发现他们安上了玻璃门。

当时我想：我就是看下，这个滑门有没有装好。

结果我发现已经装好了。在前门的位置，可以看到钉满多块木板的前厅。我看到了木板之间的一处缝，于是想自己可以从这道缝里钻出去。成功从缝里钻出去后，正在庆幸不用绕路时，结果……当时我站在一块硬板上，只听见"噔"的一声，硬板因为无法承受我的重量而垮掉，让我掉进了下面5英尺深的一个洞里。

我把公文包扔到地面上，从洞里狼狈地爬出来，拍掉身上的尘土，走到车前，心想：还好没人发现我。

后来我发现并非如此。那年的圣诞宴会上，克里斯蒂安把当时的摄像头录像，在所有人面前放了一次。

肯定是为了报复我，上次弄脏他家草坪那次。

第十一回合 | 怎样创造RB8

第72章

　　FIA的态度发生了巨大变化。他们很擅长做这种事。他们再次考量之后，认为双层扩散器极大增加了赛车下压力，所以会在2011赛季禁止使用双层扩散器。

　　这则消息的发布时间是2010年春天，随之而来的，还有更为严苛的新规则：底板上不能有洞。所以问题是，如何在这些规则限制下，找回赛车的下压力。

　　具体该怎么做？在RB6赛车上，我们把侧排气管的尾气导向双层扩散器，这种方法被证明是有效的。车手在出低速弯加速时，能感受到额外的下压力。这样似乎可以找回一些因为规则调整而损失的下压力。

　　同时，我们知道，理论上如果能增大赛车的倾斜角，即增大车尾的离地间隙，就能够增加赛车的下压力，此举相当于把整个底板变成了一个弱化版的扩散器，同时降低了扩散器的高度。难题在于，随着赛车离地间隙的增加，轮胎挤流区域和其所导致的乱流将会变得更加难以掌控。

　　于是我想，如果我们能把排气系统进行梳理，让尾气和轮胎挤流的方向一致的话，或许可以将高能的尾气，与低能的挤流汇合在一起，重新一齐进入挤流区域。

　　在低速弯时我们会有挤流的问题，如果我们要在低速弯实现预期的离地间隙，车尾距离地面的高度将达到100毫米。也就是说，我们要想办法让尾气也降低大约100毫米。

　　2010年夏天和秋天在研发RB7时，这个问题变成了我们的主要关注点。换言之，我们应该如何让尾气进入轮胎接地面区域？

　　解决办法涉及很多细节，包括修改排气尾管的形状，优化周围车体结构，尤其是产生涡流、在底板上方的那部分车体（该特征首次出现在RB5上），更大的车鼻、刹车导管翼片采用更大倾角。所有这些改动，都是为了让尾气变得更宽、更扁平，从而能将其引导至挤流区域。这套系统成功运转之后，下压力方面的收益巨大，只要尾气量足够，在过低速弯时，下压力就会与当初双层扩散器的水平相当。

　　为使这套系统的收益最大化，我们需要保证一直有大量尾气排出。一般入弯时，车手会刹车、降挡位，而且会松开油门，这样一来，几乎没有尾气从后方排出，这意味着在刹车入弯的这个关键阶段里，无法产生足够的下压力——在最需要下压力的时候。赛车在出弯时，尾气量大，会产生很大下压力，我们想要实现的效果是，赛车在入弯时也如此。

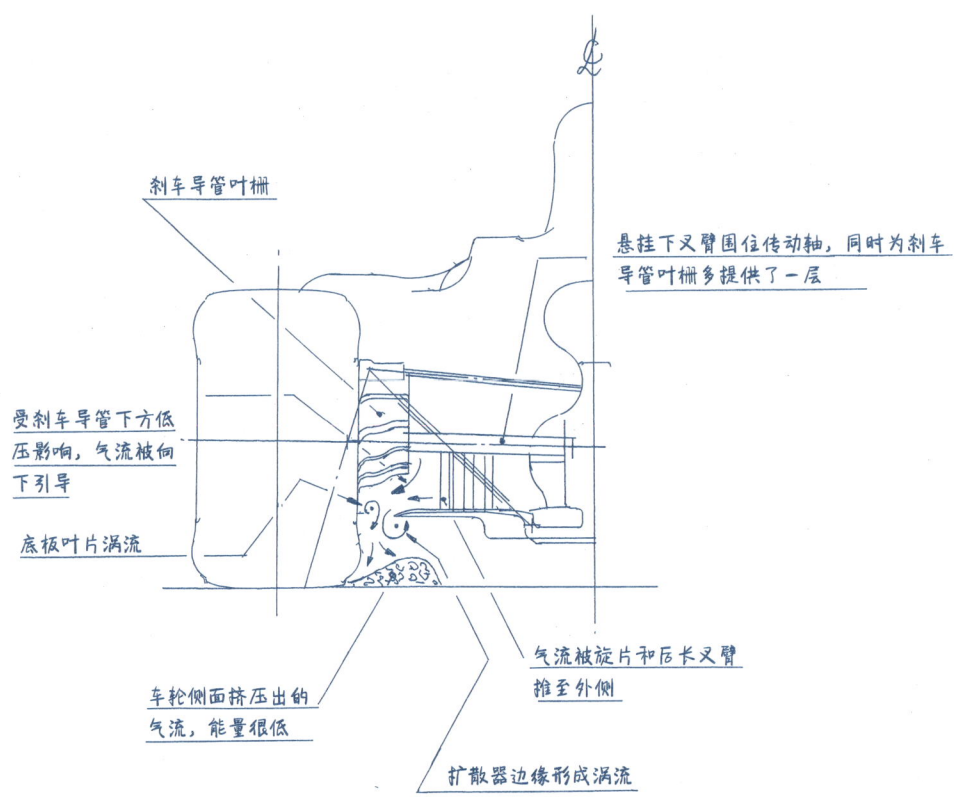

图20 2011赛季禁掉双层扩散器之后,作为替代方案,排气尾管的形状得到大幅更改,周边车体结构也经过细致优化

1994年我还在威廉姆斯车队时,我们试过将尾气导向扩散器。我找到当时雷诺的技术总监伯纳德·杜多特,问他有没有可能让油门一直处于开启状态,借助其他方式来控制动力,例如为单独气缸设置火花塞,或者点火正时功能。随后伯纳德的团队启动了相关研发工作,但是在伊莫拉事故之后,FIA禁止将尾气导向扩散器,所以这个项目也随之搁浅。

17年后,我邀请雷诺重启这个项目,如今雷诺的技术部门由罗勃·怀特领导。虽然雷诺V8发动机的马力不如梅赛德斯的,但是在上述方面,雷诺做得非常出色,将指定气缸点火、点火正时和节气门位置三者融合成一套系统,成了为人们所知的"热吹风"。这套系统是我们在2011赛季成功的关键。

法拉利将尾气引导至类似位置,即后轮前方,但是效果却不如我们的好;迈凯伦尝试了一套非常复杂的系统,来达到类似的效果,但是似乎没有成功,在季前测试时并不顺利,最后他们照搬了我们的设计,并在墨尔本站将诸多特征移植到赛车上,所以也变

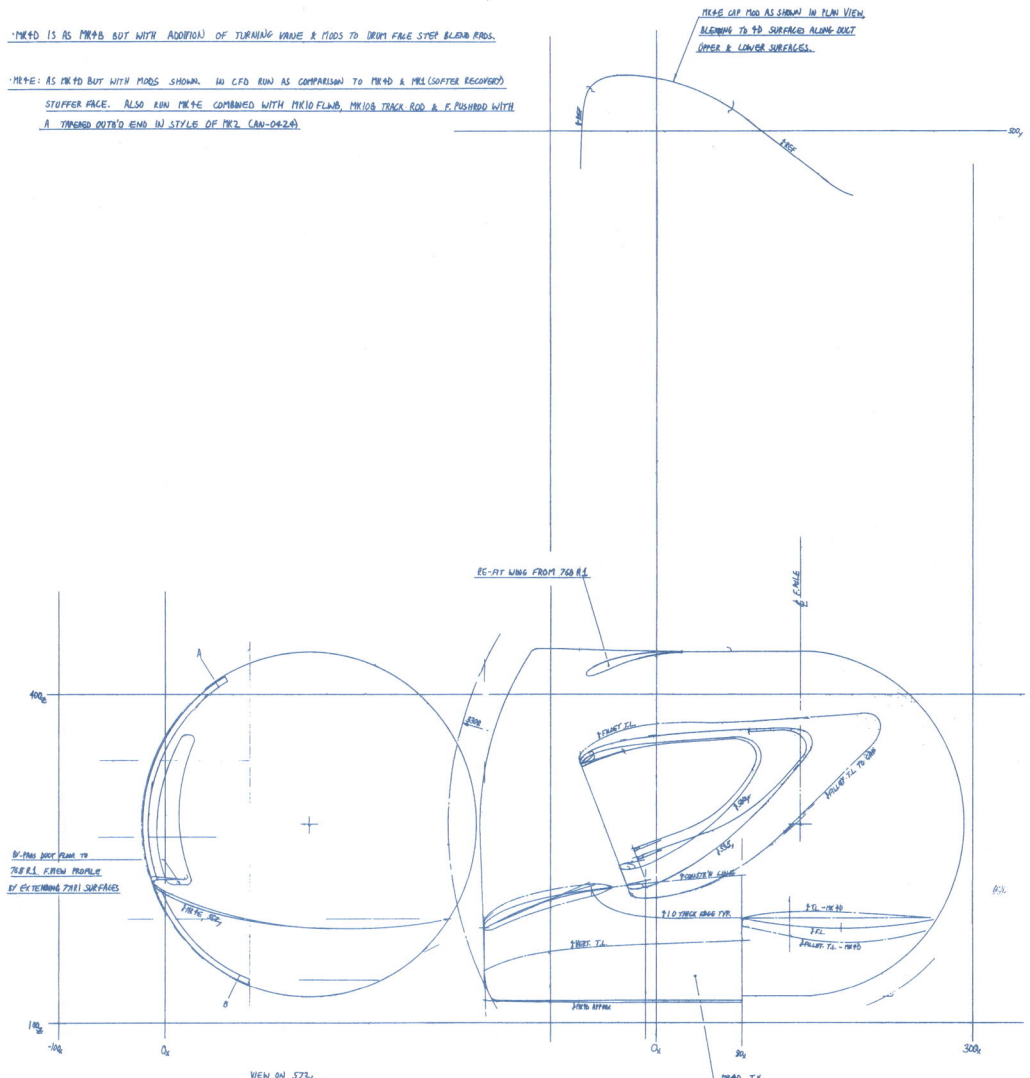

图21　RB8赛车上的刹车导管和其翼片的图纸

得很有竞争力。

2011赛季，还有另一项规则改动，即重新引入KERS。

回顾过去，2009赛季，FIA允许使用KERS，但是使用它的车队并不多，然后2010赛季，FIA又不再允许使用KERS。FIA再次展现出他们反复无常的特点，决定让KERS重回舞台；因为，当时很多公路车都采用了能量回收系统，而FIA也想成为这方面的倡导者。

2009赛季，大部分车队在研发KERS时都未达到预期效果，但同时大家也明白，只要KERS不让赛车超重，且不给气动性能或者重量分布带来负面影响，KERS能够从一定程度提升赛车速度。

不仅如此，KERS还让赛车发车时占据优势，和没有用KERS的赛车相比，拥有KERS的赛车发车排名会高两位。使用得当，KERS还能在比赛中帮助车手超车。

上述种种优点让所有车队都开始用KERS，包括我们在内。我们确信安装上这套系统后，赛车不会超重，但是我们需要想办法降低对气动性能的影响。

解决办法是在发动机和变速箱之间安装电池，一如我在第2章中描述的那样，这样难度不小，但是如果能让它稳定运行的话，对于气动性能将有巨大的提升。

我们在这方面花了不少时间。赛季前几场比赛里，虽然将电池安装在赛车上，但是会有稳定性的问题。不是电池过热，就是其震动给赛车电路连接造成不利影响。工程师们都在埋怨我，其他车队都知道我们无法让它稳定运行——他们多次听到我们在无线电里告诉车手，停止使用KERS，并在其关闭的状态下完成比赛。

好消息是我们的新排气系统很不错。即使我们不用KERS，单是排气系统带来的性能优势，也足以让我们赢得比赛。如果没有排气系统的话，我选择使用KERS的决定，肯定会遭受更多质疑，在车尾采用更窄设计带来的气动性能提升，让赛车圈速下降了约0.25秒。

对我们来说，赛季初那段时间并不轻松。尤其是迈凯伦车队，给我们带来很大压力，而且在保持排气系统稳定、控制尾气温度方面，我们也有些问题没有解决——保证排气系统完好无损并不容易。为保证排气管寿命，和排位赛相比，我们在正赛里往往会采取更加保守的比赛策略。而且我们还在利用英高镍合金，自行研发尾气管道材料。该材料最早由美国军方研制而成，用于制造海军战斗机的舰尾钩。赛车行业本身不去发明新材料，但是我们很擅长以意想不到的方式利用新材料，这便是其中一例。观察行业变化是一件很有意思的事情。

回顾二十世纪五六十年代，刹车盘最先是赛车界开发出来的，然后被引入公路车。而如今，业界不再将相关技术从赛车迁移到公路车上。相反，往往是一些机械巨头公司，尤其是航空航天公司，会直接在赛车上测试他们的产品，和在汽车上测试相比，赛车大幅缩短了产品测试所需要的时间。

第 73 章

在银石赛道上，法拉利还是没能让自己的尾气系统如预期一样运转，于是他们决定想办法把我们的干掉。

在法拉利给 FIA 的诉状中，他们状告我们将发动机作为一台能够产生下压力的设备，而且因为其活塞和阀门会上下移动，所以是一台可动气动装置，也就是说我们的车体是可动的，而利用可动车体属于犯规行为。

显然，一辆车必须要有一台发动机。发动机内部肯定会有一些可动部件，所以不管尾气排向哪里，都会对赛车气动性能有效果。所以这就变成了一场关于部件首要作用和次要作用的讨论。在类似这样的争论中，FIA 的查理·怀汀必须决定尾气的主要作用是否是产生下压力。

最后结果如下：当脚离开加速踏板而油门仍然处于敞开状态的做法违规，因此在银石赛道上被禁，但是在历经各种争吵之后，这一做法又被重新引入之后的比赛。政策上的阻碍扫除后，我们得以向第二座冠军奖杯发起冲击，证明我们是值得注意的对手，而不是转瞬即逝的流星。如果不是因为之后的连锁效应，我根本不会提在银石赛道发生的这场闹剧。当我们开始研发 2012 赛季的 RB8 赛车时，规则发生改动，对尾气排放区域加以限制。规则还想禁止热吹系统，这无疑是雪上加霜。

我们和雷诺讨论，有没有办法绕过发动机管理方面的规则。同时，我们还在想办法，能否将尾气导至后胎前的区域，因为之前已经得到证明，这样的做法对性能提升巨大。如果我们扩大侧箱尺寸，将排气口与后胎之间的距离，缩小到规则允许的最小范围，然后用一个斜坡，将尾气排至后胎两侧，就会产生一个新问题：赛车会失去所谓的可乐瓶效应。

可乐瓶外形最初由迈凯伦车队提出，是为了应对 1983 年的规则变化，那次规则禁止赛车使用侧裙。

当时迈凯伦的工程师们意识到，当后胎内侧没有了扩散器的阻挡，可以让车体尽可能窄一些，这样尾气就可以绕过后胎，到达下尾翼。我们在 RB5 上沿用了这一想法，将相关部位车体在水平方向上更扁，竖直方向上更长，像是鱼尾一样。

现在计算流体力学和风洞测试结果显示，如果尾气能按我们所想，到达预期部位的话，有一定效果，但没有尾气的加持，因为赛车不再受可乐瓶效应的作用。再加上，入

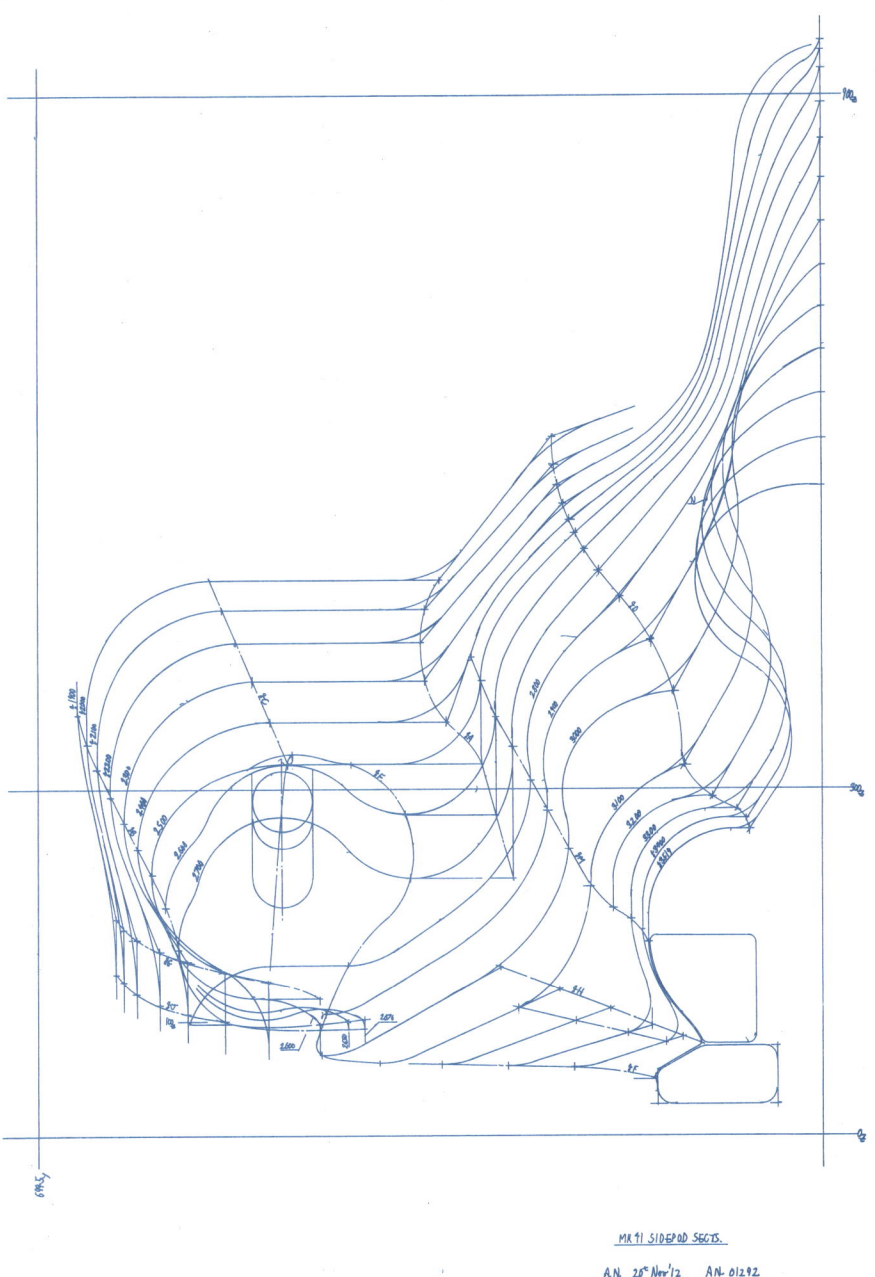

图22　RB8赛车侧箱的技术图纸，包括尾气管和弱化版的进气口和出气口

弯时的热吹机制被禁，所以不再会有尾气加持，非常棘手。

车尾处另一大改动是后悬挂系统。除了尾气之外，在倾角大时控制轮胎挤流的另一个办法是让后刹车导管区域的翼片更有效，实现方法是改变下翼形状，让其更凸、翼弦长、倾角更大。然而气流传导方面却有问题需要解决：后悬挂的下叉臂和横拉杆扰乱了气流场。解决办法要在1994赛季威廉姆斯FW16赛车上找，当时我把悬挂支柱移到了与传动轴相同的平面上，然后，用中空结构的支柱，将传动轴围起来。这样的改动有两大好处：首先悬挂支柱将不再阻挡气流，而且因为该区域只剩一根柱状结构，所以可以将其用作第三片翼片，类似红色男爵飞机。

因为是在赛季快要开始时思索出的解决方案，所以其他车队也不可能抄袭我们，因为没有时间去造新的变速箱壳体。

我们选择在1月份启用RB8，赛车拥有可乐瓶形车体，排气管的作用也不像之前那么有用，只是将尾气导向下尾翼而已，回到了RB10赛车之前的样子。我们的计划是在最后一轮测试中，再引入我们的新车体，新车体更宽，而且后胎两侧会有一个小斜坡。当时我们认为，斜坡虽然会阻挡气流、导致下压力减少，但是在出弯时，额外尾气带来的额外下压力，将会抵消这一不利影响。

在墨尔本站之前的最后一场测试里，维特尔和马克都试驾了两天，维特尔不认为那些改动是行之有效的——他觉得赛车的表现不够稳定。马克的反馈稍微好一些，但是这些改动并没有带来预期的性能提升，这一点在圈速上也有所体现，和迈凯伦、法拉利以及梅赛德斯相比，我们的圈速相差不大。因为规则改动，我们损失很大；2010赛季，我们是第一个开始利用尾气的车队，而且赛车基本就是围绕这一点进行研发，其他车队都没有像我们这么做（有点类似于当年威廉姆斯主动悬挂的情形，当初他们研究主动悬挂的时间最长），所以我们损失更大，要重新研究的也更多。

我们怀着忐忑的心情，来到墨尔本，参加2012赛季的第一场比赛。

第74章

丹尼尔·里卡多是赫尔穆特·马尔科车手青训计划培养出的车手。墨尔本站上，他获得了自己一级方程式生涯的首个积分。红牛车队现在两次夺冠，而且未来还会赢更多，所以现在我们有实力去吸引最优秀的车手，加入我们。我们曾和费尔南多·阿隆索多次面谈，但可能因为阿隆索和迪特里希性格不合，所以不了了之。2012赛季期间，我们听到消息，刘易斯·汉密尔顿在迈凯伦过得并不开心。还在迈凯伦车队时我就认识他了；当时他还在方程式3000里摸爬滚打，但是已经和迈凯伦签约了，汉密尔顿经常来车间，在模拟器上试驾。他是一个非常友善的人。虽然最近几年汉密尔顿有向娱乐圈发展的趋势，但是在一级方程式的车手中，他是为数不多愿意在路上停下来，和路人亲切聊几句的人。

汉密尔顿曾找到我们，问有没有可能加入红牛车队，还到我家来见我。这件事说起来还有故事，我当时的秘书视汉密尔顿为偶像，而我没有和她说汉密尔顿会来。当时我在楼上工作，我猜一定是门铃响了，因为之后秘书安·丽斯冲进我的办公室，满脸通红，有些失态，说："嗯……那个……刘易斯在门口，我该怎么办？该怎么办？"

我说："好歹先让人家进来吧。"

最后刘易斯没有加入红牛。我们觉得塞巴斯蒂安和马克的组合没有什么不好。此外，红牛在青训项目上本身已经有很多投入了。只要有机会，迪特里希都会去培养有潜力的年轻运动员，对此他引以为豪。赫尔穆特在青训项目上花费了很多心血，当时看来，他已经为车队培养出了丹尼尔，之后又培养出了马克斯·维斯塔潘。在写这本书时，已经称得上一级方程式顶级车手的，有维特尔、里卡多、维斯塔潘、汉密尔顿和阿隆索五人——其中三人出自赫尔穆特的青训营。作为青训营来说，可以说红牛取得了现象级的成功。这要归功于迪特里希和赫尔穆特两人，除了迪特里希在所有级别的赛车比赛的巨额投入之外，也多亏赫尔穆特对于车手青训项目的成功运作。

里卡多在墨尔本站大放异彩，但是红牛车队整体却表现平平。我们之前的顾虑成为现实，在排位赛成绩就很一般，马克第五，维特尔第六。两人对于赛车都不满意，维特尔碰到的问题比马克更多。失去入弯时尾气所带来的下压力的加持之后，考虑到维特尔的驾驶风格，他正处于非常不利的境地——过弯时维特尔转向时间很迟，喜欢急转弯让赛车大幅转向，这需要车尾保持稳定。马克则没有这方面的问题，因为他入弯的方式更为传统，会在直道末尾阶段就刹车，然后逐渐转向，最后加速出弯。

墨尔本站之后，塞巴斯蒂安觉得自己在驾驶升级之前的赛车时更顺手，之前的车体上，我们保留了可乐瓶结构，也没有利用赛车尾气。我们需要弄清究竟哪个研究方向更好：是本赛季之前的可乐瓶风格，还是更复杂的外排尾气与斜坡方案。于是在中国站上，我们将维特尔赛车的车体，换回了之前RB5时期的可乐瓶车体。排位赛中，马克排名第七，而维特尔仅排名第十一。换回老车体之后确实有助于入弯，但是会影响出弯，我们之前用风洞测试和驾驶模拟器进行了模拟，实际效果和模拟与测试相比要小很多。维特尔对于赛车入弯时的稳定性还是不满意。虽然更改车体后赛车性能有所提升，但是如果我们无法进一步解锁赛车性能，不可能获得冠军。和之前一样，我们需要沉下心来，努力发现问题，弄懂问题关键所在。这个时候经验显得尤为重要，不能因为赛程的压力而做出糟糕的决定。一定不能自乱阵脚。

针对尾气排放位置，不同车队想出了各种方案，但似乎只有迈凯伦的方案是最流行的。包括法拉利和梅赛德斯在内的几家车队都采用了迈凯伦的方案。但是，我没有觉得他们的思路有多好，首先在很长一段距离中，气流缺乏引导，其次，这些气流还会干扰可乐瓶的气流。

那个时候，不管是实车还是风洞模型的主要气动表面上，都有很多压力接头。而这些压强数据，可用于计算流体力学的计算；如此一来，我们就可以比较三个不同环境下的数据结果：风洞测试读数、计算流体力学结果，以及赛车本身的读数。如前文所描述，这一点对我们帮助很大，因为一旦出现结果不一致时，我们能够轻松定位问题出在哪个区域，快速理解问题背后的原因。

在RB8上，赛车入弯时扩散器的接头读数，与模型在风洞测试时的扩散器读数很不一样，因为测试时很难让轮胎像在比赛时那样，产生大幅度形变。规则规定，轮胎胎侧的直径要足够长，所以在赛车大幅变向时，轮胎接触面的横移距离，高达40毫米——当赛车驶过减速弯的路肩时，可以从车后方拍摄的照片或者车前方的慢镜头里，观察到上述现象。

轮胎的形变不仅会导致内胎侧的气流分流，还会损失一大部分挤流。从压力接头和测压排管的数据来看，这就是症结所在。

通过计算流体力学的验证，我们发现，轮胎形状改变之后，轮胎侧面的气流对性能提升非常有限，导致赛车下压力大幅下降。虽然这些推测全都停留在理论层面，但是和维特尔对于赛车的反馈是一致的——入弯时车尾缺乏下压力。而且得到这个结论没有花费我们很多时间:最开始问题在墨尔本站突显,之后一个月之内的时间里,我们就借助所开发的计算流体力学的工具,发现问题所在。

车队年轻的空气动力学工程师,阿里斯泰尔·布里泽尔想出一个办法,来限制尾气斜坡下的可乐瓶效应。规则规定,在距离车底100毫米的区域,车体横截面的半径不得小于75毫米。

由于底盘上表面本身的高度就有60毫米,所以我们可以将可乐瓶轮廓导管安装在斜坡下方40毫米处。计算流体力学的结果显示,这样的改动有好有坏。好处是有利于赛车在直道上行驶,但是在过弯时,导管气流严重分散,使扩散器格尼襟翼的作用大打折扣。尽管如此,从工程的角度来说,想要在现有车体上实现这一改动也很容易。在巴林站上,我们对赛车进行了修改,比赛结果证明我们的尾气修改方案的思路是有效的。难题在于如何进一步优化这个方案,让导管气流在赛车过弯时,不至于太过分散。

其中一个解决办法,是将导管延长至两片尾翼中的下尾翼处,如此一来,可以保证排气口处于低压区域之中。排气口处的低压有助于气流通过导管。导管的进气管越圆、越长越好,因为导管体积越大,气流就越不容易分散,流量也更大;我们设计车体时,

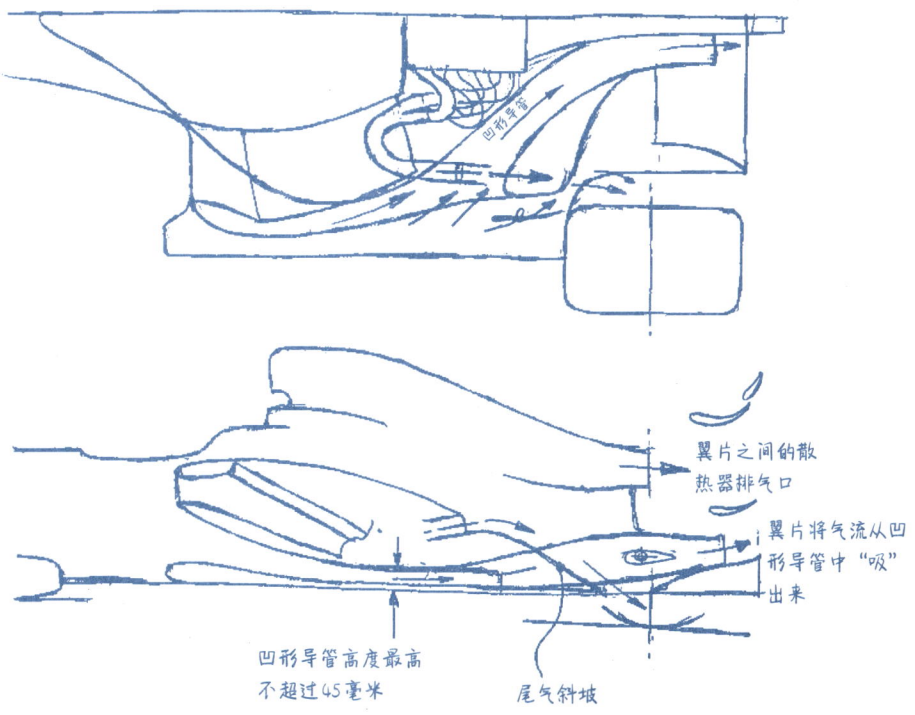

图23 排气管草图,包括引至后挤流区域的斜坡,以及下方弱化版的导管

主要是为了排气，所以车体非常大，大体积导管能够减小车体对气流的阻碍。

第二个问题在于，如何让格尼襟翼最大程度利用导管气流。我们希望导管出气口的气流又窄又长，这样能让气流在格尼襟翼范围内，也就是说导管进气口的横截面要扁平，而出气口横截面必须细长。每次修改导管时，都想要尽可能减小赛车的性能损失，这从来不是一件容易的事。

动能回收系统的电池安装在变速箱周围（从RB7赛车上移植而来，目前已经能够稳定运转），而发动机的位置却如此靠前，导致排气管在向后延展时，没能与导管相连。

为了让其正常运行，我们花了不少时间。几周之内，我画了十几种设计图，加班将这些导管数据导入计算流体力学的系统中，检查计算结果，查明气流在导管内何处分流，重新规划导管，这个过程不断循环。这段时间工作强度很高，但是付出慢慢有了回报：计算流体力学的结果显示，在后胎侧面的关键区域里，气流更加平稳。

摩纳哥站上，大家的工作成果首次亮相——自主设计、全导管理念下的第二代赛车。

在对规则进行细致解读之后，雷诺也成功对发动机进行了改造，提高了赛车入弯时排气管的气流量。两大革新让赛车重焕升级，马克赢得摩纳哥站冠军。

虽然新车体设计方向已走上正轨，但尾气效应对于赛车出弯时的帮助，却没有达到风洞测试和计算流体力学的预期结果。克雷格·斯基内是车队的一位流体力学工程师，他表示，上述现象是由于排气管内脉冲导致。每个气缸的尾气阀门打开时，都会产生一阵冲击波，当冲击波传到管道末尾时，会产生像甜甜圈一样的涡流，排出管外。第二次世界大战期间，V-1炸弹"蚁狮"装有脉冲喷射发动机，其气流就有上述特点。克雷格找到多篇相关主题的论文，在计算流体力学中建立了一个连续气流模型，并将其应用到赛车车体上：环形气流会让气流离开斜坡，扩散开来，导致尾气中只有很小的一部分能到达目标区域。

我们同时从两个思路解决该问题：首先是减小冲击波的强度，为此，雷诺在排气系统中安装了一个共振器，来吸收并反射冲击波。我们在两个斜坡的两侧都增加了一块凸起的区域，相当于在排气口出口处形成格尼襟翼，四面里只有一面开放。环形涡流得到控制，而且只在第四面才有。

新的车体和排气系统在瓦伦西亚站投入使用，两者都提升了赛车性能，两位车手都对赛车的操控性表示满意。排气系统的改进对赛车性能的提升，从外观上都很明显：在后胎前方的车体部位，能看到热染色的痕迹。

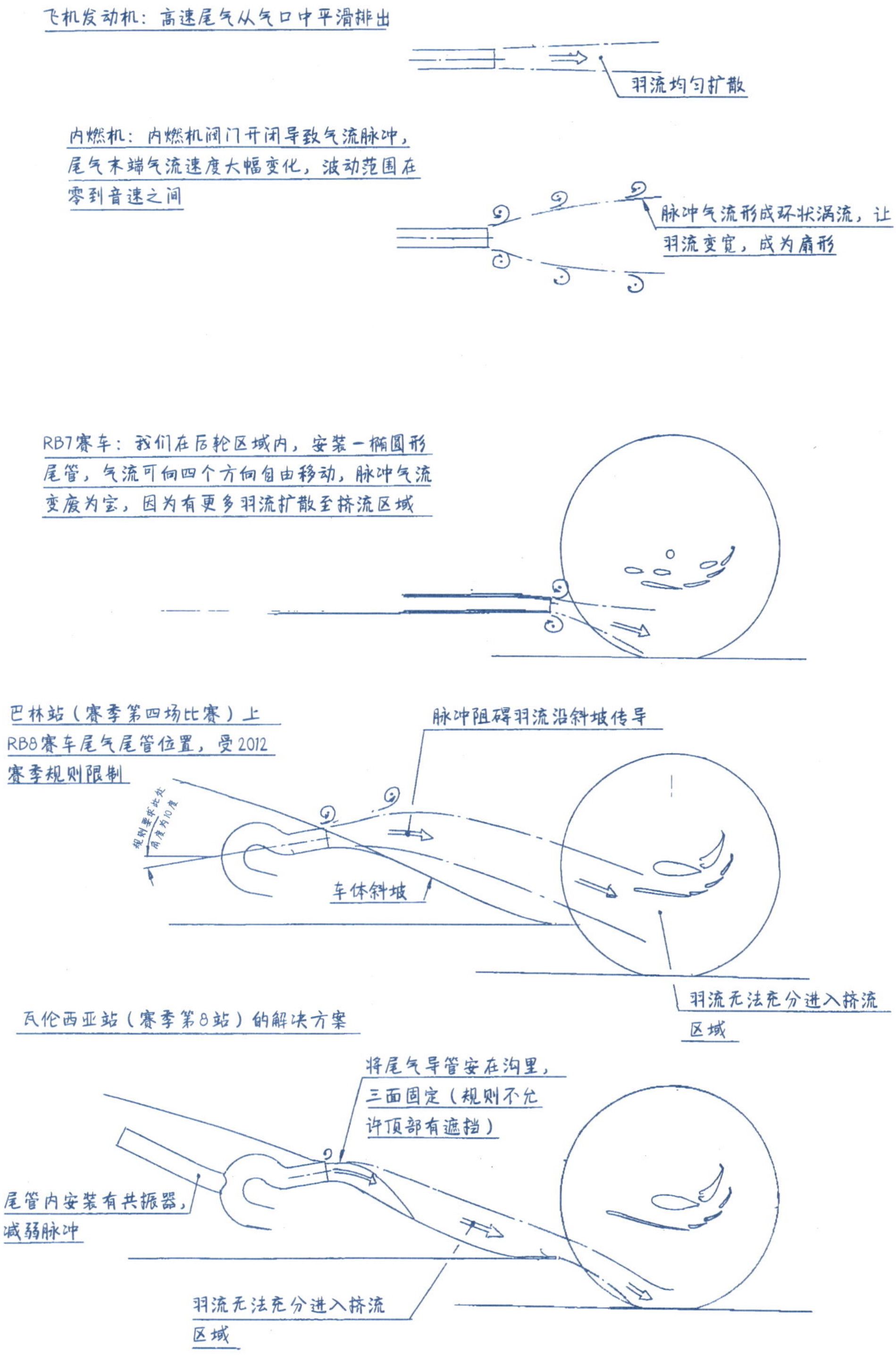

飞机发动机：高速尾气从气口中平滑排出

羽流均匀扩散

内燃机：内燃机阀门开闭导致气流脉冲，尾气末端气流速度大幅变化，波动范围在零到音速之间

脉冲气流形成环状涡流，让羽流变宽，成为扇形

RB7赛车：我们在后轮区域内，安装一椭圆形尾管，气流可向四个方向自由移动，脉冲气流变废为宝，因为有更多羽流扩散至挤流区域

巴林站（赛季第四场比赛）上RB8赛车尾气尾管位置，受2012赛季规则限制

脉冲阻碍羽流沿斜坡传导

车体斜坡

羽流无法充分进入挤流区域

瓦伦西亚站（赛季第8站）的解决方案

将尾气导管安在沟里，三面固定（规则不允许顶部有遮挡）

尾管内安装有共振器，减弱脉冲

羽流无法充分进入挤流区域

图24　在RB8赛车上实现的尾气脉冲解决方案，以及方案的优化过程

比赛中，塞巴斯蒂安原本遥遥领先，随后赛车交流电机出现故障。这样的结果十分扫兴，雷诺的交流电机由意大利供应商玛涅蒂玛瑞利制造，整个赛季交流电机一直出问题。由此导致的退赛是第一次，但是随后雷诺和玛瑞利并没有投入足够精力，去探查故障的根源，原本可以轻而易举拿下的冠军，就这样失之交臂。更让人痛心之处在于，原本在积分榜上与塞巴斯蒂安不相上下的阿隆索，在赢得本场比赛的冠军后，领先塞巴斯蒂安26分，而塞巴斯蒂安则落后至第四的位置。

截止新加坡站之前，维特尔在车手榜上名列第四，落后费尔南多39分，而马克比维特尔还少8分。虽然维特尔在新加坡以及之后的日本、韩国和印度站上都以压倒性优势获胜，但是真正让对手失去夺冠可能的，是阿布扎比之后的一场比赛。

练习赛上，我们表现得比对手更加出色，却在排位赛中犯下愚蠢的错误。规则规定，在排位赛结束时，赛车油箱里至少要有一升油，排位赛后，FIA会把每辆赛车油箱的燃油抽出来，测量是否符合规则。排位赛上，塞巴斯蒂安因燃油不足，导致赛车不得不在赛道上停下。

他因此被取消排位赛资格，并以末位身份参加正赛。正赛中，维特尔努力追赶，以第三名的排名完成比赛，费尔南多排名第二，亡羊补牢，为时未晚。

阿布扎比站结束后，我们飞跃大西洋，来到得克萨斯州奥斯汀的一处新赛道参加比赛——这么多年来，首次回到美国参加比赛。结果证明，比赛非常受欢迎，不仅看台票售罄，比赛气氛也非常棒。排位赛上，塞巴斯蒂安以1/10秒的优势领先汉密尔顿，夺得杆位。到正式比赛，风向发生改变，但我们并未对赛车的设置做出相应的调整。在通过赛道末尾的快速弯时，先前能保持平衡的赛车，因风向改变，如今却会大幅度甩尾。风向的变化使赛车后下压力下降，这其实是一个众所周知的常见问题。之前我们不够仔细，对于天气变化的关注不够。同样的错误我们不会再犯。

结果迈凯伦的汉密尔顿获得冠军，塞巴斯蒂安位居第二。马克因为交流电机问题而退赛——这已经不是第一次了！不过这场比赛的重点在于，我们提前锁定赛季车队冠军，也是我们的三连冠。2008年，对于三连冠这种事，我们自己想都不敢想。

我们举办了很多场庆祝活动，但是赛季还没结束，塞巴斯蒂安还要争夺赛季车手冠军。

之后我们来到巴西站。

在赛季最后一场比赛上，塞巴斯蒂安和阿隆索都感受到了压力：连续多场比赛之后，马克第一次在排位赛中战胜塞巴斯蒂安，与此同时，菲利普·马萨也在排位中战胜了自己的队友阿隆索。最后发车位置是塞巴斯蒂安第四，阿隆索第八。

我们看了眼车手积分榜。从分数上来说，阿隆索落后13分，所以这场比赛塞巴斯蒂安的排名必须比阿隆索高。就算两人最后得分一样的话，塞巴斯蒂安也会因分站冠军次数高于阿隆索而夺冠。

天气预报显示比赛过程中会开始下雨，站在围场里都能感受到空气中的湿气——下雨只是时间问题。但是比赛开始之前还没下雨，所以大家都用的是光头胎。

结果比赛一开始就出现状况。和塞巴斯蒂安一样，马克的发车位置在第二排，发车时，马克把塞巴斯蒂安挤到围墙边上。为了避免自己前翼受损，塞巴斯蒂安不得不降到一挡，导致排名和速度纷纷下滑。

离开第一个弯道时，塞巴斯蒂安从第四名降到第十名，跟在阿隆索后面。在接近赛道的第四个弯道时，威廉姆斯车队的布鲁诺·塞纳做出了一件不可思议的事，他直接把车头转向塞巴斯蒂安，朝塞巴斯蒂安的赛车侧面撞去，塞巴斯蒂安的赛车在赛道上打转，最后停在赛道上。

在维修区指挥台的我们，瞬间心里一沉。好在发动机的反熄火功能起了作用，所以发动机还在运转。就是赛车侧箱有个大洞。似乎大家都以为我们已经出局了。

塞巴斯蒂安重新加入比赛，但是局势看起来不妙。接着又开始下雨了，赛道上的局面一片混乱，事故频发。与此同时，第1圈最后一位的塞巴斯蒂安，专心致志，一路追赶。之后的7圈里，平均每一圈他都会超过两三名对手。

塞巴斯蒂安表现完美，但是在围场的我们却面临着一道难题：赛车受损。我们要不要让他进站退赛？驾驶这样的赛车是否安全？我的得力助手保罗·莫纳汉拿出自己的相机，站在维修区指挥台给赛车拍照，分析后我们得出结论，虽然赛车受损严重，但是还算安全。

真正让我们感到担心的问题是，一根排气管在受到严重冲击后，几乎被压扁，折成一团。这会导致两大后果：首先，最直接的影响显然是赛车动力下降；其次，如果排气管某处裂开的话，逃逸出的气体会点燃车体，直接导致退赛。

即便如此，我们能做的补救措施少之又少。也不能说不安全——如果赛车真的着火了，塞巴斯蒂安还是有足够时间从驾驶座逃出来。赛车进站后，任何补救措施都会大幅延长进站时间，因此我们选择让塞巴斯蒂安继续，祈祷他能完成比赛。

塞巴斯蒂安继续行进。赛车陆续进站出站。雨势越来越大，同通常雨赛一样，排名也不可避免地发生变化。

比赛还剩13圈，塞巴斯蒂安追到第二的位置，排在他前面的是迈克尔·舒马赫。

当时我和克里斯蒂安一起坐在维修区指挥台，心想：完了，迈克尔肯定会竭尽所能，不让塞巴斯蒂安通过的。

毕竟是迈克尔·舒马赫，老对手了。

没想到，现实和预想的完全相反。迈克尔很绅士地将赛车开到一旁，让塞巴斯蒂安通过。

显然，他没打算在维特尔的冠军之路上做阻拦。

与此同时，车队前方出现严重事故，印度力量车队的尼科·霍肯伯格（Nico Hülkenberg）在对汉密尔顿发起攻击时过于激进，导致两人相继退赛。

结果原本处于第四的阿隆索，突然升到了第二的位置，位于巴顿之后。我们再次就形势进行分析。如果比赛结果和现在排名顺序一致，即阿隆索第二，塞巴斯蒂安第六的话，塞巴斯蒂安将以三分的优势赢得车手冠军，但是，如果巴顿遭遇任何问题，比如撞车，让阿隆索成为第一的话，阿隆索将赢得车手冠军。我们一会儿观察巴顿，一会儿观察阿隆索，然后又看塞巴斯蒂安。视线不断来回切换，祈祷排名顺序能保持不变。

最后几圈时大家的心都提到了嗓子眼。最后赛车通过终点线时，我感到前所未有的轻松。

我们赢了。不是指这一站。马克第四，塞巴斯蒂安第六。但是我们赢得赛季的车手冠军，连续三年成为车手车队双料冠军。

因为那天晚上要飞回去，所以当天的小型庆祝活动只有克里斯蒂安、简和我，在酒店的酒吧，我喝了四杯卡皮里尼亚——我最喜欢的巴西鸡尾酒；然后我们前往机场。

很难用语言描述当时的心情。特别奇特的一种感觉。一开始红牛车队只能算是无名之辈，现在却连续三年成为双料冠军，难以置信。如果2008年有人告诉我未来是这样的话，我们肯定会出于礼貌表示感谢，然后立马送客，等转过身之后，指指自己太阳穴，觉得这人脑子坏了。

但是，那天我们正坐在酒店的酒吧里，喝酒庆祝我们的第三个双料冠军。谁快来把我掐醒。

第 75 章

和玛丽戈尔德分居之后，工作成了我的庇护所。玛丽戈尔德搬出去后，工作日时家里显得空空荡荡，周末时伊莫珍和哈里会来陪我，节假日大学放假时，汉娜也会回来陪我。克里斯蒂安和他的女朋友贝弗利非常贴心，她特地为我牵线搭桥。

2011年春天和夏天时，我确实有和一位女士一直约会，但9月时我们就分开了，自己再次回归单身，同年，我接受了一场圣诞宴会的邀请。

我的朋友，同时也是邻居的克里斯·埃文斯——不是演美国队长那个——当时也在场，大概12点的时候，克里斯说两人可以一起打车回去。但是我们并没有直接回去，而是在本地的一间酒吧下车了。

酒吧里我和一位男士聊了起来，结果发现他不仅是一个控制狂，而且对话内容也非常无聊，导致我被迫不断移动位置，试图远离他。结果我都退到吧台里面了，这时一位年轻女士靠近吧台，点了一杯香槟。

我说："没问题，但不好意思，我不是这里的员工。"

她问："那你在哪里上班？"

我回答道："在一家汽水公司上班。"

"哪一家？"

"红牛。"

她对营销很感兴趣，所以问了很多关于红牛市场营销方面的问题——能量饮料的营销策略，不是红牛车队——于是我和她胡乱扯了一堆，完全不知道两人究竟在讨论什么。

她叫阿曼达，在一家组织高尔夫赛事的公司上班，当时我不知道，她认识克里斯，而且是克里斯为我做媒。

过了一些时间后，我们分别打车回家，阿曼达和克里斯在一辆车里，我和其他人在另一辆车里。因为克里斯知道我家门牌号，于是直接进了我家，让阿曼达误以为那是克里斯家。进屋大家又喝了几杯，然后克里斯悄悄溜了，其他人也陆续离场，留下我和阿曼达二人。我们一直聊到第二天早上七点，阿曼达随后叫车离去。

两人的关系就此展开。我们在本地餐厅约会过两三次。有一次我邀请她到家里来，到了之后她说："啊！我才知道原来你住克里斯家里。"后来两人澄清了误会。

我还向阿曼达解释，虽然之前说过我在一家饮料厂上班，但实际上我是一支一级方程式车队的工程师，虽然她并不知道具体是干吗的。此时还是2011年末，我们刚获得第二个冠军。米尔顿凯恩斯当地人对于我们的成就感到骄傲。在一场别开生面的典礼上，人们把米尔顿凯恩斯的钥匙授予我们，如果我们想的话，都可以让我们在镇上放羊了。大家举办了庆祝游行，塞巴斯蒂安和马克在小镇的街道上驾驶赛车。当地政府预料到将会有很多人参与庆祝，因此将道路封锁。

我告诉阿曼达："车队的人会在米尔顿凯恩斯的街道上驾驶赛车，有兴趣来看看吗？"

阿曼达接受了我的邀请，于是在我们第三次约会之后的一个早上，当我们都还在忍受宿醉的痛苦时，我把她接到米尔顿凯恩斯。

之前没想到，到了工厂后才发现，工厂外的记者和粉丝已经等候多时了。从车里出来之后，十几个人朝我赶过来，找我要签名、与我合影。

阿曼达吓了一跳。看到媒体和那些索要签名的粉丝后，又看向我，眼神都不一样了。

阿曼达问道："艾德里安，你到底是谁？"

她对赛车了解很少。几乎一无所知。当我们进入室内时，她认出了大卫·库特哈德，因为她一位朋友的仪表盘上，有大卫的摇头娃娃。

2012年，在摩纳哥和阿曼达一起庆祝分站冠军

一个人之前喝没喝酒，大卫一眼就能看出来，于是对阿曼达说："看起来你可能要喝点咖啡。"一脸"我懂"的表情。

自那以后我们两个就如胶似漆。2012年夏天，我们开始同居，后来发现两人都喜欢到世界各地旅游，之后两人一起去了古巴、尼泊尔、越南和柬埔寨，我们还打算去更多地方。

我自己喜欢去一些人迹罕至的地方，体验超乎寻常的文化——看当地人如何生活——在这一点上，阿曼达和我很像。

2016年8月假期之前，我去车库找到自己的工具箱，工具箱里有一枚钻石，很多年前我从一位朋友处购得——之后一直藏在这个工具箱里。我找人把钻石做成了一枚钻戒，度假时我把钻戒带上——这次是去安提瓜岛度假。

我计划求婚的那天，我们乘坐一艘波士顿威拿游艇进行环岛游。由于担心弄丢戒指，于是我把戒指穿在项链上，然后把项链放在T恤里面，当然下船游泳时，我没有游很快，既要保证戒指还在，还要保证阿曼达没看到戒指。

在我向阿曼达求婚之前，我问船长能不能在我求婚时躲在驾驶室后面，如果一切顺利的话，想让他帮忙拍几张照片。

当我开始求婚时，阿曼达爆笑不止。我寻思：她到底在笑什么？我没想到她是这种反应啊！

自己继续向她求婚，问她是否愿意嫁给我，最后她答应了，这让我很高兴。之后她才向我解释，当时之所以会笑，因为在等待拍照时机时，船长像是狐獴一样，脑袋一伸一缩。

阿曼达在南非长大，非常擅长游泳，曾数次在国家级赛事上夺得金牌。20岁出头时，她搬到苏格兰，成为苏格兰和不列颠游泳队教练，专门教人在开放水域游泳，并多次参与国际赛事。这是两人关系之间我最满意的地方之一：因为阿曼达自己曾是一位运动员，所以她能理解，参与高等级赛事时，竞争有多激烈，要做出怎样的牺牲。当我专注于工作时，会对其他事情视而不见，阿曼达能够理解我，知道我不是一个冷漠或者粗鲁的人，而是因为在高级别体育赛事中，有时就是需要这样的投入。反正我也一直拿这套说辞当借口。对于她的这份理解，我心怀感激，对于我们的关系而言，这份理解至关重要。

这么多年来，在获得成功后，尤其是我们红牛的那四个赛季之后，我得到了业界的认可，收获了不少奖项。

首先是K7俱乐部，由唐纳德·坎贝尔创立，旨在感谢那些帮助他打破速度纪录的人。

唐纳德去世之后，K7俱乐部建立蓝鸟奖杯，旨在奖励那些"为英国地面、水中、和空中高速载具事业做出重大贡献的人"。当我看到奖杯侧面的历任获奖者时，我才意识到得奖是莫大的荣耀。

这座奖杯意义重大还有另外一个原因：1964年打破蓝鸟路面纪录的汽车，在当时看来，设计理念可谓超前。该车由航空工程师设计完成，是世界上第一辆利用地面效应的汽车。

当时的赛车设计师本可以从这辆车上获取很多灵感，所以这座奖杯也在提醒我，要把眼光放长远些，不能坐井观天。

还有另外一个很重要的奖，**赛格雷夫奖**，由英国皇家汽车俱乐部颁发。该奖项旨在奖励那些在海陆空高速载具领域，拥有精湛技艺，或是有所建树的人，该奖项的名字是为了纪念英国路面高速载具先驱亨利·**赛格雷夫爵士**，于1930年创立。

我有幸成为2010年赛格雷夫奖得主，得知历任得主后，高兴得快要晕过去，其中有：艾米·约翰逊、马尔科姆·坎贝尔爵士、乔弗里·德·哈维兰、唐纳德·坎贝尔、斯特灵·莫斯，而且这还不是全部。

2011年，我接到一通电话，得知自己上了新年授勋名单。

到现在我还是不了解新年授勋获奖者是怎么选的，但是能获此殊荣是件很美妙的事；如今那枚大英帝国勋章和祖父的战争纪念章一起摆在家里。

我很幸运，那天女王陛下亲自颁奖，当我上前受奖时，她说："啊，我认得你，当初我丈夫在参观时，你负责介绍，他还卡在一辆赛车里了。"

确有其事。迈凯伦车队的新工厂剪彩时，罗恩成功将女王邀请到现场，我和菲利普亲王一起，参观新工厂。

亲王对风洞很感兴趣，在参观一辆车时，他问："我可以坐进去吗？"

亲王爬进去之后，卡在里面了，然后肯定和女王说了这段经历，所以她记得。虽然说起来很平常，但对我来说这是一段难能可贵的回忆。

第76章

上演冠军帽子戏法很棒,但是一级方程式的残酷之处在于,永远要向前看。所以大家的精力移到2013赛季RB9赛车上,希望借助这辆赛车卫冕。

RB9赛车由RB8进化而来,设计理念保持不变,尾气羽流紧贴、弱化版导管、赛车架构这些都没变,只是在赛车气动性能方面进行一些调整和改进。

赛季伊始,竞争主要在我们和梅赛德斯之间展开。结果我们发现自己的短板在于轮胎。赛季开始时,倍耐力采用了新的轮胎结构。和原来相比,新轮胎不够结实,无法承受高负荷,和梅赛德斯相比,我们反而更吃亏。

银石赛道是对赛车负荷最大的赛道之一,事实证明,新轮胎不能满足比赛要求,在银石赛道那个周末,我们因为爆胎而退赛。好在没有人受伤。

事后倍耐力重新评估新轮胎的性能,意识到新胎无法承受比赛负荷,于是决定启用之前赛季的轮胎。从此天平开始向我们这边倾斜,换回原有轮胎之后,剩下的赛季非常轻松。维特尔赢得了剩余赛季的所有分站赛,创下车手连胜纪录。

在拥有这样的压倒性优势后,我们压力全无,赛季结束时,红牛达成双料冠军四连胜的壮举,不论过了多久,仍旧很难相信:我们连续四个赛季赢得双料冠军!

之后比赛规则大改——但在我看来,没有越变越好。

2013年之后,规则禁止使用V8自然吸气发动机,要求使用涡轮增压混动发动机,红牛王朝也因此戛然而止。

在麦克斯担任FIA主席的最后几年中,他一直在推动F1采用混动发动机。依据是,每年公路汽车制造商都会花几十亿来研发发动机,所以F1也要与时俱进,确保F1和汽车行业的发展保持一致,将公路汽车行业的科技创新,移植到赛车上,提高赛车燃油效率。

听起来还挺有道理?为实现该目标,FIA专门成立了发动机工作组,由工作组起草一系列新规则。新规要求赛车必须采用1.5升排量的V6的发动机,而且对于缸径冲程比也有要求。每个气缸里只能有一个火花塞,一个燃油喷射器。发动机还必须带有一个涡轮增压器,能驱动一台电机,为尾气系统散热。另一台电机与曲轴相连,两台电机与同一块电池相连,既能受电池驱动,也可以为电池充电。

新规则不仅有十分具体的规定,对相关部件用途也有要求。在制造公路车时,汽车制造商却没有诸多规则的限制。例如，制造商可以在一个气缸里安装两个燃油喷射器，也可以自行决定发动机缸径冲程比。不仅如此，制造商所生产的汽车，都不需要加足马力行驶，因为多数情况下，汽车一般是在公路上行驶，或是堵在路上。

如今该规则已经执行了四个赛季。也就是说，发动机供应商的相关研究，已经进行六年了，但是相关技术已成熟的迹象还没有。真要说有什么作用的话，就是导致新一代梅赛德斯火星车的诞生——至于是好是坏，只有时间能告诉我们答案。

我个人觉得，让赛车向公路车靠拢的做法具有误导性。真要朝这个方向做的话，可以限制燃油量为100升，看哪家车队造出来的赛车性能更好。这样肯定很有意思。问题在于，肯定会有一些车队，能拿出更好的解决方案，让对手望尘莫及——讽刺的是，这就是FIA的现状，梅赛德斯就是这样一支车队。在我看来，最后全员皆输。不论是对于汽车业界、F1这项比赛，还是观众来说，都是如此。

毫无疑问，梅赛德斯车队造出了最优秀的发动机，成功打造出了一套性能强劲的动力单元。可能因为他们拥有最充足的预算，但是不论他们是怎么实现的，最后结果是，奔驰动力单元的性能，远优于雷诺。这并不是批评雷诺，只是描述事实。

与此同时，规则对于车架的限制越来越多，车队在这方面的所有创新，几乎都被FIA禁止使用：不管是借助尾气增加下压力、气动弹性效应、前后交叉互联悬挂，不一而足。想要通过车架的创新来超越对手变得越来越难。同时，因为这些车架方面的规则，所有赛车的外表都一样。把2016赛季所有一级方程式赛车涂成白色，除非是专家，普通人根本认不出来每支车队的车。

和其他高级别体育赛事相比，我认为一级方程式的独特之处在于，它不仅仅只是运动员本身——比的是运动员加赛车，关乎人与机械和技术，是赛车以及驾驶赛车车手之间的竞争。正因如此，所以我才觉得，确保赛车之间在技术方面的差异是一件很重要的事情，而不是让发动机上的性能差异，成为决定头部车队成绩的唯一要素。

此外，我认为这项运动失去了往日的些许魅力。混合动力发动机的声音平淡无奇。而V10自然吸气发动机的声音则让人汗毛竖立。首次来赛道观看比赛的观众，都会对赛车震耳欲聋的噪音，留下深刻印象。这些噪音原本是F1运动的重要元素之一，现已不复存在。现在次级联赛GP2听起来都比F1要过瘾，这不正常。

比赛也不如以往，缺少过去的戏剧冲击。拿2016赛季汉密尔顿的杆位圈和1988赛季塞纳在摩纳哥的排位赛（非常精彩，值得一看）相比，看着塞纳在摩纳哥赛道上粗暴的驾驭赛车，观众会觉得：太厉害了！我一辈子都不可能做到！换成现在的杆位圈，虽然不一定真的能做到，但是观众会觉得：只要多加练习，我也能做到。

从这个角度来说，比赛失去曾经拥有的惊艳感。车手化为凡人，而不是像曾经一样，是一位斗士。我们选择了一个错误的方向。一级方程式究竟是娱乐消费品，还是汽车行业的科技试验场呢？不管更偏向哪一种，现在哪边都没顾着。

喜欢一级方程式的人，都会对规则有自己的看法，这是一件好事，能激起人们对比赛的激情。FIA负责起草比赛和技术相关的规则，车队按照规则执行。大家对于麦克斯的管理方式可以有各种看法，但是当时状况是，他来做决定，大家跟着执行。在让-托德的管理下，解决所有问题的办法都是成立由车队组成的委员会。问题在于，在投票时，大家的出发点不是什么决定有利于赛事发展，而是如何让结果对自己车队最有利。同时，也没有人投入足够资源，研究赛事未来的发展方向。我们是想要赛车的外观更激进，或者降低赛车的操控性，用更严格的标准来要求车手？是想在比赛中看到更多超车的场景，又或在技术上向公路车靠拢？例如采用电动车或者混动车，其他的全都不管，还是说我们想听到更大的发动机噪音，让比赛更好看？

这些都需要考虑，只有在考虑到这些方面后，才会说："我们需要研究一番，选好方向后，制定与未来方向相匹配的规则。"

好消息是，美国自由传媒集团从风投机构CVC手中买下这项赛事，自由传媒了解如何宣传，这是他们的老本行。他们承诺会让比赛耳目一新，投入资源研究现有难题。

第77章

2014年春天，车队面临着重大选择。红牛车队因为发动机的问题而被拖后腿。雷诺没能造出有竞争力的混动发动机，虽然我们都会犯错，但亡羊补牢，为时未晚。

克里斯蒂安、赫尔穆特和我一起拜访雷诺总裁卡洛斯·戈恩，离开时我们发现，雷诺并没有十分肯定，也没有做出开发出更优秀发动机的承诺，非常扫兴。

梅赛德斯和我们接触过几次，但是最后拒绝向我们提供梅赛德斯发动机，因为他们不想被一台装了梅赛德斯发动机的红牛车打败。和法拉利也是类似情况。我们讨论过自己造发动机，但是，所需要的金钱，即使对于迪特里希来说，也是一个天文数字。

所以2014年春天这段时间对红牛来说很艰难，看不到出路。我在考虑其他机会，恰巧这个时候梅赛德斯车队的尼基·劳达找到我。我们谈了好几次，尼基来我家里，讨论我加入梅赛德斯车队的相关事宜。我被打动了，但也不至于心动。不出意料，2014赛季的梅赛德斯车队将会获得冠军，我如果加入，会替代罗斯·布朗，给人感觉像是为了冠军加入梅赛德斯。虽然我很感激尼基给我的机会，但最后还是拒绝了他。

同时还有一支勒芒LMP1组别的车队和我有接触。这很吸引我，在我的人生目标中，有一项就是加入一支勒芒车队，赢得冠军。但问题是车队办公室在德国，这点很麻烦。接触我的第三支车队是法拉利。此前他们就有招我的意向，但是这次他们更有诚意。为了与法拉利当时的主席，卢卡·蒙特泽莫罗见面，我去他托斯卡纳附近的农庄与他会面。双方都认真考虑加入的可能，而且他们的报价很吸引人。卢卡想让我负责包括赛车和公路车在内的所有运营管理。答应的话，我感觉自己将过上像电影明星一样的生活，此外，虽然我在红牛拿到的工资已经很高了，但法拉利给的待遇，是红牛工资的两倍有余。

这是一个很艰难的决定，很多晚上我都辗转反侧，思索各种考量因素：家庭、文化、公司风格差异、加入之后成功了怎么办，失败了又该如何……但是最后我还是拒绝了卢卡的邀请。有人问，为什么？这个问题问得好。肯定有家庭的因素需要考虑：孩子们都已长大，有自己的生活，而且还要考虑到我和阿曼达的感情。在做决定时，这些肯定要顾及。从工作方面来说，让我留下来的理由很简单：我不想离开红牛。

对我来说，红牛像家一样。加入之时，车队带有英格兰中部地区那种特有的性格：稍微有些消极、事不关己，高高挂起的"鸵鸟精神"。而现在，车队的精神面貌变了，大家敢想敢做，勇于进取。之前我们是围场里的笑柄，大家认为我们哗众取宠，只知道开趴，就是个卖碳酸饮料的。现在，我们获得四次冠军，而且稳扎稳打，用一贯的思路设计赛车，赢得冠军。

回想起2012赛季时，我仍旧感到自豪，虽然我们怎么做都不能调校好赛车，但大家并没有气馁。大家埋头苦干，坚持不懈，解决了面临的问题。红牛坚持自己培养有天赋的年轻人，而不是直接买功成名就的大牌车手；在我们的帮助下，米尔顿凯恩斯声名在外；从开始到现在，车队从来没有松懈过；即使会遇到数不尽的难题，面临具有挑战的技术难关，我们永远会选择那条少有人走的路；红牛从来没有为了让自己轻松，选择更容易的选项，或者因取得成就感到心满意足，停滞不前。我们不断创新进取。

不光是我一个人，克里斯蒂安也拥有类似理念，我们依照着这样的共同理念，搭建团队。

于我自己而言，从很多方面来看，我在红牛所取得的成就都是在回报赛车这项运动，它给了我太多。我们创立了一支年轻、与众不同的队伍，能获得成绩的队伍。我的付出，让我在赛车行业中，实现自己的价值——赛车运动我从小就喜欢，不光是因为它的过去，也因为它所拥有的潜力：未来，赛车运动将会是人与机械的完全同步，是设计、效率和速度的完美结合。

正在设计中

后　记
（如何设计一辆阿斯顿·马丁）

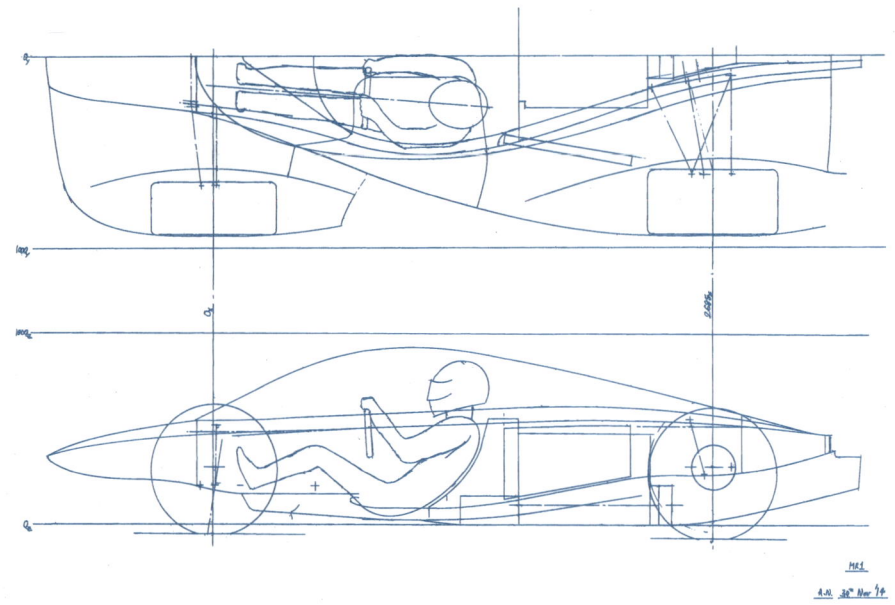

图25　阿斯顿·马丁瓦尔基里的原型图

　　我就这样拒绝了法拉利。因为当时的状况，我对一级方程式的热情有所减退，但是我还是要思考，自己能在红牛做什么其他事情。我不想就这样离开，但是，我同样也不想在发动机无法和对手竞争时，拼命改进赛车其他方面的性能。我想要尝试新的挑战。从1980年我21岁加入菲蒂帕尔迪起，到2014年止，我拥有一段精彩的职业生涯，顶级车队中工程师的数量，也从原来的5名，增长到现在的200多名。

　　在和克里斯蒂安以及简进行多番讨论后，双方认为对我来说，最好是我退居幕后，尝试一些不要求上手的工作。我还是会参与赛车的设计，我的工作时间里，有一半花在一级方程式赛车的设计上——赛车上有些特征是我最先在画板上画出来的。我也把大部分责任交给团队的其他资深成员，让他们有机会发展自己，获得成长。之前几乎每场比赛我都会去现场，现在每个赛季只去五六场；对我来说，在不同赛道飞来飞去已经失去了那种新鲜感。

　　问题是，如果不再参与这些工作，那我能做什么其他事呢？当时是2014年年中，车队有将近750位员工，大家都要养家糊口。未来如有不测，例如规则限制车队支出，强制要求车队缩减规模的话，我和克里斯蒂安有责任为他们物色其他工作，不能让员工无处可去。

经过讨论后，我们随即成立了一个小部门，独立于一级方程式业务，将其命名为"红牛创新技术"。这并非红牛首创——恩佐·法拉利在20世纪50年代就这么干了，为了资助自己的赛车车队，出售公路车。迈凯伦和威廉姆斯车队也都投身汽车行业，或是向业界出售自己的技术。

正好帆船运动爱好者本·安斯立来找我。当时他在组建队伍，冲击2017年美洲杯帆船赛，问我有没有兴趣加入。我表示没有兴趣，但是有让红牛创新技术参与进来，探寻双方合作的可能。

2001年和罗恩出现矛盾，导致我差点离开迈凯伦时，我们讨论过能否参加美洲杯帆船赛，从那以后，对参加美洲杯帆船赛的机会我都会感兴趣。从竞技和技术的很多层面来说，美洲杯帆船赛和赛车有很多相似之处——不外乎空气动力学、流体力学（其实也还是空气动力学，只不过是在密度更大的液体之中）、轻质结构、稳定性与操控性等。就连航线和赛道也很相似，区别在于，赛道弯角的弯心由浮标代替，而且弯角与弯角之间的路径几乎没有限宽。此外，有一些新的变量，让帆船比赛比赛车更加复杂——赛道路况每天都不一样，帆船的动力来源也受很多变量影响。而且，目前这一代的美洲杯帆船赛都是双体水翼船，能以三种形态航行：双水翼都在水下、一片水翼在水下，以及双水翼都在水面上方。变量非常多。为了衡量不同设计方案（美洲杯帆船赛的规则比一级方程式规则宽松很多），我们需要一套精确的水手交互模拟系统。

在我的推荐下，本的团队委托红牛创新技术，搭建一套模拟系统；该项目很有挑战性，为了完成，团队花了12个月的时间，但是在我看来，这套系统将会让本拥有独一无二的优势。

然而，在我们完成这套系统之后，客户没有提供足够资金，让我们完成船只的设计，有些遗憾，当时我已经掌握足够信息，相信我们能够想出很多有创意的想法。

毕竟红牛创新科技是一家商业机构，我们不可能免费干活。

2010年年初，索尼PS游戏机曾找到我，问我有没有兴趣，在没有规则限制的前提下，为他们的游戏设计一台一级方程式赛车。之后我们去滑雪，碰巧那年雪不是很大，于是我就利用空余时间去构思，想出了一些配置，完成了一些草稿。虽然有些玩票性质，但是我很享受这个过程，和往常不同，我可以在没有规则限制的情况下，发挥自己的想象力。

如果有人真的想摆脱规则的桎梏，去设计一辆赛车的话，必须离开赛车，投身公路车领域。

自儿童时代起，我就想设计一台公路运动跑车，我大学毕业设计做的也是这个项目。观察完现有高端公路跑车之后，我看到了自己的机会。包括跑车在内的很多车，都很大，很笨重，不够灵巧；为了让赛车驾驶感受更轻巧，业界还希望在跑车上加入四轮转向——可是加入四轮转向后，汽车更重了！是不是弄巧成拙？

不论设计什么，首先要考虑的问题是：我想要达到的目标是什么？我想道：如果我有机会去重新设计一台公路跑车，我想要加入什么特性呢？最后我得到的结论是：首先，这辆车要像是优雅的艺术品，就算从来没有驾驶过，单单只是观察它也要让人感受到美。

其次，在坐进去之前，必须要让驾驶者有一种激动的感觉；可能会让驾驶者觉得不安，因为车不是那么好操控，但同时也会觉得，在足够了解这辆车之后，是可以驾驭它的。

车子发动机的声音要好听。它必须要小巧、灵活，拥有优秀的操控感。这将是一辆比市面所有圈速都快的跑车，也就是说车重要轻，马力要大，而且必须要产生足够的下压力。

最后，不能让这辆车的驾驶体验太差。也就是说，如果让驾驶者觉得这就是公路上的赛车的话——太硬、经常抖动、车里太热、每过一个坑都剧烈晃动——赛车的设计就是失败的。必须要让驾驶者觉得开起来很舒服，车上应该还有手套箱，用来装墨镜以及各种杂物，还要有一定的储物空间。

我想要让这辆车在两个场景下都适用。如果这辆车堵在牛津街上的话，坐在里面不会觉得不舒服。同时，如果把车开到赛道上的话，也能在赛道上击败大部分公路跑车。

一旦目标定好了，接下来该想，如何达成这些目标。

2014年8月的假期里，我和阿曼达去了马尔代夫，当我坐在海边的沙滩上时，我列出一张清单，绘制了一些草稿，有了初步的想法。

那年秋天，我利用周末来研究赛车的具体配置；首先要考虑的重要问题是汽车的动力单元。对于内燃机发动机来说，主要是在V6涡轮增压发动机和V12自然吸气发动机之间选择。显然，V6发动机更轻，体积更小，但是需要安装涡轮增压器，以及用来冷却高压气流的中冷器。最后我选择一台高转速、采用固体悬置的V12发动机（同一级方程式赛车，发动机决定了汽车的结构），这台发动机的重量和V6涡轮增压发动机的重量类似，但是整体对于冷却的要求更少，而且声音听起来更吸引人，尤其是在把12根排气管的出口安在一起的时候。

为了让这台高转速发动机适应公路场景，我认为需要再为它配一台电机，电机可以有很多其他功能：点火、作为交流电机、作为倒挡的动力来源。和许多高档跑车的双离合变速箱相比，这辆车的变速箱在满足快速换挡的同时，质量更轻。

在此基础上，我开始填充更多细节，相当于把索尼PS X1汽车转换成现实里的一辆两座跑车。跑车的座位类似一级方程式赛车，背椅靠后，同时脚的位置抬高，这样的座位坐上去非常舒适。为让车头尽可能窄一些，我把两个座位向内旋转了5度，这样的设计在勒芒原型车上很常见。

跑车的基本架构在圣诞节之前完成，之后我们组建了一支小团队：本·巴特勒负责设计，内森·赛克斯负责计算流体力学方面的工作，贾尔斯·伍德负责对变速箱和主动悬挂进行模拟实验，同时还要另外两位制图人员，负责将我的铅笔气动部件草稿转化成计算机中的模型，进行计算流体力学测验。2015年秋天，我们得到了跑车计算流体力学测验和跑车性能模拟的结果。

当时我们没有任何合作伙伴。迪特里希一开始就告诉我们，红牛创新科技必须自负盈亏，于是我们四处奔走，寻找赞助。具体来说我们有两种选择：找到一位私人赞助商，或者和一家著名汽车制造商合伙。

克里斯蒂安和我都认识阿斯顿·马丁的人，我们觉得他们和我们很合适：阿斯顿·马丁是知名英国跑车品牌，位于华威郡的盖登，离我们也不远，而且他们的跑车外形都很漂亮，但是在工程方面，只能说还有很大的提升空间。

如果能够利用他们在公路跑车合规性的经验，以及和供应商之间的关系，再加上他们在汽车外形上的专业设计，我认为我们能达成互补。

于是双方签署了一份保密协议，并进行了一次展示。我们向他们展示了这辆车的架构、外形、乘客空间，采用的高转速V12发动机、主动悬挂来产生更多下压力，以及一台小电机，来适应城市街道，同时满足一些其他功能。

他们向我们展示了处于开发状态中的一辆超级跑车，他们的跑车和其他跑车开起来很相似，但是更大、更宽。他们不相信在这样狭小的空间里，两个人可以并排坐在一起，于是他们做了一个模型驾驶舱，发现真的可以容下两人。设计一级方程式赛车时，需要把空间用在该用的地方。一开始我说要把座位向内旋转5度时，还收到一些团队内部的阻力，但是事实证明这样的设计并没有什么问题。关于发动机大家也讨论了很多次，有人觉得该用V6涡轮增压发动机，有人觉得要用V8涡轮增压发动机，还有人觉得应该用另外一种V12发动机。

最后，在进行无数次会议后，阿斯顿马丁的CEO安迪·鲍尔默、克里斯蒂安和我做出最终决定，采用定制的考斯沃斯V12发动机，作为条款写进了合同里。

之后我们做了一辆全尺寸的展示用车，结合了我们在气动表面，以及阿斯顿在汽车外观上的经验。我们先在摩纳哥向部分人展示了这辆赛车，然后才公开——跑车绿色表面是阿斯顿·马丁的迈尔斯·隆伯格的设计，而车顶、尾翼和腰线以下的部分，则是我们的。

人们对这辆车表现出了极大的兴趣。我们宣布将生产150辆公路版和25辆赛道版，几周时间里，阿斯顿·马丁很快就收到了150位客户的订购订金，还有另外20多人缴纳订金后排队等待，此外，还有几百人已经登记了自己的联系方式，要求一有新车之后立即通知他们。团队内部称该项目为纽布拉（Nebula），是纽维（Newey）、红牛（Bull）和阿斯顿（Aston）前几个字母的缩写。

你问这辆车的价格？两百万英镑。遗憾的是，只有少数富翁才承受得起这样的价格。对于阿斯顿而言，他们看中这辆车的光环效应，增加人们对于阿斯顿·马丁品牌的关注度。这不仅是为他们的主流产品打广告，也是向大家展示其技术实力。对于红牛而言，这是我们向外界展示自己的机会，证明我们可以在一级方程式之外的领域获得成功；对于红牛创新技术而言，我们证明自己可以将在一级方程式中学到的技术和思路，应用到其他领域。如果这个项目成功了，我们就可以发展壮大这支团队，或许在未来能够参与其他项目。

例如，我们可以设计一辆面向大众的汽车，价格合适，经济环保；目前的电动车虽然都是电能驱动，但是这些电都是通过燃烧化石能源产生的，这点被很多人忽略了，而我则想设计一辆碳足迹相对较少的汽车。

我想设计这样一辆民用车，其整个生命周期的碳足迹很少，而且人们驾驶起来很享受。我会很享受尝试这样有挑战性的任务。

我希望有朝一日能实现这样的愿景。我相信自己可以。毕竟自己已经在赛车界展示出了天赋。我设计的赛车，总共拿过10次车队冠军，154场分站赛，过程中我还接触过很多优秀的车手楷模、富有远见的投资人和电影节的传奇人物——甚至还有一位披头士成员。我经历过失败的痛苦，也享受过成功的喜悦，一级方程式这项运动并不容易，而我却取得了今天的成绩,最早接触这项运动时,我还是只是个热爱赛车的孩子,一直到成年,我才发现自己拥有把各种疯狂想法转为现实的天赋,而且十分幸运,找到了一份以此为生的工作。

35年之后,在回顾自己充实而精彩的生涯时,我发觉每当在设计赛车时,我都在不断问自己这几个非常简单的问题:如何提高性能?怎样改进效率?有没有不一样的方法?

怎样能做得更好?

术语表

主动悬挂

书中有详细讨论，简而言之，这是一套电控液压驱动的系统，可使赛车离地间隙保持恒定，使下压力最大化。

转向执行器

一种电控活塞，可以根据车载计算机的指令，调节长度。在主动悬挂还没有被禁时，转向执行器是悬挂系统的一部分。如今用来进行赛车挡位选择、调节可变尾翼。

气箱

一般位于车手头部后上方的防滚架内，气箱会将防滚架进气口处的气流，沿着气箱内的一套气流过滤器引至发动机进气喇叭处。

前轮外倾角

从车辆前方观测时，轮胎与地面的夹角。一般赛车前轮的外倾角为四度。观察时会发现，前轮会略微向赛车中心倾斜。

后倾角

从侧面观察转向轴时，所形成的倾角，即为后倾角。后倾角和转向锁一起，可以使前轮后倾角保持稳定；购物车便是一例，购物车的后倾角很大，是为了保持轮子前行稳定。

中冷器

涡轮增压发动机中，压气机的作用是增大压强，同时气流温度也随之上升。高温气流会使发动机失去动力，而中冷器的作用则是相当于散热器，在压缩气流进入发动机之前，降低气流温度。

复合结构

准确说来，由超过一种原料制成的材料都可以称为复合材料。在赛车界，复合结构指由碳纤维制成的大型部件，通常还混有铝或钛。

减震器

无减震器的情况下，压缩之后，弹簧会不断震动。例如，掰动一把直尺一端然后松开，直尺会晃动一段时间。通常减震器由油压活塞构成，作用时减缓弹簧的晃动。减震器的参数设定，需根据弹簧的弹性系数和负荷进行调整，例如转向会影响负荷。减震器参数由比赛工程师设定。

扩散器

扩散器用来扩散气流，并降低气流速度。吹风机出口可加上一个扩散器部件，将吹出的热气流更宽更慢。赛车场上，扩散器一般安装在底板的尾端。尾翼会降低扩散器后方区域的气压，使从扩散器中出现的气流变为低压气流，作用如同吹风机上的扩散器。外加车头前方的空气受到压缩，使得赛车底部的气流速度大幅升高，降低车底空间的压强。

下压力

关于下压力的完整定义……好吧，这本书从头到尾都和下压力有关。简而言之，飞行器借助升力离开地面，而下压力相当于升力的反义词。

阻力

物体在空气中移动时产生的气动力。可以理解成大风天人站在屋外时，感受到的阻力。赛车场上，阻力会降低发动机的实际功率，并最终限制赛车的速度。

ECU

全称为电子控制单元。实际上电控单元就是一台车载电脑，车手可根据需要，借助电控单元，控制发动机或者变速箱。现代汽车都有电控单元。

端板

前翼和后翼两侧的垂直小板子，用来提升翼片的效率。

空白区

规则规定，空白区内不得含有任何车体部件。

自由流

平整气流，现实世界中自由流就是静止的空气，赛车行驶时从其中穿过。风洞测试时，模型静止不动，自由流会从模型表面掠过。

马力机

一台车间设备，通常配有三台动力强劲、反应迅速的电机，用来模拟发动机和后轮跑圈时的状况，这样即使不用驾驶，也能开发赛车的变速箱。

狗环

狗环的样子，类似于双手手指交叉时的情形。这就是狗环的作用，将扭矩从变速箱的离合器内的轴传输至不同齿轮上。

准双曲面齿轮

锥齿轮组由两个锥形齿轮构成，两个齿轮之间会形成一定角度，相当于让水平的变速箱杆转弯90度，并与动力杆连接。准双曲面齿轮的作用非常相似，不同之处在于偏置距，垂直方向上，齿轮副距离中心有一小段距离。

双冲程卡丁车赛

对于双冲程卡丁车而言，无挡卡丁车的排量是100cc，有挡卡丁车的排量在200cc至250cc之间（我的就是）。我小时候，卡丁车的发动机，都是由摩托车发动机改装而成。

KERS

全称动能回收系统。在一辆一级方程式赛车的曲轴末端，安装了一台电机。每次赛车刹车时，部分制动力会为电机充电，类似于自行车上的小发电机，为照明灯提供电力。产生的电能将储存在电池里，在下个直道上，车手可借助按钮，开启电池，提供更多加速马力。

单体壳

赛车的主要结构，车架。除包含车座和油箱之外，还包括悬挂、发动机、车鼻和侧面防撞击结构的底座。

NACA 导管

由美国国家航空咨询委员会开发的一种进气管，可将气流导进任意部件。

停车管制区

比赛周末期间，多种场合下，FIA会要求各车队将赛车停在该区域内，接受FIA的检视。检视期间，车队只可对赛车进行常规检查，在未获得FIA允许前，无法对赛车进行改装或维护。

功重比

发动机马力除以车重（包括车手在内，以千克计），就是功重比。最近几年，一级方程式赛车的功重比一般在每千克

1.2马力左右。

拉杆悬挂

借助拉杆悬挂,可将车轮的抖动,传导至车架前侧内,以及车架尾部、变速箱两侧的弹簧减震单元。拉杆头从车轮末端上叉臂的两侧算起,一直到弹簧减震器单元靠近车身的一端。

推杆悬挂

基本上和推杆悬挂一样,区别在于,推杆的首端在下叉臂,尾端在弹簧减震器单元的顶部。

离地间隙

赛车与地面之间的距离。赛车产生的下压力,以及赛车前后轴之间下压力的平衡,会随离地间隙的变化而发生改变,因此,在对赛车进行设置时,为使赛车适应某条特定赛道,离地间隙是一项重要参数。

防倾杆硬度

防倾杆影响赛车的抗侧倾能力。防倾杆若很硬,赛车的侧倾幅度就会很小,这对赛车的操控和启动平台控制是好事,但会影响赛车在经过减速带、路肩时的表现。人们将前后防倾杆硬度之间的平衡称为机械平衡;如果前杆硬、后杆软,赛车将会很稳定,同时经常出现转向不足。

填充器

车架设计师之间,会用填充器来指代发动机,因为发动机连接着车架后侧和变速箱的前侧。

在长途比赛中,体形较小的车手坐进赛车前,需要在车座上加入垫片,填充器也可以指该垫片。

弹簧弹性系数

弹簧弹性系数指悬挂系统的硬度,悬挂可硬可软,硬的话更有利于维持气动平台的控制,软的话则能帮助赛车更好通过减速带和路肩,最佳弹性系数往往是在两者之间找到平衡。弹性系数也是赛车的重要设置参数之一,不同赛道之间会有所不同。

翼尖涡

当翼片中一侧的高压气流从侧面逃逸到低压的一侧时,就会形成翼尖涡。

前束/后束

方向盘朝前时，车轮的延长线会形成一定角度。从上方观察时，如果车轮朝内倾斜，则为前束，若车轮朝外倾斜，则为后束。

横拉杆

悬挂组件之一，控制前轮转向的同时，还能防止后轮转向。

牵引力控制

1993赛季规则改动后，牵引力控制称为车手的武器之一。牵引力控制系统可通过调节发动机功率，防止赛车出弯时，后轮打滑。车手不需要进行额外操控，该系统由电控单元控制。

下翼

源自20世纪70年代的概念，用来指代赛车侧箱下方的巨大翼片装置，翼片边缘还装有侧裙，防止气流逃逸，产生翼尖涡。

车翼

一级方程式赛车上最重要的部件是前翼，接下来我会解释为什么是前翼：车头大部分下压力都由前翼产生，而且前翼还会控制前轮产生的向后气流。

横摆

车辆在刹车时前倾，加速时后倾，过弯时侧倾。此外，赛车还会横摆，前轮转向时，整车会围绕某一中心旋转。

致 谢

我一般不太回忆过去，写自传感觉很新奇，激发了很多回忆。能回想起这么多，我自己也很惊讶。

虽说是写自传，但是真正写书的人不是我。书的真正作者是安德鲁·霍姆斯（Andrew Holmes），他听完我唠叨之后，将之整理成文。与安德鲁合作非常愉快；写书之前，他对于赛车知之甚少，但这其实是件好事，让我用简单的语言来解释自己。感谢妮可·卡琳（Nicole Carling），将我对于初稿的评论，录入到电脑里。

我还想感谢哈珀柯林斯出版社的杰克·福格（Jack Fogg）。这本书从立项、排版，到确定书名，都多亏了他。

衷心感谢那些陪我一路走来，一直支持我的人，父母、家人、朋友。谢谢你们，为我雪中送炭。

以及我的大学导师，已故的肯·比尔金（Ken Burgin），以及之后在马切车队时的罗宾·赫德（Robin Herd）。感谢他们的帮助。

纵观自己的职业生涯，其中有着一系列巧合，自己也非常幸运。如果当初哈维·波斯尔思韦特（Harvey Postlethwaite）没有打电话给我，让我加入菲蒂帕尔迪车队的话，我的人生第一份工作会是在莲花赛车，我的整个职业道路肯定也会大不相同。当时我还只是一个刚出大学的毕业生，哈维给了我这个机会，将我引进门。谢谢哈维。

最后，我想感谢阿曼达，与我共度之后的人生篇章。

图书在版编目（CIP）数据

我是怎样设计赛车的 /（英）艾德里安·纽维
(Adrian Newey) 著；程自华译 . -- 北京：中国友谊出
版公司，2022.10

书名原文：HOW TO BUILD A CAR

ISBN 978-7-5057-5511-6

Ⅰ.①我… Ⅱ.①艾… ②程… Ⅲ.①艾德里安·纽维—回忆录 Ⅳ.① K835.615.47

中国版本图书馆 CIP 数据核字 (2022) 第 112577 号

著作权合同登记号　图字：01-2022-4910

Originally published in the English language by HarperCollins Publishers Ltd.
Under the title:
HOW TO BUILD A CAR © Adrian Newey 2017
Adrian Newey asserts the moral right to be identified as the author of this work.

本书中文简体版权归属于银杏树下（北京）图书有限责任公司

书名	我是怎样设计赛车的
作者	［英］艾德里安·纽维
译者	程自华
出版	中国友谊出版公司
发行	中国友谊出版公司
经销	新华书店
印刷	天津中印联印务有限公司
规格	787×1092 毫米　16 开 21.75 印张　395 千字
版次	2022 年 10 月第 1 版
印次	2022 年 10 月第 1 次印刷
书号	ISBN 978-7-5057-5511-6
定价	120.00 元
地址	北京市朝阳区西坝河南里 17 号楼
邮编	100028
电话	（010）64678009